창의적 체험활동
교육과정의 실행:
이론과 실제

초·중·고교 창의적 체험학습 중심·
실현해 가는 교육과정 중심 ————

창의적 체험활동 교육과정의 실행:
이론과 실제

박은종 지음

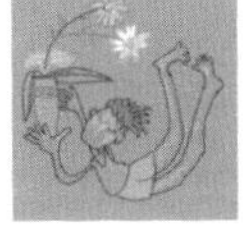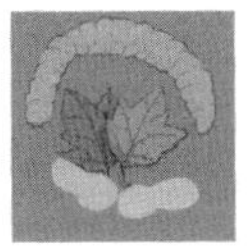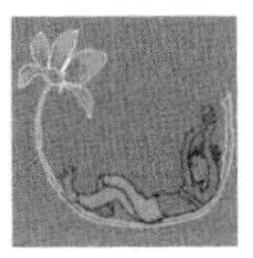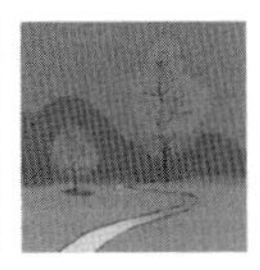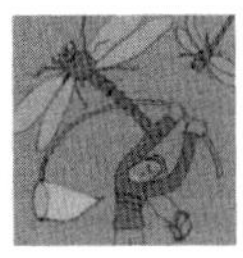

한국학술정보㈜

학생의 창의력 신장을 위한 다양한 교육 활동 지향과 추구

일반적으로 우리가 살고 있는 21세기를 흔히 세계화 시대 내지 지식 기반사회, 지식정보화 사회라고 부른다. 전 지구촌이 시간과 공간을 초월하여 종적·횡적으로 연계된 유비쿼터스(Ubiquitous) 사회이다. 또 전 세계가 지역·인종·이념·종교 간 갈등을 극복하고 지구촌 가족으로서 일일 생활권의 패러다임(Paradigm) 속에서 상호 교류와 공유를 바탕으로 선린 관계에서 생활하고 있다. 지식과 정보를 기반으로 하며 역동적인 변화와 개혁이 특징인 새로운 사회인 것이다.

이러한 새로운 사회를 주도하는 교육의 내용과 방법 등 패러다임도 과거와는 크게 달라져야 한다는 점은 자명한 것이다. 과거와 같이 교실에서 교사 위주의 주입식, 암기식, 강의식 수업 내지 교수·학습은 이제 설 자리가 없어진 것이다. 교육이 사회 변화를 선도하는 견인차라는 점을 전제하면 미래의 교육은 질적인 면에서 더욱더 새로워져야 한다.

새로운 교육의 핵심은 기억과 주입, 암기, 재생 등이 핵심이었던 과거의 틀에서 과감히 벗어나 사고력과 창의력, 그리고 문제해결력을 신장시키는 것이다. 그리고 학생들의 다양한 개성과 잠재 능력을 계발하는 데 초점을 맞추어야 한다. 학생의 창의성 개발과 신장에 교육과정의 초점을 맞추어야 하는 것이다. 미래 교육의 지향점은 학생들의 창의성 개발에 두어야 하는 것이다.

모름지기 교육과정(Curriculum)은 모든 학교 교육의 이정표이자 나침반 구실을 한다. 즉 학교 교육과정은 단위 학교교육의 계획, 과정, 수행, 활동, 평가, 환류 등을 포괄하는 아주 넓고도 중요한 전개도, 실천 과정도(實踐 過程圖)라고 할 수 있는 것이다. 따라서 학교 교육과정은 당해 학교교육의 전부라고 해도 과언이 아닌 것이다.

사실 현대 교육에서 단위 학교교육의 성패는 학교 교육과정의 편성(개발)·운영(실행)에서 가름되는 것이다. 그리고 단위 학교 학교 교육과정의 성패의 최고 척도는 창의성과 자율성, 그리고 다양성에 기반을 두고 있는 것이다.

한국의 교육과정 편제는 1946년 교수요목기에는 교과별 교수요목, 1954년 제1차 교육과정(교과과정)기에는 교육과정 시간배당 기준표에 따른 교과활동, 특별활동, 1963년 제2차 교육과정기에는 교과활동, 반공·도덕생활, 특별활동, 1973년 제3차 교육과정기에는 교과활동, 특별활동, 1981년 제4차 교육과정기에는 교과활동, 특별활동, 1987년 제5차 교육과정기에는 교과활동, 특별활동, 1992년 제6차 교육과정기에는 교과, 특별활동, 학교재량시간, 1997년 제7차 교육과정기에는 교과, 재량활동, 특별활동, 2007년 '2007년 개정 교육과정'기에는 교과, 재량활동, 특별활동 등의 영역으로 편제되어 왔다. 즉 교과(활동)를 중심으로 하고, 비교과활동으로 특별활동, 재량활동 등이 편제되어 왔다. 오랫동안 교과 영역과 비교과 영역의 두 축으로 편성되어 온 것이다.

2011학년도부터 전국의 초·중·고교에 연차적으로 적용되는 '2009 개정 교육과정'에는 '교과'와 '창의적 체험활동' 등 두 영역으로 편제되어 있다. 이 중에서 창의적 체험활동은 기존의 교과를 그대로 두고, 비교과활동인 '재량활동', '특별활동', 그리고 '우리들은 1학년' 등을 통합하여 '창의적 체험활동'으로 편제하고 있다.

2009 개정 교육과정에서 통합 신설된 창의적 체험활동은 종합적인 비교과활동이다. 즉 학생들의 잠재적 창의성과 개성 및 적성, 특기 등을 신장시키기 위하여 자율활동, 동아리활동, 봉사활동, 진로활동 등 네 세부 영역을 통합적으로 지도하고 활동하도록 편성되어 있다. 학생들이 교실 밖, 학교 밖에서 다양한 집단 활동을 통해서 개인과 조직의 잠재적인 창의성과 자율성, 그리고 다양성을 개발하고 이를 적용하여 미래 사회의 주역인 민주시민의 자질을 함양하려는 활동인 것이다.

본서는 이와 같이 2009 개정 교육과정에서 통합 신설된 영역인 창의적 체험활동을 일선 초·중·고교에서 효과적으로 적용하려는 데 도움을 주기 위한 교육과정 실행 가이드라고 할 수 있다. 본서는 창의적 체험학습을 중심으로 한 창의적 체험활동의 이론과 실제를 현장 적용 관점에서 탐구하였다. 물론, 본서는 창의적 체험학습(체험활동)을 중심으로 하는 유치원 교육에도 적용할 수 있도록 구성되었으며, 특히 현직 교사 외에도 교육학자, 교육전문가, 예비 교사, 학생, 학부모 등이 두루 길라잡이로 활용할 수 있도록 구성하였다.

사실 교실에서 배운 지식을 바탕으로 다양한 사회의 제 공간에서 이를 실천하고 체험함으로써 공동체 의식을 함양하고 구성주의에 입각한 산 교육을 실행하는 창의적 체험활동은 아무리 강조해도 지나치지 않을 것이다. 미래 사회의 주역인 학생들이 '주어진 물고기 한 마리'에 만족하지 말고 갖가지 탐구와 노력으로 '물고기 잡는 방법'을 익히도록 이끌어 주는 것이 바로 교사들의 주된 역할이 되어야 할 것이기 때문이다.

본서는 2009 개정 교육과정의 핵심 영역인 창의적 체험학습을 중심으로 한 창의적 체험활동 교육과정 실행의 탐구서이다. 창의적 체험활동은 학생들이 자율활동, 동아리활동, 봉사활동, 진로활동 등의 여러 영역을 통하여 관찰, 답사, 수집, 집단 활동, 견학, 교류, 봉사, 협동 등 아주 폭넓고 다양하게 이루어져야 한다. 아울러 일선 학교에서 이를 직접 지도하는 교사들의 지도 방법 구안에 따라서 아주 창의적이고도 알차게 지도, 운영할 수 있을 것이다. 자기주도적인 창의적 학습력 신장을 위한 창의적 체험활동은 학생들의 다양한 활동이 전제되듯이 반드시 일선 교사들의 다양한 교재 연구와 창의적인 지도 방안 연구가 요구된다는 점을 유념해야 할 것이다.

본서를 출판하여 세상에 내놓으면서 도움을 주신 많은 분들에게 심심한 감사의 말씀을 드리는 바이다. 저자를 처음 학문의 길로 안내해 주시고 학자로서의 눈을 뜨게 해 주신 조용진 전 학장님(전 진주교육대학교), 이종문 교수님(전 진주교육대학교), 강상철 교수님

(전 충남대학교), 권오정 교수님(일본 류오코우대학교)께 고마운 말씀을 드린다. 아울러 항상 학문적·인격적으로 지도·편달해 주시는 공주대학교 사범대학 일반사회교육과의 김병무 전 학장님, 정종호 교수님, 김덕수 교수님, 임경수 교수님, 현승숙 조교님께 거듭 감사를 드리는 바이다. 또 늘 옆에서 관심을 갖고 지켜봐 주시며 학문적 지도를 해 주시는 서재천 교수님(공주교육대학교), 권낙원 교수님(한국교원대학교), 김정겸 교수님(충남대학교) 등 여러분께도 고마운 말씀을 드린다.

한편, 저자와 함께 교육과 학문의 동반자로 동고동락(同苦同樂)하는 전승환 교감 선생님(서울 서서울생활과학고), 박명배 선생님(서울 자양초), 명재덕 선생님(대전 동대전고), 신현복(충남 당진정보고), 차성우 선생님(충남 주산산업고), 김명순 선생님(충남 아산 금곡초), 김완선 선생님(충남 아산 금곡초), 이종숙 선생님(충남 아산 온양중앙초), 신재한(대구 대구교대부설초) 선생님, 황은숙 선생님(충남 조치원신봉초)과 애제자인 오정학 선생님(충남 병천고), 신현영 선생님(경기 포천초) 등에게도 심심한 사의를 표하는 바이다.

또한, 바쁜 학부 생활 속에서도 시간을 내어 세밀하게 원고 정리와 퇴고를 해 준 홍익대학교 상경대학 상경학부의 이찬란 학생, 공주교육대학교 사회과교육과의 정가희 학생, 공주대학교 사범대학 일반사회교육과의 이미란 학생에게도 감사드린다. 학문의 친절한 동반자이자 건설적 비판자인 그들과의 아름다운 동행은 저자에게 옷깃을 여미고 묵묵히 더욱 노력하게 하는 '행복 마중물' 같은 원동력이기에 그저 행복하기만 하다. 아울러, 늘 가정 일에 소홀한 저자에게 꾸지람보다는 가녀린 사랑으로 격려와 용기를 주시는 등 항상 든든한 후원자로 저자의 울타리와 버팀목이 되어 주시는 가족에도 깊은 감사를 드린다. 행여 모진 고난과 역경이 오더라도 극복할 수 있는 용기와 의욕이 샘솟게 하는 소중한 분들이다.

끝으로 최근의 불황으로 인한 출판 시장의 여러 가지 어려움에도 불구하고 항상 학문적 성취를 성원해 주시고, 본서를 출판하여 세상에 빛을 보게 해 주신 한국학술정보(주)의 채종준 사장님과 출판사업부 도서기획팀의 조은영 기획자님, 디자인편집부의 김매화 님께도 감사의 말씀을 드린다.

모든 분들의 격려와 성원에 보답하기 위해서 앞으로 더욱 교육과 학문 탐구에 정진하려고 다짐한다. 교육과 학문의 길이 멀고도 험하지만, 굴하지 않고 늘 기쁜 마음, 행복한 마음, 뜨거운 가슴으로 뚜벅뚜벅 걸어가고자 한다. 항상 옆에서 성원해 주시는 고마운 분들의 기대에 부응하기 위해 가일층 분발한 노력을 하고자 다짐하는 바이다.

세상의 모든 것들이 아름답다. 또한, 세상의 모든 사람들이 마냥 사랑스럽다. 그리고 누가 뭐래도 세상에서 가장 아름다운 것은 '사람'이라고 다시금 생각하면서……

2011년 희망의 새해를 맞으며
서설(瑞雪) 속 아름다운 비단가람이 내려다보이는 웅진골 연구실에서
박 은 종

목 차

Chapter 1

창의적 체험활동 교육과정의 기저

제1절 창의적 체험활동 교육과정의 도입

2011학년도부터 전국의 초·중·고교에 연차적으로 적용되고 있는 소위 '2009 개정 교육과정'은 교과와 창의적 체험활동 등 두 영역으로 편제되어 있다. 즉, 2009 개정 교육과정에서는 기존의 '재량활동'(비교과), '특별활동'(비교과), '우리들은 1학년'(교과) 등을 종합적으로 통합하여 '창의적 체험활동'으로 편성하였다. 창의적 체험활동은 기존 교육과정의 비교과 영역의 종합적 교육 영역이라고 할 수 있다.

사실 기존의 2007년 개정 교육과정은 제7차 교육과정의 기본 정신과 장점을 계승하여 교육과정 총론을 전반적으로 개선하기보다는 교과 교육과정 개선에 주안점을 둔 수시(부분)개정의 산물이었다. 기존의 전면적·일시적·주기적 개정에서 수시 개정으로의 전환은 학교 교육에 대한 국가·사회적 요청에 탄력적으로 대응하기 위한 것이었다. 그러나 2007년 개정 교육과정의 고시·적용에도 불구하고 시대·사회적 상황, 교육과정의 적용 양태 등을 고려해 볼 때, 지속적으로 검토, 보완되어야 할 측면이 없지 않은 것으로 나타났다. 이에 현행 및 2007년 개정 교육과정에 대한 전반적 점검과 함께 실질적인 개선 방안을 적극적으로 강구해야 할 필요가 제기되었다. 2009 교육과정 개정은 교육과정 개정에 대한 외적 요구와 국가 교육과정의 질 개선이라는 내적 요구에 기반을 두고 있으며, 이와 같은 2009 개정 교육과정의 배경 혹은 필요성(당위성)을 종합하면 다음과 같다.

첫째, 세계 환경 및 국가 위상의 변화에 국가 교육과정이 적극적으로 대응할 필요가 있다. 이미 우리 사회는 지식기반사회, 국제화 사회 등에 진입하였으며, 이러한 사회는 향후 지속될 전망이다. 따라서 우리의 경쟁 상대는 창조적 지식에 기반 한 국제 사회의 여러 나라라고 할 수 있다. 이러한 사회에서 선도적 역할을 수행하고 선진 일류국가로 도약하기 위해 국가 교육과정의 위상을 제고할 필요가 요청되었다.

둘째, 인재 육성 전략의 재조정에 대한 필요성이다. 즉, '글로벌 창의 인재'에 대한 요구가 증대하고 있다. 산업 사회에서 지식기반사회 구조로의 변화에 따라 기존의 기능 인력 중심의 인재 양성이 창의 인재 중심으로 변화될 필요가 있다. 국제화 사회에 부응하기 위해 국내적 인재보다는 글로벌(Global) 인재가 필요하다. 이를 위해 학교 교육과정을 통해 창의성, 상상력 등과 같은 핵심 역량을 신장할 필요가 있다는 점이다.

셋째, 우리 교육의 고질적인 문제의 해소로 유연하고 창의적인 학교교육을 실현할 필요가 있다. 즉, 단위 학교 차원의 유연하고 창의적인 교육과정 운영을 통해 학생들의 학습 부담을 경감하고 학교 교육의 정상화를 도모할 필요가 있다는 점이다. 그간 우리 교육에서 일관되게 지적되어 온 문제로 '경직된 교육과정의 운영', '공급자 위주의 교과 편성', '비교과활동의 형식적 운영' 등이었다. 2009 개정 교육과정에서는 학교의 자율화·다양화 및 학생의 관심과 수준을 고려하지 못하는 경직된 교육과정 체제를 개선할 필요가 제기되었다. 중·고교 학기당 이수 교과(목) 수는 12과목 이상으로 학습 부담은 과중하나 학습 흥미는 떨어지는 공급자 위주의 교과 편성 방식을 개선하고자 하였다. 재량활동과 특별활동의 형식적인 운영 및 활동 중복 문제를 나타내는 비교과활동의 내실화를 통한 학생의 전인적 성정을 도모할 필요가 제기되었다.

이상과 같은 교육과정 개정의 필요성에 따라 2007년 교육과정 개정 고시(告示) 직후부터 논의되기 시작한 국가 교육과정 총론 체제의 변화는 2008년과 2009년에 걸쳐서 국가 교육과정 포럼, 교육과정선진화연구, 국가교육과학기술자문회의 등에서 많은 논의와 의견 수렴을 통해 국가교육과학기술자문회의(대통령 자문기구)에서 교육과학기술부에 2009년 9월 '미래형 교육과정 구상'을 제안하였다. 이후 교육과학기술부의 '2009 개정 교육과정' 추진 계획에 따라 2009 개정 교육과정 시안 개발 연구를 추진하였으며 추진 과정에서 설문조사, 현장 적합성 검토, 공청회, 세미나 등을 통해 현장의 다양한 의견을 수렴하였다. 또한 교육전문가, 학부모, 민간단체, 사회 각계 인사로 구성된 교육과정심의회를 운영하여 교육과정 개정에 관한 사항을 심의하였다. 이러한 과정을 거쳐 2009 개정 교육과정이 2009년 12월 23일자로 제2009-41호로 고시(告示)되었다.

제2절 창의적 체험활동 교육과정 적용의 주요 내용

미래형 교육과정인 2009 교육과정의 개정 방향은 '하고 싶은 공부, 즐거운 학교생활'이 될 수 있도록 1) '학생의 지나친 학습 부담은 감축하고', 2) '학생들의 학습흥미를 유발하며', 3) '단편적 지식·이해 교육이 아닌, 학습하는 능력을 기르고', 4) '지나친 암기중심 교육에서 배려와 나눔을 실천하는 창의 인재를 양성'하는 교육으로의 변화를 추구하는 것이다.

일선 학교 현장에서 직접 지도하는 교원들이 '실현해 가는 교육과정'인 2009 개정 교육과정의 주요 내용은 다음과 같다.

첫째, 교과군(敎科群), 학년군(學年群) 도입을 통한 집중이수제로 학기당 이수과목을 10~13과목에서 8과목 이하로 축소하였다. 초·중학교의 경우 통합 운영 가능한 교과(도덕, 음악, 미술, 실과 등)는 특정 학기, 학년에 집중 이수하도록 한다. 고등학교의 경우에는 1년 동안 두 개 학기에 나누어 배우던 것을 한 학기에 집중해서 학습(예: 제1학기 도덕<1단위>, 제2학기 도덕<1단위> → 제1학기 도덕<2단위>)할 수 있다. 또한 수업의 비효율성을 해소하고 토론, 실험 중심으로 수업 혁신을 유도하였다.

둘째, 창의적 체험활동을 도입·강화하여 배려와 나눔을 실천하는 창의 인재 양성 교육을 학교에서 실시한다. 현행 특별활동과 창의적 재량활동을 통합하여 '창의적 체험활동'으로 운영한다. 창의적 체험활동은 자율활동, 동아리활동, 봉사활동, 진로활동 중심으로 배려와 나눔의 실천활동을 주로 한다. 학생들의 도덕성 함양, 준법정신 및 윤리의식 강화를 위해서 기존의 교과 중심 교육에서 체험중심의 교육으로 전환하였다.

창의적 체험활동은 현행 재량활동과 특별활동 교육과정 편성·운영의 문제를 개선하기 위해 도입되었다. 현행 재량활동은 2개 영역, 특별활동은 5개 영역으로 세분화되어 있으나 두 활동의 영역 및 내용 구분이 모호하고 중복하여 운영된다는 문제점 등이 제기되었다. 초등학교 창의적 재량활동의 경우, 국가 또는 지역 교육청(지역 교육지원청 포함)에서 이수해야 할 내용을 일정 부분 선정하게 됨으로써 창의적 재량활동의 본래 취지를 제대로 살리지 못하고 있는 실정이다. 학교급별 차이가 있지만 재량활동과 특별활동이 단순히 형식적으로 운영되거나 교원 수업 시수 조정용으로 운영됨으로써 교과 외 활동을 통한 전인교육의 취지를 살리지 못하고 있다. 또한 국가 수준의 교육과정이 지나치게 세부적인 내용까지 규정하므로 단위 학교의 자율성이 떨어진다는 지적이 제기되어 왔다. 따라서 교과 외 활동의 실효성을 제고하고 단위 학교의 자율성과 유연성을 제고하기 위해 재량활동과 특별활동을 통합하여 창의적 체험활동을 도입·강화하였다. 창의적 체험활동 도입 배경은 '2009. 6. 11. 교육과정 자율화 추진 방안'에서도 기존의 재량활동과 특별활동의 중복 운영 문제를 해소하고 단위 학교 교육과정 편성·운영의 자율성을 확대하기 위해 재량활동과 특별활동의 통합 운영을 자율화 추진 과제의 하나로 설정한 바 있다. 이에 따라 단위 학교에서는 미래 학교 교육과정 편성·운영에서 재량활동과 특별활동의 통합 운영을 할 수 있게 되었다.

2009 개정 교육과정에서 초등학교의 창의적 체험활동은 제1~2학년 2년간 272시간, 제3~4학년 2년간 204시간, 제5~6학년 2년간 204시간 등으로 학년별 주당 3시간 이상 편성하도록 하고 있다. 초등학교 제1학년의 경우에는 창의적 체험활동 시간을 활용하여 입학 초기 적응 프로그램을 편성·운영할 수 있다. 2009 개정 교육과정에서는 초등학교 제1학년 입학 초기 학생들을 대상으로 하는 현행 '우리들은 1학년'을 별도의 교과로 편성하지 않고 학교 자체적으로 '창의적 체험활동'을 통해서 학생 집단의 특성을 고려하여 입학 초기 적응 프로그램을 자율적으로 편성·운영할 수 있다는 것이다. 이에 따라 단위 학교에서는 학생의 기초·기본 교육 강화를 위해 입학 초기 적응 프로그램의 내용, 방법, 시간 등에 대한 자율 재량권을 갖게 된다. 특히 단위 학교에서는 학생의 기초·기본 교육 강화를 위해 입학 초기 적응 프로그램의 내용, 방법, 시간 등에 대한 자율 재량권을 갖게 된다. 특히 단위 학교에서는 기초적 국어사용 능력과 수리 능력이 미흡한 학생을 위해 별도의 기초 학력 증진 프로그램을 편성·운영할 수 있도록 하고 있다. 이는 초등학교 저학년 학생의 기초·기본 학습 능력 제고에 대한 단위 학교의 자율성과 책무성을 동시에 강조하는 조치라고 할 수 있다. 또한 정보통신활용교육, 보건교육, 한자교육 등은 관련 교과(군)

와 창의적 체험활동 시간을 활용하여 체계적인 지도가 이루어질 수 있도록 하였다.

셋째, 고등학교 단계에서 미래사회가 요구하는 핵심역량을 키우기 위한 기초교육은 모든 학생들이 반드시 이수하도록 하는 한편, 나머지 교과에 대해서는 개별 학생의 흥미, 적성에 따라 필요한 과목을 선택·집중해서 깊이 있게 학습할 수 있게 되었다. 기초영역(국어, 영어, 수학)의 교과활동을 강화하고, 탐구영역(사회, 과학)의 교육은 기존의 지식전달 위주의 획일적 수업을 지양하고, 다양한 수업방법을 적용하는 등 수행능력을 강조하였다. 체육·예술, 생활·교양 역영의 내실화를 통한 소양교육을 강화하였다. 또한 지나치게 세분화된 교과목을 통합하고, 수준별로 편성하여 학생의 흥미와 수준을 고려한 수업이 가능하게 하였다.

넷째, 모든 학교에서 똑같은 교육과정을 획일적으로 교육하는 방식에서 탈피하여, 모든 학교가 특성화된 교육과정을 운영하게 되었다. 국가는 교육과정 운영의 기본 틀만을 제시함으로써, 학교 교육과정 운영의 자율성을 대폭 확대하였다. 교과군별 기준시수의 20% 증감운영이 가능하고, 교과군 내 교과별 시수는 단위학교가 결정하게 된다. 고등학교에서는 국가수준의 공통필수 과목을 지정하지 않고, 교과필수 이수단위 수만을 지정함으로써 학교에서 학생 수준 및 진로 등을 고려한 학습 기회를 제공하였다.

제3절 창의적 체험활동 교육과정의 의의

창의적 체험활동은 종래의 재량활동과 특별활동 및 '우리들은 1학년' 교과목을 통합한 교육과정 활동 영역으로 궁극적으로는 배려와 나눔을 실천하는 창의 인재를 양성하는 데 있다. 창의적 체험활동 교육과정의 근본적인 의의는 다음과 같다.

첫째, 창의적 체험활동은 '창의성'을 강조한다는 점이다. 즉, 창의적 체험활동을 통해 창의성 교육을 실천하겠다는 의지를 담고 있다. 이는 '배려와 나눔을 실천하는 창의 인재 양성 교육의 실천'이라는 창의적 체험활동의 도입 취지에서도 밝히고 있다. 창의성은 '새로운 것을 창안해 내는 특성'이다. 사실 창의성 발현의 단초는 학교 내·외의 다양한 교육 활동 과정에서 보고, 듣고, 느끼고, 생각하고, 체험하는 활동이 무엇보다도 중요하다고 할 수 있다.

둘째, 창의적 체험활동은 말 그대로 '체험활동'을 통한 창의적인 학습자의 수행 능력을 강조한다는 점이다. 체험을 강조한다는 것은 경험과 활동이 중심이 되어 실천을 통한 학습을 강조하는 것이다. 체험은 기본적으로 활동 혹은 경험을 전제로 하고 있다. 즉, 체험은 학습자가 직·간접적으로 겪은 경험을 의미한다. 이러한 체험은 '겪은 경험' 그 자체로 존재하는 소극적인 체험의 결과와 다양한 활동과 경험의 누적으로 학습자에게 내면화 혹은 체득되는 적극적인 체험의 결과로 나타날 수 있다. 배려와 나눔을 실천하는 창의적 인재(創意的 人材)는 적극적인 체험의 결과이다. 적극적인 체험을 통해 학습자들이 주어진 현상에 대한 의미를 재구성하거나 가치를 부여하는 것이 중요하다고 할 수 있다. 따라서 간접 경험을 통한 '앎'과 실제적인 '수행'의 차이를 최소화하고 학생들의 수행에 직결되는 능력을 극대화하기 위해 학생들의 실제적인 체험활동을 강조할 필요가 있다. 체험을 통해 실제 생활에서의 경험이 체득되도록 하고, 이러한 실천적 습득을 바탕으로 하는 것이 곧 할 수 있는 것으로 연계되어 실제 능력을 극대화하도록 한다.

셋째, 창의적 체험활동은 배려와 나눔의 정신을 실천하는 창의적인 인재 양성을 통한 전인교육을 실현하기 위한 학교 교육활동이다. 전인교육은 인지적, 정서적, 기능적인 모든 측면에서 조화롭게 발달된 인간을 육성하는 자아실현을 위한 교육이라고 할 수 있다. 이러한 전인교육의 강조는 2009 개정 교육과정 개편 기본 방향인 '창의와 인성'의 강화에서도 제시되어 있다. 창의적 체험활동은 전인적 인간 형성에 있어서 학생들의 체험중심의 실천 활동을 통해 배려와 나눔을 실천하는 창의적 인재의 근간인 전인적인 인격체로서 갖추어야 할 역량을 형성하게 하는 데 있어서 중요한 의미를 갖는 교육과정 영역이다.

넷째, 창의적 체험활동은 운영 면에서 단위 학교의 자율성을 강조한다는 점이다. 창의적 체험활동은 학교 교육과정 편성·운영의 자율성과 융통성을 단위 학교에 부여함으로써 학교실정에 부합하는 특색 있는 학교 교육과정 편성·운영을 더욱 가능하게 하였다. 단위 학교의 자율성 추구는 제6차 교육과정 이후 일관되게 지향해 온 교육과정 편성·운영의 철학이다. 교과 외 활동 특히 제7차 교육과정 이후 도입된 재량활동을 통해 단위 학교에서는 창의적이고 특색 있는 교육과정을 편성·운영하게 되었다. 2009 개정 교육과정에서도 2007년 개정 교육과정의 연장선상에서 창의적 체험활동은 단위 교과의 창의적이고 자율적인 교육과정 편성·운영을 강조하고 있다. 무엇보다 창의적 체험활동은 단위 학교 교육과정의 자율성이 많이 보장된 교육과정 영역이다. 따라서 창의적 체험활동을 운영하기 위해서는 무엇보다도 단위 학교에 교육과정 편성·운영의 자율권을 부여할 필요가 있다. 창의적 체험활동은 학교의 자율성을 바탕으로 학생의 창의력을 기르는 데 초점을 두는 것이 중요하다고 할 수 있다.

다섯째, 창의적 체험활동은 학습자 중심의 교육과정을 지향한다. 창의적 체험활동의 성공요건은 창의적 체험활동의 도입 취지에 비추어 어떤 체험활동을 어떻게 운영할 것인가가 관건이라고 할 수 있다. 창의적 체험활동은 학교 교육활동 중에서 학생들이 주체가 되어 자율적으로 학습활동을 할 수 있는 활동 영역이다. 교과활동과 달리 창의적 체험활동의 주체는 적극적인 체험활동이라는 관점에서 볼 때 학습자라고 할 수 있다. 따라서 창의적 체험활동의 내용 선정 및 조직을 비롯하여 평가 결과의 기록에 있어서 학습자의 적극적이고 창의적인 참여를 필요로 하는 활동이다.

제4절 창의적 체험활동 교육과정의 특징

2009 개정 교육과정은 21세기 글로벌(Global) 지식기반 사회, 지식정보화 사회, 세계화 시대에 슬기롭게 대처하고 미래를 주도한 창의적인 인재 양성을 지향하고 있다. 그러므로 2009 개정 교육과정은 단위 학교의 학교 교육과정 편성·운영의 자율성과 책무성이 강화된 새로운 교육과정이다. 또한, 2009 개정 교육과정은 단위 학교 학교 교육과정 편성·운영에서 높은 수준의 전문성을 요구하고 있으며, 창의적 체험활동 교육과정 역시 교육 수요자의 요구, 지역 및 학교의 특성과 여건에 따라 재량으로 교육과정을 편성·운영할 수 있는 자율성과 그에 따르는 책무성이 강조되고 있는 것이다.

이와 같이 새로운 시대에 새로운 교육을 지향하는 2009 개정 교육과정의 창의적 체험활동 교육과정의 특징을 요약하면 다음과 같다.

첫째, 창의적 체험활동 교육과정은 학생들의 창의성 신장과 인성 함양의 두 꼭지를 동시에 지향하고 있다. 수학, 과학, 문화, 예술 분야의 소수 학생들을 위한 영재 교육 개념의 창의성 교육이 아니다. 아울러, 전통적이고 고답적이며 소극적인 개념 창원의 도덕 교육, 생활 지도 차원의 인성 교육이 아니다. 즉 모든 학생들을 대상으로 새로운 가치를 찾아내고자 지향한다. 공동체 구성원으로서 더불어 사는 바른 인성을 갖춘 학생을 양성하는 등에 초점을 맞추고 교육 내용, 교수·학습 방법, 교육 평가 등 여러 체제 내에서 창의성 교육과 인성 교육의 활성화를 추구하고 있다.

둘째, 창의적 체험활동 교육과정은 지역사회와 협력하는 지역 단위의 교육과정이다. 창의적 체험활동 교육과정은 지역사회의 인적·물적 자원을 학교 교육과정과 연계시켜서 다양한 체험활동을 실행하는 지역사회와 협력하는 지역 단위의 교육과정이다. 학교는 제한적인 학교 내 인적·물적 환경을 포함해서 학교 밖의 지방자치단체, 유관 기관 등과의 연계를 통해 지속적인 체험활동이 이루어질 수 있도록 노력해야 한다.

셋째, 창의적 체험활동 교육과정은 학생 중심 교육과정이다. 창의적 체험활동 교육과정은 학생의 희망, 흥미, 소질, 적성 등을 고려하고 자율적 참여와 실천을 돕기 위한 교육과정이다. 특히 나 혼자가 최고라는 교육, 앞만 보고 달려가는 교육보다는 멀리 보게 하는 교육, 나 혼자 앞서 가는 교육보다는 학우들과 함께 가는 교육, 자신이 하고 싶은 일을 위해 꿈을 꾸며 자발적 동기로 참여할 수 있도록 학생들이 주체와 중심이 되는 교육과정이다.

제5절 창의적 체험활동 교육과정의 방향

2009 개정 교육과정의 창의적 체험활동 교육과정은 각 단위 학교의 자율성, 다양성, 창의성을 기반으로 이루어져야 한다. 아울러, 각 지역, 학교, 학년, 학급 및 교사별로 특색적인 활동을 구안하여 적용하여야 한다.

특히 창의적 체험활동 교육과정은 자율활동, 동아리활동, 봉사활동, 진로활동 등이 단편적으로 구분되어 운영되는 것보다는 통합적으로 연계되어 명칭 그대로 창의적으로 적용되는 것이 바람직하다.

그런 의미에서 본다면, 자율활동 영역에서의 적응활동, 자치활동, 행사활동, 창의적 특색활동 등, 동아리활동 영역에서의 학습활동, 문화 예술 활동, 스포츠 활동, 실습 조작 활동, 청소년 단체활동 등, 봉사활동 영역에서의 교내 봉사활동, 지역사회 봉사활동, 자연환경 보호활동, 캠페인 활동 등, 진로활동 영역에서의 자기이해 활동, 진로정보 탐색활동, 진로계획 활동, 진로체험 활동 등이 유기적으로 연계되어 적용되어야 한다.

Chapter 2

창의적 체험활동 교육과정의 탐구

제1절 창의적 체험활동 교육과정의 성격

일반적으로 국가 수준 교육과정은 선언적이고도 규정적인 의미를 가지는 문서이다. 교육과학기술부 장관이 초·중등교육법 제23조 제2항에 의거하여 교육과정 문서로 결정·고시한 국가 수준의 교육과정 기준에서는 창의적 체험활동의 성격을 다음과 같이 규정하고 있다.

창의적 체험활동은 교과 이외의 활동으로서 교과와 상호 보완적 관계에 있으며, 앎을 적극적으로 실천하고 나눔과 배려를 할 줄 아는 창의성과 인성을 겸비한 미래지향적 인재 양성을 목적으로 한다. 창의적 체험활동은 기본적으로 자율성에 바탕을 둔 집단 활동의 성격을 지니고 있으며, 집단에 소속된 개인의 개성과 창의성도 아울러 고양하려는 교육적 노력을 포함한다.

창의적 체험활동 교육과정은 자율활동, 동아리활동, 봉사활동, 진로활동의 4개 영역으로 구성된다. 각 영역별 구체적인 활동 내용은 학생, 학급, 학년, 학교 및 지역사회의 특성에 맞게 학교에서 선택하여 융통성 있게 운영할 수 있다. 여기에 제시되는 영역과 활동 내용은 권고적인 성격을 띠고 있으며, 학교에서는 이보다 더 창의적이고 충성한 교육과정을 선택과 집중하여 운영할 수 있다.

학교급별로 초등학교의 창의적 체험활동에서는 학생의 기초생활습관의 형성, 공동체 의식의 함양, 개성과 소질의 발현에 중점을 둔다. 중학교의 창의적 체험활동에서는 남과 더불어 살아가는 태도의 확립, 자신의 진로에 대한 탐구, 자아의 발견과 확립에 중점을 둔다. 고등학교의 창의적 체험활동에서는 학습자의 다양한 욕구를 건전한 방향으로 유도하고, 원만한 인간관계를 형성하며 진로를 선택하여 자아실현에 힘쓰도록 하는 데 중점을 둔다.

창의적 체험활동에서는 학생의 자주적인 실천활동을 중시하여 학생과 교사가 공동으로 협의하거나 학생들의 힘으로 활동 계획을 수립하고 역할을 분담하여 실천하게 한다. 아울러, 지역과 학교의 독특한 문화 풍토를 고려하여 특색 있고, 인적·물적 자원과 시간을 폭넓게 활용하여 융통성 있게 운영하는 것이 중요하다.

이상과 같이 제시된 창의적 체험활동 교육과정의 성격을 간단히 요약하면 다음과 같은 구조와 내용으로 진술할 수 있으며, 이를 분석적으로 파악·해석할 수 있다.

1) 창의적 체험활동이란 어떠한 활동인지(정의),
2) 창의적 체험활동을 통하여 성취하고자 하는 목표는 무엇인지(목표),
3) 창의적 체험활동이 어떠한 영역으로 구성되어 있는지(영역),
4) 창의적 체험활동의 학교급별 편성·운영의 중점(편성·운영의 중점),
5) 창의적 체험활동을 어떻게 실천하고 운영해야 하는지를 나타낸 것이다(방법).

첫째, 창의적 체험활동은 교육과정의 한 영역으로서 교과활동과는 상호 보완적인 관계에 있다. 교과활동이 개념이나 원리를 바탕으로 한 학문적, 인지적인 접근을 주로 한다면, 창의적 체험활동은 실천적, 체험적 접근을 통해 교과활동을 구체적으로 적용해 본다는 측면에서 교과활동과는 상호 보완적인 관계에 있다. 교과 학습 내용이 창의적 체험활동의 실제 문제, 실제 상황에 적용되는 경우도 있고, 창의적 체험활동을 통해 교과에 대한 필요성이나 흥미를 느끼게 하여 고과에 대한 바람직한 시사점을 얻을 수도 있다. 또한 교과활동을 통해 달성할 수 없는 내용을 창의적 체험활동을 통해 이루는 경우도 있다. 창의적 체험활동은 학생들이 자율적인 활동과 구체적인 체험활동을 통해 자신감이나 성취감을 높이고, 삶에 필요한 여러 가지 규범을 익히고 가치관을 형성하게 하는 것이다.

둘째, 창의적 체험활동은 집단을 단위로 하는 활동이며, 개별적인 활동보다는 집단활동을 통하여 심신의 조화로운 발달을 도모하는 데 중점을 둔다. 창의적 체험활동은 기본적으로 집단을 구성하고 집단 구성원 간의 협동적인 노력을 통해 이루어지는 활동이다. 여기서 말하는 집단활동은 그 자체가 목적이라기보다는 집단 내 개인 간의 관계를 도모하고 타인과 더불어 사는 삶(생활, Life)의 체득을 기반으로 한 개인의 완성을 추구하는 활동이라는 점도 유념해야 한다. 여기에서 집단은 개인의 완성을 녹표로 하는 방법적인 토대로 이해할 수 있으며, 개인의 완성은 집단의 활동을 통하여 가능해진다고 볼 수 있다. 창의적 체험활동의 목표는 교육의 일반 목표인 인격의 완성을 집단활동을 통해 이루고자 하는 것이며, 궁극적으로 집단에 속한 개개인의 자아실현을 목표로 하는 것이다.

셋째, 창의적 체험활동 교육과정은 자율활동, 동아리활동, 봉사활동, 진로활동 등의 영역으로 구성되며, 영역과 활동 내용 선정과 조직은 권고적인 성격을 띠고 있다. 창의적 체험활동 영역 및 내용은 지역과 학교의 독특한 교육 문화 풍토를 고려하여 특색 있고 융통성 있게 선정되는 것이 무엇보다 중요하다. 창의적 체험활동의 주제는 활동 장소, 시간 운영, 집단 편성, 부서지도, 부서 이동 등과 같은 요인을 고려하여 탄력적으로 선정하는 것이 바람직하다. 교과활동은 이미 정해져 있는 교육과정상의 목표, 내용, 수준에 따라 체계적으로 학습하도록 계획되어 있으나, 창의적 체험활동은 학생과 교사가 주제를 자유롭게 선정하여 장소, 시간, 방법에 구애받지 않고 자유롭게 탄력적으로 운영할 수 있다.

넷째, 창의적 체험활동은 학교급 및 학습자의 발달 단계를 고려하여 운영한다. 예컨대 초등학교의 창의적 체험활동에서는 학생의 기초 생활 습관의 형성, 공동체 의식의 함양, 개성과 소질의 발현에 중점을 둔다. 단위 학교에서는 "학생들은 창의적 체험활동에 자발적으로 참여하여 개개인의 소질과 잠재력을 계발·신장하고, 자율적인 생활 자세를 기르며, 타인에 대한 이해를 바탕으로 나눔과 배려를 실천함으로써 공동체 의식과 세계 시민으로서 갖추어야 할 다양하고 수준 높은 자질 함양을 지향한다"는 창의적 체험활동 목표를 추구하면서, 초등학교의 창의적 체험활동의 중점 사항의 구현에 부합되는 활동을 하게 할 필요가 있다.

다섯째, 창의적 체험활동은 학생들의 자발적이고 자율적인 활동에 바탕을 둔다. 창의적 체험활동은 기본적으로 교사의 지시와 통제에 따르기보다는 학생 스스로의 방향 설정과 노력에 의해 이루어 가는 자발적이고 자율적인 활동이라고 볼 수 있다. 창의적 체험활동은 이를 위해 활동의 계획, 조직 운영, 평가 등에서 학생들의 자발적이고 능동적인 자세가 요구된다. 이 과정에서 교사는 가능한 한 조력자의 입장에서 돕는 역할을 해야 한다. 따라서 창의적 체험활동에서는 특히 학생의 자주적인 실천활동을 중시하여 교사와 학생이 공동 협의하거나 학생 자신의 힘으로 활동 계획을 수립하고 역할을 분담하여 실천하게 해야 한다.

제2절 창의적 체험활동 교육과정의 목표

2009 개정 창의적 체험활동은 종래의 재량활동과 특별활동 영역을 통합한 교육과정의 새로운 영역으로 도입한 것이다. 이렇게 재량활동과 특별활동 영역을 통합하면서 특히 학생의 체험적 활동에 초점을 두어 목표를 설정하였다. 국가 수준에서 고시(告示)한 창의적 체험활동 교육과정에서는 초·중·고등학교의 구분 없이 하나로 묶어 다음과 같이 총괄목표와 네 개의 하위 목표를 제시하고 있다.

〈총괄목표〉

학생들은 창의적 체험활동에 자발적으로 참여하여 개개인의 소질과 잠재력을 계발·신장하고, 자율적인 생활 자세를 기르며, 타인에 대한 이해를 바탕으로 나눔과 배려를 실천함으로써 공동체 의식과 세계 시민으로서 갖추어야 할 다양하고 수준 높은 자질 함양을 지향한다.

〈하위목표〉

가. 각종 행사, 창의적 특색활동에 자발적으로 참여하여, 변화하는 환경에 적극적으로 대처하는 능력을 기르고, 공동체 구성원으로서의 역할을 수행한다.

나. 동아리활동에 자율적이고 지속적으로 참여하여 각자의 취미와 특기를 창의적으로 계발하고, 협동적 학습능력과 창의적 태도를 기른다.

다. 이웃과 지역사회를 위한 나눔과 대별의 활동을 실천하고, 자연환경을 보전하는 생활습관을 형성하여 더불어 사는 삶의 가치를 깨닫는다.

라. 흥미와 소질, 적성을 파악하여 자기 정체성을 확립하고, 학업과 직업에 대한 다양한 정보를 탐색하여 자신의 진로를 설계하고 준비한다.

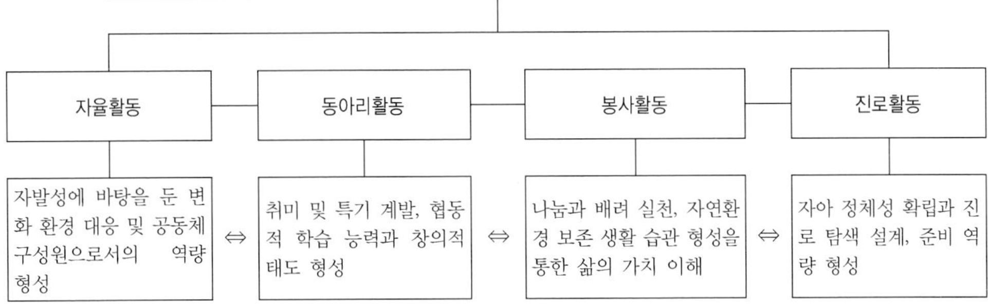

〈그림 2-1〉 창의적 체험활동 목표의 체계(System)

이상과 같이 제시된 4개의 하위 목표는 창의적 체험활동 각 영역별 목표라고 할 수 있다. 4개의 하위목표는 각 영역의 내용과 상호 연계가 되어 있으며, <그림 2-1>과 같이 도식화하여 나타낼 수 있다.

<그림 2-1>에서와 같이 총괄목표는 창의적 체험활동 교육과정을 통하여 학생들이 궁극적으로 달성하여야 할 민주 시민으로서의 기본적인 자질 함양을 포괄적으로 제시한 것이다. 따라서 총괄목표는 4개 하위 영역의 실천이 통합적으로 이루어졌을 경우에 달성될 수 있는 최종 목표이다.

이에 따르는 하위목표는 4개 영역의 실천을 통해서 달성하고자 하는 목표로 창의적 체험활동의 4개 하위 영역 설정의 근거가 되고 있으며, 각각은 창의적 체험활동의 목표라고 할 수 있다. 학교에서는 이와 같은 목표를 근거로 하여 창의적 체험활동의 학년별 목표를 구체적으로 설정하여 창의적 체험활동의 궁극적인 목표를 달성할 수 있도록 창의적 체험활동 교육과정을 편성·운영하는 것이 바람직하다.

제3절 창의적 체험활동 교육과정의 영역

창의적 체험활동 교육과정은 미래 사회를 슬기롭게 살아갈 수 있는 훌륭한 인재를 육성하기 위한 교육과정으로 창의성 신장, 인성 함양 교육을 동시에 추구하고 있다. 이와 같은 창의적 체험활동 교육과정은 자율활동, 동아리활동, 봉사활동, 진로활동 등 네 영역으로 편성되어 있는데 그 세부 영역과 활동은 다음의 <표 2-1>과 같이 종합할 수 있다.

〈표 2-1〉 창의적 체험활동 교육과정의 영역

영역	성격	세부 활동	세부 활동 내용
자율 활동	○ 학급이나 학교 구성원의 자발적이고 자율적인 참여를 중시하는 활동	적응활동	○ 입학, 진급, 진학, 기본 생활습관 형성, 축하, 친목, 사제 동해, 학습, 건강, 성격, 교육 등의 상담활동 등
		자치활동	○ 학급회, 학생회 협의활동, 모의의회, 토론회 등
		행사활동	○ 시업식, 입학식, 졸업식, 종업식, 전시회, 발표회, 학예회, 경연대회, 학생건강체력평가(PAPS), 체육대회, 수련활동, 현장학습, 수학여행, 문화답사, 국토순례 등
		창의적 특색활동	○ 학생·학급·학년·학교·지역 특색활동, 학교 전통 수립·계승 활동 등
동아리 활동	○ 학생들의 공통의 관심사와 동일한 취미, 특기, 재능, 능력 등을 지닌 학생들이 함께 모여서 자발적인 참여와 운영을 통해 자신들의 능력을 창의적으로 표출해 내는 것을 주 활동으로 하는 집단 활동	학술활동	○ 외국어 회화, 과학탐구, 사회조사, 컴퓨터, 인터넷, 신문 활용, 발명, 다문화 탐구 등
		문화예술 활동	○ 문예, 창작, 회화, 조각, 서예, 전통예술, 현대예술, 성악, 기악, 뮤지컬, 오페라, 연극, 영화, 방송 등
		스포츠활동	○ 구기, 육상, 수영, 체조, 배드민턴, 인라인스케이트, 하이킹, 야영, 민속놀이, 씨름, 태권도, 태껸, 무술 등
		실습 노작활동	○ 요리, 수예, 꽃꽂이, 조경, 사육, 재배, 설계, 목공, 로봇 제작 등
		청소년 단체 활동	○ 보이스카우트연맹, 걸스카우트연맹, 청소년연맹, 청소년적십자(RCY), 우주 소년단, 해양 소년단 등
봉사 활동	○ 어떤 대가를 목적으로 하는 활동이 아니라, 자발적인 의도에서 개인이나 단체가 다른 사람을 돕거나, 사회에 기여하는 무보수의 지속적인 활동으로 인간의 존엄성에 대한 인식뿐만 아니라, 더불어 사는 사회의 이해 활동, 협동 의식의 고취 등 다양한 의미를 부여할 수 있는 활동	교내 봉사활동	○ 학습 부진 친구, 장애인(우), 병약자, 다문화 가정 학생 돕기 등
		지역사회 봉사활동	○ 복지시설, 공공시설, 병원, 농어촌 등에서의 일손 돕기, 불우 이웃 돕기, 고아원·양로원·병원·군부대에서의 위문 활동, 재해 구호, 국제 협력과 난민 구호 등
		자연환경 보호 활동	○ 깨끗한 학교 환경 만들기, 자연보호, 식목활동, 저탄소 생활 습관화, 공공 시설물, 문화재 보호 등
		캠페인 활동	○ 공공질서, 교통안전, 학교 주변 정화, 환경 보전, 헌혈, 각종 편견 극복 등
진로 활동	○ 개인이 자신의 진로를 계획하고 그 진로에 대한 준비를 하며, 적절한 시기에 진로를 선택하고, 선택한 진로에 대해 잘 적응하고 발전할 수 있도록 도와주는 활동	자기이해 활동	○ 자기이해 및 심성 계발, 자기 정체성 탐구, 가치관 확립 활동, 각종 진로 검사 등
		진로 정보 탐색활동	○ 학업 정보 탐색, 입시 정보 탐색, 학교 정보 탐색, 학교 방문, 직업 정보 탐색, 자격 및 면허 제도 탐색, 직장 방문, 직업 훈련, 취업 등
		진로계획 활동	○ 학업 및 직업에 대한 진로 설계, 진로 지도 및 상담 활동 등
		진로체험 활동	○ 학업 및 직업 세계의 이해, 직업 체험 활동 등

가. 내용 체계

2009 개정 교육과정의 창의적 체험활동 교육과정에서는 종래의 재량활동과 특별활동 영역을 학생의 체험활동에 초점을 두고 통합하여 학습자의 요구 및 시대 · 사회적 상황, 창의적 체험활동 편성 · 운영의 실효성을 고려하여 내용을 선정하였다. 2009 개정 창의적 체험활동 교육과정의 내용 체계는 학교급별로 구분하지 않고 초 · 중 · 고등학교의 내용을 묶어서 하나로 제시하였다. 이와 같은 창의적 체험활동의 내용 체계는 <표 2−2>와 같다.

<표 2−2>에서 보는 바와 같이 2009 개정 창의적 체험활동 교육과정에서는 4개의 영역인 자율활동, 동아리활동, 봉사활동, 진로활동을 구성하고 있다. 이러한 4개 영역은 창의적 체험활동의 기본적 특성을 제시한 것이라고 할 수 있다. 내용 체계가 초 · 중 · 고등학교 구분 없이 하나로 제시된 점을 감안할 때 단위 학교에서는 해당 학교급의 교육 특성과 발달 단계, 학교의 실정 등을 고려하여 창의적 체험활동 목표 달성에 적합한 활동 내용을 선정하여 운영하는 것이 필요하다.

〈표 2−2〉 창의적 체험활동의 내용 체계

영 역	기본 성격	세부 주요 활동
자율활동	학교는 학생 중심의 자율적 활동을 추진하고, 학생은 다양한 교육활동에 능동적으로 참여한다.	○ 적응활동 ○ 자치활동 ○ 행사활동 ○ 창의적 특색활동 등
동아리활동	학생은 자발적으로 집단활동에 참여하여 협동하는 태도를 기르고 각자의 취미와 특기를 신장한다.	○ 학술활동 ○ 문화 예술 활동 ○ 스포츠 활동 ○ 실습 조작활동 ○ 청소년 단체활동 등
봉사활동	학생은 이웃과 지역사회를 위한 나눔과 배려의 활동을 실천하고, 자연환경을 보존한다.	○ 교내 봉사활동 ○ 지역사회 봉사활동 ○ 자연환경 보호활동 ○ 캠페인 활동 등
진로활동	학생은 자신의 흥미, 특기, 적성에 적합한 자기 계발 활동을 통하여 진로를 탐색하고 설계한다.	○ 자기이해 활동 ○ 진로정보 탐색활동 ○ 진로계획 활동 ○ 진로체험 활동 등

한편, <표 2-2>의 창의적 체험활동에 제시된 영역별 내용은 예시이므로 단위 학교는 창의적 체험활동의 목표 달성, 학교의 실정 또는 여건을 고려하여 국가 수준 교육과정에 제시되지 않은 다양한 활동 내용을 창의적으로 편성·운영할 수 있다. 즉, 단위 학교 차원의 다양화·자율화·특성화된 프로그램을 구현하는 것이다.

나. 영역별 내용 및 교수·학습 방법

현행 2009 개정 교육과정의 창의적 체험활동 교육과정에서는 다음과 같은 지침을 제시하여 학교급별 특성이나, 각 학교의 지역적 특성 및 여건에 따라 창의적 체험활동 교육과정 편성·운영에 대한 자율권과 재량권을 발휘하여 단위 학교 나름대로 실천 가능하면서도 특색 있는 창의적 체험활동을 실행할 것을 권장하고 있다.

> 이 교육과정에서 제시한 각 영역별 활동 내용은 예시적 기준이므로, 학생의 발달 단계, 학교 실정 및 지역 특성 등을 고려하여 목표 달성에 적합한 내용을 선정, 운영할 수 있다.

국가 수준 교육과정에 제시된 창의적 체험활동의 각 영역별 활동 내용은 예시적 기준이다. 그러므로 각 학교에서는 창의적 체험활동의 목표 달성에 적합한 내용을 선정하여 교육과정을 탄력적으로 운영할 수 있다. 즉, 창의적 체험활동은 그동안 특별활동과 재량활동으로 이원화되어 있던 교과 외 영역을 통합하여 교과 외 교육과정의 편성과 운영에 대한 학교와 교사의 자율성을 한층 더 증대시킨 교육과정 영역이다. 이러한 점은 학교·교사 수준에서 창의적 체험활동 교육과정을 적극적이고도 자율적으로 편성하고 실천해야 함을 의미한다.

시·도 교육청 교육과정 편성·운영 지침과 학교 교육과정에서는 국가 수준의 교육과정에 제시된 창의적 체험활동의 목표를 달성할 수 있도록 학생들의 발달 단계, 학교의 실정 및 지역의 특성을 고려하여 적절한 내용을 선정하여 편성·운영할 수 있도록 융통성 및 재량권을 확대하였다.

단위 학교는 편성·운영 지침에 따라 학생들의 발달 단계, 학교의 실정 및 지역의 특성을 살려서 학교 교육과정 편성·운영의 자율권과 재량권을 바탕으로 학교 나름대로 창의적인 교육과정을 구현할 수 있도록 하였다. 창의적 체험활동은 자율활동, 동아리활동, 봉사활동, 진로활동 등의 4개 영역을 기본 축으로 하여 활동 집단, 활동 장소, 활동 시기, 활동 지도자 등과 같은 다양한 변인을 고려하여 특정 영역에 얽매이지 않고 자유롭게 활동 영역을 선택하고 통합하여 학교별로 활동 내용을 선정하거나 추가하여 특색 있게 운영할 수 있다는 것이다.

1) 자율활동

자율활동이란 학생들이 자발적으로 참여하는 활동으로서 자신이 속해 있는 단체에 대한 소속감을 갖고 공동체 의식을 높여 각종 행사와 창의적 특색활동에 참여하며, 변화하는 환경에 적극적으로 대처하는 능력을 기르는 데 그 교육적 의의가 있다.

가) 목표

2009 개정 교육과정에 따른 창의적 체험활동 교육과정에 제시된 자율활동의 목표는 다음과 같다.

(1) 전입학과 진급 등에 따른 생활변화에 적응하고 이를 주도하는 능력을 길러 원만하고 즐거운 학교생활을 한다.
(2) 다양한 협의 및 실천 경험을 통해 문제를 합리적으로 해결할 수 있으며, 민주적인 의사 결정의 기본 원리를 익힌다.
(3) 학급과 학교에서 일어나는 제 문제에 대해 적극적으로 참여하여 협의하고 실천함으로써 협동심과 유대감을 기른다.
(4) 교내외에서 실시되는 여러 행사의 의의와 중요성을 이해하고, 행사에 자발적으로 참여하여 학교와 지역사회의 발전을 위해 노력하는 태도를 가진다.
(5) 학급, 학년, 학교의 특성 및 학습자의 발달 단계에 맞는 다양한 특색활동을 계획하고, 이에 참여함으로써 자신감과 창의성을 기른다.
(6) 학교의 전통을 계승하고 이를 창의적으로 발전시키려는 노력을 통해 소속감과 애교심을 기른다.

이와 같은 자율활동의 목표 중, 첫 번째 목표는 자율활동의 내용 중 적응활동에 관련되는 목표로서 초등학생들이 학교나 학급에서 원만한 인간관계를 형성하고 여러 가지 상황에 지혜롭게 대처하는 능력을 기르도록 하는 데 초점이 맞춰져 있다. 초등학교에서의 적응활동은 학생들이 입학이나 진급, 전학 등 생활환경의 변화에 따라 느끼게 되는 긴장과 불안감을 덜어 주고 학습이나 학교생활에 잘 적응할 수 있도록 예절, 질서 등의 기본 생활습관을 형성하는 활동이 중심이 된다. 또한 친구들과 사이좋게 지낼 수 있도록 축하, 친목 등의 교우관계 형성 활동, 담임교사와의 상담활동이나 사제동행, 다문화 가정 지원 활동 등의 다양한 활동이 이루어질 수 있도록 한다.

두 번째 목표와 세 번째 목표는 자율활동에 관련되는 목표이다. 두 번째 목표는 자율활동의 내용 중 자치활동과 관련된 목표로 여러 가지 목표에 대해 학생들이 자율적으로 참여하고 협의하여 실천하는 경험을 통하여 문제를 합리적으로 해결할 수 있는 능력을 함양하도록 지향하고 있다. 자치활동은 학생들이 민주적인 의사결정을 하고, 결정된 것을 실천하기 위하여 역할을 분담하며, 여러 가지 자율적인 활동을 통하여 민주 시민으로서의 기본적인 자질을 기르기 위한 활동이다. 자율활동 영역 중 자치활동은 학생들이 학급 생활에 필요한 한 가지 이상의 일을 분담하여 자율적으로 실천하도록 하고, 필요한 경우 역할을 서로 바꾸어 다양한 경험을 가지도록 하는 것이 바람직하다.

세 번째 목표는 자치활동과 관련된 목표로서, 학교와 학급에서 일어나는 여러 가지 문제에 대해서 민주적 방법으로 의사결정을 하고, 결정된 것을 실천하기 위하여 필요한 일을 분담하여 자율적으로 실천하게 함으로써 민주시민으로서의 기본적 자질을 함양하기 위한 활동이다. 학급회 및 학급 부서 활동은 모든 구성원이 골고루 참여할 수 있는 기회를 제공하고, 학급회 활동이나 부서위원 활동, 모의의회, 토론회에서는 다양한 의견을 존중하여 참여 의식을 높이며 소속감을 가지도록 하는 것이 필요하다. 학생들은 학급 및 학교에서 일어나는 제 문제에 대해 적극적으로 참여하여 협의하고 실천하는 경험을 통해 문제해결력을 기르는 동시에 협동심과 유대감을 형성할 수 있을 것이다.

네 번째 목표는 행사활동의 목표로서 민주 시민의 자질과 전인적인 인간을 육성하기 위한 종합적인 교육활동을 포함할 수 있다. 대표적인 의식 행사로는 입학식, 졸업식, 시업식, 종업식, 기념일, 경축일 행사 등이 있으며 전시회, 발표회, 경연대회, 실기대회, 체육대회, 친선경기대회, 안전생활 훈련 등의 다양한 학교행사가 있다. 또한 수련활동, 현장학습, 수학여행, 학술조사, 문화재 답사, 국토순례, 해외 문화탐방 등의 행사는 교내 활동에서 실행하기 곤란한 다양한 현장을 직접 찾아가서 체험하는 활동이며 지적, 신체적, 정의적 영역의 조화로운 발달을 추구하는 의미 있는 활동이다.

이상과 같은 적응활동, 자치활동, 행사활동은 모두 2007년 개정 특별활동 하위 5개 영역에 포함되어 있던 것이며, 이렇게 볼 때 2009 개정 창의적 체험활동 교육과정에서의 자율활동은 기존의 특별활동을 통해 중시되어 온 내용을 집약시킨 측면이 있다고 할 수 있다.

다섯 번째 목표와 여섯 번째 목표는 2009 개정 창의적 체험활동 교육과정에 의해 새롭게 추가된 창의적 특색활동과 관련되는 목표이며 창의적 체험활동의 근본적인 취지가 가장 많이 반영된 목표라고 말할 수 있다. 즉, 이러한 목표는 학급, 학년, 학교 수준에서 특색 있는 교육과정을 편성하고 프로그램을 개발하여 창의적인 교육활동을 전개할 수 있음을 강조하는 데 초점이 맞춰져 있으며, 나아가 그러한 특색활동을 통해 학교의 전통 문화를 정착 및 발전시켜야 함을 함의(含意)하고 있다.

다섯 번째 목표는 자율활동의 내용 중 창의적 특색활동에 관련된 목표로 지역사회의 특성이나 학습자의 발달 단계 등을 고려하여 학교, 학년, 학급 단위의 특색 있는 활동을 하도록 하는 데 초점을 맞추고 있다. 따라서 창의적 특색활동은 단위 학교의 자율성을 바탕으로 다양한 특색적 교육활동의 발현(發現)과 실천을 통하여 학생들의 창의성을 계발하고 학생들의 자주적인 참여로 이루어지는 창의적 활동이 되어야 한다.

여섯 번째 목표 역시 자율활동의 내용 중 창의적 특색활동에 관련된 목표로서 학교, 학년, 학급 단위에서 개발된 특색 있는 중점 영역을 설정하여 육성함으로써 학교의 전통을 만들어 가는 것을 포함하고 있다. 이와 같은 활동을 통하여 학교 전통을 계승하고 창의적으로 발전시켜 나아감으로써 학생들의 학교생활에 대한 소속감과 애교심을 함양시킬 수 있도록 하고, 학교(모교)에 대한 자긍심을 가질 수 있도록 하는 데 주안점을 두고 있다.

나) 활동별 내용

2009 개정 교육과정에 따른 창의적 체험활동 교육과정에 제시된 자율활동의 활동별 내용은 <그림 2-2>와 같다.

자율활동은 적응활동, 자치활동, 행사활동, 창의적 특색활동 등 네 가지 세부 활동으로 구성되어 있다. 특히, 2009 개정 교육과정에서 폐지된 초등학교 제1학년의 '우리들은 1학년' 교과의 내용도 자율활동의 적응활동에서 다루어야 한다.

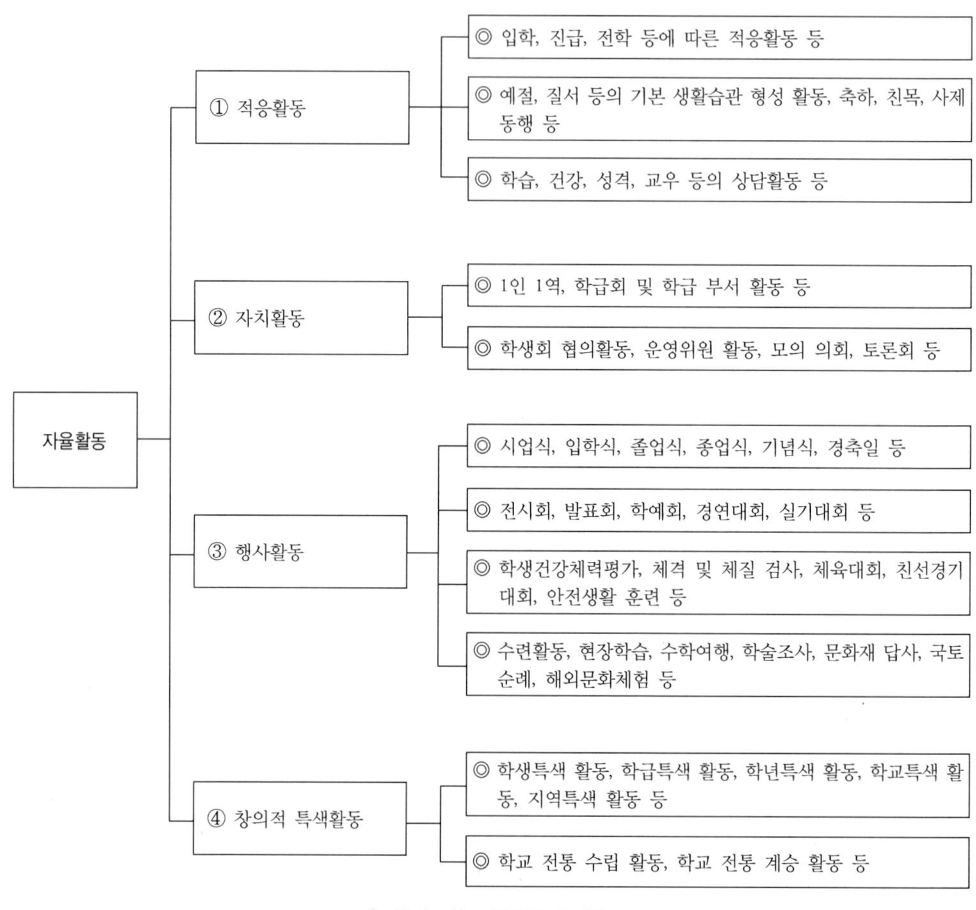

<그림 2-2> 자율활동의 내용

    자율활동은 2009 개정 교육과정에서 신설된 영역으로 종전의 특별활동에 포함되어 있던 적응활동, 자치활동, 행사활동 등의 활동과 2009 개정 교육과정에 따른 창의적 체험활동 교육과정에서 신설된 창의적 특색활동을 그 내용으로 한다. 종전의 창의적 재량활동에 포함되어 있던 자기 주도적 학습, 범교과 학습 등은 창의적 특색활동에 포함시켜 운영할 수 있으며, 범교과 학습 주제는 관련되는 교과와 창의적 체험활동 등의 교육 활동 전반에 걸쳐 통합적으로 다루어지도록 해야 할 것이다. <그림 2-2>에 제시한 자율활동의 내용은 반드시 지도해야 할 필수적 사항을 의미하는 것이라기보다는 예시적인 성격으로 제시된 것이므로, 필요한 경우에는 지역사회의 특수성 및 학교의 실정과 학생의 요구, 교사의 필요에 따라 지도 내용의 순서와 비중, 방법 등을 조정하여 운영할 수 있으며, 각 활동 영역에 적합한 새로운 내용을 추가하여 지도할 수 있다.

자율활동 중 적응활동은 전입학과 진급 등에 따른 생활 변화에 적응하고 이를 주도하는 능력을 길러 원만하고 즐거운 학교생활을 하는 것에 초점을 둔다. 1학년에 입학한 학생들이 초등학교 생활에 원만히 적응할 수 있도록 지도하는 데 초점을 두고 운영되어 온 '우리들은 1학년'은 적응활동에 포함하여 지도하도록 한다. 또한 자치활동은 학급에서의 협의활동 및 역할 분담 활동, 토론회 등의 다양한 활동으로 구성될 수 있으며, 행사활동 영역은 교내 외에서 실시되는 여러 행사와 관계된다. 창의적 특색활동은 다른 학생이나 학급, 다른 학년과 구분될 수 있는 활동, 더 나아가 학교별, 지역별로 제각기 특색 있는 활동을 함으로써 학교의 전통을 수립하는 세부 내용으로 구성되어 있다. 창의적 특색활동은 학생별, 학급별, 학년별로 서로 구분이 되는 활동으로 더 나아가서는 학교별, 지역별로 제각기 특색 있는 활동을 함으로써 학교의 전통을 수립하고 계승하는 활동이다. 그리고 종전의 창의적 재량활동에 포함되었던 범교과 학습, 자기 주도적 학습 등을 창의적 특색활동에 포함시켜 운영할 수 있다.

이와 같은 창의적 특색활동은 다른 학생, 다른 학급 및 다른 학년과 서로 구분이 될 수 있는 활동으로, 더 나아가서는 학교별, 지역별로 제각기 특색 있고 두드러진 활동을 함으로써 학교의 전통을 수립하고 계승하게 된다. 창의적 특색활동은 학교 내에서의 학생특색 활동 및 학급특색 활동, 학년특색 활동, 학교특색 활동, 지역특색 활동과 학교 전통 수립 활동, 학교 전통 계승 활동 등이 있다. 창의적 특색활동의 활동별 내용을 좀 더 구체적으로 예시하면 <표 2-3>과 같다.

〈표 2-3〉 창의적 특색 활동의 세부 내용(예시)

활동별 내용	세부 내용 예시
학생특색 내용	나의 소질 기르기, 1인(人) 1기(技) 기르기, 나의 뿌리 알아보기, '나의 꿈·나의 희망 찾기' 등
학급특색 내용	좋은 학급 만들기(독서하는 학급, 일기 잘 쓰는 학급, 발표 잘하는 학급, 학급 꾸미기), 모둠활동, 학급 문고 만들기, 학급 신문 만들기, 칭찬 엽서 쓰기, 대화의 광장, 친구 사랑의 날 운영 등
학년특색 활동	칭찬 릴레이, 독서 감상문 대회, 학년 학예회, 미니 올림픽 등
학교특색 활동	교과서 물려주기, 교복 물려주기, 효 실천 프로그램, 학교 홈페이지 칭찬 릴레이, 인성 퀴즈대회, 전교생 국악 교육, 의형제 나눔 활동, 맞춤 체력인증제, 학교 사랑 글짓기 대회 등
지역특색 활동	지역의 문화 조사하기, 지역 문화재 답사하기, 지역의 축제 조사하고 참여하기, 지역의 역사 계승 활동 등
학교 전통 수립 활동	타임캡슐 묻기(매설), '에너지 사랑단 활동' 등
학교 전통 계승 활동	마을 애향대(단) 조직, 선배 초청하여 이야기 나누기, 맞춤 체력 인증제, 흡연 제로 프로그램 등

창의적 특색활동을 통해 학교의 특색을 살려가기 위해서는 먼저 학교에서 창의적 체험활동 교육과정의 방향을 어떻게 설정할 것인가를 면밀하게 논의해야 할 것이다. 예를 들어 창의적 체험활동의 방향 및 내용에 대해 논의한 결과 우리나라 문화에 대한 정체성 교육을 강조할 필요가 있다고 판단된 경우에는 전 학년에서 그러한 방향을 고려하여 위계성(계열성)을 갖춘 학년별 내용을 선정해야 할 것이다.

다) 교수 · 학습 방법

자율활동은 자발적으로 참여하는 자율적인 활동으로 학생들의 다양한 의견을 존중하고 참여 의식을 높여서 소속감을 갖도록 한다. 또한 자율활동은 자신이 주체라는 인식을 갖고 모든 활동에 적극적이고 창의적으로 참여하도록 하여 나눔과 배려의 정신을 실천하고 서로 협동하는 자세를 기르는 것을 중심으로 하고 있다.

2009 개정 교육과정에 따른 창의적 체험활동 교육과정에 제시된 자율활동의 교수 · 학습 방법은 다음과 같다.

> (1) 학생들의 자발적이고 자율적인 활동이 되도록 해야 하며, 그 활동이 바람직하고 창의적인 방향으로 이루어지도록 지도한다.

자율활동은 학생들이 학급과 학교의 집단활동에 적극적으로 참여함으로써 자주성과 사회성을 기르는 데 목표를 두고 있다. 따라서 학생들이 자발적이고 자율적인 활동으로 활동하여야 한다. 또 스스로 문제를 제기하고 올바르게 판단하여 문제를 해결하도록 자율활동의 운영, 절차, 방법 등이 학생 중심이 되도록 하여야 한다.

자율활동은 타 영역에 비하여 학교와 교사, 학생의 자율성 및 자발성이 비교적 폭넓게 반영될 수 있는 영역이라고 볼 수 있다. 이런 측면에서 볼 때 자율활동은 보다 융통성 있는 지도가 가능한 영역이라고 할 수 있다. 자율활동에서는 학생들의 자발적 참여를 중시한다. 학생들의 필요에 의한 자발적 문제 제기, 학생 중심의 문제 해결 방안 모색 및 실천, 평가의 개선 방안 마련 등 자율활동의 운영 절차와 방법이 전체적으로 학생 중심의 자발적 활동으로 운영한다. 즉, 자율활동은 특정한 활동과 내용, 유형으로 고정된 활동 영역이 아니라 학교, 학급, 개인의 여건에 따라 다양하게 운영될 수 있다.

| 활동 주제 선정 | ⇨ | 활동 목표 선정 | ⇨ | 활동 계획 수립 | ⇨ | 활동 및 실행 | ⇨ | 평가 |

〈그림 2-3〉 자율활동의 실행 절차(예시)

자율활동을 바람직한 방향으로 지도하기 위해서는 학생들의 적극적이고도 자율적인 활동이 바탕이 되어야 하며, 이러한 자발적 참여가 최대한으로 보장될 수 있도록 하려면 학생들의 필요에 대한 구체적 이해와 학생 중심의 문제 해결 방안 모색 및 실천이 수반되어야 한다. 자율활동의 내용은 다양하게 구성할 수 있지만 단위 학교 창의적 체험활동의 교수·학습 과정에서 고려할 수 있는 일반적 실행 절차를 예시하면 <그림 2-3>과 같다.

우선, 활동주체를 선정하는 단계에서는 지역사회의 여건이나 학교의 실정, 학생의 요구 등을 고려하여 활동의 대상, 시간, 비용 등을 파악하고 그에 기초하여 실천 가능한 주제를 선정한다. 활동 목표의 설정 단계에서는 구체적인 활동 목표를 설정하고 그러한 목표 달성을 통해 얻을 수 있는 결과와 예상되는 효과에 대해 고려한다. 활동 계획 수립 단계에서는 실행 계획을 수립한다. 자율활동의 실행 계획은 방법적 측면과 내용적 측면으로 구분될 수 있다. 방법적 측면에 대한 계획 수립에 있어서는 활동 시기와 장소, 사전 준비 계획 등에 대한 구체적 계획이 수립되어야 한다. 내용적 측면에 대해서는 각 활동 주제에 대한 구체적 내용 및 활동의 주체, 활동 범위, 사전에 지도해야 할 내용 등이 고려되어야 한다. 활동 및 실행 단계에서는 그동안 준비한 자율활동 계획에 따라 활동을 준비하고 사전 활동 과정을 거쳐 본 활동을 수행하는 단계이다. 평가 단계에서는 크게 효과성에 대한 검증과 성취감에 대한 평가, 목표 도달 정도에 대한 평가를 등을 실시할 수 있다.

> (2) 모든 구성원들이 골고루 참여할 수 있는 기회를 제공하고, 다양한 의견을 존중하여 참여 의식을 높이며 소속감을 가지게 한다.

자율활동은 운영 단위별로 모든 학생들이 참여할 수 있도록 역할을 부여하여야 한다. 즉, 학생들이 민주적인 절차와 방법으로 스스로 활동 계획을 수립하고 다양한 협의 및 실천 경험을 통해서 제반 문제를 민주적이고도 합리적으로 해결하도록 하여야 한다. 그리고 학생들의 다양한 의견을 존중하고 참여하도록 기회를 부여하여 모든 구성원들이 집단에 대한 강한 소속감을 갖도록 하여야 한다.

자율활동 지도에 있어서는 모든 학생이 참여할 수 있도록 역할과 기회를 부여해야 한다. 자율활동과 관련한 의사결정 과정 및 실천 과정에는 가급적 모든 구성원이 참여할 수 있도록 기회를 제공하고, 다양한 의견을 수렴하고 존중함으로써 학생들의 참여 의식을 높이는 것이 필요하다.

자율활동은 학생들의 자발적 참여에 의한 활동으로 학급과 학교의 집단활동에 자발적으로 참여하여 학급과 학교에서 일어나는 제반 문제에 대해서 적극적으로 참여하여 실천함으로써, 문제를 자주적으로 해결해 나감과 동시에 이를 통한 협동심과 유대감을 기르기 위한 활동이다. 따라서 학생들이 민주적인 의사결정 과정을 거쳐서 활동 계획을 수립하고, 다양한 협의 및 실천을 통하여 문제를 합리적으로 해결할 수 있도록 하며, 이를 통하여 민주적인 방법과 절차를 익힐 수 있도록 한다. 의사결정 과정에는 가급적 모든 구성원들이 참여할 수 있도록 기회를 제공하고 다양한 의견을 수렴하여 존중하고, 학생들의 참여 의식을 높일 수 있도록 한다.

> **(3) 학생 전원이 학급 생활에 필요한 한 가지 이상의 일을 분담하여 자율적으로 실천하게 하되, 필요할 경우 역할을 교체하여 다양한 경험을 가지도록 한다.**

학생들의 적극적 참여를 위해 학급 구성원이 학급 생활에 필요한 한 가지 이상의 일을 분담항하여 자율적으로 실천하도록 1인 1역할을 부여할 필요가 있다. 학생들의 적극적 참여는 학급 생활에 대한 애착심을 갖게 하는 데 도움이 될 수 있다. 경우에 따라서는 각자가 맡은 역할을 서로 바꾸어 담당하게 하여 학생들이 다양한 역할 수행을 통해 여러 가지 경험을 할 수 있도록 하는 것이 필요하다.

자율활동에서는 학생들의 적극적인 참여를 통해서 집단 구성원에 대한 소속감을 가질 수 있도록 하고, 학생들이 학급 생활에 필요한 일을 한 가지 이상 각자 분담하여 역할을 자율적으로 실천하게 하는 것이 필요하다. 경우에 따라서는 각자 맡은 역할을 상호 교체하여 학생들이 역할 수행을 통하여 다양한 경험을 할 수 있도록 부여하는 것이 필요하다.

행사활동은 학생들의 적극적인 참여가 전제되어야 한다. 행사활동의 계획을 수립하고 사전 준비를 하며, 시행하고 평가하는 각 단계에서 학생들이 적극적으로 참여하도록 지도해야 한다. 이 과정에서 학생들의 자치 역량을 보다 강화할 수 있도록 학생들 스스로가 적절한 역할을 분담하고 학생 개인의 능력에 맞게 참여하도록 하는 것이 필요하다.

자율활동에서는 학생들의 다양한 체험을 위해서 필요한 관련 행사활동을 추진할 수 있다. 자율활동의 행사활동은 학교 교육과정 운영에서 학교 내외의 모든 행사를 총칭하는 것으로 대체로 다른 활동보다 큰 집단활동이며, 전교생이 참여하여 실천하는 경우가 많다. 이러한 교사 중심의 행사활동은 학생의 자주성, 자율성이 결여되기 쉬운 특성을 가지고 있으므로 행사활동을 지도하는 과정에서는 이러한 점이 특히 고려되어야 한다.

행사 계획을 수립할 때는 사전에 치밀하게 계획을 세우지 않으면 교육적 효과를 얻기가 어려워지기도 한다. 필요한 경우에는 사전 답사를 통해 행사를 위한 사전 조치를 마련하고, 학생들에게는 사전 교육을 통해 행사활동에 대한 여러 가지 상황에는 어떤 것들이 있으며 그러한 상황에 대처하는 방법은 어떠해야 할 것인지를 지도해야 한다.

행사활동은 자치적인 운영이 되도록 행사활동의 계획 수립, 준비, 시행, 반성 등에 있어서 학생들의 자발적인 참여와 역할 분담 활동을 중시하여야 하며, 교사는 행사활동에 필요한 사전, 사후 교육으로 행사활동을 통한 교육적 효과를 극대화할 수 있도록 한다. 행사활동은 필요에 따라서는 학교행사를 지역사회와 학부모 단체 등과 연계하여 활동을 추진할 수도 있다. 행사 계획을 수립할 때에는 행사의 교육적 목적과 활동 내용에 대한 사전 점검과 시전 답사가 이루어져야 한다. 또한 행사 진행상 발생할 수 있는 돌발 상황(정전, 우천 등)에 대해서도 충분한 제2안적 대책을 수립하여야 한다. 행사활동의 효율적인 운영을 위해서는 사전 준비 단계, 행사활동 단계, 사후 지도 단계 등 세 단계로 구분하여 지도하되, 가장 중시하여야 할 것은 행사 목표의 달성 가능성에 대한 검토이다. 따라서 행사가 이루어지기에 앞서 행사의 의의, 목적, 내용 등을 분명하게 이해시킴으로써 학생들의 적극적인 참여를 유도해야 한다. 행사 당일에는 운영 계획에 따라 빈틈없이 추진함으로써 학생들에게 질서, 협동, 책임 의식 등을 고취시켜야 한다. 사후에는 행사 내용의 과정을 반성하게 하고, 소감록을 쓰게 하거나, 사전 전시 등을 통하여 반성, 평가하며, 그 결과를 다음 행사 계획 수립에 교육적 자료로 활용할 수 있도록 한다. 행사활동 계획 작성의 기본 요소는 다음과 같다.

- 행사명:
- 행사의 목적:
- 행사 시기:
- 행사 장소:
- 참가 대상:
- 행사 과정 및 역할 분담(사전, 당일, 사후 계획으로 구성)
  ① 시설 및 자료 준비   ② 홍보 및 안내   ③ 프로그램 작성   ④ 평가 계획
  ⑤ 개인 준비물   ⑥ 소요 경비   ⑦ 지도교사
- 행사 실시상의 유의점
- 행사장 배치도
- 상황 변동 시 대책(우천, 정전, 단전 등)

(6) 학교행사의 실시에서 필요한 경우 지역사회와의 연계성을 고려하되, 지역사회의 요청에 의한 학교행사는 그 교육적 가치를 충분히 검토하여 선택적으로 운영할 수 있다.

학교행사를 실시함에 있어서는 지역사회의 인적·물적 자원을 적극적으로 활용할 수 있도록 연계할 필요가 있다. 자율활동의 효율적 운영을 위해 지역 유관 기관의 자원을 활용할 수 있다. 지역에 있는 기관에서 운영하는 체험활동 프로그램을 활용하여 초등학생들이 변화화는 환경에 적극적으로 대처할 수 있는 힘을 기를 수 있게 지도할 필요가 있다.

자율활동의 행사활동은 가급적 학생들에게 인간, 사회, 자연, 문화와 접촉할 수 있는 직접 체험의 기회를 확대 제공하여야 한다. 따라서 행사활동은 가급적 교실과 교내를 벗어나 다양한 실생활과 접할 수 있는 기회를 부여함으로써 이를 통해 호연지기(浩然之氣)를 기를 수 있도록 지도하는 것이 필요하다. 또한 행사활동을 통해 학생들에게 다양한 학습 경험의 폭을 넓혀 주고 의식 행사활동, 학예 행사활동, 보건·체육 행사활동, 수련활동,

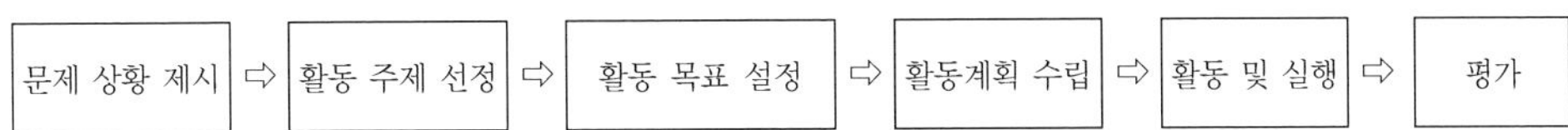

문제 상황 제시 ⇨ 활동 주제 선정 ⇨ 활동 목표 설정 ⇨ 활동계획 수립 ⇨ 활동 및 실행 ⇨ 평가

〈그림 2-4〉 자율활동의 실행 단계(예시)

안전 구호 활동, 교류활동 등 행사활동의 내용도 다양화할 수 있도록 하였다.

창의적 체험활동 중 자율활동 영역의 일반적 절차를 요약하면 다음과 같다.

① 문제 상황 제시

자율활동의 실행 절차에서 첫 단계는 문제 상황 제시이다. 문제 상황 제시 단계는 학생들이 어떤 활동을 해야 하고, 왜 해야 하는지에 대한 활동의 당위성이나 필요성을 인지하는 단계이다. 이 단계에서는 학생들의 내적 동기 유발을 통해서 학생들의 참여도를 높이고, 활동에 대한 자율성을 강화할 수 있는 단계이므로 문제 상황에 대한 올바른 인식을 갖도록 하는 것이 중요하다. 또한 학생들에게 필요하고 실천 가능한 활동인가에 대한 검토도 이 단계에서 이루어져야 한다.

② 활동 주제 선정

자율활동 실행의 두 번째 단계는 활동 주제의 선정이다. 활동 주제 선정에서는 지역사회의 여건이나 학교의 실정, 학생의 요구 등을 고려하여 활동의 대상, 시간, 비용 등을 파악하고 이를 바탕으로 실천 가능한 주제와 학교 교육과정과의 관련성 등을 충분히 인식하여 활동 주제를 선정한다.

③ 활동 목표 설정

자율활동의 세 번째 단계는 활동 목표의 설정이다. 이 단계에서는 구체적인 내용으로 활동 목표를 설정하고 이 활동을 통해서 최종적으로 얻을 수 있는 결과와 예상되는 기대효과 등을 고려한다.

④ 활동 계획 수립

자율활동의 네 번째 단계는 활동 계획의 수립으로 자율활동의 활동 내용, 활동 주제와 활동 목표가 설정되면 이를 구체화하기 위한 실행 계획을 수립하는 단계이다. 실행 계획은 자율활동의 방법적인 측면과 내용적인 측면으로 구분된다. 방법적인 측면에서는 자율활동의 대상, 시기, 장소, 방법, 시전 준비 계획 등이 이루어져야 한다. 내용적인 측면에서는 각각의 활동 주제에 따른 내용의 주체, 활동 범위, 사전에 지도해야 할 내용 등이 고려되어야 한다.

⑤ 활동 및 실행

자율활동의 다섯 번째 단계는 활동 및 실행 단계이다. 미리 준비한 자율활동 계획에 따라 활동을 준비하고 사전 활동 과정을 거쳐서 최종적으로 성공적인 활동을 수행하는 단계이다. 따라서 활동 및 실행 단계는 자율활동의 가장 핵심적인 내용이며 단계이다. 따라서 활동 및 실행 단계에서는 계획에 따라 실천하고 있는지 여부, 실천 과정에서의 미비한 부분에 대한 대안 마련, 사전 활동 내용을 잘 숙지하여 시행하는지 여부, 실천에 있어서 융통성 부여 등에 초점을 맞추어야 한다.

⑥ 평가

자율활동의 마지막 단계는 평가이다. 평가는 크게 효과성에 대한 검증, 성취감에 대한 평가, 개선 사항에 대한 평가, 목표 도달도의 평가 등으로 구성하여 실행한다. 효과성에 대한 검증은 자율활동이 이루어지기 전보다 긍정적이고 효과적인 활동 결과가 도출되었는지에 대한 검증으로 평가를 한다. 성취감에 대한 평가에서는 자율활동에서 표출된 문제점이나 애로사항을 차기 활동 계획 수립에 반영하기보다는 효율적이고 바람직한 방향으로 개선할 수 있도록 수용하고 있는지에 대한 평가이다. 목표 도달도의 평가는 자율활동을 통해서 이루고자 했던 목표에 도달했는지의 여부를 평가하는 것으로 교사가 수업 목표를 분석하여 사전에 준비한 평가 도구에 의해 실시한다.

자율활동의 행사활동을 중심으로 하고, 지역사회 유관 기관과의 적극적 연계에 기초하여 환경 교육 관련 체험활동을 지도한 사례를 제시하면 <표 2-4>와 같다.

<표 2-4> 환경 교육 관련 체험활동 사례

체험활동의 예	관련 기관	특징
식물 전시회 학교 숲 체험 프로그램 모형 곤충 전시회 환경 관련 직업 교육 프로그램	○ 대학교 식물원	약초원이 있어 다양한 약초를 관찰할 수 있음. 한국 전통 정원을 조성해 놓음.
개구리 여행	○ 지역환경운동연합	지역의 자연을 사랑하는 마음을 기르기 위해 다양한 자연 체험 프로그램을 운영
물 교육 프로그램 -수질 교육 -물 사랑 지킴이 양성 교육	○ 시·도물환경교육원	○○도 사람들의 물에 대한 인식을 높이고 학생들에게 물에 대한 교육을 실시하기 위한 시설
문화유산 탐방 프로그램 -숲 체험 프로그램 -나이테 관찰 -곤충 관찰 -숲 해설	○ 유원지	국립공원 속의 자연을 체험할 수 있는 곳
반딧불이 자연학교 자연 한마당 가족 나무 한 그루 심기	○ 환경시민의 모임	반딧불이 축제를 통해 아동들에게 자연의 소중함과 감사함을 깨우쳐 줄 수 있는 곳
신도시 하천 모니터링 활동 아동 캠프	○ 지킴이 청소년단	지역 자연의 소중함을 깨우치고 보존하기 위한 아동용 프로그램 운영
숲 해설 프로그램 자연 체험 프로그램	○ 시립식물원	자연과 가까워질 수 있는 기회를 제공해 주는 프로그램 운영
저탄소 생활 실천 운동 가족 농장 -텃밭 가꾸기 어린이 전통 문화 체험 원예 체험	○ 농업기술센터	흙에 더욱 가까워질 수 있는 다양한 프로그램 운영
다빈치 체험과학 교실 -자연 체험 활동 　열대에서 들려오는 작은 속삭임 특별 전시 -열대/사바나 생물 그림 색칠 공부 등 　식물관 상설 전시	○ 자연박물관	일반 대중 및 아동·청소년에게 지구의 생물과 그 소중함을 일깨우고자 하는 프로그램 운영
지구 온난화와 기후 변화 교육 -지구 기후 변화의 원인과 예방법, 저탄소 발상에 대한 방문 교육	○ 소비자시민모임	지구 기온 변화의 원인과 예방법, 저탄소 발생 교육을 통해 환경 보호의 필요성을 일깨우고자 하는 시민 모임

<표 2-4>에서 알 수 있듯이 지역사회에 있는 대학이나 환경운동 단체, 유원지, 청소년 단체 등을 활용하여 지역의 자연환경과 관련된 체험활동을 보다 의미 있게 실천할 수 있을 것이다. 지역사회의 요청에 의한 학교행사는 학교 교육과정의 편성·운영에 관련되는 경우에 참여하는 것이 바람직하다.

학교는 학생들이 교실과 학교를 벗어나 실생활에서 자연환경을 다양하게 경험할 수 있는 기회를 제공할 필요가 있다. 자연환경을 실제로 제공해야 할 것이다. 학생특색 활동 및 학급특색 활동 등의 창의적 특색활동 지도 시 학생들이 다양한 실생활 세계와 자연을 접할 수 있는 기회를 적극 마련해 줄 수 있는 방안을 모색하는 것이 필요하다.

〈표 2-5〉 '깨끗한 학교 만들기' 활동 계획(예시)

단계	활동 요소	활동 내용	비고
문제 상황 제시	문제 발견	○ 학교 환경에 대한 이해 부족, 학교 청소 상태 및 청결 유지 문제	학생 자율활동
	문제 상황 인식	○ 세부 활동 전개	
	동기 부여	○ 청소활동을 통해서 얻는 자긍심 찾아보기	
활동주제 선정	제반 여건 검토	○ 학교 여건 분석 -학생들의 활동이 가능한 내용 분석 -도움을 받을 수 있는 내용과 요청 가능한 곳	학생 자율활동
	실현 가능성 탐색	○ 참여 가능자 조사, 활동 장소 및 시간 확인, 활동 방법 협의	
	교육과정과의 관련성 검토	○ 학습 활동으로 대체 가능 여부 검토 및 활동 주제 선정 활동 주제: 깨끗한 학교 만들기	
활동목표 설정	목표 설정	○ 세부 활동의 필요성과 활동 목표 설정 [활동 목표] 학교의 관리에 대해서 올바르게 이해하고, 교내외 청소활동을 통해 항상 청결 상태를 유지할 수 있도록 실천함으로써 애교심과 협동심을 기를 수 있다.	학생 자율활동
	기대 효과	○ 애교심의 고취, 협동심과 질서의식의 함양, 학교 사랑에 대한 자긍심 고취	
활동계획 수립	활동 방법	○ 활동 모둠을 편성하여 정기 활동과 비정기 활동으로 나누어 수시로 활동	학생 자율활동
	활동 내용	○ 정기 활동: 매주 월요일 8시부터 20분 동안 모둠별 활동 ○ 비정기 활동: 학교에서 펼치는 행사로 인해 청소가 필요하다고 판단될 때는 수시로 모여서 활동	
활동 및 실행	계획에 의한 실행	○ 계획에 의해 실행하고 출석 점검, 활동 상황을 일지에 기록 보관, 활동 우수 학생 추천(월 1회, 감당 교사)	활동일지 작성
	실행과정의 지도	○ 담당 교사 또는 담임교사가 활동 일지 점검	
	활동 동기부여	○ 참여 활동 우수 학생 표창	
평가	활동에 대한 반성	○ 활동 전반에 대한 반성 및 평가	평가결과 기록
	문제점·애로사항	○ 활동에 따른 문제점 및 건의 사항 조사	
	목표도달도 평가	○ 활동 후 반성 및 평가 시간을 갖고 활동 본래의 목표 도달도 확인(환류)	

2) 동아리활동

　동아리활동이란 서로 같은 취미나 특기·적성을 가진 학생들이 모여 자신의 소질과 적성을 창의적으로 계발하고 발전시킴으로써 자아실현의 기조를 형성하고, 사회성의 협동심을 기르기 위한 집단활동이다. 즉, 동아리활동은 학생들의 공통된 관심사와 동일한 흥미, 취미, 소질, 적성, 특기 등을 지닌 학생들이 모여서 자발적인 참여와 활동으로 자신들의 능력을 창의적으로 표출해 내는 것을 주 활동으로 하는 집단활동이다. 따라서 교과뿐만 아니라, 교과 이외의 활동을 통하여 학생들의 특기, 개성 등의 발휘의 기회를 부여하는 등 학교 교육의 전반에 걸쳐서 실시할 수 있는 체험활동이다.

가) 목표
　2009 개정 교육과정에 따른 창의적 체험활동 교육과정에 제시된 동아리활동의 목표는 다음과 같다.

---

(1) 흥미, 취미, 소질, 적성, 특기가 비슷한 학생들로 구성된 활동 부서에 자발적으로 참여하여, 창의성과 협동심을 기르고, 원만한 인간관계를 형성한다.
(2) 다양한 활동에 참여하여 자신의 잠재 능력을 창의적으로 계발·신장하고, 자아실현의 기초를 닦는다.
(3) 여가를 선용하는 생활 습관을 형성한다.
(4) 지역 내 학교 간 각종 동아리 경연대회를 통해 우의를 다지는 협력과 공정한 경쟁을 익히도록 한다.

　동아리활동에서는 초등학생들이 자신의 흥미나 취미, 관심 분야가 유사한 학생들로 구성된 부서에서 깊이 있는 체험활동과 학습을 할 수 있도록 자유권을 보장해 주는 것이 중요한 의미를 갖는다. 즉, 학생의 흥미나 관심에서 발현된 활동 주제를 바탕으로 조직된 활동부서에서 의미 있는 학습 활동에 자발적으로 참여하면서 나눔과 배려의 실천 정신과 창의성을 기를 수 있게 지도하는 것이 동아리활동의 주요 의의 중 하나라고 볼 수 있다. 또한, 동아리활동에서는 단지 흥미가 비슷한 학생들이 모여 체험활동을 함께하는 자체만을 중시하기보다는 활동을 통해 창의성과 공동체 의식을 기르는 측면을 강조할 필요가

있다. 2009 개정 교육과정에 따른 창의적 체험활동 교육과정에 제시된 동아리활동 목표는 2007년 개정 특별활동 교육과정에서의 계발활동 목표에 '창의성 신장'과 '경연대회를 통한 협력과 공정한 경쟁'의 측면을 추가하여 구성되었다.

초등학생들이 학교생활을 통해 자아실현의 기초를 닦는 것은 원만한 인간관계의 형성과도 밀접하게 관련된다. 초등학교에서의 동아리활동은 학생들이 자신의 소질과 적성에 대해 공감대를 가질 수 있는 학생들과 원만한 인간관계를 형성하면서 학습에 필요한 공동체의식을 배양할 수 있는 활동이다. 또한 동아리활동을 통해 초등학교 시기부터 학생들이 자기 자신만을 중시하는 개인주의적 성향에 빠지지 않고 다른 사람을 배려하고 다른 사람과 더불어 나누는 사람으로 성장할 수 있도록 하는 것이 중요한 의미를 갖는다. 학생들이 자신의 창의력을 극대화하면서 정서를 함양하고 흥미와 취미 등이 비슷한 다른 학생들과 협동하는 가운데 원활하게 소통할 수 있는 능력을 신장시키는 것 또한 강조되어야 할 사항이다.

동아리활동의 또 다른 교육적 의의 가운데 하나는 학생들이 자신의 개성과 소질을 신장시키고 효율적인 여가활용 습관을 형성하게 하는 것이다 .또한 다양한 표현 기회를 확대시켜 가기 위해 학교 내 발표회나 전시회의 개최, 지역 내 학교 간 각종 동아리 경연대회, 발표회 등에 참여하여 학생들 상호 간에 우의를 다지고 협력하면서 공정한 경쟁을 할 수 있는 기회를 제공해 줄 필요가 있다.

한편, 중학교에서 동아리활동을 통해서 이룩하고자 하는 세부 목표는 다음과 같다.

첫째, 학생들은 흥미, 취미, 소질, 적성, 특기 등이 비슷한 학생들과 함께 같은 활동 부서에서 자발적으로 활동하고, 정서를 함양함으로써 자신의 창의력을 극대화하도록 한다. 또한, 각 활동 부서에서 다른 학생들과 원만한 인간관계를 형성하고 원활한 의사소통을 통해서 더불어 사는 사회의 구성원으로 성장하게 한다.

둘째, 동아리활동을 통해서 자신이 지닌 특기와 소질을 계발하고 육성하여 표현의 기회를 확대하여 나아가고, 이를 통하여 자신의 잠재 능력을 계발·신장하여 자아실현의 기초를 닦아 나아갈 수 있도록 한다.

셋째, 동아리활동은 자신의 잠재 능력과 소질 계발을 지향하는 활동으로 흥미와 관심 분야를 중심으로 참여하도록 하여 자아실현의 기초를 닦아 나아가도록 하고, 이를 바탕으로 여가를 선용할 수 있는 방법을 생활화, 습관화하도록 한다.

넷째, 다양한 표현 기회를 확대해 나아가기 위해 학교 내 발표회, 전시회 등의 개최와 함께 지역 내 학교 간 각종 동아리 경연대회, 발표회, 전시회 등을 통하여 우의를 다지는 협력과 공정한 경쟁을 익힐 수 있도록 한다.

한편, 고등학교에서 동아리활동을 통해서 이룩하고자 하는 세부 목표는 다음과 같다.

첫째, 학생들은 흥미, 취미, 소질, 적성, 특기 등이 비슷한 학생들과 함께 같은 활동 부서에서 자발적으로 참여하여 소질을 계발하고 정서를 함양함으로써, 자신의 창의력을 극대화하도록 한다. 또한, 각 활동 부서에서 다른 학생들과 원만한 인간관계를 형성하고 원활한 의사소통을 통해서 더불어 사는 사회의 구성원으로 성장하게 한다.

둘째, 학생들이 교내외 활동에서 다양한 동아리활동에 참여함으로써 자신의 잠재 능력을 창의적으로 계발하고 신장시킬 수 있는 기회를 만들고 자아실현의 토대를 닦도록 한다. 동아리활동을 통해서 자신이 지닌 특기와 소질을 계발하고 육성하여 표현의 기회를 확대하여 나아가고, 이를 통하여 자신의 잠재 능력을 계발·신장하여 자아실현의 기초를 닦아 나아갈 수 있도록 한다.

셋째, 학생들은 동아리활동을 통해서 개성과 소질을 함양하고 효율적인 여가 활동 습관을 형성하도록 한다. 방과 후 활동과 연계한 프로그램을 구안하여 학생들의 흥미와 소질이 있는 분야에 대해 지속적으로 교육을 받고 자신의 여가를 바람직한 방향으로 활용할 수 있도록 기회를 제공하도록 한다. 동아리활동은 자신의 잠재 능력과 소질 계발을 지향하는 활동으로 흥미와 관심 분야를 중심으로 참여하도록 하여 자아실현의 기초를 닦아 나아가도록 하고, 이를 바탕으로 여가를 선용할 수 있는 방법을 생활화, 습관화하도록 한다.

넷째, 학생들에게 다양한 표현 기회를 부여하여야 한다. 다양한 표현 기회를 확대해 나아가기 위해 학교 내 발표회, 전시회 등의 개최와 함께 지역 내 학교 간 각종 동아리 경연대회, 발표회, 전시회 등을 통하여 우의를 다지는 협력과 공정한 경쟁을 익힐 수 있도록 한다.

나) 활동별 내용

동아리활동의 활동별 내용은 <그림 2-5>와 같다.

동아리활동은 종래의 클럽활동, 또는 계발활동에 해당된다. 클럽활동은 3차 교육과정에서 처음으로 특별활동의 하위 영역으로 제시되었으며, 제7차 교육과정에 이르러 계발활동으로 명칭이 변경되어 운영되어 왔다. 동아리활동은 다양한 활동을 통하여 학생의 개성과 소질을 신장하고 사회성과 협동심을 기르며, 자아실현의 기초형성에 중점을 두는 활

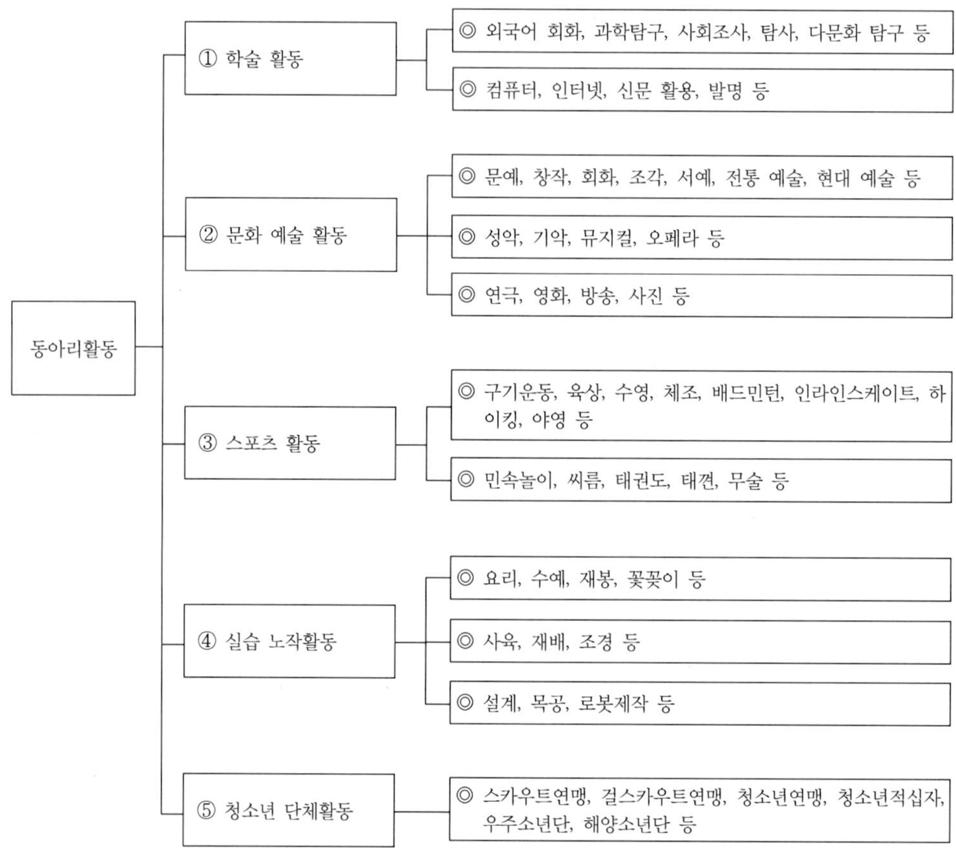

〈**그림 2-5**〉 동아리활동의 내용

동이다. 동아리활동의 내용은 초·중·고등학교 구분 없이 하나로 제시한 것이므로 초등학교 교육 특성에 알맞게 활동 내용이나 용어를 선택하는 데 각별히 주의를 기울여야 할 것이다.

학술활동과 문화 예술 활동, 스포츠 활동, 실습 노작활동, 청소년 단체활동의 활동별 내용을 선정하고 구성함에 있어서 초등학생들이 인간과 사회, 자연과 교감할 수 있는 체험활동을 적극 안내할 필요가 있다.

또한, 교과 학습 내용이 동아리활동의 과정에서 실제로 적용 및 응용될 수 있고, 교과 학습에 대한 흥미와 실제적 필요성이 동아리활동을 통해 고취될 수도 있다. 즉, 동아리활동에서는 교과 학습에서 습득한 개념이나 원리를 구체적으로 적용해 보거나 심화·발전시키는 실천 중심의 학습을 할 수 있다. 이러한 맥락에서 볼 때 동아리활동과 교과 학습은 상호 보완적 관계가 있다고 말할 수 있다. 그러나 동아리활동의 활동별 내용 선정 및 구성에 있어서 무엇보다 중시되어야 할 것은 동아리활동을 통한 체험활동이 가급적 학생 개인의 자율적 의사결정에 기반을 둔 구체적 내용과 연계되어야 한다는 것이다. 학생들이 자신의 삼재 능력을 계발하는 데 노움이 되는 활농 조직에 가입할 수 있도록 활농별 내용을 선정하고 보완하여 구체화하는 것이 중요한 과제라고 할 것이다.

다) 교수 · 학습 방법

2009 개정 교육과정에 따른 창의적 체험활동 교육과정에 제시된 동아리활동의 교수 · 학습 방법은 다음과 같다.

(1) 학생의 취미, 흥미, 적성, 요구, 학교 실정 및 지역 특성 등에 알맞은 활동 부서를 조직하고, 모든 학생에게 자세히 안내한다.
(2) 학교는 학생의 희망을 존중하여 활동 부서를 조직한다.

동아리활동에서는 유사한 관심과 취미를 가진 학생들로 구성된 집단에서 자신의 희망이 반영된 활동에 적극 참여하는 것이 중요한 의미를 갖는다. 학년이나 학급의 구분에서 비교적 자유로운 상태에서 공통의 흥미와 관심을 가진 학생들이 모여 자발적이고도 협동적인 활동을 하면서 자신의 흥미와 적성을 살린 체험활동에 참여하는 것이 핵심이 되어야 한다.

동아리활동은 공통된 관심과 흥미 등을 가진 학생들이 그들의 관심과 흥미를 함께 즐기고 키워 가는 자율적이고 자발적인 활동이며 자기표현, 자기실현의 과정이다. 따라서 동아리활동은 교과 교육과는 달리 학생들의 취미, 흥미, 적성, 요구, 학교 실정 및 지역사회의 특성 등을 고려하여 다양한 활동 부서를 조직하여야 한다. 특히 조직된 활동 부서는 학생들에게 자세히 안내함으로써 학생들의 관심과 참여를 고양하여야 한다. 그러므로 동아리활동 부서의 편성은 학생들의 취미, 흥미, 적성, 소질, 요구 및 학교의 실정, 지역사회의 특성에 따라 다양하게 편성되어야 한다.

동아리활동에서의 집단활동은 집단활동 그 자체가 목적이라기보다는 흥미와 취미, 소질, 적성이 비슷한 학생들로 구성된 집단에서 학생들이 자신의 잠재 능력을 최대한으로

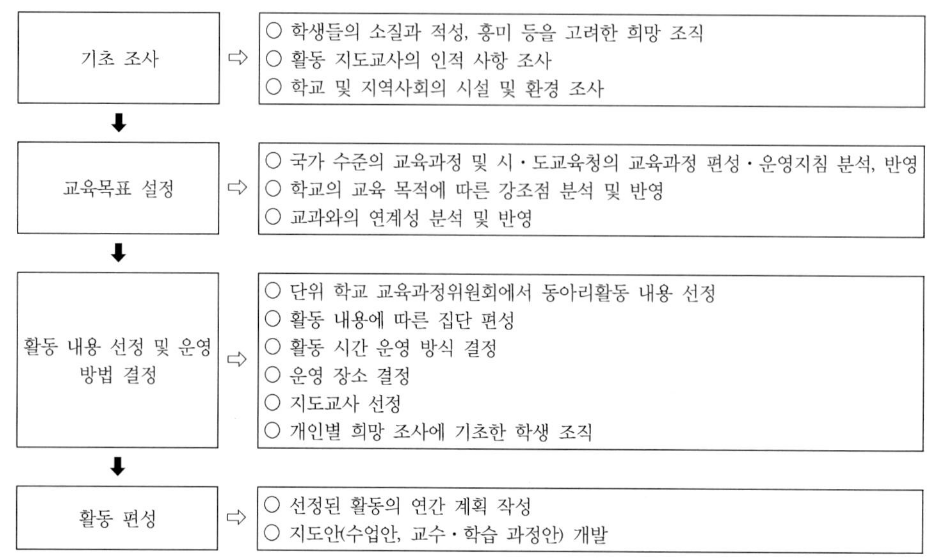

〈그림 2-6〉 동아리활동의 편성 절차(예시)

계발하면서 다른 학생들과의 인간관계를 발전시키고 타인과 더불어 사는 삶을 체험할 수 있도록 지도해야 한다. 이러한 방향으로 동아리활동을 편성하기 위한 절차를 예시하면 <그림 2-6>과 같다.

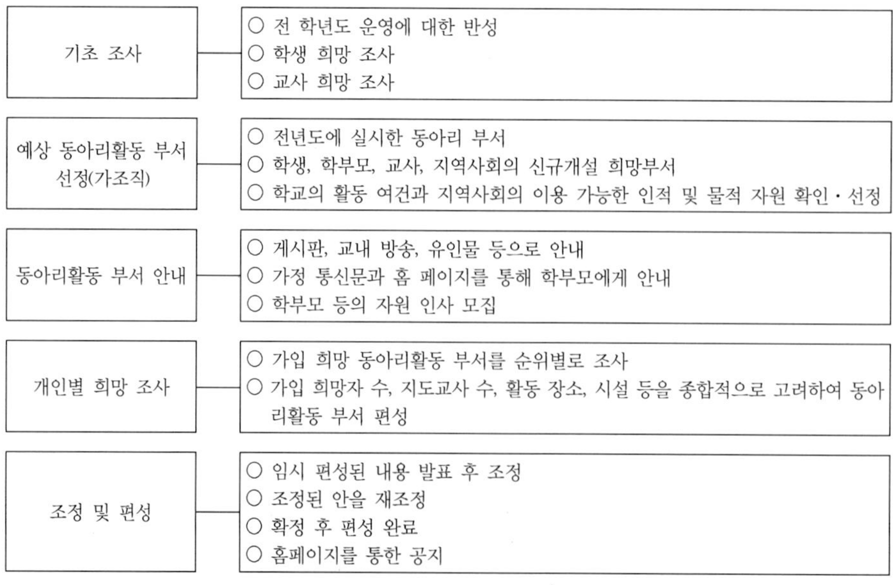

〈그림 2-7〉 동아리활동 부서 편성 절차(예시)

동아리활동은 학생의 흥미, 취미, 적성, 요구 및 학교의 실정, 지역사회의 특성에 알맞게 편성해야 하므로 <그림 2-6>에 제시한 것과 같은 합리적 과정을 거쳐 신중하게 편성할 필요가 있다. 특히 동아리활동에서는 학생의 흥미와 취미 등을 반영한 희망 조사가 체계적으로 이루어지는 것이 편성의 출발점이 된다. 동아리활동 부서 편성 절차는 <그림 2-7>과 같이 진행될 수 있다.

① 기초 조사

기초 조사 단계에서는 전 학년도의 운영에 대한 평가 및 반성, 학생들의 희망 조사, 교사의 지도 기능 및 특기 조사 등을 수행하여야 한다. 전 학년도 운영에 대한 평가는 교사 개인, 각 동아리활동 부서별 반성 및 평가 등과 함께 동아리활동 부서 운영 전반에 관한 반성과 평가가 이루어져야 한다. 특히, 동아리활동에서 개선이 요구되는 활동과 성공적으로 이루어진 활동을 구분하여, 성공적으로 이루어진 활동의 원동력과 개선되어야 할 활동의 문제점 및 개선 방향을 학년 말의 학교 교육과정 평가에 반드시 포함시켜 실행함으로써, 창의적 체험활동만의 개선이 아니라, 학교 교육과정 전반에 대한 포괄적인 반성 및 개선의 계기로 삼아야 한다. 학생들의 희망 조사, 교사의 희망 조사 등은 새 학년도가 시작되는 즈음에 설문지를 통하여 실시하는 것이 간편한 방법이지만, 학생들과 교사들에게 새로운 정보를 제공한다는 측면에서 인근 학교, 시범학교, 또는 외국의 학교에서 실행하는 다양한 부서 및 활동 사례 등을 제공하고, 이에 대한 의견을 수렴하는 것이 바람직할 것이다.

② 예상 동아리활동 부서 선정(가<假> 조직)

동아리활동으로서 학교에서 실시 가능한 활동을 선정함으로써, 지금까지 실행하고 있는 동아리활동 부서, 신규로 개설할 동아리활동 부서, 학교의 역사와 설립 목적, 교훈, 학교장의 교육관, 학교의 시설 및 재정 여건, 그리고 지역사회에서의 이용 가능한 인적 및 물적 자원의 정도 등을 종합적으로 고려하여 예상 동아리활동 부서를 선정하는 것이 바람직하다.

③ 동아리활동 부서 안내

학생들로 하여금 원하는 동아리활동 부서를 자율적으로 선택할 수 있도록 예상 동아리활동 부서에 대한 적극적인 안내와 홍보가 필요하다. 이에 따라 동아리활동 부서 안내 및 홍보에는 각 동아리활동의 특성, 기초 소양, 활동에 따르는 정신적·신체적인 제한점, 적정 인원, 실시 장소, 준비물, 소요 경비, 그리고 기타 필요한 사항 등이 포함되어야 한다. 그렇게 함으로써 중도에 포기하거나 탈퇴하는 일이 없이 지속적인 활동이 이루어지도록 해야 할 것이다.

④ 개인별 희망 조사

개인별 동아리활동 희망 조사는 단위 학교에서 실행 가능하며, 학생 각자의 흥미, 취미, 적성 등에 적합한 활동, 학생들이 가입하기를 희망하는 활동 등을 조사한다. 희망 조사는 대체로 제1, 2, 3 희망을 두루 받는 것이 좋다. 다만, 교사, 학부모, 동문, 선·후배 등과 충분히 협의한 후에 신청하도록 사전 지도를 한다. 희망 조사 시에는 동아리활동 부서별로 신청할 수도 있으나, 대규모 학교에서는 활동 영역별로 신청하게 한 뒤에 이를 조정하는 방법이 바람직하다.

학교에서 개설 가능한 동아리활동 부서와 학생들이 희망하는 동아리활동 부서의 종류, 반(학급) 수, 참여 인원 등을 고려하여 최대한 학생들의 희망이 존중될 수 있도록 편성하고 여의치 못한 경우에는 학생들의 선택을 변경, 조정하거나, 새로운 동아리활동 부서 개설, 개설 예정 부서의 통합 등을 고려하여야 한다.

개인별 희망 조사를 바탕으로 하는 동아리활동 부서의 편성은 무엇보다도 학생들의 희망을 우선적으로 고려해야 한다는 점에 유의하도록 한다.

⑤ 조정 및 편성 완료

동아리활동 부서의 편성이 일차적으로 완성되면, 편성된 안을 발표하여 학생들이 조정할 수 있는 기회를 부여하여야 한다. 필요한 경우 조정된 안을 추가적으로 발표하여 재조정함으로써 학생들의 참여도, 만족도 등을 최대한 높여야 한다. 학생들의 희망을 최대한 반영한다는 원칙을 준수하도록 하고, 인원이 초과하여 편성이 곤란한 경우를 대비하여, 동아리활동 부서 편성 대상자 선정의 우선순위를 정하는 내부 규정을 마련해 놓은 것도 고려하여야 한다. 이러한 조정, 재조정 과정을 거쳐서 활동 내용과 인원이 최종 확정되면, 해당 동아리활동 부서별로 참여 학생을 확정하고 동아리활동 부서를 이끌어 갈 편성을 완료하게 된다.

동아리활동 희망 조사서

  학교에서 운영할 동아리활동과 관련하여 여러분의 희망을 조사하려고 합니다. 먼저, 다음의 참고사항을 잘 읽은 후 여러분이 희망하는 동아리활동에는 어떤 것이 있는지 구체적으로 적어 주시기 바랍니다.

1. 자신의 능력과 특기, 장래의 희망 등을 생각하고 희망하는 동아리활동이 무엇인지를 구체적으로 기록하세요.
2. 친구들의 생각이나 순간적인 기분에 따라 기록하지 말고 한 학기 동안 지속적으로 활동하고 싶은 것을 기록하세요.
3. 제1희망으로 부서가 정해지지 않은 경우가 생길 수 있으니 제2희망, 제3희망도 신중하게 생각하고 기록하세요.

20○○년 ○월 ○일
○○ 초등(중·고등)학교장

[동아리활동 부서명]

● 육상부	● 탁구부	● 태권도부	● 배드민턴부	● 축구부
● 무용부	● 체조부	● 웅변부	● 서예부	● 합주부
● 합창부	● 영어회화부	● 사진부	● 과학부	● 사물놀이부
● 애니메이션부	● 조소부	● 환경 지킴이부	● 독서토론부	● 댄스부
● 방송부	● 회화부	● 십자수부	● 동화 구연부	● 문예창작부

희망 활동 조사표

제   학년   반   번   이름 (   )

희망하는 순서	제1희망	제2희망	제3희망
가입하고 싶은 동아리활동	부	부	부

  <그림 2-9>에 제시한 동아리활동 부서 편성 절차 중 개인별 희망 조사 시 활용할 수 있는 동아리활동 희망 조사서를 예시하면 위의 표와 같다.

(3) 교사가 주도적인 역할을 하지 않도록 유의하여 학생 중심의 흥미롭고 창의적인 운영을 도모한다.

  동아리활동에서는 활동의 계획, 조직, 운영 및 평가 과정에서 학생들이 주도성을 갖는 것을 전제로 하고 교사는 조력자로서의 역할을 담당하는 것이 바람직하다. 즉, 동아리활동에서는 초등학생들이 자신의 의사를 반영한 활동에 적극적으로 참여하고 자율성을 발휘할 수 있도록 하는 데 필요한 지원을 제공하며, 학생들이 그러한 활동에 즐겁게 몰입할 수 있는 환경을 조성해 주는 교사의 역할이 요청된다. 교사는 모든 면에서 직접적으로 학생들을 지도하려 하기보다는 학생들이 자신의 관심 분야에 전문적인 도움을 줄 수 있는 자원 인사와 적극적으로 교류할 수 있게 안내하는 역할을 담당할 수도 있을 것이다. 예를 들면 학생들이 인터넷상의 동호인 모임 등을 통해 학습활동에 직접적인 도움을 줄 수 있는 자원인사들을 직접 발굴하게 하고 그들과 교류하게 하는 방안도 고려될 수 있을 것이다.

이러한 방법은 전문가들이 가진 방법적 지식을 배울 수 있는 기회가 될 수 있고 또 학생들의 취미나 특기의 계발 및 협동 학습 능력 계발, 창의적인 태도 형성 등에도 긍정적 영향을 미칠 수 있을 것이다.

동아리활동의 운영은 기본적으로, 학생들의 자율적, 자발적 참여와 활동을 중요시하여야 한다. 따라서 동아리활동의 운영은 교사에 의한 활동보다는 학생 중심의 활동이 되도록 하여야 한다. 동아리활동에서 교사는 주도적인 역할을 하기보다는 학생 중심의 흥미롭고 창의적인 운영을 위한 지원자로서의 역할에 충실하여야 한다.

중·고등학교에서는 동아리활동을 운영하는 과정에서 교사가 주도적으로 참여하면 학생들의 자주적 능력 계발이 어려워진다. 즉, 학생들의 자율적·자발적 참여와 활동을 중요하게 여겨야 한다. 따라서 지도교사는 학생들이 주도적으로 동아리활동에 참여할 수 있도록 제시하고 운영 과정상의 문제점을 해결해 주는 데에 주안점을 두어야 하며, 학생들이 창의적으로 흥미롭게 운영할 수 있도록 지원자로서의 역할에 충실하여야 한다.

> **(4) 학생의 개성과 소질을 최대한 신장시키기 위하여 방과 후 및 휴업일, 방학 중에도 활동을 지속적·집중적으로 운영할 수 있다.**

동아리활동은 교사와 학생이 주제 선정에서부터 장소, 시간, 방법 등에 이르기까지 자유롭고 탄력적인 운영을 시도할 수 있다. 지속적이고도 집중적인 활동을 통해 학생의 개성과 소질을 발전시키기 위해 방과 후 학교와 연계하여 동아리활동을 운영할 수 있다 즉, 동아리활동은 반드시 교육과정에 편제되어 있는 시간만이 아니라 방과 후 및 휴업일 등의 시간을 활용하여 활동할 수 있다. 학교의 실정과 지역사회의 여건, 학교 구성원의 요구를 적극 반영하여 효율적인 동아리활동에 참여할 수 있는 여건을 마련하여 학생의 개성과 소질을 신장시킬 수 있도록 지원하는 것이 바람직하다. 방과 후 및 휴업일, 방학 중에도 동아리활동에 참여할 수 있는 여건을 마련해 주는 것은 매우 유용한 교육적 지원이 될 수 있을 것이다.

동아리활동은 정규 교육과정 시간 이외에 방과 후, 휴업일, 방학 중에도 정규 교육과정 운영 시기와 연계하여 지속적으로 활동할 수 있다. 특히, 동아리활동 부서의 활동 내용이 계절적 특성을 지닌 활동 부서이거나, 시기나 지역적 제한을 받는 활동 내용일 경우에는 단기간에 집중적으로 편성하여 운영함으로써 활동의 효율성을 고양하는 것도 바람직할 것이다(집중이수제 적용).

학교 교육의 목적이 전인적 인간의 육성에 있음에도 불구하고 오늘날 우리 사회에서는 그러한 학교 교육의 본질적 기능이 약화되고 있다는 비판이 제기되는 경우가 있으며 특기·적성 교육이 학교 밖에서 이루어지는 경우가 많다. 우리나라 초등학교에서의 방과 후 교육 활동은 ① 교과 학습의 반복, 연습, 보충, 심화활동, ② 학생의 타고난 소질, 적성의 계발·신장을 위한 활동, ③ 학생의 취미 교양 자기 계발·신장을 위한 활동으로 분류할 수 있다(교육과학기술부 2009a: 2). 이러한 활동은 그 성격 및 내용 방법 면에서 볼 때 동아리활동의 세부 영역에서 다루고 있는 활동과 맥을 같이하고 있음을 알 수 있다. 이와 관련하여 시간 운영의 융통성은 '4. 운영 및 지원'의 '마' 항과 '바' 항에 제시되어 있다.

(5) 동아리활동의 각종 프로그램을 활성화시키기 위하여 교내외의 인적 자원, 물적 자원을 적극 활용한다. 특히 지역사회 인사와 학부모의 자발적 봉사 협력을 통해 동아리활동이 이루어질 수 있도록 이를 장려한다.

(6) 동아리활동을 활성화시키기 위해 교내 및 학교 간 경연대회, 전시회, 발표회, 봉사활동과 연계 등을 적극 추진한다.

2009 개정 교육과정에는 '교육청(지역 교육지원청) 수준 지원 사항'의 하나로 학교가 지역사회의 유관 기관과 적극적으로 연계·협력해서 창의적 체험 활동을 내실 있게 운영할 수 있도록 지원하고 관내 학교가 활용 가능한 '지역자원목록'을 작성하여 제공하는 등의 구체적 지원방안을 마련해야 함이 강조되었다. 학교에서는 이러한 지원을 적극 활용하여 동아리활동이 교내뿐 아니라 지역사회에서도 활발하게 실천될 수 있도록 해야 할 것이며 지역사회 인사 및 학부모 가운데 초등학교 학생들의 동아리활동에 자발적이고도 전문적으로 조력할 수 있는 인적 자원을 발굴하여 학생들에게 실질적인 지도와 도움이 될 수 있도록 해야 할 것이다. 또한 동아리활동의 활성화를 위해 교내 및 학교 간 경연대회나 전시회

등을 적정규모로 개최하여 학생들이 공통의 관심사에 기반 한 활동에 참여하는 경험을 통해 상호 간에 우의를 다지면서 협력하고 공정한 경쟁에 참여하여 성취감을 느낄 수 있는 기회를 제공해 줄 필요가 있다. 이와 관련하여 시·도 교육청 및 지역 교육청의 인적·물적 지원 관련 지원 관련 지침은 '4. 운영 및 지원'의 '자', '차', '카' 항 등에 제시되어 있다.

기본적으로 동아리활동은 개인별 활동보다는 집단 중심의 활동을 활성화하여야 한다. 이를 위해서 필요한 교내외의 인적 자원, 물적 자원을 적극 활용하여야 한다. 특히 지역사회 인사와 학부모, 동문 등의 자발적 봉사와 협력을 통하여 동아리활동이 이루어질 수 있도록 하고, 활동 내용에 따라서는 결과물을 바탕으로 집단 중심의 발표회와 전시회 등 다양한 방법을 활용하여 집단 단위의 활동으로 연계할 수 있어야 한다.

동아리활동의 활성화를 위해서 학생들의 자발적인 참여와 다양한 자기표현의 기회를 부여하고, 동아리활동 부서별로 교내 및 학교 간 경연대회, 전시회, 발표회 및 봉사활동 등과 연계한 다양한 표현 활동의 기회를 부여하여야 한다.

3) 봉사활동

봉사활동이란 어떤 대가를 목적으로 하는 활동이 아니라 자발적인 의도에서 개인이나 단체로 다른 사람을 돕거나 사회에 기여하는 무보수의 지속적 활동을 말한다. 봉사활동이란 인간의 존엄성에 대한 인식뿐만 아니라, 더불어 사는 사람의 이해, 협동 의식의 고취 등의 다양한 의미를 부여할 수 있는 활동이다.

가) 목표

2009 개정 교육과정에 따른 창의적 체험활동 교육과정에 제시된 봉사활동의 목표는 다음과 같다.

> (1) 타인을 배려하는 너그러운 마음과 더불어 사는 공동체 의식을 가진다.
> (2) 나눔과 배려의 봉사활동 실천으로 이웃과 서로 협력하는 마음을 기르고, 호혜 정신을 기른다.

2009 개정 교육과정에 따른 창의적 체험활동 교육과정에 제시된 봉사활동의 목표는

2007년 개정 특별활동 교육과정의 봉사활동 목표의 기본취지를 상당부분 계승하면서 나눔과 배려의 봉사활동 실천을 좀 더 강조하고 있다. 학생들은 봉사활동을 실천하는 과정을 통해 타인에 대한 배려심과 공동체 의식을 함양하고 협력과 호혜정신(互惠精神)을 기를 수 있다. 봉사활동의 목적은 나눔과 배려를 통해 이웃과 서로 사랑하는 마음을 기르고, 호혜 정신을 기르며, 더불어 사는 공동체 의식을 갖도록 하는 데 있다. 각급 학교 단계에서의 봉사활동은 이와 같은 의미의 자원활동을 학습하는 측면이 더 강조될 필요가 있다.

즉, 봉사활동의 결과보다 봉사활동을 실천하는 과정에서 초등학생들이 배우게 되는 교육적 의미가 더 크다고 할 수 있다. 또한 지역사회에 대한 관심을 높이고 지역사회의 발전을 위해 애쓰는 태도를 갖게 하는 것이 중요한 의미를 갖는다.

봉사활동은 나눔과 배려를 통해서 이웃과 사회와 협력하는 마음을 기르고, 호혜 정신을 기르며 타인을 배려하는 너그러운 마음으로 더불어 사는 공동체 의식을 갖도록 하는 데 그 목적이 있다. 봉사활동은 학생들에게 더불어 사는 공동체 의식을 통해 인간 사회의 빈곤에 관한 문제에 개입할 수 있는 기회를 제공하게 된다. 이러한 봉사활동은 학생들의 교육의 질을 높이고 배려하는 마음과 자질을 개발하는 데 도움이 되며, 궁극적으로는 성찰(省察)과 호혜 정신을 길러 주는 것이다.

2009 개정 창의적 체험활동 교육과정 봉사활동의 목표는 2007년 개정 특별활동 교육과정의 봉사활동 목표와 그 기본 취지는 같으나, 나눔과 배려의 봉사활동 실천을 강조하고 있다는 점에서 차이가 있다. 가령, 학생들은 봉사활동을 실천하는 과정에서 자신에 대한 관심뿐만 아니라, 타인에 대한 배려심과 공동체 의식을 함양함으로써 남을 이해하고 배려하는 협력과 호혜의 정신을 기를 수 있는 것이다.

> **(3) 지역사회의 일들에 관심을 가지고 참여함으로써 사회적 역할과 책임을 분담하고, 지역사회 발전에 이바지하는 태도를 가진다.**

지역사회의 유관기관과 협조체제를 형성하고 학생들이 지역사회의 일에 대해 구체적인 관심을 가질 수 있게 하는 것은 학생들이 어떠한 사회적 역할을 의미 있게 담당할 수 있을 것인가를 파악할 수 있도록 안내할 필요가 있다. 학생들은 지역사회에서 관심과 도움을 필요로 하는 일에 참여함으로써 사회적인 역할을 수행하고 책임감을 공유하며 지역

사회 발전에 이바지하는 태도를 형성할 수 있을 것이다.

봉사활동은 학교 교육에서 실행함으로써 인간의 존엄성에 대한 인식뿐만 아니라, 더불어 사는 사회의 이해, 협동 의식의 고취 등 다양하게 의미를 부여할 수 있다. 또한, 봉사활동은 지역사회의 일에 관심을 갖고 참여함으로써 사회적 역할과 책임을 분담하고, 지역사회 발전에 이바지하는 태도를 갖도록 하는 실천적 활동이다.

나) 활동별 내용

봉사활동의 활동별 내용은 <그림 2-8>과 같다.

봉사활동은 클럽활동 또는 단체활동의 하위 영역별 내용의 하나로 다루어져 오다가, 제7차 교육과정 이후 처음으로 특별활동의 한 영역으로 편성되었다. 교육과정에 제시된 봉사활동 내용이라고 해서 모든 학교의 학생들이 의무적으로 해야 하는 것은 아니며 학생의 수준 및 학년을 고려하여 학생들이 실천 가능한 것인지를 적절하게 판단하는 것이 필요하다. 봉사활동의 구체적 내용을 선정함에 있어서 학생들에게 남과 더불어 살아야 한다는 공동체 의식을 불어넣어 주는 것이 중요하다.

봉사활동은 학교에서 계획을 세워 운영하는 봉사활동과 개인의 선택에 의해 참여하는

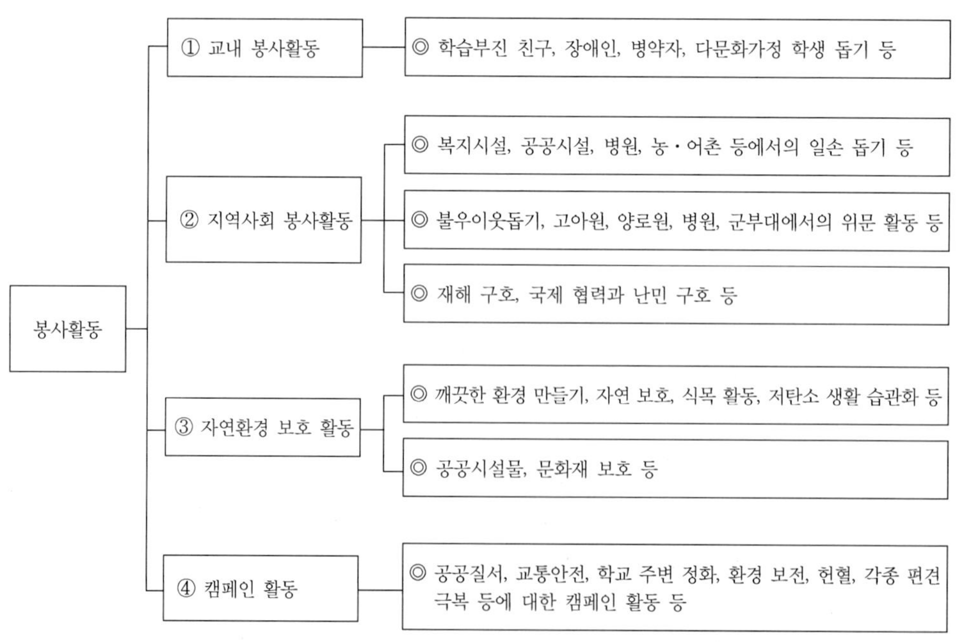

〈그림 2-8〉 봉사활동의 내용

봉사활동으로 구분되며, 교내 봉사활동과 교외 봉사활동으로 구분할 수도 있다. 교외 봉사활동은 학교가 봉사활동의 날을 지정하여 전교생이 의무적으로 참여하게 하기도 하고, 공인된 기관을 지정하여 소집단, 또는 개인별로 수시, 또는 정기적으로 봉사활동을 실시할 수도 있다. 무엇보다도 학생들이 봉사활동을 일회성의 행사, 시간 때우기 식의 행사로 끝나지 않도록 편성하는 일이 중요하다.

2009 개정 창의적 체험활동 교육과정에서는 2007년 개정 특별활동 교육과정의 봉사활동 내용으로 제시되었던 일손 돕기 활동과 위문활동, 캠페인활동, 자선구호활동, 환경·시설 보전 활동을 새롭게 분류하여 교내 봉사활동, 지역사회 봉사활동, 자연환경 보호활동, 캠페인활동 등의 4가지 활동으로 구성하였다. 특히 학습 부진 친구 돕기, 다문화 가정 학생 돕기, 저탄소 생활 습관화, 각종 편견 극복에 대한 캠페인 활동 등의 내용을 신설함으로써 최근 국가·사회적으로 중요한 과제로 대두된 문제들을 반영하였다.

다) 교수·학습방법

2009 개정 교육과정에 따른 창의적 체험활동 교육과정에 제시된 봉사활동의 교수·학습방법은 다음과 같다.

> (1) 봉사활동의 참된 의미와 가치를 인식시키고 미래 생활과도 연계되도록 지도한다. 효율적이며 진정한 봉사활동이 될 수 있도록 사전 교육을 실시하며, 관련 정보를 충분히 수집하고 면밀한 계획을 세워 추진한다.

봉사활동을 지도함에 있어서는 무엇보다도 이 활동의 의미와 가치를 인식할 수 있도록 하는 것이 우선시될 필요가 있다. 즉, 봉사활동은 학생이 자발적으로 원하여 다른 사람을 돕는 행위이며 또 그러한 행위가 지속적이면서 보상을 바라지 않는 순수함을 가지고 실천할 때 참된 의미를 인식할 수 있다.

봉사활동은 산업화, 기계화 등과 같은 사회의 변화에 따라 인간성의 상실을 이타적인 사회활동을 통해서 회복하자는 지각(知覺)에서 출발하였다. 많은 선진국들은 봉사활동의 가치를 인식하고 이를 제도화하고 있으며, 특히 이를 학교 교육에 도입하여 봉사학습과 연계함으로써 봉사활동의 교육적 의의와 함께 학교 교육에 급속히 확산되고 있다. 따라서

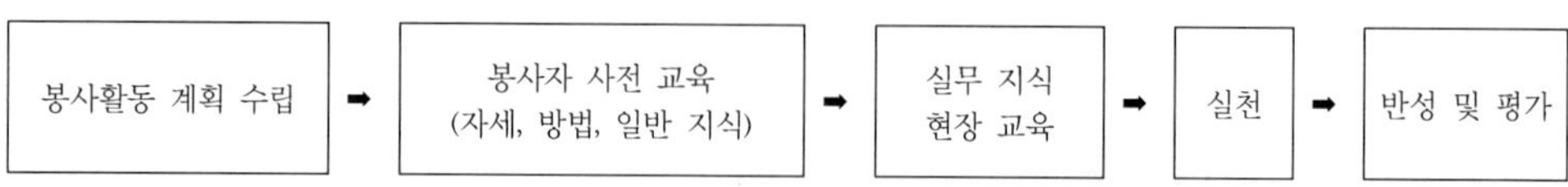

〈그림 2-9〉 초등학교 교육과정의 봉사활동 실행 절차(예시)

봉사활동을 지도함에 있어서는 무엇보다도 봉사활동의 참된 의미와 가치를 인식시키고, 봉사활동이 다른 사람을 이해할 수 있도록 해야 한다. 효율적이며 진정한 봉사활동이 되기 위해서는 충분한 사전답사와, 사전교육 등을 통해서 봉사활동을 수행하는 데 필요한 다양한 정보를 수집하고 이를 바탕으로 면밀한 계획을 수립하여 추진하도록 한다.

사전교육에서는 교사와 학생을 대상으로 활동에 대한 사전 이해 교육을 실시한다. 이와 관련한 내용으로는 활동 전 교사 연수와 학생 교육으로 구분하여 활동 내용에 대한 이해도를 높일 수 있도록 하여야 한다.

봉사활동의 추진에 따른 실행 절차를 살펴보면, 봉사활동은 크게 학교 교육과정에 의한 활동과 교육과정 이외의 활동으로 나누어 생각할 수 있다. 학교 교육과정에 의한 봉사활동은 창의적 체험활동 시간을 활용한 계획이나 별도의 시간을 확보한 계획 등 다양한 방법에 의해 실천될 수 있다. 학교 교육과정에 의한 봉사활동이라고 하더라도 운영시기의 결정에 있어서 학교의 자율적 판단에 의해 일과 중, 방과 후, 주말과 휴일, 방학 기간 등 다양한 방법에 의한 선택적 운영이 가능하다. 또한 봉사활동은 학교가 계획을 세워 운영하는 봉사활동과 개인의 선택에 의해 참여하는 봉사활동으로 구분되며, 교내 봉사활동과 교외 봉사활동으로 구분할 수도 있다. 교외 봉사활동은 학교가 '봉사활동의 날'을 지정하여, 전교생이 의무적으로 참여하게 하기도 하고, 공인된 기관을 지정하여 소집단 또는 개인별로 수시 또는 정기적으로 봉사활동을 실시할 수도 있다. 무엇보다도 학생들의 봉사활동이 일회성 행사, 시간 때우기 식의 행사로 끝나지 않도록 운영하는 것이 중요하다.

학생들이 다른 사람을 돕고 난 후에 느끼는 성취감과 보람, 기쁨, 자긍심 등과 같은 가치를 인식할 수 있도록 하는 것이 중요하며, 학교 교육과정에서 창의적 체험활동 운영을 통해 봉사활동을 실천함에 있어서 <그림 2-9>, <그림 2-10>에 제시한 절차를 참고할 수 있다(교육과학기술부, 2008b: 275).

봉사활동 계획 수립 시에는 해당 봉사활동에 관심이 있는 학생들을 확보해야 하고 봉사활동의 지도 과정 전반에 있어서 학생들의 참여가 타율적으로 흐르지 않도록 관심을

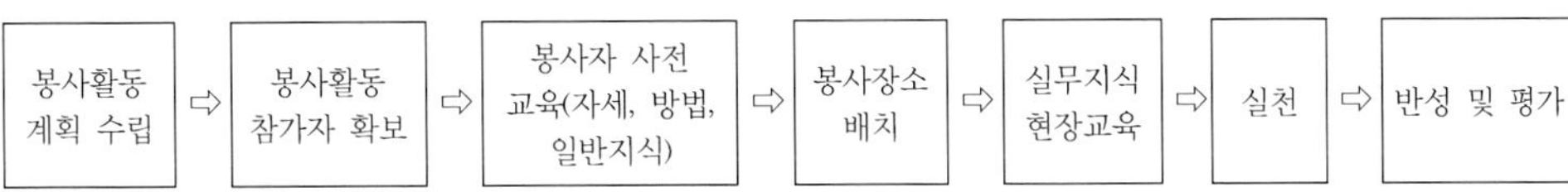

〈그림 2-10〉 중·고등학교 교육과정의 봉사활동 실행 절차(예시)

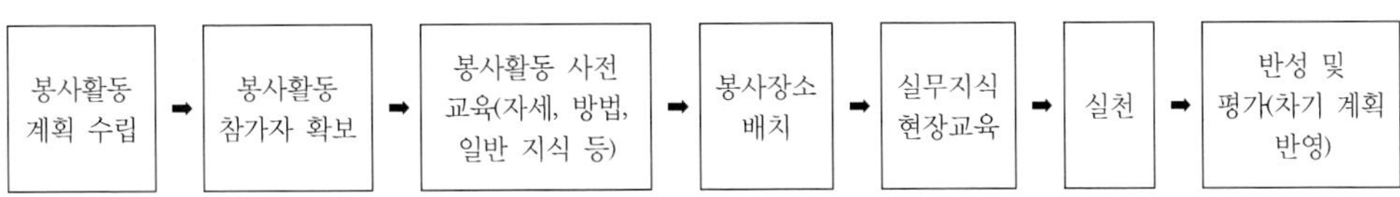

〈그림 2-11〉 학교 교육과정에 의한 봉사활동 절차(예시)

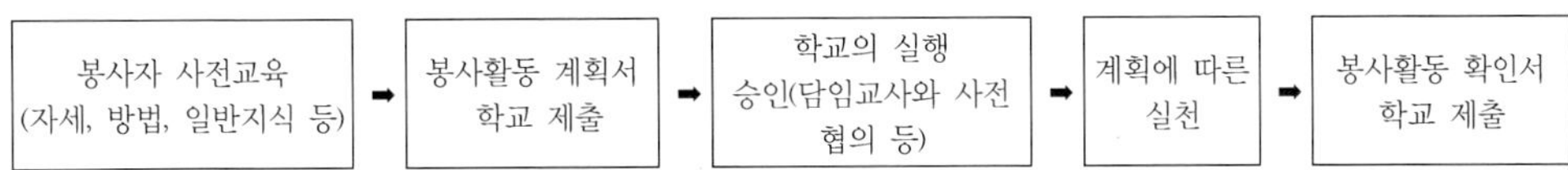

〈그림 2-12〉 학교 교육과정 이외의 봉사활동 절차(예시)

가져야 한다. 사전 답사에서는 활동 내용의 실천 가능성과 학교로부터의 거리와 소요 시간, 이동 방법, 활동에 필요한 시간, 활동 대상, 준비물, 활동 장소의 특성, 교사 및 학생의 역할 분담, 점심 식사 계획 등을 충분히 검토하도록 하고, 우천에 대비한 활동 계획도 사전에 준비하도록 한다. 사전 교육에서는 봉사활동에 참여하는 교사와 학생을 대상으로 활동 수행에 필요한 사전 이해 교육을 실시하도록 한다.

① 학교 교육과정에 의한 봉사활동

봉사활동을 지도함에 있어서는 학생들의 참여가 다소 타율적으로 흐르거나, 단순히 준수를 따려는 형식적인 활동이 되지 않도록 관심을 가져야 한다. 교사의 타율적인 지도보다는 학생들의 자율적인 계획적 실행을 존중하며, 봉사활동의 진행 절차에 따른 사전 지도와 사후 반성, 평가 등에 역점을 두어 봉사활동을 통해 학생들의 전인적 성장을 도모할 수 있도록 시행되어야 한다. 활동의 단위는 개인별 활동과 조별, 부서별, 학급별, 학교별 등의 다양한 집단별 형태를 활용하도록 권장하여 봉사활동 운영의 내실을 기하여야 한다.

학교 교육과정 이외의 시간을 활용한 개인별 봉사활동은 학교 단위의 활동보다는 학생 개인의 계획에 따라 자발적으로 형성된 학생 개인, 자율적으로 형성된 학생 집단, 혹은 기초 단위의 봉사활동 등이 포함된다. 학교 교육과정에서 이루어지지 않는 개인 계획에 의한 봉사활동일지라도 학교에서는 이를 적극 권장하고 조장, 지원, 안내하여 학생들의 다양한 활동을 통해 봉사활동이 추구하고자 하는 본래의 목표를 달성하여야 한다.

봉사활동의 내용은 정해져 있는 것이 아니며, 학교나 지역사회의 여건을 고려하여 학교에서 융통성 있게 선정하여 운영하도록 한다. 학생들이 실제로 참여할 수 있는 봉사활동의 내용이나 장소를 선정하고, 선정된 내용을 학교 교육과정에 반영하여 학급별, 학년별 봉사활동을 실천할 수 있다. 학생 개인이 실천하는 봉사활동은 방과 후, 주말, 방학 등을 활용하여 다양하게 실천될 수 있도록 지도한다.

학생들이 의미 있는 봉사활동을 실천하는 것이 가능하다는 것을 알고 봉사활동을 통해 스스로 보람을 느낄 수 있도록 지도하는 것이 필요하다. 특히 학교에서 이루어지는 다양한 동아리활동의 성과를 다른 사람이나 단체를 위해 표현할 수 있는 기회를 가질 수 있도록 하는 방안을 모색하도록 한다.

봉사활동은 정신적인 보람과 만족을 추구하는 활동으로 반드시 물질적 보상만이 봉사활동이 아니라는 점을 인식하고 학생들의 능력 수준에서도 봉사활동이 가능하다는 것을 알고, 봉사활동을 통해서 학생 스스로 보람을 느낄 수 있도록 하여야 한다. 특히, 학교에서 이루어지는 다양한 동아리활동의 성과를 다른 사람이나 어려운 단체를 위해서 표현할 수 있는 기회를 가질 수 있도록 동아리활동 결과를 봉사활동에 적극 활용하는 방안을 모색하여야 한다.

봉사활동을 실시한 후에는 활동과정과 결과에 대한 사후평가를 실시하여 그 결과를 차후계획 수립에 반영해야 한다. 봉사활동의 계획과 과정에 대한 평가는 봉사활동의 세부 영역과 장소, 시간 및 사전 교육 실시 등에 대한 평가를 중심으로 실시할 수 있다. 즉, 봉사활동을 실시한 후에는 활동 과정과 결과에 대한 사후평가를 실시하여, 차후 계획의 수립에 반영함으로써 평가 결과에 대한 교육적 성과를 거둘 수 있도록 한다.

봉사활동의 평가 내용은 계획과 과정에 대한 평가와 결과에 대한 평가로 구분할 수 있다. 봉사활동의 계획과 과정에 대한 평가는 봉사활동의 영역, 장소, 시간 및 사전 교육 실시 등에 대한 평가이고, 결과에 대한 평가는 학생들이 봉사활동을 통해서 어떠한 교육적 의미를 찾았는지, 봉사 대상 기관에 도움이 되었는지 등을 평가한다. 평가의 내용을 체계적으로 정리하고 이를 학생들과 학부모, 교사 등이 공유하여 차후 봉사활동의 내실화를 기하는 데 반영하여야 한다.

결과에 대한 평가는 학생들이 봉사활동을 통해 어떠한 교육적 의미를 찾았는지, 봉사 대상 기관에 도움이 되었는지 등을 평가하는 데 초점을 맞출 수 있을 것이다. 학교 교육과정의 일환으로 봉사활동을 실행하는 절차를 예시하면 <표 2-6>과 같다.

〈표 2-6〉 학교 교육과정에서의 봉사활동 단계 및 활동 내용(예시)

단계	활동요소	활동내용	비고
(1) 활동 계획 수립	○봉사활동 목록 작성	■봉사활동 대상조사, 봉사활동 내용 선정, 봉사 대상 기관협조 요청	
	○봉사활동 계획 수립	■목표설정, 활동계획 수립, 평가계획 수립	
(2) 사전교육	○활동 전 교사연수	■봉사활동 지도교사 연수	교사, 학생 구분
	○활동 전 학생교육	■봉사활동 전 학생 교육 실시	
(3) 봉사 장소에서의 역할 점검	○봉사활동 전 장소 및 역할 점검	■역할수행 내용에 대한 구체적 점검	
(4) 현장교육	○현장교육 실시	■봉사활동 현장의 상황 설명 ■활동상의 유의사항 안내 및 지도	
(5) 실천	○역할분담	■봉사활동 내용에 대한 역할분담	
	○실천	■봉사활동의 실행	
	○지도	■봉사활동의 진행지도 및 감독	
	○유사시의 대책 수립	■봉사활동 시 발생할 수 있는 문제에 대한 해결책 마련	
	○봉사활동 기록 유지	■봉사활동 기록 유지	
(6) 평가	○반성 및 토의	■봉사활동 내용 및 결과에 대한 반성과 협의	평가결과 기록
	○인정 및 격려	■봉사활동 결과에 대한 인정 및 격려	

봉사활동이 끝나면 학생들은 각자가 실천한 봉사활동에 대해 사후평가를 실시할 필요가 있다. 사후평가는 체크리스트의 형식으로 실시할 수도 있지만 봉사활동의 내용과 소감 등을 중심으로 학생들의 생각을 진솔하게 표현하도록 하는 것이 더 바람직하다. 학교 단위로 실시한 봉사활동이라면 학생뿐 아니라 교사도 사후평가를 실시하여, 그 결과를 향후의 봉사활동 계획 수립에 반영하는 것이 바람직하다.

학년, 학급 단위로 실시되는 봉사활동 외에 학생들이 소속된 단체나 동아리를 통해서도 봉사활동을 실천할 수 있다. 예를 들어 스카우트나 해양소년단, 아람단 등의 청소년단체가 주말에 농어촌의 일손을 돕는다거나 관현악단, 댄스동아리, 사물놀이반 친구들이 고아원이나 병원에 위문 공연을 갈 수도 있다. 또, 요리를 좋아하는 학생들이 주말에 모여 도시락을 싸서 저소득층 친구들을 방문하는 봉사를 계획하여 실천할 수 있을 것이다. 이처럼 개인의 처지와 능력에 따라 다양한 형태로 다른 친구들과 협력하여 봉사활동을 실천할 수 있다는 것을 깨닫도록 지도해야 할 것이다.

(5) 지역사회 유관기관 및 봉사단체와 협조체제를 유지하여 효율적인 봉사활동이 이루어지도록 한다.

내실 있는 봉사활동을 실천하고 또 봉사활동이 기관에 실질적인 도움이 될 수 있도록 하기 위해서는 관련단체 및 지역사회 유관 기관과의 협조체제를 구축하는 것이 바람직하다. 해당 기관에 필요한 활동이 무엇인지를 사전에 파악하여 계획을 세우고, 학생들에게 그와 관련한 사전교육을 실시해야 하며 기관에 도움이 되는 실질적 활동을 실천하는 과정이 실행되어야 한다. 예를 들면 지역에 있는 요양원과 같은 유관 기관과 협조체제를 구축하여 학생들이 노인들을 대상으로 봉사하고 주변 환경을 정화하는 일에 참여하도록 함으로써 실제적인 봉사를 체험하게 할 수 있을 것이다. 또 각 지방 자치단체나 지역 주민센터에서는 도움의 손길이 필요한 장애인, 저소득층, 독거노인, 다문화가정 자녀 등을 도울 수 있는 방법을 학교와 긴밀히 상의해서 일회성 행사가 아닌 지속적이고 꾸준한 도움으로 이어질 수 있게 해야 할 것이다.

학년 혹은 학급 단위로 복지기관 한 곳을 정하여 지속적으로 봉사활동을 실천하거나 도시학교와 농어촌 학교가 자매결연을 통해 필요한 도움을 주고받는 것은 의미 있는 봉사활

<표 2-7> 봉사활동의 운영 사례(고등학교)

활동	주제	세부 내용
캠페인 활동	국제 문화 이해	'한 학급 한 생명 살리기' 운동으로 아프리카 등의 불우 아동을 지원하여 다문화적 소양을 기름
지역사회 봉사활동	배려심과 공동체 의식 함양	파랑새 둥지와 결연을 맺어 '한가족 봉사단'을 구성하여 지역사회의 요양원이나 양로원에서 어르신들을 정기적으로 방문하거나 장애인 및 병약자 등에 대한 관심을 갖도록 하여 타인에 대한 배려심과 공동체 의식을 고취시킴

동이 될 수 있을 것이다. 철저한 자료수집에 기초한 계획수립 및 사전교육 학생들의 지속적이고 계속적인 관심과 참여, 사후활동이 유기적으로 긴밀한 관계를 맺을 때 봉사활동의 근본취지를 살리면서 교육적으로 의미 있는 체험활동을 실천하는 것이 가능해질 수 있다. 이러한 방향으로 봉사활동을 편성하기 위해서는 지역사회의 문제 사태를 파악하고 그에 대한 정보를 수집하여 봉사활동이 요청되는 특정장소나 기관을 파악하는 것이 필요하다.

봉사활동이 형식적인 활동이 아니라, 봉사활동 대상자나 기관에 실질적인 도움이 될 수 있도록 하기 위해서는 관련 단체나 기관과의 긴밀한 협조가 필요하다. 이를 위해서 해당 기관에 필요한 활동이 무엇인지를 사전에 파악하여 활동 계획을 세우고, 학생들에게 이와 관련한 사전 교육을 실시하며, 대상 기관에 도움이 되는 실질적인 활동을 실천하는 과정이 실행되어야 한다. 따라서 봉사활동을 수행함에 있어서는 관련 기관이나 봉사단체와의 협조를 통하여 봉사 대상자나 기관에 실질적인 도움이 될 수 있는 활동을 지속적으로 실천할 수 있도록 하여야 한다.

4) 진로활동

진로활동이란 개인이 자신의 특성, 소질과 적성, 능력 등을 이해하고 이를 바탕으로 자신의 정체성을 확립함으로써 진로를 계획하고 준비하며, 적절한 시기에 진로를 탐색·선택할 수 있도록 도와주는 모든 활동을 말한다. 따라서 봉사활동은 자신의 적성과 흥미, 가치관 등에 대해서 진지하게 성찰하고 다양한 직업 탐색과 체험 활동 등을 통해 직업 전반에 대한 이해도를 높이며, 자신의 진로를 계획하고 준비해 나아가는 것을 도와주는 활동이다.

가) 목표

2009 개정 교육과정에 따른 창의적 체험활동에 제시된 진로활동의 목표는 다음과 같다.

> (1) 자신의 특성, 소질과 적성, 능력 등을 이해하고, 이를 바탕으로 자신의 정체성을 확립하고 자신
> 만의 독특한 진로를 탐색한다.
> (2) 각종 검사, 상담을 통해 진로 정보를 탐색하고 자신의 진로를 계획한다.

초등학교에서는 학생들이 자기 자신에 대한 이해를 바탕으로 직업 선택에 필요한 초보적인 지식과 기능을 함양하고 직업과 관련된 다양한 체험활동을 하는 것을 목표로 하는 것이 바람직하다. 학생들은 자신의 특성, 소질, 적성, 능력 등에 대하여 충분히 이해함으로써 자신의 정체성을 확립할 수 있을 것이며, 또한 자신의 인성과 적성, 진로 성숙도 등을 알 수 있도록 각종 적성 검사 및 인성 검사 등에 참여하여 자신의 진로 계획 수립에 대한 자료를 축적해 가는 것이 필요하다.

중학교에서는 학생들에게 직업 세계와 관련한 올바른 자아 인식능력을 육성해 주고, 다양한 직업 세계에 대한 인식과 체계적인 직업 탐구를 통해서 자신의 적성에 맞는 진로 선택에 도움을 주기 위한 활동이다. 또한, 학생들의 일과 직업에 대한 올바른 가치관과 태도 형성에 도움을 주며, 진로 지도를 통해 학생들의 인생 목표 설정과 직업 선택에 있어서 다양성과 유연성 위에서 직업을 탐색하고 준비할 수 있는 기회를 부여하기 위한 활동이므로 학생들이 자신의 특성이나 소질, 적성, 능력 등을 올바르게 이행하고, 이를 바탕으로 자신의 진로 선택에 도움을 주기 위한 활동이다. 또한 학생들의 일과 직업에 대한 올바른 가치관과 태도 형성에 도움을 주며, 진로 지도를 통해 학생들의 인생 목표 설정과 직업 선택에 있어서 다양성과 유연성 위에서 직업을 탐색하고 준비할 수 있는 기회를 부여하기 위한 활동이므로, 학생들이 자신의 특성이나 소질, 적성, 능력 등을 바르게 이해하고 이를 바탕으로 자신의 진로 선택에 대한 다양한 체험 활동을 통해 학생들의 독창적이고 융통성 있는 진로를 탐색하게 한다.

고등학교에서는 학생들이 자신들의 특성, 소질, 적성, 능력 등에 대하여 충분히 이해함으로써 자기 자신의 진로를 개척할 수 있도록 자신의 정체성을 확립하고 탐색하는 과정이 중요하다. 또한 자신들이 갖고 있는 인성, 적성, 진로 성숙도 등을 적극적으로 활용하여 장래에 학생들이 선택하게 될 학업과 직업에 대해 깊이 연구하고, 직접 체험할 수 있도록 하는 기회를 제공하여 진로를 결정하고 준비하는 데 실질적인 도움이 될 수 있도록 한다.

학생들이 자신에 대한 이해를 높이고 진로 정보를 탐색하기 위한 각종 검사나 상담 등을 통해 다양한 정보를 탐색하고 이를 통해 얻어진 결과를 바탕으로 학생들의 진로를 계획한다.

2009 개정 교육과정에 따른 창의적 체험활동 교육과정에서는 진로활동을 창의적 체험활동 교육과정의 하위 영역으로 설정하게 됨에 따라 초등학교 교육에서 학생들이 진로와 직업 선택의 중요성을 인식하고 자신의 적성과 소질에 맞는 진로를 탐색할 수 있게 해야 하는 과제와 목표가 더욱 중시될 필요가 있다.

중학교에서는 진로와 직업 선택에 대한 중요성을 올바르게 인식할 수 있도록 하고, 학생 각자가 자신의 특성이나 소질, 적성, 능력 등을 고려하여 적합한 직업을 선택할 수 있도록 진로를 탐색하고 설계한다.

진로활동은 학생들의 다양한 직업 체험활동을 통해 학업과 직업 세계를 이해하고, 학생 각자 자신에게 적합한 진로를 선택하여 준비하는 것 등을 목표로 한다.

고등학교에서는 학생들이 학교생활 중 다양한 진로 탐색을 통해서 졸업 후 자신의 진로와 직업을 선택하는 것이 중요하다는 것을 깨닫도록 하여야 한다. 그리고 진로활동을 통하여 학교 및 지역사회 인사, 지역사회 시설 등을 적극적으로 활용하여 장래에 학생들이 선택하게 될 학업과 직업에 대해 깊이 탐구하도록 하고, 직접 체험할 수 있는 기회를 제공하여 진로를 결정하고 준비하는 데 실질적인 도움이 되도록 하여야 한다.

나) 활동별 내용

진로활동의 활동별 내용은 <그림 2-13>과 같다.

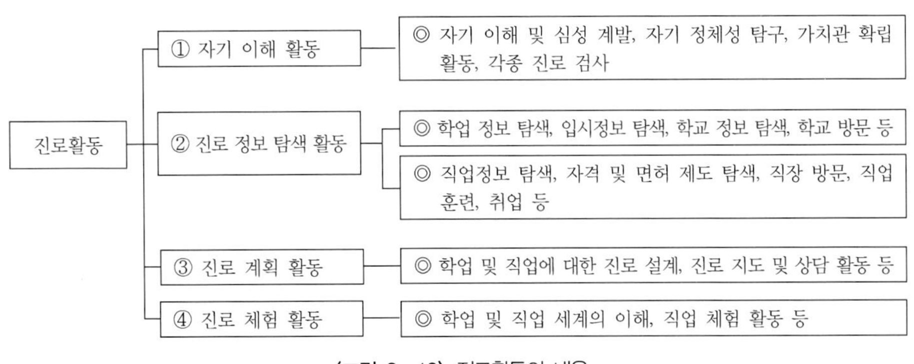

〈그림 2-13〉 진로활동의 내용

진로교육은 제5차 교육과정 이래 범교과 학습 주제의 하나로 다루어져 왔으며, 제7차 교육과정의 특별활동에서는 적응활동의 하위 영역으로 진로활동이 포함되어 있었다. 2009 개정 교육과정에서는 진로 교육을 강조하여 창의적 체험활동의 하위 영역의 하나로 제시되었다. 학생이 자신의 진로를 일찍 선택하고 그에 맞춘 준비를 할 수 있도록 지원하는 일이 중요하다. 진로활동의 활동별 내용을 선정할 때는 그 활동이 초등학교 교육과정에 적절한지를 판단하고, 목표 달성 가능성을 검토하는 것이 필요하다. 진로활동은 다른 활동, 예컨대 동아리활동 등과 연계하여 운영할 수도 있다.

<그림 2-13>에서 알 수 있듯이 2009 개정 창의적 체험활동 교육과정의 진로활동은 자기 이해 활동, 진로 정보 탐색 활동, 진로 계획 활동, 진로 체험 활동의 4가지 활동으로 구성되어 있다. 자기 이해 활동은 학생 자신의 장점과 단점, 성격을 파악하게 하고 일에 대한 건전한 가치관을 확립하도록 하는 것이 핵심이다. 또 각종 진로 검사를 통하여 자신의 소질과 적성을 파악하고 자신에게 적합한 일과 직업이 무엇인지 이해하도록 한다. 진로교육은 인간이 효율적인 선택을 하는 데 필요한 기능과 지식계발의 기초를 형성할 수 있는 시기인 초등학교 단계에서부터 반드시 시작되어야 한다. 각급 학교에서는 2009 개정 창의적 체험활동 교육과정의 진로활동 영역에 제시되어 있는 예시적 내용을 살펴보고 그러한 활동별 내용을 초등학교 학생들의 발달단계에 맞게 재구성하여 지도해야 할 것이다. 직업의 소중함 알기, 다양한 직업의 종류 조사하기, 직업 분류하기, 직업인과 인터뷰하기, 미래 유망직종 찾아보기, 부모님직장 탐방하기 등은 초등학교 학생들의 진로활동 내용으로 검토될 수 있을 것이다. 진로계획 활동은 학교에서 배우는 여러 교과와 직업과의 관계 이해하기, 더 공부하고 싶은 분야, 자신이 희망하는 분야에서 일하는 직업인 탐구하기 등을 통해 학업과 직업에 대한 진로를 설계할 수 있다. 또한 진로지도 및 상담활동을 지속적으로 실시함으로써 학생들이 진로를 설계하는 데 있어서 겪는 어려움을 파악하고 필요한 도움을 줄 수 있다. 진로체험 활동은 학생 자신이 희망하는 직업을 직접 체험해 보도록 하는 것이다. 예를 들어 가수가 되기를 원하는 학생에게는 방송국 견학 및 무대에서 노래와 춤추기 등을, 요리사가 되기를 희망하는 학생에게는 음식점에서 요리사를 도와 음식 만들기 등을 체험할 수 있는 기회를 만들어 주는 것이다. 학교에서는 위의 4가지 활동별 내용으로 제시한 것 외에 다른 활동들을 추가하여 해당 학교급의 학년 특성에 맞는 진로활동 내용을 재구성할 수 있다.

다) 교수 · 학습방법

2009 개정 교육과정에 따른 창의적 체험활동 교육과정에 제시된 진로활동의 교수·학습 방법은 다음과 같다.

> **(1) 학생이 자신에 대한 충분한 이해를 바탕으로 자신의 진로를 개척하려는 태도를 갖게 한다.**

진로활동에서 가장 기본적인 단계는 학생 자신에 대한 이해를 돕는 일이다. 자신에 대한 이해는 자신의 성격과 가치관, 장점과 단점, 흥미를 갖는 분야, 적성과 소질을 파악함으로써 가능하다. 초등학교 저학년 학생뿐 아니라 제5, 6학년 학생들도 정체성에 대해 혼란을 느끼는 경우가 있다. 초등학교 고학년 학생들은 중학교 진학을 앞두고 과중한 학습 부담을 느끼고 있는 경우가 있으며, 사춘기를 겪는 학생이라면 특히 '내가 누구인가', '난 어떤 사람이 되기를 원하는가'에 대해 심각하게 고민하기도 한다. 학교급이나 저학년이나 고학년을 막론하고 학교 재학 시기의 진로활동은 매우 중요한 의미를 갖는다. 앞으로 직면하게 될 문제에 능동적으로 대처하고 자신의 진로를 개척해 나가려는 태도를 갖게 하기 위해서는 무엇보다도 자신에 대한 이해를 명확히 하도록 지도해야 한다.

중학교에서 실시되는 진로활동은 직업 정보를 통하여 일의 세계에 대하여 이해하고, 자신의 적성, 흥미, 능력, 가치관, 신체적 특성 등에 맞는 일의 세계에 관한 구체적인 경험을 통하여 자신의 진로 계획을 세우고 개척해 나가려는 마음을 갖도록 하는 데 중점을 두어야 한다.

> **(2) 학생의 인성, 적성, 진로 성숙도 등 다양한 측면을 파악할 수 있는 각종 검사를 실시하고 그 결과에 대해 필요한 상담을 실시한다.**

학생에 관한 보다 정확하고도 심층적인 진로 정보를 얻기 위해 인성, 적성 등에 대한 각종 검사나 상담을 실시할 필요가 있다. 학생들은 이러한 검사와 상담을 통해 다양한 정보를 접하고 자신의 진로를 탐색할 수 있을 것이다. 검사결과 및 상담내용 등에 대한 기록을 체계적으로 관리하여 학생 개인의 진로정보를 적절히 활용할 수 있도록 할 필요가 있다. 학생의 진로정보 관련 자료는 학생이 진급하거나 상급학교에 진학할 때 새로운 담임교사나 상담교사가 학생들을 이해하는 데 활용되는 것이 바람직하다.

진로활동은 학생들의 미래에 대한 진로 개척을 주 활동 목적으로 하기 때문에 우선 학생들이 자신에 대한 이해도를 높일 수 있도록 해야 한다. 그러기 위해서는 자신의 적성과 특기가 무엇이며, 어떤 분야에 소질을 지니고 있는지에 대한 충분한 인식을 필요로 한다. 따라서 학생들이 자신에 대한 충분한 이해를 바탕으로 자신의 진로를 개척하려는 태도를 찾도록 하는 데 주안점을 두어야 한다.

(3) 진로 관련 상담활동은 상담교사가 하는 것을 원칙으로 하되, 특히 중등학교에서는 학생의 진로와 가장 밀접한 교과교사를 진로 지도교사로 하여 학생 개인별 혹은 집단별 진로상담에 도움을 주도록 한다. 진로활동 내용에 따라서는 상담교사나 전문적 소양을 가진 학부모 또는 지역사회 인사의 협조를 받는다.

진로와 관련된 상담활동은 상담교사가 하는 것을 원칙으로 하되, 진로활동의 각 내용에 따라서는 담임교사나 전문적인 소양을 가진 학부모, 지역사회 인사의 협조를 받아 상담활동을 실시할 수 있다. 초등학교 교육에서의 진로활동은 소극적인 입장에서 학생의 흥미와 능력, 재능을 발견하는 차원에 그쳐서는 안 되며, 보다 적극적으로 진로선택에 필요한 정보를 탐색하고 학생의 소질을 고려한 진로를 탐색하기 위한 구체적 노력이 요청된다.

이를 위하여 다양한 심리 검사를 실시하고, 결과에 대한 분석을 학생 스스로가 정리하도록 지도하여 인지할 수 있는 계기를 만들고 그 정리 결과는 진로상담의 기초 자료로 활용하도록 한다. 학생들의 진로 관련 상담 활동은 학생들을 담당한 담임교사가 하는 것을 원칙으로 하지만, 학교의 여건과 학생들의 희망에 따라 교과 교사 및 전문 상담교사, 진로 상담교사, 직업 상담사 등 다양한 인적 자원을 활용한다. 또한 심리 검사가 자신에 대한 모든 것을 나타내는 완전한 정보가 아니라, 자신을 탐색하기 위한 도구임을 알려 주고, 개인의 특성은 환경의 변화와 본인의 의지에 따라 바뀔 수 있음을 알게 한다.

특히 중학교에서는 학생들의 진로와 가장 밀접한 교과 교사를 진로 지도교사로 배정하여 학생 개인별 혹은 집단별 진로상담에 도움을 주는 방법도 활용할 수 있고, 전문적 소양을 갖춘 학부모나 지역사회 인사를 활용하여 진로상담을 실시할 수도 있다. 뿐만 아니라, 학교 및 지역사회 인사, 지역사회 시설 등을 활용하여 미래에 학생들이 선택하게 될 직업에 대해 탐구하고, 그 직업과 관련한 체험을 할 수 있는 기회를 제공하여야 한다.

학생들은 자신의 학업진로, 직업진로에 대한 진로 계획서를 먼저 작성하고 난 후에 그것을 계속적으로 수정할 수 있도록 여러 가지 활동에 적극적으로 참여해야 한다. 초등학생들이 자신의 진로 계획서를 의미 있게 작성할 수 있도록 지도하기 위해서는 학생들이 자신의 진로 목표를 설정하고 그러한 목표달성을 위해 준비할 수 있도록 구체적으로 안내할 필요가 있다. 초등학교에서 학생들의 진로목표 설정 및 준비를 위해 실천 목표를 수립한 사례를 제시하면 다음과 같다.

○ 자신의 능력과 소질에 밀접하게 관련되는 직업인을 찾아 그 직업인의 특성을 여러 가지 방법으로 조사할 수 있다.

○ 일상생활에서 성실하게 생활하려는 마음을 가진다.

○ 성실하게 생활해야 하는 까닭과 그 중요성을 알고 생활에서 실천하려는 태도와 의지를 지닌다.

특히, 중학교 학생들은 자신의 진로와 관련하여 학업진로 또는 직업진로에 대한 계획이 수시로 변경될 수 있다. 따라서 자신의 진로에 대한 방향 설정이나 탐색 계획이 담긴 진로 계획서를 작성하여 지속적으로 자신의 진로에 대해 설계하고 수정하는 것을 활용하도록 지도하여야 한다.

이러한 목표를 달성하기 위해 학생들이 관심 있는 직업인을 조사하여 자신만의 소책자를 만들고, 관심 있는 직업인 중 대표적 인물을 선정하여 그 인물이 어떠한 성실성을 지녔는가를 조사하는 활동을 할 수 있을 것이다.

초등학교에서의 진로활동에서는 특정 교과목과 연계하여 활동하기보다는 학생들이 학교나 지역사회 시설 등을 활용하여 직업에 대해 탐구하고 직접적인 체험을 할 수 있도록 많은 기회를 마련하여 제공하는 것이 필요하다. 또 봉사활동이나 동아리활동과 연계하여 진로활동을 지도할 수 있을 것이다. 지역사회 인사를 방문하여 다양한 직업인과 면담을 하면서 해당 직업을 선택했을 때의 좋은 점과 힘든 점 등을 조사하는 것은 초등학생들의 진로활동에서 의미 있는 활동이 될 수 있을 것이다. 또 지역사회 시설 등을 활용하여 진로에 관련된 직접적 체험을 할 수 있게 함으로써 보다 적극적인 진로활동 지도를 실시해야 할 것이다.

중학교는 진로 탐색 시기에 속하는 만큼, 자신에게 적합한 직업 및 진로를 여러 시각에서 바라보고 선정할 수 있도록 다양한 정보 수집 방법을 안내하도록 해야 한다. 학생들이 자신의 미래와 관련하여 자신의 적성, 가치관 또는 미래의 진로 등을 탐색해 보고 이를 바탕으로 자신의 능력을 충분히 고려하여 진로를 선택하거나 자신에게 적합한 직업을 선택하는 데 도움이 되도록 정보를 제공한다.

학생들이 자신의 진로 선택에 있어서 중요한 시기를 맞고 있는 중학생의 경우에는 고등학교 교육과정 교양 선택으로 학습하게 되는 '진로와 직업'의 교과목과 연계하여 지도함으로써 그 효과를 증대할 수 있도록 한다. '진로와 직업' 교과목은 고등학교 교육과정에서 자신의 진로 탐색과 직업에 대한 이해를 중심으로 학습하게 되는 진로 관련 선택교과목이다. 따라서 이러한 학습 내용의 연계성을 고려하여 지도함으로써 중학교의 진로활동과 고등학교의 진로 교육이 연계성을 가질 수 있도록 한다.

> (6) 학교 및 지역사회 인사, 지역사회 시설 등을 활용하여 장래에 학생들이 선택하게 될 학업과 직업에 대해 탐구하고, 직접 체험할 수 있는 기회를 제공한다.

진로활동에는 체험활동과 미래 설계 활동이 병행되어야 한다. 학교 및 지역사회 인사, 지역사회 시설 등을 활용하여 장래에 학생들이 선택하게 될 학업과 직업 등에 대해 탐구하고, 직접 체험할 수 있는 기회를 제공하여 학생들에게 미래 설계의 도움이 되도록 한다. 특히 중학생을 대상으로 하는 진로활동은 진학 및 직업적 요소를 중요시하지만, 단편적인 직업 교육이나 지식 중심의 진로 교육이 되어서는 안 된다. 진로활동은 지식 중심의 교육

자기 자신에 대한 충분한 이해	→	삶의 목표에 대한 분명한 인식	→	직업 세계에 대한 정보 수집 및 분석	→	잠정적 진로 선택	→	진로, 진학, 취업의 선택

〈그림 2-14〉 진로 선택 및 결정 절차(예시)

보다도 직접적인 체험 중심의 활동이 되도록 하고, 학교나 지역사회 인사, 지역사회 시설 등을 활용하여 학생들에게 직업 세계에 대한 탐구와 직업에 대한 다양한 활동을 직접 체험할 수 있도록 한다.

진로활동을 지도함에 있어서는 창의적인 체험활동과 교과(활동)를 연계하여 심층적이고 체계적인 지도가 이루어지도록 하고, 특히 회의 시간, 조회와 종례 시간, 교과(활동) 전후, 등교 및 하교 시의 여가 시간 등 언제, 어디서든지 교사와 학생 간, 또는 학생 상호 간에 진로활동과 관련한 폭넓은 정보 교류와 격의 없는 토의 및 상담이 이루어지도록 기회를 제공한다.

특히, 중학교에서의 진로활동은 '진로 탐색 단계'로서 직업군을 탐색해 보고, 잠정적인 진로 계획을 수립하는 단계이다. 진로의 결정은 한 개인의 삶의 틀을 결정하는 중요한 사항이므로 다양한 진로 탐색 과정을 거치도록 하여야 한다.

① 자기 자신에 대한 충분한 이해

진로활동은 자아 이해를 바탕으로 한다. 따라서 자아 인식과 이해를 바탕으로 자기 결정과 지도가 이루어지도록 해야 하는 계획성 있는 과업이어야 한다.

② 삶의 목표에 대한 분명한 인식

진로활동은 개인의 존엄과 가치에 관한 신념에 기초를 둔다. 따라서 학생 개개인이 자신의 삶의 목표나 추구하는 이상에 대한 분명한 인식을 갖도록 하는 것이 중요하다. 이러한 삶에 대한 목표를 바탕으로 하는 자기 결정의 방향으로 진로활동이 인도되어야 한다.

③ 직업 세계에 대한 정보 수집 및 분석

일반적으로 진로활동은 세계를 폭넓게 인식하는 과정으로 모든 학생들에게 의미 있는 경험과 내용이 되어야 한다. 이를 위해서는 자신이 인식한 삶의 목표를 바탕으로 그와 관련된 직업 세계에 대한 다양한 지식과 정보의 수집, 정보의 분석 및 검토 등이 이루어져야 한다.

④ 잠정적 진로 선택

다양한 활동을 통해 이루어진 정보를 바탕으로 잠정적인 진로를 선택한다. 특히, 잠정적인 진로 선택을 위해서는 중학생들에게 미래에 다가올 고등학교 진학, 취업 등과 관련하여 자신이 관심을 갖고 있는 계열의 고등학교 또는 실제 직업 현장을 방문하여 직접 살펴보고 실제 체험을 해 보는 것도 하나의 방법이다.

⑤ 진로, 진학, 취업의 선택

잠정적인 진로 선택을 통해서 나타난 문제점과 자신의 삶의 목표를 바탕으로 진학, 취업 등을 최종적으로 결정한다. 진학, 취업 등이 결정되면 자신의 진로에 적합한 능력이나 소양을 갖추는 일에 진력한다.

⟨표 2-8⟩ 진로 선택 및 결정 절차에 의한 지도 과정

단계	활동 요소	활동 내용	비고
자기 이해	자기 탐색	○ 자신의 적성, 흥미, 성격 등에 대한 이해	학생 대상 활동
	각종 검사 실시	○ 진로, 심리검사, 진로탐색 검사, 적성검사 등 각종 검사를 통한 자기 이해	
	상담 활동	○ 진로상담, 심리상담 등 각종 상담활동 실시	
삶의 목표 인식	삶의 의미와 가치	○ 자신을 삶의 주체자로 인식, 현실 감각, 자신에 대한 책임감, 자신이 추구하는 가치 인식	학생 활동
	명확하고 분명한 목표 설정	○ 자신의 생활에 대한 분명한 목표 인식	
	삶의 목표와 사명 인식	○ 삶의 목표와 삶에 대한 분명한 인식	
직업 정보 수집 분석	직업 정보 수집	○ 다양한 직업 세계 정보 수집	학생 활동
	자신의 직업 정보	○ 자신이 원하는 직업 정보 정리	
	의사결정 비교표	○ 직업과 관련한 의사결정 비교표 작성	
	합리적 직업 선택	○ 직업의 가치 중 우선적 선택 가치에 의한 합리적 선택	
잠정적 진로 선택	잠정 진로 선택	○ 자신의 직업 가치에 적합한 직업을 선택하여 잠정적 진로 선택	학생 가치중심
진로 취업 결정	진로 및 취업의 결정	○ 잠정적 진로 또는 취업의 결정	지속적 활동 전개
	선택 진로에 대한 심화활동	○ 결정된 진로, 취업에 대한 심화 탐색활동	

학교에서의 진로활동은 학교 교육과정 중 창의적 체험활동으로 편성하여 의도적이고 계획적으로 이루어지도록 한다. 뿐만 아니라, 진로활동은 다양한 직업 세계와 관련하여 창의적이고도 다양한 체험활동을 도입하여 활용함으로써 학생들의 진로 탐색과 직업군 탐색에 대한 흥미와 관심을 제고할 수 있도록 한다.

제5절 창의적 체험활동 교육과정의 운영 및 지원

창의적 체험활동은 교과 외 활동으로서 편성·운영과 관련된 단위학교 및 교사 재량의 폭이 넓은 융통성이 있는 교육활동이다. 따라서 창의적 체험활동은 각 지역의 특성과 실정, 학교의 여건, 교사의 지도 능력, 학생 및 학부모 등의 요구를 반영하여 자율적으로 교육과정을 편성하고 프로그램을 개발 또는 활용하여 창의적으로 교육활동을 운영할 수 있으며 국가 수준 및 교육청(지역 교육지원청) 수준에서는 적절한 행·재정적 지원을 통하여 단위 학교의 운영을 지원하여야 한다.

창의적 체험활동은 개인의 창의성과 인성을 겸비한 미래 지향적 인재를 위한 실천 중심의 교과 외 활동으로서 학교 및 교사의 재량의 폭이 넓어 교육 공동체의 의견을 적극적으로 반영하여 학교 교육과정 특색을 살릴 수 있다. 영역별 구체적인 활동 내용 면에서도 다양한 지역사회의 특성과 학교의 여건, 학생 및 학부모의 요구, 지도교사의 능력 등을 반영하여 자율적으로 프로그램을 개발, 선택과 집중을 통하여 융통성 있게 운영할 수 있다. 창의적 체험활동 교육과정에 제시된 각 영역별 하위 활동 내용은 고정된 것이 아니라, 하나의 예시 자료로 이해해야 한다. 제시된 자료를 바탕으로 학교에서는 창의적 체험활동을 통해 실현하고자 하는 교육목표를 정한다. 이를 달성하기 위한 창의적 체험활동 시간 운영, 지도교사 확보, 시설 지원, 예산 지원 계획 등을 수립하고, 학교별로 특색 있는 중점 영역을 설정하고 육성함으로써 학교의 전통을 가꾸어 나갈 수 있는 창의적 체험활동을 보다 효과적이고 만족스럽게 운영할 수 있을 것이다.

2009 개정 교육과정에 따른 창의적 체험활동 교육과정에 제시된 운영 및 지원에 관한 지침은 다음과 같다.

> 가. 창의적 체험활동에 배당된 시간(단위) 수는 영역별로 학생의 요구, 학교 및 지역의 특성을 고려하여 학교의 재량으로 배정하되, 학생의 발달단계를 고려하여 학교급별 학년별로 활동영역 및 내용을 선택하여 집중적으로 운영할 수 있다.

창의적 체험활동의 활동영역은 자율활동, 동아리활동, 봉사활동, 진로활동으로 나뉜다.

<표 2-9> 창의적 체험활동 영역 구성의 방법

영역 \ 학년	제1~6학년 동일 편성	학년군별 편성	학년별 편성
영역 균등 편성		(예시)	
중점 영역 선정 편성	(예시)		(예시)
자유로운 영역 편성			(예시)

<표 2-10> 학년군별 창의적 체험활동 영역 균등 편성

영역	활동	학년군		
		1~2학년	3~4학년	5~6학년
자율활동	적응활동	68	17	17
	행사활동	34	17	17
	자치활동	34	17	17
	창의적 특색활동	85	68	51
동아리활동		17	51	68
봉사활동		17	17	17
진로활동		17	17	17
시간 누계		272	204	204

그런데 학생의 발달단계, 흥미, 소질 등의 요구와 교육적 필요, 학교와 교사의 요구와 실정, 학교 및 지역의 특성 등을 고려하여 학교급별, 학년별로 활동영역 및 내용을 선택하여 집중적으로 운영할 수 있다. 즉, 영역구성의 방법은 학년의 측면에서는 제1~6학년을 동일하게 편성하는 방법, 학년군별로 편성하는 방법, 학년별로 편성하는 방법 등이 있으며, 활동 영역의 측면에서는 각 활동 영역별로 고르게 편성하는 방법, 중점 활동 영역을 선정하여 편성하는 방법, 자유롭게 편성하는 방법 등이 있다. 이를 종합하면, 창의적 체험활동의 영역 구성의 방법을 <표 2-9>와 같이 9가지로 제시할 수 있다. 그런데 실제로 각 영역별로 하위활동 및 내용의 다양성을 고려하면 영역 구성방법은 더 증가될 수 있다.

창의적 체험활동 영역 구성의 구체적인 사례는 다음과 같다.

첫째, <표 2-10>은 학년군별로 창의적 체험활동의 모든 영역을 고루 편성한 것이다.

둘째, <표 2-11>은 제1~6학년이 동일하게 특정 영역을 집중적으로 편성하고, 그 외의 영역에는 적은 수업 시수를 배당한 것이다.

<표 2-11> 학교 중점 영역 선정 편성(예시)

영역	활동	학년군		
		1~2학년	3~4학년	5~6학년
자율활동	적응	68	17	17
	행사	17	17	17
	자치	34	17	17
	창의적 특색	136	12	102
동아리활동		–	34	34
봉사활동		17	8	7
진로활동		27	9	17
시간 누계		272	204	204

<표 2-12> 학년별 중점 영역 선정 편성(예시)

영역	활동	학년					
		1학년	2학년	3학년	4학년	5학년	6학년
자율활동	적응	68	19	10	7	6	5
	행사	17	15	34	7	8	14
	자치	10	13	10	10	10	10
	창의적 특색	34	68	17	17	17	15
동아리활동		–	–	34	17	34	17
봉사활동		7	7	10	34	12	12
진로활동		7	7	8	10	10	34
시간 누계		143	129	102	102	97	107
		272		204		204	

셋째, <표 2-12>는 학년별로 중점이 되는 영역을 하나씩 선정하여 집중적으로 편성하고 그 외의 영역에는 적은 수업 시수를 배당한 것이다.

넷째, <표 2-13>은 각 학년별로 자유롭게 편성한 것이다.

<표 2-13> 학년별 자유로운 운영 영역 편성(예시)

영역	활동	학년					
		1학년	2학년	3학년	4학년	5학년	6학년
자율활동	적응	34	24	5	5	5	17
	행사	5	10	17	15	17	7
	자치	12	10	7	17	7	7
	창의적 특색	68	68	29	17	17	17
동아리활동		–	–	17	34	17	17
봉사활동		–	–	5	10	5	10

진로활동	17	24	12	14	17	34
시간 누계	136	136	92	112	85	109
	272		204		204	

한편, 2009 개정 교육과정에서 중학교 창의적 체험활동 기준 수업 시간 수는 306시간으로 단위 학교의 필요에 따라 더 많은 시간을 확보하여 운영할 수 있다. 단위 학교에서 창의적 체험활동 계획을 수립할 때에는 활동 영역의 성격과 특성에 알맞게 융통성 있는 편성·운영이 바람직하다. 학교의 교과 교육과정의 정상적인 운영을 고려하여 학교 여건에 맞게 시기별, 학년별로 선택과 집중을 통한 창의적 체험활동 운영이 이루어져야 할 것이다.

단위 학교에서는 창의적 체험활동에 배당된 시간을 학생들의 요구와 지역 및 학교의 특성에 맞게 결정하여 배정하되, 학생들의 발달 단계를 고려하여 하위 활동 영역 및 내용을 선택하여 학기별, 학년별로 집중적으로 운영할 수 있다.

중학교에서의 학년별 체험활동의 하위 영역 시간을 편성할 때, 학생, 학부모 등의 교육적 요구와 학교의 여건과 실정에 따라 효율적인 방법을 선택할 수 있다. 활동 영역의 프로그램 내용이나 운영 방법에 따라 학년별로 특정 영역을 집중적으로 편성하여 운영할 수 있다.

〈표 2-14〉 학교별 창의적 체험활동 시수 배당(중학교, 예시)

영역	자율활동	동아리활동	봉사활동	진로활동	계	비고
국가 수준			306		306	
영역별 균형 편성	76	77	77	76	306	학년별, 영역별 균형 편성
동아리활동 중심 편성	34	204	34	34	306	동아리활동 학년별 68시간 편성
봉사활동중심 편성	34	34	204	34	306	
진로활동중심 편성	34	34	34	204	306	

〈표 2-15〉 학년별 창의적 체험활동 하위 영역 선택과 집중(중학교, 예시)

영역		자율활동	동아리활동	봉사활동	진로활동	계	비고
국가 수준				306		306	
학년별 균형이수	1학년	34	34	17	17	102	사춘기 적응 프로그램 운영
	2학년	17	34	34	17	102	학기 중, 방학 중 봉사활동 운영
	3학년	17	34	17	34	102	고등학교 진학을 위한 진로활동 강화
학년별 2개 영역 이수	1학년	68	34	0	0	102	사춘기 적응활동 학교 특색활동
	2학년	0	34	68	0	102	학기 중, 방학 중 봉사활동 운영
	3학년	0	34	0	68	102	진로 체험활동 프로그램 운영

학년별 3개 영역 이수	1학년	34	34	34	0	102	학급 단위 중심 봉사활동
	2학년	0	34	34	34	102	동아리활동 중심의 봉사활동과 진로체험활동
	3학년	34	34	0	34	102	진로활동을 중심으로 한 자율활동, 동아리활동 연계 운영
학년별 특정영역 집중이수	1학년	68	0	0	0	68	사춘기 적응 프로그램 운영
	2학년	0	68	68	0	136	동아리활동 연계 봉사활동
	3학년	0	0	0	102	102	직업 선택을 위한 진로 체험활동

> **나. 창의적 체험 활동의 운영의 효율성을 높이기 위해 관련 교과 및 창의적 체험활동의 하위 영역 간에 통합하여 편성·운영할 수 있다.**

창의적 체험활동은 관련 교과 및 창의적 체험활동의 하위 영역 간에 통합하여 편성·운영할 수 있다. 이것은 궁극적으로 교육의 효과를 높이기 위하여 교육과정 편성·운영의 융통성을 보장한 것이다.

창의적 체험활동의 하위 영역의 활동 내용을 관련 교과의 학습 내용 또는 교수·학습 방법과 연계하여 지도할 경우, 교과의 전문성을 살릴 수 있어서 운영의 효율성을 높일 수 있다. 교과의 경우, 그 교와의 전문 분야에서 활동하는 사람들의 직업 세계를 통하여 교과 관련 진로 탐색활동이 가능하다. 또한 복지 기관에서 음악 연주회를 갖는 등 교과 특기 등을 활용하여 봉사활동을 실시할 수도 있다. 그 외에도 교과 학습 내용이나 학습 방법을 자치활동이나 적응에 적용하는 등 창의적 체험활동과 교과 간 통합 운영이 가능하다.

창의적 체험활동의 자율활동, 동아리활동, 봉사활동, 진로활동 등 4개의 하위 영역이 각기 독립적으로 운영되는 경우도 있지만, 경우에 따라서는 2개 영역 이상이 동시에 이루어지는 경우도 많을 것이다. 또한, 명확하게 분리하여 운영되는 것이 효율적인 활동도 있고, 활동 내용에 따라서는 영역 간 중복되거나 연계하여 운영하면 더욱 효율적인 경우도 있다. 따라서 창의적 체험활동의 편성에서 이를 고려하여 하위 영역 간 통합 편성·운영을 고려하도록 하는 것이 필요하다.

예를 들어, 단위 학교에서 동아리활동에 참여하면서, 동아리 단위의 봉사활동과 동아리활동을 동시에 편성하여 운영할 수 있다. 동아리활동 시간에 동아리의 특성에 맞는 활동을 하고, 평소 흥미나 관심사가 비슷한 학생들끼리 동아리 단위로 진로활동을 할 수 있다. 학급 단위보다 소규모의 인원수로 구성이 가능한 동아리 단위로 지역사회 봉사활동을 하면 효율적인 운영을 기대할 수 있다. 또한, 학교의 교내·외 자율활동을 실시하면서 봉사활동을 연계하여 실시할 수도 있다.

구체적인 통합 편성·운영의 방법을 '창의적 체험활동과 관련 교과의 통합편성·운영'과 '창의적 체험활동의 하위 영역 간의 통합편성·운영'으로 나누어 살펴보면 다음과 같다.

① 창의적 체험활동과 관련 교과의 통합 편성·운영

창의적 체험활동과 관련 교과의 통합 편성·운영 창의적 체험활동과 관련 교과의 통합 편성·운영은 창의적 체험활동의 활동 영역 또는 내용이 교과의 교육내용과 연관이 있거나 유사한 경우에 해당한다. 창의적 체험활동의 각 영역별로 관련 교과와 통합 편성·운영할 수 있는 사례를 제시하면 <표 2-16>과 같다. 예를 들어 자율활동의 하위 활동 영역인 자치활동을 사회/도덕 교과군과 관련하여 도덕 교과 교육과정의 우리·타인·사회 영역에서 제시된 공중도덕을 중심으로 구체적인 실천 계획을 세워 편성·운영할 수 있다. 또한 봉사활동의 하위 활동 영역인 캠페인 활동을 위하여 봉사활동 주제에 맞는 노래를 만들어 부르기나 포스터 그리기 등을 수행할 때에는, 예술 교과군과 관련하여 음악 교과 교육과정에 제시된 친숙한 악곡의 일부를 변형하여 즉흥 표현하기 및 미술 교과 교육과정에서 자유로운 발상을 통하여 주제를 표현하기 등과 통합하여 편성·운영할 수 있다.

〈표 2-16〉 창의적 체험활동 영역과 관련 교과(군) 통합 편성·운영(예시)

영역	활동	교과(군)	통합 활동 내용 제시
자율활동	적응활동	국어	·적응활동에서 국어교과와 통합하여 국어교과를 공부하는 방법을 다루는 경우
		사회/도덕	·적응활동에서 사회/도덕 교과군과 통합하여 예절, 질서 등의 기본생활습관을 형성하기 위하여 운영하는 경우
	행사활동	과학/실과	·행사활동에서 과학 교과와 통합하여 과학의 날 행사를 운영하는 경우
	자치활동	사회/도덕	·자치활동에서 도덕 교과와 통합하여 공중도덕과 관련된 실천계획을 수립하여 운영하는 경우
	창의적 특색 활동	체육	·체육 학교 특색활동의 일환으로 체육교과와 통합하여 기초체력 향상을 위한 신체활동 프로그램을 운영하는 경우
동아리활동		수학	·'창의수학부' 운영: 수학 교과에서 배운 내용을 바탕으로 다양한 게임을 통하여 문제를 해결하는 동아리활동을 운영하는 경우
		예술(음악/미술)	·'예술 작품 감상부' 운영: 음악교과 및 미술교과에서 배운 내용을 바탕으로 다양한 예술작품을 감상하는 동아리활동을 운영하는 경우
봉사활동		사회/도덕	·봉사활동에서 사회/도덕 교과군과 통합하여 우리학교와 지역사회에 필요한 봉사활동의 종류를 배우고 봉사활동 계획을 수립하는 활동을 운영하는 경우

| 봉사활동 | 예술
(음악/미술) | ·캠페인 활동에서 음악교과와 통합하여 친숙한 악곡의 일부를 변형하거나 미술교과와 통합하여 자유로운 발상을 통하여 봉사활동 주제를 표현하는 활동을 운영하는 경우 |
| 진로활동 | 각 교과 | ·각 교과와 관련하여 직업의 종류를 알고 자신에게 적합한 직업이 무엇인지 모색하는 활동을 운영하는 경우 |

〈표 2-17〉 창의적 체험활동과 교과 간 통합 운영(중학교, 예시)

영역 간 통합 운영	교과(군)	통합 활동 내용 제시
자율활동	국어	·관련 주제별 독서 후 토론 또는 소감을 발표함.
	사회/도덕	·모의의회, 모의재판 등으로 바람직한 의사결정과 사회정의의 과정을 이해함.
		·남을 배려하고 원만한 인간관계를 위한 예절 교육을 실시함.
	과학/기술·가정	·과학 기술의 발전에 따른 사회 변화에 대한 토론 시간을 가짐.
동아리활동	예술(음악/미술)	·현악반, 기타 연주반, 사물놀이반 등의 연주를 함. ·회화, 만화, 조소, 서예 등 작품을 전시함.
	과학/기술·가정	·요리, 인테리어, 디자인 등 가정 관련 실습 중심으로 활동함.
	정보	·컴퓨터 프로그램을 활용하여 일러스트, 애니메이션 등을 제작하여 발표함.
봉사활동	영어	·지역사회 복지관, 어린이 영어 회화 수업 도우미 활동을 함.
	과학/기술·가정	·고령화 사회를 대비한 고령 친화 봉사활동을 실시함.
	체육	·지역사회 체육 행사 자원 봉사활동에 참여함.
	환경	·저탄소 생활 습관화를 위한 행동을 실천함.
진로활동	국어	·문학 작품에서 보이는 직업, 등장인물의 직업 세계를 간접적으로 체험함.
	수학	·다양한 수학자의 삶을 통해 수학에 관련된 직업의 세계를 이해함.
	사회/도덕	·경제인 초청 강연을 듣고 사회의 경제 흐름과 전망을 이해함.
	과학/기술·가정	·과학관을 방문하여 과학자의 연구활동을 다양하게 체험함.

또한 이 방법은 특히 2009 개정 교육과정 총론 'Ⅱ. 학교급별 교육과정 편성과 운영-4. 학교급별 공통사항-가. 편성·운영-(18)'에 제시된 다음의 지침과 관련하여 해석할 수 있다. 즉, 유사한 활동 영역 또는 내용을 다루는 경우 교과와 창의적 체험활동의 내용 배열의 순서를 조정하여 운영할 수 있다.

「(18) 교과와 창의적 체험활동의 내용 배열은 반드시 학습의 순서를 의미하는 것이 아닌 예시적인 성격을 지니고 있으므로, 필요한 경우에 지역의 특수성, 계절 및 학교의 실정과 학생의 요구 교사의 필요에 따라 각 교과목의 학년별 목표에 대한 지도내용의 순서와 비중, 방법 등을 조정하여 운영할 수 있다.」

예를 들어, <표 2-18>과 같이 제5학년 실과의 '정보기기와 사이버공간'과 창의적 체험활동을 연계하여 편성할 수 있다. 이 표에서 창의적 체험활동과 실과가 각각 한 학기로

<표 2-18> 창의적 체험활동과 관련 교과의 통합 편성·운영(예시)

구분	제1학기(12차시 분량)	제2학기(12차시 분량)
통합 운영	창의적 특색활동-범교과 학습(정보통신 활용 교육)	창의적 특색활동-실과 과목
교육 내용	한글 프로그램 익히기 (1) 기본 자판 익히기 (2) 글자모양 및 문단모양 사용법 (3) 그림 삽입, 표와 차트 만들기 (4) 편집용지와 단 설정하기 (5) 응용: 초대장 만들기 (6) 응용: 우리 모둠 신문 만들기	(7) 정보 기기와 사이버 공간 (가) 정보 기기의 종류, 특성, 기능을 이해하여, 생활 속에서 다양한 방법으로 활용한다. (나) 사이버 공간의 특성을 이해하고, 사이버 공간에서의 올바른 윤리의식을 실천한다.

<표 2-19> 통합 단원 구성 사례

재구성 전		재구성 후		
단원	성취목표	단원	성취목표	관련 범교과 학습
5학년-(6) 식물과 함께 하는 생활	(나) 꽃 또는 채소를 선택하여 가꾸어 봄으로써 재배의 의미를 알고 생명을 소중히 여기는 태도를 가진다.	딸기를 재배하여 잼 만들기	딸기를 재배하고, 수확한 딸기로 잼을 만들어 복지시설에 보낸다.	• 근로정신 함양 교육 • 농업·농촌 이해 교육 • 여가 활용 교육
6학년-(3) 생활자원과 소비	(나) 나의 생활시간을 효율적으로 관리하고, 용돈의 개념을 이해하여 용돈을 합리적으로 계획하고 소비하여 현명한 아동 소비자로서 능력과 태도를 기른다.	알뜰바자회로 모금하기	학급 또는 학년 단위로 알뜰바자회를 실시하여, 모금액을 금융기관을 이용하여 고아원, 양로원에 송금한다.	• 경제교육 • 소비자 교육

구분되어 있지만, 이것을 한 학기 내에서 함께 편성하여도 무관하다. 이때, 시수는 각각 창의적 특색활동과 실과에 포함시킨다. 평가를 서술할 때 창의적 체험활동과 교과의 교육목표 및 교육내용이 다를 경우에는 각각 진술한다.

다만, 창의적 체험활동과 교과의 교육목표 및 교육내용을 구분하기 어려운 경우는 동일한 내용을 중복하여 서술할 수 있다.

또한 <표 2-19>는 2007년 개정 교육과정을 바탕으로 실과와 봉사활동, 범교과 학습 내용을 연계하여 통합적 단원을 구성한 사례이다.

② 창의적 체험활동 하위 영역 간의 통합 편성·운영

창의적 체험활동의 활동 영역은 자율활동, 동아리활동, 봉사활동, 진로활동으로 구분되어 있으나, 교육효과를 증대하고 운영의 효율성을 꾀하기 위하여 활동 영역 간에 통합적으로 편성·운영할 수 있다. 창의적 체험활동 하위 영역 간 통합 사례를 제시하면 <표 2-20>과 같다.

〈표 2-20〉 창의적 체험활동 하위 영역 간 통합 편성·운영(초등학교, 예시)

영역 I	영역 II	통합 편성·운영
자율활동	동아리활동	• 동아리활동의 운영 결과를 자율활동의 하위 활동인 행사활동을 통하여 발표하는 경우 • 자율활동의 하위 활동인 자치활동을 동아리활동으로 구성하여 운영하는 경우
자율활동	봉사활동	• 봉사활동을 자율활동의 하위 활동인 행사활동과 통합하여 학년(군) 혹은 학급 단위로 운영하는 경우 • 봉사활동을 자율활동의 하위 활동인 창의적 특색활동과 통합하여 학교 특색 또는 학년 특색활동으로 운영하는 경우
자율활동	진로활동	• 진로 교육에 대한 학생 및 학부모의 관심을 증대하기 위하여 진로활동을 자율활동의 하위 활동인 행사활동이나 창의적 특색활동으로 운영하는 경우
동아리활동	봉사활동	• 봉사 관련 동아리를 운영하는 경우 • 동아리별로 관련된 봉사활동을 계획하여 운영하는 경우
동아리활동	진로활동	• 진로 관련 동아리를 운영하는 경우 • 동아리별로 관련된 진로활동을 계획하여 운영하는 경우
봉사활동	진로활동	• 다양한 봉사활동을 수행하며 직업의 세계를 이해하고 자신의 진로를 탐색하는 기회를 제공하는 경우

예를 들어 창의적 체험활동의 활동 영역인 자율활동의 창의적 특색활동으로 진로 교육을 편성하고자 하는 경우, 자율활동은 창의적 체험활동의 또 다른 활동 영역인 진로활동과 중복된다. 이 경우, 창의적 체험활동의 하위 영역을 하나로 통합하여 편성·운영할 수 있다. 창의적 체험활동 하위 영역 간의 통합 편성·운영은 두 하위 영역 간의 교육목표와 교육내용 등의 구분 가능성과 편성·운영의 편의성 등을 고려하여 학교의 결정에 따라 두 영역에 각각 시수를 분배하여 편성할 수도 있고, 한 영역에만 시수를 편성할 수도 있다.

〈표 2-21〉 창의적 체험활동 하위 영역 간 통합 운영(중학교, 예시)

영역 I	영역 II	통합 편성·운영
자율활동	진로활동	• 학급별로 직업 박람회를 다녀와서 느낀 '미래의 나'에 대한 발표 시간을 가짐.
자율활동	봉사활동	• 수련회, 수학여행, 현장체험 학습 중 자연보호 환경보전 활동을 하는 봉사활동을 실시함.
자율활동	동아리활동	• 학교행사에 동아리별로 활동 내용을 발표 또는 전시함.
동아리활동	진로활동	• 동아리별로 관심 있는 분야의 대학연구소 사업체 등을 방문 견학함.
동아리활동	봉사활동	• 동아리별로 다양한 분야의 봉사활동을 계획하여 운영함.
봉사활동	진로활동	• 다양한 기관에서 일손 돕기 봉사활동을 수행하며 직업의 세계 이해도를 높임.

> 다. 창의적 체험활동 운영 계획은 학생들의 흥미와 소질, 학교와 지역사회의 실정을 고려하여 작성하되, 계획을 수립하고 운영하는 과정에서 학생들의 의사를 적극적으로 표현되어 반영되도록 한다.

학교는 창의적 체험활동의 운영 계획을 수립하는 과정에서 학생들의 흥미와 소질, 학교와 지역사회의 실정을 고려하여야 한다. 특히, 학교는 창의적 체험활동이 그 성격상 학생의 자주적인 실천활동을 중시하는 교육활동이라는 점을 고려하여, 다음의 두 측면에서 학생들의 요구를 반영하도록 힘써야 할 것이다.

첫째, 학교는 창의적 체험활동의 편성 과정에서 학생들의 요구가 반영되도록 한다. 그런데, 창의적 체험활동 편성 과정에서 학생들의 요구조사를 별도로 수행하기보다는 학교 교육과정 편성 과정의 일환으로 수행하는 편이 효율적이다. 즉, 학교 교육과정의 편성 절차에는 각종 실태를 조사하는 준비 단계에서 교원 및 학부모와 더불어 학생의 요구 사항을 조사할 수 있다. 이때 창의적 체험활동과 관련된 학생들의 요구도 함께 조사한다. 구체적으로 창의적 체험활동의 편성 과정에서 반영되어야 할 학생들의 요구에는 창의적 체험활동의 하위 영역 가운데 중점 영역의 선정, 창의적 체험활동의 각 영역별로 배우고 싶거나 수행하고 싶은 교육내용의 선정, 선호하는 창의적 체험활동의 시간 운영 방법 등이 있다. 다만, 초등학교 1, 2, 3, 4학년의 경우에는 질문지의 내용을 이해하지 못하는 경우가 있을 수 있기 때문에, 학생들의 요구를 조사하기 위하여 교사와 학생들이 함께 질문지를 읽어 나가고 설명하거나 개별 면담 등의 방법을 고려하여야 할 것이다.

중학교의 창의적 체험활동에서는 학생들의 흥미와 소질, 지역사회의 실정 등을 고려하여 계획을 수립하고 운영하는 과정에서 선택적인 활동 주제 선정과 다양한 활동 집단의 편성을 통하여 학생들의 희망과 선택이 최대한 반영되도록 한다.

창의적 체험활동 계획 수립은 교사와 학생이 함께하되, 가능한 한 학생 스스로 계획하고 실천하며, 반성 및 평가 단계에 이르는 일련의 활동을 자율적으로 하도록 지도하는 것이 바람직하고, 이 과정에서 자신이 알고 있는 것을 실천하고 남을 배려하는 인성을 함양하는 교육적 취지를 살릴 수 있도록 한다.

창의적 체험활동의 편성 과정에서 학생들의 요구를 반영하기 위한 설문지의 예는 <표 2-22>와 같다.

창의적 체험활동 설문지

제(   ) 학년   성명(   )

※ 다음은 앞으로 우리학교의 창의적 체험활동이 어떻게 이루어지면 좋을지에 대한 질문입니다. 잘 읽고 학생의 의견에 √
  표시를 하여 주세요.

1. 다음 중에서 가장 하고 싶은 활동은 무엇입니까?
    ① 자율활동   ② 동아리활동   ③ 봉사활동   ④ 진로활동

2. 동아리활동 가운데 가장 참여하고 싶은 활동은 무엇입니까?
    ① 영어나 수학 등 교과공부와 관련된 동아리
    ② 노래 부르기, 악기 다루기, 그림 그리기, 글쓰기 등과 관련된 동아리
    ③ 축구, 야구, 배드민턴 등 운동과 관련된 동아리
    ④ 요리, 수예, 목공 등과 관련된 동아리
    ⑤ 스카우트, 우주소년단, 해양소년단 등 청소년단체와 관련된 동아리

3. 동아리활동의 시간은 어떻게 운영되는 것이 좋겠습니까?
    ① 매주 1시간씩
    ② 2주에 한 번 2시간씩
    ③ 한 달에 한 번 4시간씩
    ④ 기타(의견을 써 주세요.   )

4. 동아리활동의 집단은 어떻게 구성되는 것이 좋겠습니까?
    ① 같은 학년 학생들끼리
    ② 같은 반 학생들끼리
    ③ 다른 학년 학생들과 함께

둘째, 학교는 창의적 체험활동의 운영 과정에서 학생들의 요구가 반영되도록 한다. 예를 들어, 동아리활동과 같이 초등학교 학생들의 활동 선택이 가능한 경우에는 학생들이 원하는 동아리활동이 개설될 수 있도록 학생들이 원하는 동아리활동의 종류를 조사하는 과정을 거쳐야 하며, 되도록 학생들의 선택이 반영될 수 있도록 학교의 인적·물적 자원을 적극 활용하여야 할 것이다. 이 외에도 세부적인 활동이 결정된 이후에도 그것을 운영하는 과정에서 융통성을 발휘하여 구체적인 교육내용 구현과 관련하여 학생들의 의견을 적극 수렴할 수 있도록 허용적인 분위기의 조성이 요구된다. 창의적 체험활동의 운영 과정에서 학생들의 요구를 반영하기 위한 설문지의 예는 <표 2-23>과 같다.

창의적 체험활동 설문지

제( ) 학년   성명(   )

※ 글짓기부에 들어온 것을 환영합니다. 다음은 이번 한 해 동안 글짓기부가 어떻게 이루어지면 좋을지에 대한 질문입니다. 잘 읽고 학생의 의견에 √표시를 하거나 기록하여 주세요.

1. 우리 부서(글짓기부)에서 가장 하고 싶은 활동은 무엇입니까?
   ① 동시 짓기
   ② 독후감 쓰기
   ③ 생활문 쓰기
   ④ 그 외(자유롭게 쓰세요.   )

2. 우리 부서(글짓기부)의 활동을 어디에서 수행하면 가장 좋겠습니까?
   ① 학급교실   ② 컴퓨터실   ③ 도서실
   ④ 그 외(자유롭게 쓰세요.   )

3. 우리 부서(글짓기부)의 활동은 주로 어떻게 수행하는 것이 좋겠습니까?
   ① 조별활동(조별로 주제를 정하여 자료를 조사하고 글짓기하기)
   ② 개별활동(자신이 하고 싶은 주제를 정하여 자료를 조사하고 글짓기하기)
   ③ 선생님 중심 활동(선생님이 자료를 준비하여 설명하고 그에 따라 활동)
   ④ 그 외(자유롭게 쓰세요.   )

> **라.** 창의적 체험활동은 학교의 필요에 따라 기준 시간(단위)보다 더 많은 시간을 확보하여 운영할 수 있으며, 시간 운영은 통합, 집중 등 다양한 방식으로 융통성 있게 할 수 있다.

  학교는 창의적 체험활동의 시간 운영을 위하여 기준 시간보다 더 많은 시간을 확보할 수 있으며, 통합 및 집중 등의 융통성을 발휘할 수 있다. 시간 운영의 통합은 교과 및 창의적 체험활동의 하위 영역 간에 통합하여 편성·운영하는 방법을 제시한 것으로 앞의 나 항의 설명과 관련된다. 시간 운영의 집중은 창의적 체험활동의 내용이나 장소, 시설 등을 고려하여 특정 분기나 특정 학기에 일정 시수를 집중하여 운영하는 방식을 의미한다. 예를 들어, 5학년의 3/4분기에 자율활동의 시수를 30시간을 집중적으로 운영할 수 있다. 이와 같은 시간 운영의 집중은 '마' 항목과 '바' 항목에서 제시하고 있는 집중제를 포괄한다.

  창의적 체험활동은 학교의 필요에 따라 기준 시간 배당보다 더 많은 시간을 확보하여 운영할 수 있다. 창의적 체험활동은 교과와 상호 보완적이며, 창의성과 인성을 위한 실천 중심의 활동으로 학생, 학부모, 지역사회의 다양한 교육적 요구를 충족시켜야 하는 영역이다.

  중학교 3년간 306시간을 기준 수업 시수로 편성하여 운영하고, 기준시간보다 더 많은

시간을 확보하여 운영하도록 한 것은 창의적 체험활동 운영 시수를 임의로 감축할 수 없고, 창의적 체험활동을 충실하게 효율적으로 운영하여야 함을 의미한다. 시간 운영 면에서도 특정 영역이나 요일, 시간 등에 고정적, 일률적으로 운영하기보다는 필요한 경우 집중 운영하거나 탄력적으로 운영함으로써 경직성을 탈피하여 각 학교 실정에 알맞게 운영할 수 있음을 의미한다.

마, 바 항목은 학교의 창의적 체험활동 시간 운영의 융통성을 규정한 것이다. 그 내용을 간략하게 설명하면 다음과 같다.

첫째, 정일제는 1학기 또는 1년 동안 매주 동일한 요일, 동일한 시간에 운영하는 방법으로 가장 흔하게 사용되고 있다. 이 방법은 특히 고정시간표를 활용하는 경우에 손쉽게 접근할 수 있으며, 운영의 안정성을 보장한다는 장점이 있다.

둘째, 격주제는 1학기 또는 1년 동안 격주로 운영하는 방법이다. 이 방법은 특히 동아리 활동과 같이 1시간 안에 활동을 마무리하기 어려운 교육활동이나 실기나 실습 관련 교육에 적합하다. 또한 정일제와 마찬가지로 운영의 안정성을 보장한다.

셋째, 전일제는 한 달에 1회, 또는 그 횟수와는 상관없이 하루 종일 하나의 활동을 운영하는 것으로, 특히 견학이나 현장학습 등 교외의 특정한 장소를 방문하거나 교내에서 '○○축제'를 여는 등의 경우 또는 1, 2시간으로는 충분히 실기나 실습을 하지 못하는 체육활동 등을 수행하는 데 활용할 수 있다. 전일제를 운영하는 경우 초등학교 학생들의 발달단계를 고려하여 사전에 학생들에게 운영방법을 상세히 설명하여야 하고 특히, 학생들의 교내외 이동과 관련하여 특히 안전에 유의하여야 한다.

넷째, 집중제 또는 집중운영은 2일 이상 하나의 활동을 운영하는 것으로 교내와 교외 모두에서 적용할 수 있다. 이 활동은 등하교형과 캠프형으로 나누어 운영할 수 있는데 캠프형의 경우에는 초등학교 학생들의 발달단계와 안전 등을 고려하여 저학년 1, 2학년 학

〈표 2-24〉 창의적 체험활동 시간 고정 운영(중학교, 예시)

교시/요일	월	화	수	목	금	토
1						
2						
3						
4						
5						
6					진로활동	
7			동아리활동 봉사활동			

생들에게는 지양할 것을 권한다. 중학년(제3, 4학년) 및 고학년(제5, 6학년) 학생들의 경우에도, 학교의 교원 및 학부모와 국가 및 지역교육청 수준의 인적 자원 등을 충분히 활용하여 학생들의 안전에 유의하여야 할 것이다. 또한 국가 및 지역 교육청 수준에서는 학교에서 전일제 또는 집중제를 운영할 수 있는 적합한 장소 및 인적 자원을 선정하고 학교와 연결해 주는 역할을 수행하여야 할 것이다.

방학 중에 자율활동의 국토순례활동, 봉사활동, 진로체험활동 등을 운영하는 경우에는 연간수업일수 및 시수를 고려하여 학교 전체 학생이나 학년 전체 학생을 단위로 하여 운영하되, 학교의 형편에 따라 1, 2학급의 범위를 포함하는 소규모 집단을 구성하는 등 한 학년 내에서도 각기 다른 일정으로 운영할 수 있다.

창의적 체험활동의 운영은 정일제, 전일제, 집중제 등 다양한 방식을 적용하여 융통성 있게 운영할 수 있다. 시간을 통합하여 운영하는 경우, 요일을 고정하여 운영하는 정일제, 격주로 수업 시수를 배당하거나, 3시간 이상을 모아 하루에 실시하는 전일제, 특정 기간에 연속하여 실행하는 집중제 등의 형태로 운영할 수 있다.

○ 주당 3시간 창의적 체험활동을 배당하여 학급 단위의 자율활동과 진로활동을 배정하여 운영하고, 동아리활동과 봉사활동을 연계하여 동아리 단위의 봉사활동을 운영한다.

○ 매주 소속된 집단의 구성원들을 정기적으로 만나서 협력 관계를 유지할 수 있고, 학생 관리가 용이하다.

○ 제한된 시간으로 주어진 활동 과제를 모두 마칠 수 있도록 활동 내용을 구성한다.

<표 2-25> 창의적 체험활동 시간 연속 운영(중학교, 예시)

교시/요일	월	화	수	목	금	토
1						
2						
3						
4						
5			창의적 체험활동			
6			창의적 체험활동			
7			창의적 체험활동			

○ 매주 요일을 정하여 주당 3시간씩 배정하여 운영하는 방법으로 집중적으로 다양한 활동을 하여 목표를 달성할 수 있고, 직접 다양한 체험활동을 구성할 수 있다.

○ 활동 내용에 따라서 교육 내용이 부족하거나 지루하게 운영될 수 있으므로 이를 고려한 활동 운영이 필요하다.

2009 개정 교육과정에 따른 창의적 체험활동 교육과정에서는 활동의 특성에 따라 방학 기간을 이용하여 집중 운영할 수 있도록 하였다. 이는 교과 교육과정 운영으로 인해 학기 중 실시가 어려운 활동들을 방학 기간을 이용하여 집중 이수할 수 있도록 한 것으로, 국토순례활동이나 지역사회의 봉사활동, 지역사회 자원을 활용하는 체험활동의 경우 방학 기간을 활용하여 효율적인 운영을 하도록 한 것이다.

○ 해양 교실, 산행대회 등과 같은 특정한 동아리활동은 적합한 계절에 집중 배정하거나 운영하도록 한다. 자율활동 중의 전시회, 발표회, 감상회 등은 필요한 시기에 활동 시간을 배정하고, 봉사활동은 방학을 이용하여 집중적으로 실시할 수 있도록 계

<표 2-26> 창의적 체험활동 시간 집중 운영 방법(예시)

월	3	4	5	6	7	8	9	10	11	12
1주	적응활동 프로그램		고령친화 활동			국토순례			산행대회	학생회 선거
2주					해양교실			동아리발 표회		
3주		수련활동		직업체험 교실		봉사활동				
4주							다문화체험			

절이나 일정 시기에 집중적으로 융통성 있게 운영하는 방법이다.

○ 지역사회 프로그램을 활용하는 자율활동을 계획하거나 학교 전체의 프로그램을 개발하여 운영할 수 있고, 이를 위한 기관의 협력이나 일정의 조율이 필요하므로 사전 준비를 철저히 하여야 한다.

○ 집중 운영 방법은 학교 나름의 특색 있는 교육활동을 위하여 좋은 방안이 될 수 있으며, 학교 내외의 자원을 시기적절하게 활용할 수 있다는 장점을 가지고 있으나, 다양한 프로그램의 개발 및 운영이 필요하다.

사. 입학 초기 적응 활동은 창의적 체험활동의 자율활동 중 '적응활동'의 일부로 편성하여 지도한다. 특히 초등학교 제1학년과 사춘기 학생들의 적응활동을 위한 적절한 교육프로그램을 개발하여 적용한다.

2009 개정 교육과정에서는 학교가 각급 학교 제1학년의 입학 초기 적응활동과 사춘기 학생들을 위한 적응활동을 창의적 체험활동 교육과정에서 편성·운영하도록 규정하고 있다.

창의적 체험활동의 자율활동 중 '적응활동'의 일부로 중학교 제1학년에 입학하는 사춘기 학생들의 적응을 위한 프로그램을 개발하여 적용하도록 한다. 이는 초등학교를 졸업하고 진급한 학생들이 새로운 학교 체제에 적응하는 것을 돕고, 사춘기에 신체적 또는 정서적으로 겪게 되는 변화에 대하여 바르게 이해하고 변화에 적응하는 능력을 길러 원만하고 즐거운 학교생활이 되도록 하는 데 목적이 있다.

제1학년 입학 적응과 사춘기 적응 등 이 두 가지 적응활동을 살펴보면 다음과 같다.

① 제1학년 입학 초기 적응활동의 편성과 운영

2007년 개정 교육과정에서 3월 한 달 동안 80시간으로 제시되어 있던 우리들은 1학년 교과가 폐지되고, 2009 개정 교육과정에서는 창의적 체험활동의 자율활동 영역 가운데 적응활동의 일부로 운영할 수 있도록 변경되었다. 이에 따라 창의적 체험활동에서 초등학교 1학년 입학 초기 적응활동의 성격, 편성, 지도 내용, 교수·학습 내용, 교재, 평가 등을 제시하면 다음과 같다.

초등학교 제1학년의 입학 초기 적응활동은 학교생활의 원만한 시작과 적응을 돕고 학습자의 학습 능력 출발점의 차이를 최소화하기 위하여 첫째, 일상생활에 필요한 기본 생활 습관 및 가치를 형성한다. 둘째, 바르고 원만한 인간관계를 형성하여 학교생활을 즐겁게 하며, 셋째, 학습에 필요한 최소한의 기초적인 학습 태도 및 기능을 습득하게 하는 교육활동이다. 이들 위하여 입학 초기 적응활동의 수업 시수는 학습자의 수준, 학교 및 지역사회의 여건을 고려하여 단위 학교에서 자율적·탄력적으로 편성하고, 입학 초기 적응활동의 활동 내용은 학습자의 수준 및 학교 특성에 따라 재구성하여 운영할 수 있다. 특히 입학 초기 적응활동은 이후에 학습하는 각 교과와 유기적으로 연계될 수 있도록 유의하여야 한다.

입학 초기 적응활동의 지도 내용은 새로운 학교라는 물리적 공간의 특성을 이해하고 안전하게 이용하며 새로운 선생님 및 급우들과 적절한 관계를 형성하기 위한 학교생활 적응 영역과 기초적인 학습 태도 및 학습 능력을 형성하여 교과 및 교과 외 활동에 적응하기 위한 학습 습관 형성 영역으로 구분될 수 있으며, 그에 따른 영역별 세부 내용은 <표 2-27>과 같다. 그러나 학교에서 학습자의 특성과 지역사회의 요구 등을 고려하여 그 영역과 세부 내용을 가감할 수 있다.

〈표 2-27〉 초등학교 제1학년의 입학 초기 적응활동의 지도 내용(예시)

학교생활 적응 영역	학습 습관 형성 영역
◦교실·학교 모습 알기 ◦학교시설물 사용하기 ◦기본생활습관 익히기 ◦안전하게 생활하기 ◦바르게 인사하기 ◦새로운 친구 사귀기 등	◦기본 학습 태도 익히기 ◦학습 용구 바르게 사용하기 ◦한글 기초 익히기 ◦수 익히기 등

입학 초기 적응활동의 구체적인 내용 편성 방법을 살펴보면 다음과 같다.

첫째, 각 영역과 세부 내용을 고르게 다루어 초등학교 제1학년 입학 초기 적응활동의 내용을 편성할 수 있다.

둘째, 학교생활 적응 영역과 학습 습관 형성 영역 가운데 하나를 중심으로 초등학교 1학년 입학 초기 적응활동의 내용을 편성할 수 있다. <표 2-28>은 학교생활 적응 영역을 중심으로 초등학교 제1학년 입학 초기 적응활동의 내용을 편성한 사례이다.

〈표 2-28〉 초등학교 제1학년의 입학 초기 적응활동의 내용 편성(예시 1)

학교생활 적응 영역		학습 습관 형성 영역	
내용	시간 수	내용	시간 수
교실·학교 모습 알기	5	기본 학습 태도 익히기	3
학교 시설물 사용하기	10	학습 용구 바르게 사용하기	3
기본생활습관 익히기	10	한글 기초 익히기	3
안전하게 생활하기	10	수 익히기	3
바르게 인사하기	5		
새로운 친구 사귀기	10	계	12
계	50		

셋째, 각 영역의 세부 내용을 축소하여 편성할 수 있다. <표 2-29>는 그 사례이다.

〈표 2-29〉 초등학교 제1학년의 입학 초기 적응활동의 내용 편성(예시 2)

학교 생활 적응 영역		학습 습관 형성 영역	
내용	시간 수	내용	시간 수
교실·학교 모습 알기	2	기본 학습 태도 익히기	10
학교 시설물 사용하기	−	학습 용구 바르게 사용하기	10
기본생활습관 익히기	−	한글 기초 익히기	−
안전하게 생활하기	2	수 익히기	−
바르게 인사하기	−		
새로운 친구 사귀기	2	계	20
계	6		

넷째, 각 영역의 세부 내용을 확대하여 편성할 수 있다. <표 2-30>은 그 사례이다.

〈표 2-30〉 초등학교 제1학년의 입학 초기 적응활동의 내용 편성(예시)

학교생활 적응 영역		학습 습관 형성 영역	
내용	시간 수	내용	시간 수
교실·학교 모습 알기	5	기본 학습 태도 익히기	5
학교 시설물 사용하기	5	학습 용구 바르게 사용하기	5
기본생활습관 익히기	5	한글 기초 익히기	5
안전하게 생활하기	5	수 익히기	5
교통질서 지키기	5	관찰 능력 익히기	5
바르게 인사하기	5		
새로운 친구 사귀기	5	계	25
계	30		

※ 표 안의 굵은 글씨가 새로 편성된 내용임.

<표 2-31> 제1학년 적응활동 프로그램(중학교, 예시)

영역	활동명	세부 활동 내용
자율활동	중학교 생활 안내	학교 시설(교과 교실 등) 둘러보기, 학교 규칙 이해 등
	교과 운영 이해	교과별 학습 내용 소개, 수준별 이동 수업, 연간 학사 일정 등
	학업 성적 안내	답안 기드 작성 연습, 수행평가 이해히기 등
	교육 관계 개선	남을 배려하는 태도, 예절 익히기 등

이 모든 경우에, 세부 내용 가운데 일부 시수를 늘려 강화하거나 줄여 축소할 수 있으며, 두 영역 가운데 어느 한 영역을 편성하지 않을 수도 있다. 이 외에도 학교생활 적응 영역이나 학습 습관 형성 영역 이외의 새로운 영역을 신설하여 편성할 수 있으며, 세부 내용을 축소하되 어느 한 영역만을 강조하는 등, 이상에서 제시한 사례 가운데 둘 이상을 중복하여 편성할 수 있다.

학교에서는 입학 초기 적응활동의 프로그램을 편성하고 교수·학습하는 과정에서 다음의 사항에 유의하여야 한다. 첫째, 초등학교 입학 신입생들이 공식적인 학교생활에 잘 적응할 수 있도록 교사와의 일대일 학습 활동이 될 수 있도록 유의하여야 한다. 둘째, 초등학교 저학년 학습자의 발달 단계를 고려하여 구체적인 조작활동에 참여할 수 있는 프로그램을 구안하되, 반복적인 지도를 통해 기초·기본의 생활 습관과 학습 태도의 형성에 유의하여야 한다. 셋째, 학습자가 기초 학습 능력을 습득하게 하여, 이후 학습 결손이 발생하지 않도록 유의하여야 한다. 이 외에 초등학교 제1학년 입학 초기 적응활동을 지도하기 위한 자료는 교육청이나 학교에서 개발한 것 등을 사용할 수 있다. 그리고 평가와 관련하여 입학 초기 적응활동은 학습자의 발달과 관련하여 별도로 기술할 필요가 있을 경우에 그 결과를 기록하는 것을 원칙으로 한다.

② 사춘기 학생들을 위한 적응활동의 편성과 운영

초등학교 제5, 6학년 학생들은 신체적으로나 정신적으로 사춘기에 속한다. 그런데 이 시기의 학생들이 가정이나 학교 및 사회 기관의 교육을 통하여 사춘기를 맞이할 준비를 충분히 하고 있다고 보기 어렵다. 유교적인 전통에 따라 대부분의 부모는 신체적 성숙과 이성에 대한 관심 등 자녀의 변화에 대하여 자연스럽고 솔직하게 이야기하지 못한다. 또한 학교공부로 인하여 학생들은 자신의 관심이나 고민을 나눌 수 있는 기회를 얻기 어렵다. 이로 인하여 학생들은 사춘기를 통하여 불안전한 자아개념을 형성하기 쉬우며, 가출

<표 2-32> 사춘기 학생들을 위한 적응활동의 지도 내용(예시)

'성장하는 몸' 영역	'성장하는 마음' 영역
◦나의 신체 변화.	◦나의 변화된 취미생활
◦미디어 속에 비춰진 남성과 여성	◦나와 부모님
◦나와 이성 친구	◦스스로를 아끼고 보살피는 나

<표 2-33> 중학교 제1학년 입학 적응활동 프로그램(예시)

영역	활동명	세부 활동 내용
자율활동	학교생활 적응	신입생 오리엔테이션, 학교생활의 변화 등
	신체 발달 이해	청소년기 신체 변화 이해, 성교육, 금연 교육 등
	자아의 이해	심리 검사, 심리 검사 결과 상담활동 등
	긍정적인 태도	긍정적인 자신의 삶과 미래 표현 등
	인간관계 기술	남을 배려하고 이해하는 의사소통 등
	소중한 나	미래의 자서전 쓰기, 생명의 소중함 표현하기 등
	나 표현하기	학교생활에서 느낀 점을 UCC로 만들어 발표하기 등

이나 폭력 등의 비행을 저지르기도 한다. 따라서 2009 개정 교육과정은 창의적 체험활동을 통하여 사춘기 학생들을 위한 적응활동을 단위 학교가 자율적으로 편성하여 운영함으로써, 학생 개인의 측면에서는 건전한 자아개념을 형성하게 하고 사회적인 측면에서는 청소년 문제를 해소할 수 있는 교육의 장을 열어 주었다. 사춘기 학생들을 위한 적응활동은 학생들의 교육적 요구를 고려하여 '성장하는 몸'과 '성장하는 마음'의 두 영역으로 구성할 수 있다.

우선, '성장하는 몸'은 사춘기를 맞이하면서 겪게 되는 신체 변화에 중점을 두고 성과 관련된 주제를 다루는 부분으로 다음의 두 가지 내용을 포함할 수 있다. 첫째, 학생들이 자신의 신체나 외모에 대하여 자신감을 회복하여 긍정적인 신체 자아상을 확립하고, 둘째, 이성에 대한 건전한 시각을 형성한다. 이 두 가지 내용에서 모두 미디어 속에 비춰진 남성과 여성의 모습을 논의하는 시간을 제시한 것은 특히 사춘기 청소년의 삶에 미치는 미디어의 영향력을 반영한 것으로 미디어에 제시된 남성과 여성의 모습을 무비판적으로 수용하는 자세에서 벗어나 비판적인 시각을 길러 주기 위함이다. '성장하는 마음'은 신체 변화와 더불어 독립성이 강해지고 자기 자신만의 영역을 찾아 나서려는 정신적인 변화를 다루는 부분으로 다음의 세 가지 내용을 포함할 수 있다. 첫째, 변화되고 있는 나의 사고방식과 행동방식을 이해하고 그 속에서 나를 보다 깊게 이해할 수 있는 기회를 제공하며,

둘째, 부모님과 형제자매 등 가까운 가족들이 얼마나 소중한 존재인지 그 이해의 폭을 넓히고 그들에게 나의 관심과 불안 등을 나눌 수 있다는 것을 깨닫게 하며, 셋째, 그 외에 급우나 선생님 등과의 관계와 학업 성취 정도에 따른 나의 자아 개념을 검토하고 궁극적으로 건상한 사아 존중삼을 확립한다. 그러나 이 시도내용은 예시적인 것으로서 학교에서 학습자의 특성과 지역사회의 요구 등을 고려하여 그 영역과 세부내용을 가감하여 편성할 수 있다. 이 외에 사춘기 적응활동과 관련된 범교과 학습주제에는 성교육, 양성평등교육, 보건교육, 인성교육, 아동·청소년보호교육, 의사소통·토론중심교육 등이 있다. 학교에서는 사춘기 학생들의 적응활동을 위한 교육프로그램을 편성·운영할 때 다음 세 가지의 측면에 유의할 필요가 있다. 첫째, 프로그램을 운영하는 교사와 학생, 학생과 학생의 인간적인 관계를 형성하고, 둘째, 지식전달이나 교훈의 주입 등 교사의 일방적인 수업 방법을 지양하며, 셋째, 상담활동과 연계하거나 상담활동을 중심으로 학생들의 관심과 고민을 주로 다룰 수 있도록 운영상의 융통성을 발휘하여야 한다. 또한 집단의 크기나 운영 시간에 있어서도 학생들의 요구를 유연하게 수용하여야 할 것이다.

사춘기 학생들을 위한 적응활동을 지도하기 위한 자료는 교육청(교육지원청)이나 학교에서 개발한 것들을 사용할 수 있다.

아. 학교와 교사, 학생의 요구와 필요에 따른 범교과 학습과 자기 주도적 학습을 창의적 체험활동의 영역과 연계하여 운영할 수 있다.

학교는 창의적 체험활동을 범교과 학습 및 자기 주도적 학습과 연계하여 운영할 수 있다. 창의적 체험활동과 범교과 학습의 연계 운영방법 및 창의적 체험활동과 자기 주도적 학습의 연계 운영방법을 살펴보면 다음과 같다.

첫째, 창의적 체험활동과 범교과 학습의 연계 운영은 특히 2009 개정 교육과정 총론의 'Ⅱ. 학교급별 교육과정 편성과 운영-4. 학교급별 공통사항-(22)'와 관련된다.

(22) 범교과 학습 주제는 관련되는 교과와 창의적 체험활동 등 교육활동 전반에 걸쳐 통합적으로 다루어지도록 하고 지역사회 및 가정과의 연계지도에도 힘쓴다.

민주 시민교육, 인성교육, 환경교육, 경제교육, 에너지교육, 근로정신 함양교육, 보건교육, 안전교육, 성교육, 소비자교육, 진로교육, 통일교육, 한국 정체성 교육, 국제 이해 교육, 해양교육, 정보화 및 정보 윤리교육, 청렴·반부패 교육, 물 보호 교육, 지속 가능 발전교육, 양성 평등교육, 장애인 이해교육, 인권교육, 안전·재해 대비 교육, 저출산·고령 사회 대비교육, 여가 활용교육, 호국·보훈 교육, 효도·경로·전통 윤리교육, 아동·청소년 보호교육, 다문화 교육, 문화예술 교육, 농업·농촌 이해 교육, 지적재산권 교육, 미디어 교육, 의사소통·토론 중심교육, 논술교육, 한국 문화사 교육, 한자교육, 녹색교육 등

〈표 2-34〉 창의적 체험활동과 범교과 학습과의 연계 운영(예시)

통합 대상		통합 내용
창의적 체험활동 영역	범교과 학습주제	
자율활동	• 민주시민 교육 • 물 보호 교육	• 자율활동의 '자치활동'과 범교과 학습주제의 '민주시민 교육'과 연계하여 학급반장 및 전교 회장선거를 실시하고 학급회의 및 전교 어린이회 운영 • 자율활동의 '창의적 특색활동'과 범교과 학습주제의 '물보호 교육'을 연계하여 학교 특색사업으로 '소중한 물' 프로그램 운영
동아리활동	• 여가활용 교육	• 동아리활동의 '문화예술 활동'과 범교과 학습주제의 '여가활용 교육'을 통합하여 '음악 감상부'를 편성하여 운영
봉사활동	• 장애인 이해 교육	• 봉사활동의 '캠페인 활동'과 범교과 학습 주제의 '장애인 이해 교육'을 통합하여 '장애인은 우리의 가족' 프로그램 운영
진로활동	• 진로교육	• 진로활동의 '진로 정보 탐색 활동'을 범교과 학습의 '진로교육'과 통합하여 '10년 후의 나는' 프로그램 운영

즉, 창의적 체험활동의 활동영역 및 교육내용의 편성을 위하여 2009 개정 교육과정 총론에서 제시하고 있는 범교과 학습 주제를 활용할 수 있다. 그 예는 <표 2-34>와 같다.

둘째, 창의적 체험활동의 편성·운영에서 자기 주도적 학습을 학습 주제 또는 교육방법으로 활용할 수 있다. 초등학교에서 자기 주도적 학습은 특히 학년군과 밀접하게 관련되어 다양한 방식으로 적용될 수 있다. 예를 들어, 초등학교 제1, 2학년 학생의 경우에는 학교나 교사 등에 의하여 주어지는 과제를 스스로 계획을 세워 실천하는 활동을 수행할 수 있으며, 제3, 4학년 학생의 경우에는 만들기나 독서 등 자신이 하고 싶은 과제를 찾아보고 그것을 실천하기 위한 활동을 수행할 수 있다. 그리고 제5, 6학년 학생의 경우에는 자신과 같은 흥미와 관심을 가진 친구들과 더불어 과제의 주제를 결정하고 실천하는 과정을 수행할 수 있다. 이때, 학생들의 수준이나 과제의 종류는 학생들의 교육적 요구와 학

〈표 2-35〉 창의적 체험활동과 자기 주도적 학습과의 연계 운영(예시)

영역	자기 주도적 학습과의 연계 운영
자율활동	• 자율활동의 '적응활동'과 관련하여 학생들에게 교과별로 공부하는 방법을 소개하고 그에 따라 스스로 계획을 세워 실천하는 활동 전개
동아리활동	• 동아리활동의 '문예 예술활동'과 관련하여 동아리 내의 학생들이 스스로 읽고 싶은 책을 선정하고 실천하는 활동 전개
봉사활동	• 봉사활동의 '교내 봉사활동'과 관련하여 전교어린이회 활동이 주축이 되어 병원에 입원한 학우를 돕기 위한 성금 모금활동 전개
진로활동	• 진로활동의 '진로 정보 탐색활동' 전개

교의 실태 등을 반영하여 융통성 있게 적용되어야 할 것이다. 창의적 체험활동과 자기 주도적 학습의 연계 운영의 예는 <표 2-35>와 같다.

> 자. 지역사회의 인적, 물적 자원을 최대한 활동하기 위하여 창의적 체험활동 영역별로 활동 가능한 인사, 시설, 기관, 자료 등의 자원 실태를 파악하고, 다양한 활동 프로그램을 개발하여 창의적으로 운영한다.
> 차. 시·도 교육청 및 지역 교육청은 창의적 체험활동을 운영하는 데 필요한 지도자, 보조자 등의 인적 자원과 제반 시설, 설비, 자료 등의 물적 자원 및 프로그램을 지원한다.
> 카. 시·도 교육청 및 지역 교육청은 창의적 체험활동 지도 자료 및 프로그램의 개발 및 보급, 연수 과정의 개설, 연구학교의 운영 등을 통하여 각급 학교의 창의적 체험활동 운영과 개선을 지원한다.

자, 차, 카 항은 창의적 체험활동의 지원 체제 관련 지침이다. 이 지침들에 따르면, 시·도 교육청 및 지역 교육청은 인적·물적 자원들의 지원 방안을 마련하는 일과 더불어, 그 지원 실태를 어떻게 학교에 전달할 것인가의 문제도 고려하여야 한다. 예를 들어, 교육청 단위로 교육청에서 마련한 인적 또는 물적 자원의 지원방안을 학교의 필요에 따라 적절히 안내하는 전문 인력을 배치할 필요가 있다. 또한 각급 학교에서도 학교 교육과정 편성의 단계에서부터 인적 자원을 구할 수 있도록 계획할 필요가 있다. <그림 2-15>는 이상에서 언급한 바와 같이 시·도 교육청에서 창의적 체험활동 관련 지원을 마련하여 학교에서 활용하기까지의 흐름을 정리한 것이다.

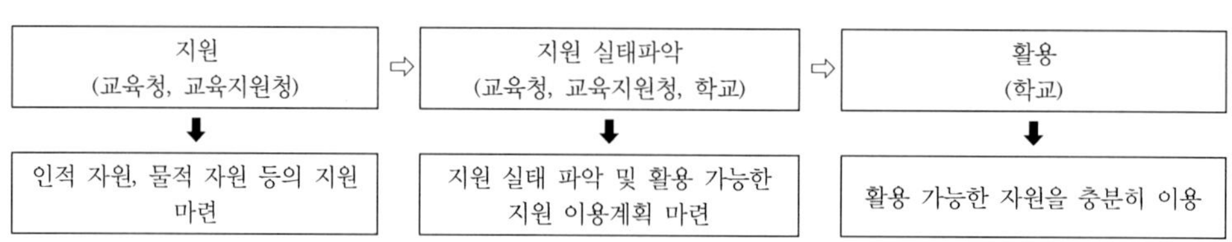

〈그림 2-15〉 창의적 체험활동 지원 체제의 이용 절차

〈표 2-36〉 창의적 체험활동 지원 자원 목록(예시)

지역	지원 기관	지원유형	지원 내용	지원 시기	유의점	연락처	담당자
우리 구(區)	○○대학부설 상담 연구소	인적	●학습, 성격, 교우 관계 등의 상담활동 강연 강사 제공	5월, 10월	집단상담만 가능	(전화번호, 주소, 웹주소)	○○○
	○○도서관	인적 물적	●어린이 독서교육 장소 및 강사 제공	연중	2개월 전 예약	(전화번호, 주소, 웹주소)	○○○
	○○운동장	물적	●교내 체육대회, 학교별 친선 경기대회 장소 제공	6월, 9월	6개월 전 예약	(전화번호, 주소, 웹주소)	○○○
우리 시(市)	○○ 청소년 회관	물적	●어린이 도서관 운영 ●탁구 시설, 농구 시설 대여 가능	연중	사전 문의	(전화번호, 주소, 웹주소)	○○○
		인적	●탁구, 농구 지도강사 제공	4~8월	5, 6학년 대상	(전화번호, 주소, 웹주소)	○○○
	○○문화 예술 회관	물적	●학예회 발표 장소 대여 가능 ●청소년을 위한 연 4회 정기 공연 실시	연중	대관료 있음	(전화번호, 주소, 웹주소)	○○○

특히, 지원 실태 파악 단계에서 시·도 및 지역 교육청은 <표 2-36>과 같이 확보한 창의적 체험활동 지원 자료 목록을 작성하여 각 학교에 제공한다. 이때, 구체적인 지원 자원 목록의 양식과 내용은 교육청에 따라 다양하게 가감할 수 있다.

학교는 학교교육과정을 편성하면서 <표 2-37>과 같이 지원 이용 계획을 수립하고 사전 예약을 통하여 일정을 확보하여야 한다. 이때, 내실 있는 운영을 위하여 교내외적으로 지원 이용 계획의 수립 및 이용 실적 등을 강요해서는 안 되며, 초등학교의 학생 특성에

〈표 2-37〉 창의적 체험활동 이용 계획(예시)

학년	기관	유형	이용 내용	이용 날짜	관련 활동	유의점
5학년	○○청소년회관	인적	●탁구 강사 활용	4/3, 5/27	동아리활동	
	○○ 도서관	물적 인적	●어린이 독서교육 장소 및 강사 활용	9/15	적응활동	도보 20분 거리 (사전 교통안전 교육 실시)

따라 이동 거리 및 교통편 들을 세심하게 고려하여야 할 것이다. 구체적인 창의적 체험활동 이용 계획은 학교의 필요에 맞추어 다양하게 가감할 수 있다.

이 외에 일선 학교에서는 '창의체험통합정보넷(www.crezone.net)'에서 창의적 체험활동 기원을 위한 창의제험사원시노(CRM) 성보들 활용할 수 있나.

제6절 창의적 체험활동 교육과정의 평가

창의적 체험활동 교육과정에 제시된 평가 지침은 다음과 같다.

> **가. 학교와 지역사회의 실정 및 교육목표에 비추어 적합하게 이루어지도록 평가한다.**

평가의 전 단계는 평가목표를 설정하는 일이다. 평가목표 설정을 통하여 활동과 지도의 방향을 설정하고, 효과적인 지도 방법을 강구하며, 무엇을 어떻게 평가할 것인지 결정할 수 있다. 창의적 체험활동의 평가목표는 교과에 비하여 학교에서 결정하는 경우가 많다. 창의적 체험활동이 그 성격상 학교의 자율성을 기반으로 하고 있기 때문이다. 각 영역별로 평가목표를 설정할 때 고려해야 할 사항은 다음과 같다.

첫째, 창의적 체험활동 '영역별 내용 및 교수·학습 방법'에 제시된 각 영역별 목표를 기본적인 평가목표로 삼는다.

둘째, 그중에서 해당 학년도에 해당 학년(군)에서 교육목표로 삼았던 것을 선택한다.

셋째, 그 외에 학교에서 각 활동 영역과 관련하여 세운 세부 교육목표를 활용하여 평가목표를 수정한다.

넷째, 학교와 지역사회의 실정을 반영하여 각 영역별 평가목표의 수준이나 내용을 수정한다.

> **나. 교육목표의 설정, 평가 장면의 선정, 평가 도구의 선정, 평가 도구의 제작, 평가의 실시 및 결과 처리, 평가 결과의 해석 및 활용의 절차를 고려하여 평가한다.**

창의적 체험활동의 평가 절차는 목표의 설정, 평가 장면의 선정, 평가 도구의 제작, 평가의 실시 및 결과 처리, 평가 결과의 해석 및 활동의 다섯 단계로 구성된다(교육과학기술부, 2008a: 244－245).

① 목표의 설정

평가에 있어서 가장 우선적인 것은 목표를 분명하게 설정하는 일인데, 이를 통하여 활동과 지도의 방향을 설정할 수 있다. 효과적인 지도 방법을 강구할 수 있으며 아울러 무엇을 어떻게 평가할 것인지를 결정할 수 있다. 창의적 체험활동의 경우 목표를 구체적으로 설정하기가 어려운 경우도 있지만 창의적 체험활동의 성격, 목표, 내용을 참작하여 몇 가지 구체적인 평가목표를 설정해 놓으면 지도 과정에서 유익할 뿐만 아니라 평가를 실시하는 데 있어서도 많은 도움이 된다. 따라서 창의적 체험활동을 계획할 때 설정한 교육목표를 보다 구체화하고 세분화하여 평가의 방향을 정해야 한다.

② 평가 장면의 선정

평가 장면의 선정이란 어떠한 행동의 성취나 습득의 증거가 나타날 수 있는 장면을 선정하는 일이다. 평가 장면에는 여러 가지가 있다. 질문지, 필답 검사, 표준화 검사처럼 비교적 다루기 쉬운 방법이 있는가 하면 관찰, 평정 척도, 면접, 자기 평가, 상호 평가 등 전문적인 지식과 연구가 필요한 평가도 있다.

③ 평가 도구의 제작

평가의 장면이 결정되면 창의적 체험활동의 영역에 따라 목표 도달도를 측정하기 위한 평가도구를 새로 제작하거나, 기존의 평가 도구를 선정·활용하여 제작한다. 평가에서 가장 중요한 과정이 바로 이 평가 도구의 제작인데, 이는 타당하고 신뢰성 있는 도구가 평가의 수준을 좌우하기 때문이다.

④ 평가 실시 및 결과 처리

학생들의 발전과정을 올바르게 평가하기 위해서는 활동의 처음, 중간, 마무리 과정 등의 단계에서 세 번 정도는 실시해야 하며, 평가 결과를 평어 또는 평정 척도로 학생 개인

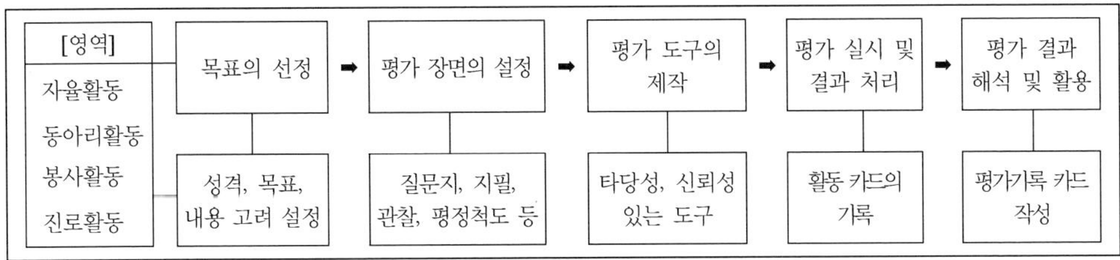

〈그림 2-16〉 창의적 체험활동 평가의 절차

별 창의적 체험활동 카드에 누가 기록하고, 이를 담임교사가 학년 말에 종합하여 학교생활 기록부에 문장으로 기록한다.

⑤ 평가 결과의 해석 및 활용

평가는 목표의 실현 정도를 측정해 보고 다음의 지도 계획 수립에 참고하고 반영하여 활용하는 데 그 의의가 있다. 창의적 체험활동의 평가 결과도 개인은 물론, 그 부서의 다음 과정에 활용될 수 있도록 개인별, 부서별 평가 기록 카드가 작성되어야 하며 그 결과는 다음 과정의 담당 교사에게 넘겨져야 한다.

위에서 설명한 창의적 체험활동 평가의 절차를 나타내면 <그림 2-16>과 같다.

> 다. 각 영역별로 평가 관점을 마련하고 참여도, 협력도, 열성도 및 그 이외의 활동 실적 등이 골고루 반영되도록 평정 척도를 작성, 활용한다.

평가 관점은 창의적 체험활동의 활동 영역 및 내용을 고려하되 참여도, 협력도, 열성도 등을 고루 반영한다. 참여도는 활동에 대한 흥미와 관심, 실천활동에 대한 적극성, 자주성 등의 관점에서 평가될 수 있으며, 협력도는 활동에 대한 집단활동에의 참여 정도, 실천활동에 대한 협동성, 협력의 지속성 등의 관점에서 평가할 수 있다. 또한 열성도는 활동에 대한 책임감, 실천의 지속성, 실천에 있어서의 능동성, 창의성 등의 관점에서 평가할 수 있다. 이 외에도 창의적 체험활동의 활동 영역 및 내용에 따라서 다양한 평가의 관점을 제시할 수 있으며, 특별한 활동 실적의 유무를 평가의 관점으로 삼을 수 있다. 이때 특별한 활동 실적은 창의적 체험활동의 실천을 통해 종합적으로 이루어 낸 실적이나 결과를 평가에 반영하는 것을 의미한다.

이와 같은 평가의 관점은 창의적 체험활동의 각 활동 영역별로 한두 가지에 치중되지 않고 골고루 반영되도록 평정 척도를 작성하여 활용한다. 이때 평정 척도는 평가의 각 관점에 따라 3점 척도나 5점 척도 등 다르게 작성될 수 있으며, 평가목표에 '도달했는가'와 '도달하지 못했는가'로 단순화하여 활용할 수도 있다.

평가 관점과 평정 척도는 평가 도구를 통하여 구체화된다. 특히, 창의적 체험활동의 평가는 활동과정과 학생들의 자발적인 참여를 중요하게 여긴다는 점에서 지필평가를 지양하고 자기 평가, 상호 평가, 활동 및 관찰 기록, 질문지, 작품 분석, 포트폴리오 등 다양한 방법으로 평가할 필요가 있다. 구체적으로 창의적 체험활동에 활용할 수 있는 평가 방법의 예시는 다음 <표 2-38>과 같다(교육과학기술부, 2008a: 238-242).

〈표 2-38〉 창의적 체험활동 활용 평가 방법(예시)

구 분	평가 방법	평가 요령
활동 상황의 관찰	일화 기록법	학생의 활동 상황을 자유롭게 수시로 기록하여 평가하는 방법
	체크리스트	활동에의 참가 태도, 실천 상황 등을 미리 준비된 리스트에 의거하여 체크하는 방법
	평정 척도법	관찰하고자 하는 특성이나 활동을 일정한 척도에 맞추어 평정하는 방법
질문지를 이용한 조사	의식·태도 조사	활동에의 생각, 흥미, 관심, 태도 등을 설문식으로 조사하는 방법
	자기 평가	집단 활동의 참가 태도, 행동의 정착도를 학생 스스로가 반성, 평가하도록 하는 방법
	상호 평가	학생 상호 간의 집단활동에 참가 태도, 공동으로 산출한 결과에의 기여도를 평가하도록 하는 방법
학생의 작품과 기록	작품평가	개인 또는 집단으로 작품을 만드는 과정이나 결과를 평가하는 방법
	활동의 기록 분석법	활동의 계획이나 활동의 과정을 실제 기록하도록 한 것을 분석하는 방법
	작문 소감문 분석법	활동의 계획, 실시에 대한 의견, 참가 후, 활동 후의 감상들을 글로 쓰도록 하거나 활동하는 동안의 일지를 분석하는 방법
교사 의견 교환	교사협의	활동 영역별 지도에 관한 정보 교환, 반성, 평가

① 활동 상황의 관찰을 통한 평가 방법

○ 일화기록법

학생 개개인의 평상시 행동이나 태도 등을 자유롭게 기록해 나갈 수 있는 학생 지도록

창의적 체험활동 누가 기록(영역:)

(   )학년 (   )반 (   )번 성명(   )

월 일(요일)	주요 내용
○월 ○일(○) ○월 ○일(○)	●실험관찰을 위한 계획 수립에 적극적임. ●식물의 성장과 변화에 대하여 민감하게 관찰함.

이나 학생별 기록카드 등을 마련하여 교사가 기록하는 방법이다. 일화기록법의 예는 <표 2-39>와 같다.

○ 체크리스트법

체크리스트법은 관찰하려고 하는 학생의 행동을 미리 준비한 조사표에 분류하여 작성하고, 해당되는 항목을 체크하여 활동의 경향을 파악하려는 평가 방법이다. 창의적 체험활동에 있어서 해당되는 항목을 체크하여 활동의 경향을 파악하려는 평가 방법이다. 창의적 체험활동에 있어서 학생의 각 활동 참가 태도, 자세, 관심과 실천 상황 등을 교사가 미리 작성한 체크리스트를 중심으로 능률적으로 살펴볼 수 있다. 체크리스트법의 예는 <표 2-40>과 같다.

〈표 2-40〉 체크리스트법(예시)

관찰 항목	학생 성명		
	○○○	○○○	○○○
1. 참여도(출석률이 우수하고 활동에 참여함)	◎	△	△
2. 협력도(조원들과 조화를 이루어 협력함)	○	○	○
3. 열성도(활동에 흥미를 가지고 적극적으로 참여함)	△	◎	◎

○ 평정척도법

평정척도란 관찰하고자 하는 특성이나 활동을 일정한 기준에 의거하여 평정의 단계별 척도를 만들어 놓고 그 척도에 따라 평정하는 것이다. 평정 척도의 종류에는 수량적, 기술적, 도식적 평정 척도 등이 있다. 그중에서 수량적 평정 척도의 예는 <표 2-41>과 같다.

<표 2-41> 평정 척도법(5단계: 예시)

평가 관점	평정 척도				
1. 참여도(부서 활동에 흥미와 관심을 가지고 적극적으로 참여함)	1 그렇지 않다	2	3 보통이다	4	5 그렇다
2. 협력도(조원들을 잘 이끌거나 조화를 이루어 협력함)	1 그렇지 않다	2	3 보통이다	4	5 그렇다

② 질문지를 활용한 평가 방법

질문지는 학생들의 의견이나 태도, 감정 등을 알아보는 데 있어서 비교적 짧은 시간에 많은 학생들을 대상으로 손쉽게 활용할 수 있다는 장점이 있어 흔하게 사용된다. 그러나 정직한 응답을 하지 않을 경우에는 정확한 평가가 어렵고, 질문지 제작이 어렵다는 단점이 있다. 따라서 질문지의 활용은 조사의 목적이나 질문의 내용에 따라 기입 형식과 방법이 다르겠으나, 질문 내용이 모호하지 않도록 분명하게 작성하여야 하고 명확한 답을 얻을 수 있도록 하는 데 유의하여야 한다.

○ 학생의 의식·태도 조사

학생의 의식·태도 조사는 학생의 활동, 동기, 흥미, 관심, 참가 태도 등을 알아보려고 할 때 많이 사용하는 방법으로 이에 대한 예는 <표 2-42>와 같다.

<표 2-42> 질문지를 활용한 학생의 의식·태도 조사(예시)

창의적 체험활동 설문지(영역: 동아리활동)

부서: (　　　)부　성명(　　　)

1. (　　　)부에 가입한 이유를 모두 고르세요.
① 만들기가 좋아서
② 만들기 하는 방법을 배우려고
③ 친한 친구와 같은 부서에 들고 싶어서
④ 가입하려는 부서에 들어갈 수 없게 되어서
⑤ 그 외의 의견(구체적으로 써 주세요.　　　　　)

○ 학생의 자기 평가

학생의 자기 평가는 학생 자신이 창의적 체험활동 상황을 되돌아보면서 평소의 활동 태도나 노력 정도를 스스로 반성하여 내면적인 경향을 의사 표시하게 하는 방법으로, 이에 대한 예는 <표 2-43>과 같다.

<표 2-43> 질문지를 활용한 학생의 자기 평가(예시)

(　　　　)활동의 반성

(　)학년 (　)반 (　)번 성명(　　　　　)

※ 다음 항목에 대하여 스스로를 평가하여 ○표 하시오.

항　목	잘함	보통	미흡
1. 적극적으로 활동에 참여하였습니까?			
2. 함께하는 친구들과 잘 협력하였습니까?			
3. 활동 과정이 계획한 대로 진행되었습니까?			

○ 학생의 상호 평가

학생의 상호 평가는 학생이 지향하여야 할 행동과 태도의 기준을 열거해 놓고, 그 기준에 접근되었다고 생각되는 사람을 가려내게 하는 방법으로 이에 대한 예는 <표 2-44>와 같다.

<표 2-44> 질문지를 활용한 학생의 상호 평가(예시)

(　　　　)활동의 반성

※ 다음 항목에 해당하는 친구를 2명 쓰시오.

항목	잘하는 사람의 이름	
1. 우리 반(또는 모둠)에서 1인 1역 활동을 가장 성실하게 수행한 학생은 누구입니까?		
2. 우리 반(또는 모둠)에서 어려운 일을 만난 친구가 있을 때 도와주려고 노력하는 학생은 누구입니까?		

③ 학생의 작품과 기록을 통한 평가 방법

○ 작품 평가

작품 평가는 학생이 개인이나 소집단을 구성하여 작품을 만드는 과정이나 결과를 평가하는 것으로, 전통적으로 많이 이용하여 온 방법이다. 이 방법을 사용하는 경우에 주의할 점은 작품의 우수성을 상대적으로 평가하는 데 그치지 말고, 학생의 이전 수준에 비추어 보아 학생의 진보 정도나 변화 정도에 관심을 두고 평가한다.

○ 활동의 기록 분석법

활동 기록 분석법은 학생의 활동 계획과 기록을 분석하여 평가에 활용하는 방법이다. 학생들의 활동 과정에서 실시되는 계획 수립과 실천 과정을 누가 기록하도록 하고 활동이 끝난 후 수합하여 평가한다. 예컨대, 개인별 봉사활동 계획을 세우고 그 기록을 통하여 봉사활동에 대한 태도의 변화나 실천의 정도, 그리고 노력한 정도들을 평가하는 방법이다.

○ 작문·소감문 분석법

작문·소감문 분석법은 활동 과정이나 활동 후 학생이 제출한 소감문이나 작문, 그리고 일기 등을 평가 대상으로 삼아 분석하는 방법이다. 예컨대, 학교행사의 영역인 수학여행, 현장학습, 봉사활동 등을 실시한 후의 소감문을 대상으로 평가할 수 있다.

④ 교사의 의견교환

○ 교사 협의

교사 협의의 활동 이전, 활동 과정, 활동 후의 모든 과정에서 사용될 수 있는 방법으로, 각 활동 영역별로 지도 내용 및 방법에 대한 정보를 교환하거나 설정하고, 활동 후 학생들의 활동 결과를 바탕으로 반성 및 평가의 기준을 마련하거나 공동으로 반성하고 평가하기 위하여 활용할 수 있다. 특히, 초등학교의 경우에는, 지도 학생의 학년과 지도 내용이 동일한 동 학년 교사들이 사용하기에 적합하며, 활동 영역별 특성에 따라서는 타 학년 교사들과도 협의할 수 있다.

> **마. 평가 결과는 평소의 활동 상황을 누가 기록한 자료를 토대로 학생의 활동 실적, 진보의 정도, 행동의 변화, 특기 사항 등을 담임 또는 담당 교사가 수시로 평가한다.**

평가 결과의 기록은 담임교사 또는 각 활동 영역의 활동을 담당한 교사가 학생의 활동 실적, 진보의 정도, 행동의 변화, 특기 사항 등을 수시로 작성한다. 예를 들어, 동아리활동을 동아리활동 담당 교사가 담당한 경우, 동아리활동 담당 교사가 평가 결과를 기록할 수 있다.

창의적 체험활동의 평가 결과는 크게 다음의 두 가지로 활용되어야 한다.

첫째, 창의적 체험활동의 평가 결과는 성장, 발달, 변화 속에서 나타난 개별 학생들의 특성과 장점이 무엇인지 나타내는 것으로, 학생의 계속적 진보와 계발을 돕는 자료로 활용되어야 한다. 그 구체척인 사례로 창의적 체험활동의 평가 결과는 학생지도를 위한 학부모와의 협의 자료로 활용될 수 있다. 창의적 체험활동의 평가 결과는 학교에서 학생들이 배우는 교과 이외의 제 영역을 포괄하는 것이어서 학생들의 학교생활에 관한 구체적인 정보를 제공해 줄 수 있기 때문이다. 이를 위해서 평가의 첫 번째 단계인 평가목표의 설정에서 평가 결과의 활용 이전 단계인 평가 결과의 기록에 이르기까지 각 단계가 일관성을 가지고 학생 개개인의 성장, 발달, 변화를 평가할 수 있도록 계획되고 실천되어야 한다.

둘째, 창의적 체험활동의 평가 결과는 개별 학생들뿐 아니라 학급 또는 학교 차원에서 전체 집단의 성장, 발달, 변화 등을 평가할 수 있는 기초 자료로서의 역할을 수행하여야 한다. 이러한 자료를 통하여 학교 교육과정이나 학년 교육과정 또는 학급 교육과정 등에서 지도 방법을 개선할 수 있을 것이다.

창의적 체험활동의 평가를 위해서는 학생에 대한 평가와 더불어 프로그램에 대한 평가 및 창의적 체험활동 교육과정 자체에 대한 평가도 실시되어야 한다.

프로그램 평가는 운영 계획의 현실성, 활동 내용의 타당성, 운영 결과 등이 포함되어야 한다. 창의적 체험활동 프로그램에 대한 평가 결과는 해당 학급 또는 학교의 후속 활동 계획 수립 및 운영 개선에 활용되어야 한다.

영역	평가 요소
편성	○ 창의적 체험활동 상위 교육과정의 목표를 적절하게 분석하고 이를 학교 교육과정에 적합하게 적용하였는가? ○ 창의적 체험활동에 대한 학생, 학부모, 교사, 지역사회 집단의 다양한 의견을 충실히 수렴하고 수용하였는가? ○ 지역사회와 학교의 교육 여건상의 특수성을 창의적 체험활동 계획 수립에 적절히 반영하였는가? ○ 창의적 체험활동 계획과 운영에서 교직원 간의 역할 분담은 편중되지 않았으며, 지도교사 배정도 적절하였는가? ○ 창의적 체험활동에 배정된 시간의 영역별 배당과 별도 시간의 확보는 적절하였는가? ○ 전년도 창의적 체험활동의 평가 결과와 문제점 해결 방안이 충실히 반영되었는가?
운영	○ 창의적 체험활동 하위 영역별 지도 내용과 지도 방법이 적절하였는가? ○ 창의적 체험활동을 위한 장소 선정, 시간 운영은 영역별 특성에 따라 적절하였는가? ○ 창의적 체험활동 운영에 필요한 수업 총 시수는 충분히 확보하여 운영하였는가? ○ 학생, 학부모에 대한 교육 내용 홍보는 충실하였는가? ○ 창의적 체험활동 운영에 필요한 외부 인사, 자원 인사를 포함하여 지도교사를 폭넓게 확보하였는가? ○ 창의적 체험활동 지도를 위한 자료 개발, 관리, 활용 실태는 양호한가? ○ 학생의 특성에 맞는 지도와 특수아 또는 부진·조기 진급 대상자에 대한 고려는 적절하였는가?
평가	○ 창의적 체험활동의 평가는 학교와 지역사회의 실정 및 목표에 비추어 적합하게 이루어졌는가? ○ 창의적 체험활동 평가를 위하여 영역별로 평가 관점과 평정 척도가 적절하게 마련되어 활용되었는가? ○ 창의적 체험활동 평가 결과, 학생이 참여한 정도와 성과를 지속적으로 기록하였는가?

창의적 체험활동 교육과정 평가는 일반적으로 학교 교육과정 평가의 한 부분으로 이루어지나, 특별한 목적으로 창의적 체험활동 영역만 따로 평가하는 경우도 있다. 평가를 위해서는 먼저, 평가하고자 하는 기준, 즉, 평가에 대한 내용과 척도를 미리 정하여야 한다. 평가 기준은 학교에서 지역과 학교의 특성에 맞게 선정하여야 하겠지만, 기준이 될 만한 평가 요소를 예시하면 <표 2-45>와 같다.

평가 장면은 질문지를 제작하여 실시하는 것도 좋으나, 담당교사와 관련 교사의 참여 하에 수시로 평가 관련 협의회를 가지고 창의적 체험활동 개선을 위한 문제점과 개선방안에 관한 협의 기회를 가지는 것이 바람직하다. 질문지 제작은 앞에서 예시한 평가 기준을 충분히 검토하여 질문지 제작자가 고려하지 못한 부분에 대한 의견을 듣기 위한 항목도 포함해야 한다. 또 평가자가 그 반응과 결과를 보다 쉽게 처리하고 해석할 수 있도록 설문 항목을 평정 척도로 제작하는 것도 고려해 볼 만하다(교육과학기술부, 2008a: 247).

창의적 체험활동 교육과정 평가 결과는 필요에 따라 가정과의 연계 지도를 도모하기 위해 학부모와의 협의 자료로 활용될 필요가 있다. 또한 창의적 체험활동 교육과정을 평가하는 가장 중요한 목적은 창의적 체험활동 운영의 개선에 있으므로 평가 결과를 학생의 착의적 체험활동 평가와 함께 분석하여 차기 창의적 체험활동 운영에 반영되도록 하고, 발견된 문제점에 대해서는 여러 경로를 통하여 개선 방안이 모색되어야 한다.

Chapter 3

창의적 체험활동 교육과정의 변천

가. 제6차 교육과정 시기(1992~1997)

우리나라 교육과정사상 처음으로 '중앙집권형 교육과정'을 '지방분권형 교육과정'으로 전환하여 시·도 교육청과 학교의 자율·재량 권한을 확대한 것이 제6차 교육과정이다. 즉 교육과정의 편성과 운영에 있어서 중앙·지방·학교의 역할과 책임을 명확하게 분담하는 새로운 교육과정 편성, 운영 체제를 확립하여, 1992년 9월 30일 교육부 고시 제1992－16호로 개정된 것이 제6차 교육과정 시기의 국민학교 교육과정 시간 배당 기준(1992. 9. 30.)에서 국민학교의 교육과정 편제는 교과, 특별활동, 학교 재량 시간의 세 영역으로 구성하였는데, 학교 재량 시간의 신설은 학교 교육과정 편성·운영의 지역화, 자율화, 다양화를 위한 교육과정 편제의 변화이다.

특히 제6차 교육과정에서는 우리나라 교육과정 역사상 처음으로 학교교육과정(School curriculum)을 도입하여 단위 학교 교육의 자율성, 다양성, 창의성 등을 구현하고자 하였다.

〈표 3-1〉 제6차 교육과정 시기의 국민학교의 학년별 학교 재량 시간 배당(1992. 9. 30.)

학년	3학년	4학년	5학년	6학년
시간	34	34	34	34

〈표 3-2〉 제6차 교육과정의 부분 개정에 따른 국민학교 학교 재량 시간 배당(1995. 11. 1.)

학년	3학년	4학년	5학년	6학년
시간	0~34	0~34	0~34	0~34

각 학년별 '학교 재량 시간'에 배당된 수업 시간 수는 34주를 기준으로 한 연간 최소 시수로서 학교에서의 탄력적인 시간 운영을 보장하기 위한 조치이다.

연간 최소 시간 수로 배정된 학교 재량 시간은 제6차 교육과정의 부분 개정에 따라 재량 시간 배당 방식이 다음과 같이 변화되었다.

<표 3-2>에서 학교 재량 시간에 배당된 0~34는 학년별 연간 최소 시간 수가 0 또는 34시간을 의미한다. 제6차 국민학교 교육과정에서 '학교 재량 시간'의 신설을 통해 지역 실정에 알맞도록 학교 교육과정을 편성, 운영하거나, 교재(교과서)를 재구성하여 활용하는 것을 권장함은 물론, 학교 나름대로 필요한 교과목을 선택하고, 내용을 구성하며 자율적으로 교육과정을 결정, 운영하도록 하였다. 학교 재량 시간은 당해 시·도의 교육과정 편성·운영 지침에 의거하여 운영하는 시간이나 ① 편제에 제시된 교과의 보충심화 시간, ② 특별활동의 보충심화 시간, ③ 지역 특성, 학교 실정, 학생 요구에 알맞은 교육 내용과 활동을 실천하는 데 활용할 수 있는 특색 있는 교육활동을 전개할 수 있는 시간에 해당한다.

나. 제7차 교육과정 시기(1997~2007)

제7차 교육과정은 21세기의 세계화·정보화 시대를 주도할 자율적이고 창의적인 한국인의 육성을 지향하였다. 이를 위해 '건전한 인성과 창의성을 함양하는 기초·기본 교육의 충실', '세계화·정보화에 적응할 수 있는 자기 주도적 능력의 신장', '학생의 적성, 능력, 진로에 적합한 학습자 중심 교육의 실천', '지역 및 학교의 교육과정 편성·운영의 자율성 확대'를 개정의 중점으로 설정하였다.

이에 따라 제7차 교육과정은 교과, 재량활동, 특별활동으로 구성하였다. 제7차 교육과

〈표 3-3〉 초등학교의 재량활동 시간

학년	1학년	2학년	3학년	4학년	5학년	6학년
시간	60	68	68	68	68	68

정에서는 재량활동을 신설, 확대하였다. 재량활동은 학생의 자기 주도적 학습활동을 촉진하고 학교의 자율적이고 창의적인 교육과정 편성 운영을 보장하기 위한 것으로 국민 공통 기본 교육기간에 실시하도록 하였다. 제6차 교육과정에서 3~6학년에 주당 평균 0 또는 1시간으로 배정되었던 '학교 재량 시간'을 '재량활동'으로 명칭을 바꾸었으며, 1, 2학년에서는 주당 평균 2시간을 신설하고, 3~6학년은 주당 평균 2시간으로 확대하여 지역과 학교, 학생의 특수성과 필요에 따른 교육과정 편성 운영의 자율성, 창의성을 증대하고자 하였다.

제7차 교육과정에서 재량활동이 확대, 신설됨으로써 단위학교 교육과정 편성 운영의 자율 재량권을 더 적극적으로 확대하고자 하였다. 재량활동의 하위 영역은 크게 '교과 재량활동'과 '창의적 재량활동'으로 구분되어 '교과 재량활동'은 선택과목 학습과 국민 공통 기본 교과의 심화보충 학습을 위한 것이며, '창의적 재량활동'은 학교의 독특한 교육적 필요, 학생의 요구 등에 따른 범교과 학습과 자기 주도적 학습을 위한 것이다. 초등학교 재량활동 수업 시수는 학년별 연간 68시간(제1학년은 60시간)이며, 학교의 실정에 따라 융통성 있게 배정할 수 있으나, 교과의 심화보충 학습보다는 학생의 자기 주도적 학습 능력을 촉진하기 위한 창의적 재량활동에 중점을 두도록 하였다.

초등학교에서의 재량활동의 운영은 주제탐구, 소집단 공동 연구, 학습하는 방법의 학습, 통합적인 범교과 학습 등 다양한 교육 프로그램을 학교과 교사, 학생의 요구와 필요에 따라 편성하여 선택적으로 운영할 수 있도록 제시되어 있다. 특히, 주당 평균 1시간 이내의 시수를 감축하여 학생의 요구와 학교의 필요에 따른 창의적 재량활동에 증배, 활용하되, 감축된 교과의 학습 활동과 관련되는 직접적인 체험활동 등으로 통합 운영할 수 있도록 하였다.

국가 수준 교육과정에서는 초등학교의 재량활동에서 편성할 수 있는 범교과 학습 주제로 16개 사항을 제시하였다. "민주시민 교육, 인성교육, 환경교육, 경제교육, 에너지교육, 근로정신 함양 교육, 보건교육, 안전교육, 성교육, 소비자교육, 진로교육, 통일교육, 한국

문화 정체성 교육, 국제 이해 교육, 해양교육, 정보화 및 정보 윤리 교육 등 범교과 학습은
재량활동을 통하여 중점적으로 지도하되, 관련되는 교과와 특별활동 등 학교 교육활동 전
반에 걸쳐 통합적으로 어우러지도록 하고, 지역사회 및 가정과의 연계 지도에도 힘쓴다"
는 것이다(교육부, 1997: 23).

다. 2007년 개정 교육과정 시기(2007~2012)

2007년 교육과정 개정의 기본 방향은 수시 개정 체제의 취지에 따라 교육과정의 안정
성을 확보하는 차원에서 제7차 교육과정의 기본 철학과 체제를 유지하면서 적용상의 문
제점을 개선하는 데 두었다. 이에 따라 2007년 개정 교육과정에서 지향하는 개정의 중점
은 '단위 학교별 교육과정 편성 운영 자율권의 실질적 확대', '국가 사회적 요구 사항의
적극적 반영', '고등학교 선택 중심 교육과정의 개선', '교과별 교육내용의 적정화 도모',
'주 5일 주업제의 월 2회 실시에 따른 수업 시수의 일부 조정' 등이었다.

2007년 개정 교육과정에서 있어서 재량활동은 학교급별로 차이가 있지만 제7차 교육과
정에 비해 다소 약화되었다고 할 수 있다. 2007년 개정 교육과정에서는 주 5일 수업제 월
2회 실시에 따라 수업 시간을 연간 34시간 이내에서 감축하되, 초등학교와 고 2~3학년은
학교 자율로 교과에서, 중 1학년~고 1학년은 재량활동 중 교과와 성격이 유사한 교과 재
량활동에서 감축하도록 하였다.

2007년 개정 교육과정에서의 초등학교 재량활동 시간 배당은 <표 3-4>와 같다.

재량활동은 제7차 교육과정과 마찬가지로 교과 재량활동과 창의적 재량활동으로 구성
되며, 초등학교에서는 특히 창의적 재량활동으로 운영하도록 하였다. 재량활동은 학년별
로 연간 최소 68시간(제1학년은 60시간 이상)으로 배당되어 있으며, 초등학교에서는 특히
학생의 자기 주도적 학습 능력을 촉진하기 위한 '창의적 재량활동'으로 운영할 것을 강조
하였다. 창의적 재량활동은 학교의 독특한 교육적 필요, 학생의 요구 등에 따른 범교과 학
습과 자기 주도적 학습을 위한 시간을 의미한다.

〈표 3-4〉 초등학교 재량활동 시간 배당

학년	1학년	2학년	3학년	4학년	5학년	6학년
시간	60	68	68	68	68	68

2007년 개정 교육과정에서는 제7차 교육과정에 비해 재량활동에서 편성할 수 있는 범교과 학습 주제를 확대하였다. 즉, 제7차 교육과정에서 16개였던 범교과 학습주제가 2007년 개정 교육과정에서는 35개 주제로 확대되었다. "민주시민 교육, 인성교육, 환경교육, 경제교육, 에너지교육, 근로정신 함양 교육, 보건교육, 안전교육, 성교육, 소비자교육, 신로교육, 통일교육, 한국 문화 정체성 교육, 국제 이해 교육, 해양교육, 정보화 및 정보 윤리 교육, 청렴, 반부패 교육, 물 보호 교육, 지속 가능 발전 교육, 양성 평등 교육, 장애인 이해 교육, 인권교육, 안전재해 대비 교육, 저출산·고령사회 대비 교육, 여가 활용 교육, 호국 보훈 교육, 효도 경로 전통 윤리 교육, 아동 청소년 보호교육, 다문화 교육, 문화예술 교육, 농업 농촌 이해 교육, 지적 재산권 교육, 미디어 교육, 의사소통 토론 중심 교육, 논술교육 등 범교과적 학습 주제는 관련되는 교과, 재량활동, 특별활동 등 학교 교육 활동 전반에 걸쳐 통합적으로 다루어지도록 하고, 지역사회 및 가정과의 연계 지도에도 힘쓴다"는 것이다(교육과학기술부, 2007: 23-24).

라. 창의적 체험활동 교육과정의 신구(新舊) 비교(초등학교)

2009 개정 교육과정에서 창의적 체험활동은 종전의 재량활동과 특별활동을 통합하여 남과 배려를 실천하는 창의적인 인재육성을 그 목적으로 도입되었다. 창의적 체험활동과 종전의 재량활동, 특별활동 교육과정과의 주요 변화 내용을 개관하면 <표 3-5>와 같다.

〈표 3-5〉 창의적 체험활동 교육과정의 신구(新舊) 비교(초)

구분		2007년 개정 교육과정	2009 개정 교육과정
1. 명칭		특별활동, 재량활동	창의적 체험활동
2. 시간 배당 기준	특별활동	○ 초등학교 1학년: 연간 30시간 2, 3학년: 학년별 연간 34시간 4, 5, 6학년: 학년별 연간 68시간 ○ 중학교 1, 2, 3학년: 연간 68시간 ○고등학교: 이수 단위를 총괄 단위 배당으로 전환-총 12단위	○ 초등학교(학년군별) 1~2학년: 2년간 272시간 3~4학년: 2년간 204시간 5~6학년: 2년간 204시간 ○ 중학교: 1~3학년: 3년간 306시간 ○ 고등학교: 3년간 24단위
	재량활동	○ 초등학교 1학년: 연간 60시간 2~6학년: 학년별 연간 68시간 ○ 중학교: 1, 2, 3학년: 학년별 연간 102시간 ○ 고등학교 1학년: 연간 102시간(6단위)	

구분		2007년 개정 교육과정	2009 개정 교육과정
3. 교육과정 구성	특별활동	○ 초·중·고등학교 구분 없이 통합 제시 (구성 체제) 　1. 성격 　2. 목표 　3. 내용 　　가. 내용 체계 　　나. 영역별 내용 　4. 교수·학습 방법 및 지원 　　가. 계획과 운영 및 지원 　　나. 영역별 지도 방법 　5. 평가	○ 초·중·고등학교 구분 없이 통합 제시 (구성 체제) 　1. 성격 　2. 목표 　3. 내용 및 교수·학습 방법 　4. 운영 및 지원 　5. 평가
	재량활동	○ 총론의 지침으로 제시됨. 　1. 기본 지침 　2. 지역 및 학교에서의 편성, 운영 　3. 교육과정의 평가와 질 관리	
4. 성격	특별활동	○ 교과와 상호 보완적 관련 속에서 학생의 심신을 조화롭게 발달시키기 위하여 실시하는 교과 외 활동	○ 앎을 적극적으로 실천하고 나눔과 배려를 할 줄 아는 창의성과 인성을 겸비한 미래 지향적 인재 양성을 목적으로 하는 교과 외 활동 ○ 특색 있고 다양한 학교 교육활동의 전대 등
	재량활동	○ 사회 변화에 대응할 수 있는 자기 주도적 학습능력을 기르고 학교 및 지역사회의 특성과 필요, 요구를 반영한 학교 교육의 특성화, 사율화, 다양화 추구	
5. 목표	특별활동	○ 총괄 목표, 하위 목표 5개 항 ○ 하위 영역별 구체 목표 제시	○ 학교급별 구분 없이 총괄 목표를 제시하고 4개 영역별로 하위 목표를 학습자 중심으로 서술
	재량활동	○ 학교에서 자율적으로 설정(재량활동의 의의 고려)	
6. 영역별 목표	특별활동	○ 영역별 목표 제시	○ 영역별로 하위 목표를 제시함. ○ 하위목표는 창의적 체험활동 4개 영역의 실천을 통해서 달성하고자 하는 구체적인 목표임.
	재량활동	○ 학교에서 자율적으로 설정	
7. 영역	특별활동	○ 5개 영역 －자치활동, 적응활동, 계발활동, 봉사활동, 행사활동	○ 자율활동 ○ 동아리활동 ○ 봉사활동 ○ 진로활동
	재량활동	○ 교과 재량활동 ○ 창의적 재량활동 －범교과 학습, 자기 주도적 학습	
8. 운영	특별활동	○ 학생의 요구, 지역 및 학교의 특성을 고려한 융통성 있는 운영 ○ 영역 및 시간 운영의 학교 자율성 확대 ○ 지역사회와의 연계 운영 ○ 특별활동 편성 및 운영에 관한 지원 강조 등	○ 학생의 발달 단계를 고려하여 학교급별, 학년별로 활동 영역 및 내용을 선택하여 집중적으로 운영 ○ 교과 및 창의적 체험활동의 하위 영역 간에 통합하여 편성 및 운영할 수 있음. ○ 계획을 수립 및 운영 과정에서 학생들의 의사를 적극적으로 반영되도록 함. ○ 활동의 특성에 따라 방법 기간을 이용하여 집중 운영할 수 있음. ○ 입학 초기 적응활동은 자율활동 중 '적응활동'의 일부로 편성하여 지도 ○ 지역사회와의 연계 운영 ○ 범교과 학습 주제(38개)와의 통합 운영 등
	재량활동	○ 교과의 특성과 재량활동, 특별활동의 내용에 따라 시간을 통합하여 연속 운영 ○ 범교과 학습 주제(35개)와의 통합 운영 등	

9. 평가	특별활동	○ 활동 영역과 활동 상황을 고려한 평가자 구분 ○ 평가상의 유의점 제시 ○ 평과 결과를 문장으로 기술 등	○ 학생의 자기 평가, 상호 평가 등 다양한 방법 활용 ○ 평가 결과를 누가 기록하여 학생의 활동 실적, 진보의 정도, 행동의 변화, 특기 사항 등을 담임 또는 담당교사가 수시로 평가
	재량활동	○ 평가의 주안점을 학교에서 작성 활용 ○ 평가 결과를 문장으로 기록 등	○ 창의적 체험활동 성과의 지속적 기록 및 상급학교 진학 자료로의 활용 등

〈표 3-6〉 창의적 체험활동 교육내용 체계와 2007년 개정 재량활동 및 특별활동 내용의 관계 비교

영역	성격	활동	2007년 개정 교육과정 내용 포함
자율활동	학교는 학생 중심의 자율적 활동을 추진하고, 학생은 다양한 교육활동에 능동적으로 참여한다.	- 적응활동 - 자치활동 - 행사활동 - 창의적 특색활동 등	(특) 적응활동 (재) 창의적 재량활동 (재) 교과 재량활동 (1학년)우리들은 1학년
동아리활동	학생은 자발적으로 집단활동에 참여하여 협동하는 태도를 기르고 각자의 취미와 특기를 신장한다.	- 학술활동 - 문화 예술 활동 - 스포츠 활동 - 실습 조작 활동 - 청소년 단체활동 등	(특) 계발활동 특별활동의 상설반
봉사활동	학생들은 이웃과 지역사회를 위한 나눔과 배려의 활동을 실천하고, 자연환경을 보존한다.	- 교내 봉사활동 - 지역사회 봉사활동 - 자연환경 보호활동 - 캠페인 활동 등	(특) 교내 봉사활동
진로활동	학생은 자신의 흥미, 특기, 적성에 적합한 자기 계발 활동을 통하여 진로를 탐색하고 설계한다.	- 자기 이해 활동 - 진로 정보 탐색활동 - 진로 계획 활동 - 진로 체험 활동	(특) 적응활동에서 독립

※ 한국 교육과정에서 '2007년 개정 교육과정'까지는 교육과정이 개정된 연도를 명시하기 위해서 연도 뒤에 '년'자를 붙였으나, '2009 개정 교육과정'부터는 교육과정의 상시 개정 체제를 도입하여 연도 뒤에 '년'자를 붙이지 않음. 즉, '2007년 개정 교육과정'과 '2009 개정 교육과정', '2009 개정 창의적 체험활동 교육과정' 등이 공식 교육과정 명칭임.

2009 개정 교육과정에서는 종전의 재량활동과 특별활동을 하나로 묶어 '창의적 체험활동'으로 운영하게 되었다. 따라서 창의적 체험활동에서는 기존의 재량활동과 특별활동의 취지와 교육과정 내용을 계승하되, 창의적 체험활동의 취지를 고려하여 내용을 설정하였다.

초등학교 '우리들은 1학년' 교과도 창의적 체험활동에 통합하여 적응 활동 차원에서 다양한 프로그램으로 구안하여, 창의적으로 운영하도록 편제하였다.

가. 교수요목기 및 제1차 교육과정 시기(1946~1963)

교수요목 시기(1946~1954)의 특별활동은 문서화된 내용이나 명칭은 없었고, 학교 교육에서는 '교과 외 활동'으로 정규 시간에 들어 있지 않았다.

제1차 교육과정 시기(1954~1963)의 교육과정은 교과와 특별활동으로 편제되어 있었으나, 각론에 해당되는 특별활동 교육과정은 없었다. 이 시기의 교육과정은 각 교과의 교육과정만 제시되어 있었기 때문에 '교과과정'의 시기라고도 한다. 문교부령 제35호(1945. 4. 20.)로 공포된 '국민학교, 중학교, 고등학교, 사범학교 교육과정 시간 배당 기준령'의 총칙 제6조에서는 특별활동을 '교과 이외의 기타 교육활동'으로 정의하였다.

이 시기의 특별활동에 대한 시간 배당은 1년간의 학년별 총수업 시간 수에 대한 시간 배당량을 백분율(%)로 표시하고, ( ) 안에 매주 평균 수업 시간량을 분 단위로 제시하였다. 이를 요약하여 표로 나타내면 <표 3-7>과 같으며, 이 기준령은 1954학년도부터 시행되었다.

특별활동의 내용을 초·중·고등학교의 학교급별로 구분 없이 포괄적인 내용으로 다음과 같이 제시하였다.

〈표 3-7〉 제1차 교육과정 시기의 특별활동 시간 배당 기준표(1954. 4. 20.)

학년	1학년	2학년	3학년	4학년	5학년	6학년
특별활동	5~2% (50~20분)	5~2% (50~20분)	5~8% (50~80분)	5~8% (60~100분)	5~10% (60~120분)	5~10% (60~120분)
연간 총 수업 시간 수	840시간 (24)	875시간 (25)	945시간 (27)	980시간 (28)	1,050시간 (30)	1,085시간 (31)

① ( ) 안의 숫자는 매주 평균 시간 양이며, 1단위 시간은 40분을 원칙으로 하였음.
② 출처: 문교부령 제35호(1954. 4. 20.), 국민학교 교육과정 시간 배당 기준표(별표 1)

① 집회 기타 민주적 조직하에 운영되는 학생활동에 관한 것
② 학생의 개인 능력에 의한 개별 성장에 관한 것
③ 직업 준비 및 이용후생에 관한 것
④ 학생의 취미에 관한 것

나. 제2차 교육과정 시기

제2차 교육과정 시기(1963~1973)의 교육과정 편제는 교과활동, 반공 도덕 생활, 특별활동의 세 영역으로 구성되었다. 특별활동 교육과정이 목표, 활동의 예, 지도상의 유의점으로 나뉘어 제시됨으로써 특별활동이 학교 교육의 정규 과정으로 자리 잡을 수 있게 되었다. 이 시기의 특별활동은 '교과 이외 여러 가지 활동'으로 정의하고 있으며, 특히 '자주성의 육성'을 강조하고 있었다.

이 시기의 특별활동 시간 배당 기준은 주당 시간량을 최소 시간과 최대 시간으로 하여 교과활동 및 반공 도덕 생활의 학년별 주당 시간량에 대한 5~10%의 백분율로 표시하였다. 특히 1일의 시간 계획은 교과활동, 반공 도덕 생활, 21특별활동, 학교행사에 걸친 다양한 학습활동을 하도록 하였는데, 이 시기에는 학교행사를 특별활동에 포함하지 않고 별도의 영역으로 설정하고 있음을 알 수 있었다.

특별활동 교육과정 시간 배당 기준과 이를 주당 시간으로 환산하여 제시하면 <표 3-8>과 같다.

〈표 3-8〉 제2차 교육과정 시기의 특별활동 시간 배당 기준표(1963. 2. 15.)

학년	1학년	2학년	3학년	4학년	5학년	6학년
교과활동＋반공 도덕 생활의 주당 시간량	21	22	24	26	28	28
특별활동의 주당 시간량	5~10%	5~10%	5~10%	5~10%	5~10%	5~10%
특별활동의 시간 배당을 주당 시간 수로 환산한 수	1~1.2	1.1~2.2	1.2~2.4	1.3~2.6	1.4~2.8	1.4~2.8

① 학교 수업 일수는 연간 35주를 기준으로 하고, 1시간의 수업은 40분을 단위로 하였음.
② 교과활동과 반공 도덕 생활의 시간 배당은 주당 시간 양을 최소 시간과 최대 시간으로 나타내고 있음.
③ 출처: 문교부령 제119호(1963. 3. 15.) 별책 1. 국민 학교 교육과정.

제2차 교육과정에 제시된 특별활동의 목표는 다음과 같다.

① 교과활동과 긴밀한 관련 및 개인의 능력을 신장시킬 수 있는 기회를 마련하여 생활에 유용한 힘을 기른다.
② 실천활동을 통하여 개인의 취미를 높이고 생활에 필요한 건전하고 명랑한 기능과 태도를 기른다.
③ 아동의 적성을 발견하고 이를 신장시킬 수 있는 기회를 마련하여 직업적 특수 기능을 기른다.
④ 자치적인 활동을 지도하고 이에 참여시켜 자주적이며 민주적인 생활 태도를 기른다.

또 교육과정 총론에서는 특별활동의 영역을 그 성격상의 활동 범위로 보아 다음과 같이 요약하여 제시하였다.

① 학생의 개인 능력에 따른 개성 신장에 관한 것
② 개인의 취미 향상에 관한 것
③ 직업적 요구에 응할 수 있는 특수 기능에 관한 것
④ 민주적 집회 운영과 생활 태도의 양성에 관한 것

특별활동의 활동 영역과 내용은 '특별활동의 예'로 학교의 학생이 모두 참가하는 학교활동과 학급 생활을 중심으로 한 학급활동의 예시적인 활동 내용과 유의사항으로 구분하여 제시하였는데, 이를 요약하면 <그림 3-1>과 같다.

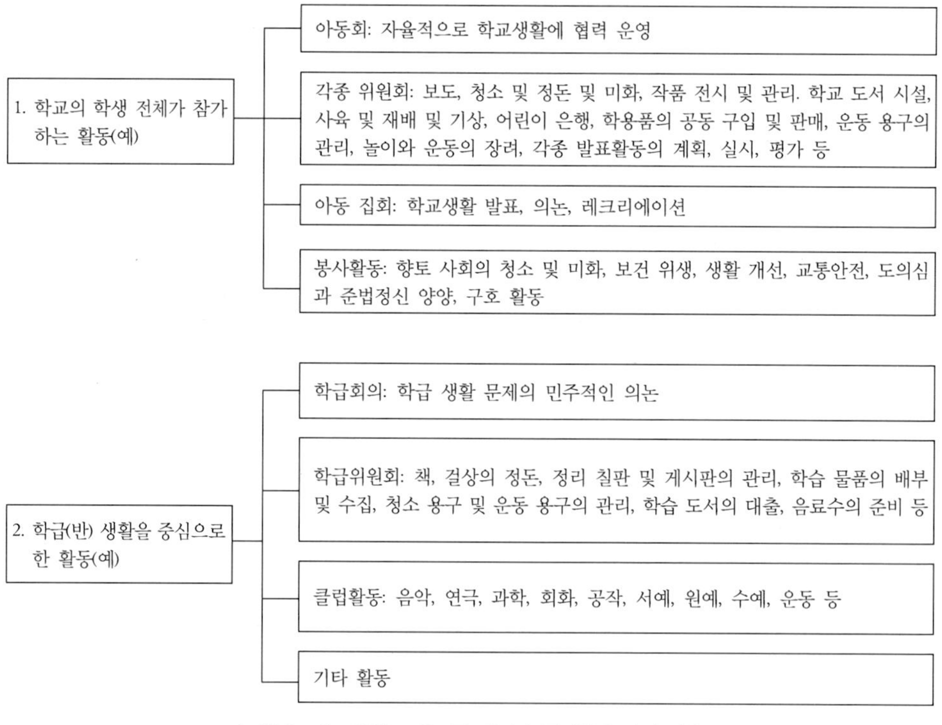

〈그림 3-1〉 제2차 교육과정 시기의 특별활동 예시 내용

특별활동의 '지도상의 유의점'에서는 이와 같은 예시적인 활동 내용은 '교과 이외의 활동'(특별활동을 지칭)에 관한 부분적인 시사에 지나지 않으므로, 각 학교에서는 이러한 특별활동을 적절히 계획하여 모든 학생들의 개선을 신장하고 바람직한 사회적 태도를 형성

<표 3-9> 제2차 부분 개정 시기의 특별활동 시간 배당 기준(1969. 9. 4.)

학년	1학년	2학년	3학년	4학년	5학년	6학년
교과활동+반공 도덕 생활의 주당 시간 수	22	23	25	27	29	29
특별활동의 주당 시간 수	1.5~	1.5~	2~	2~	2.5~	2.5~

출처: 문교부령 제251호(1969. 9. 4.) 별책 1, 국민학교 교육과정.

하기 위해서는 '체험'을 통하여 습득할 수 있도록 지도하여야 한다는 점을 강조하였다.

1963년 2월 15일 문교부령 제119호로 공포된 제2차 교육과정은 생활이나 경험 중심 교육과정의 사조(思潮)를 바탕으로 1964학년도(1964. 3. 1.)부터 교육 현장에 적용되었다.

한편, 1968년 국민교육 헌장의 선포에 따라 1969년에는 제2차 교육과정이 부분적으로 개정되었다. 문교부령 제251호(1969. 9. 4.) 별책 1로 부분 개정하여 공포된 국민학교 교육과정에서는 도덕교육과 특별활동의 강화가 가장 큰 특색이었다. 제2차 교육과정에서 특별활동의 특성은 다음과 같다.

첫째, 특별활동에 대한 시간 배당이 증대되었다.

특별활동 교육과정 시간 배당 기준이 교과활동이나 반공 도덕 생활의 학년별 이수 시간에 대한 백분율(5~10%)로 표시되어 있던 것이 주당 최소 시간 양을 제시하는 것으로 바뀌었다.

이를 요약 및 비교해 보면 <표 3-9>와 같다.

둘째, 특별활동의 목표와 내용을 보완하고 교육과정의 구조가 체계화되었다. 특별활동의 영역을 학급활동, 아동회활동, 클럽활동, 학교행사의 네 영역으로 구분하여 이를 토대로 특별활동의 목표, 내용, 운영상의 유의점을 제시하였다.

특별활동의 내용은 각 활동 영역에 따라 지도 목표, 활동 내용, 지도상의 유의점을 체계적으로 제시하였고, 이와 같은 특별활동 교육과정의 체제와 구조는 제3차 교육과정에서도 그대로 이어졌다. 이를 도시(圖示)하면 <그림 3-2>와 같다.

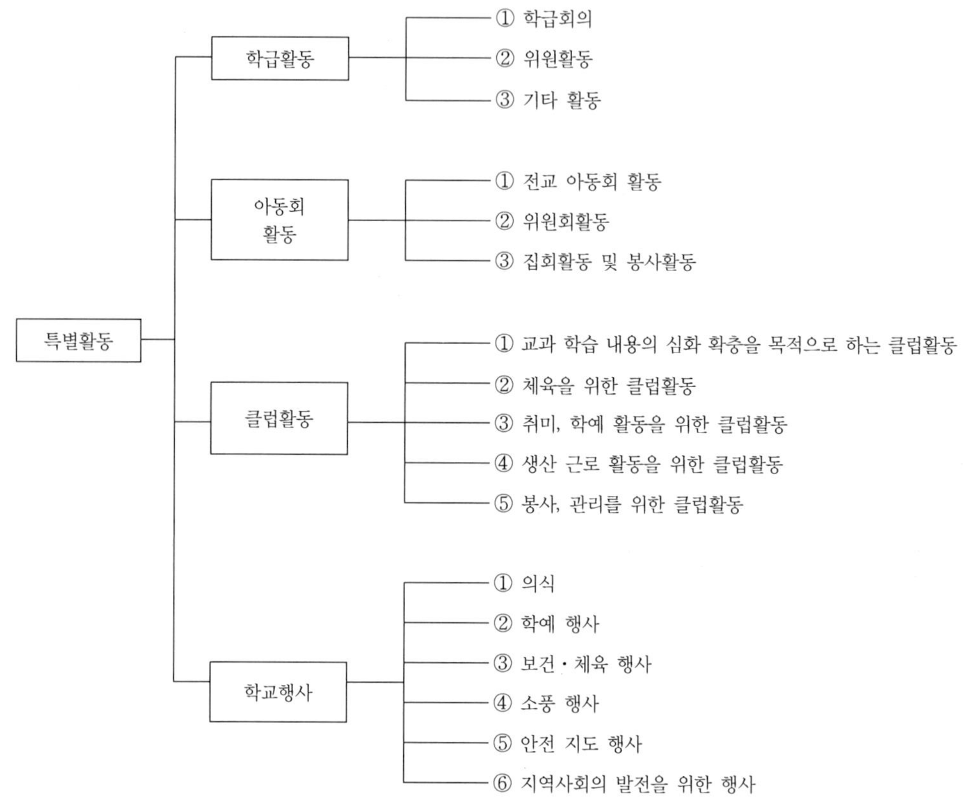

〈그림 3-2〉 제2차 부분 개정 시기의 특별활동 영역

다. 제3차 교육과정 시기(1973~1981)

특별활동 교육과정의 체제와 구조는 문교부령 제251호(1996. 9. 4.) 별책 1의 국민학교 교육과정과 문교부령 제310호(1973. 2. 14.) 별책 1로 개정, 공포된 제3차 교육과정과는 목표와 내용이 거의 동일하였다.

제3차 교육과정 시기(1973~1981)의 교육과정 편제는 '도덕'이 교과가 됨에 따라 교과활동과 특별활동의 이원적인 구조로 구성되었다. 1969년 부분 개정에서 증가되었던 특별활동에 대한 시간 배당은 축소 및 조정되었다.

<표 3-10> 제3차 교육과정 시기의 특별활동 시간 배당 기준(1973. 2. 14.)

구분	1학년	2학년	3학년	4학년	5학년	6학년
교과활동	770(22)	805(23)	875(25)	980(28)	1050(30)	1085(31)
특별활동	35~(1~)	35~(1~)	52.5~(1.5~)	52.5~(1.5~)	52.5~(1.5~)	52.5~(1.5~)

① 이 기준표에 제시된 시간 수는 연간 35주를 기준으로 한 최소 시간량이며, ( ) 안의 숫자는 주당 평균 시간량을 나타낸 것임.
② 이 기준표에 표시된 특별활동 시간은 학교행사를 제외한 최소 시간량임.
③ 출처: 문교부령 제310호(1973. 2. 14.) 별책 1 국민학교 교육과정

제3차 교육과정 시기의 특별활동 목표는 각 활동 영역을 고려하여 다음과 같이 포괄적으로 제시하였다.

① 자발적이고 자율적인 생활 경험을 통하여 사회성의 신장을 꾀하고 민주적이며 협동적인 생활을 영위할 수 있는 공민으로서의 소양을 기른다.
② 집단생활에의 참여와 봉사활동을 통하여 합리적이며 진취적인 생활 태도가 국가 발전에 봉사하여 기여할 수 있는 능력을 기른다.
③ 자기표현의 기회를 가지게 하고 개성을 발견하게 함으로써 창조의 힘을 기르고 개개인이 지닌 소질을 신장시킨다.
④ 심신의 건전한 발달을 조장하고 실천력을 길러, 건전하고 풍부한 생활을 개척할 수 있게 한다.

특별활동의 영역은 ① 학급활동, ② 아동회활동, ③ 클럽활동, ④ 학교행사의 네 영역으로 구분하여, 전 학년 모두 '학급활동'에 매주 최소한 1시간 이상의 시간을 고정적으로 배당하고 고학년에서는 클럽활동에 최소한 1시간 이상의 시간을 배당하되 필요에 따라 연장할 수도 있도록 하였다. 특히 학교행사에 필요한 시간 운영은 시간 배당 기준에 배당된 시간 이외에 학교장의 재량으로 지역과 학교 실정에 따라 적절히 확보하여 운영하도록 유의점을 제시하고 있었다. 특별활동의 영역별로 지도목표, 학교 내용, 지도상의 유의점이 제시되어 영역별 운영에 필요한 운영 지침으로 활용될 수 있도록 하였다. 각 영역별 활동 내용을 살펴보면 다음의 <표 3-11>과 같다.

<**표 3-11**> 제3차 교육과정 시기의 특별활동 영역별 활동 내용

영역	활동별 내용
가) 학급활동	① 학급회 활동 • 학급 생활 목표의 설정, 실천, 반성 • 당번활동, 전교 행사의 논의, 오락, 취미 활동의 발표 ② 위원 활동 • 게시, 위생, 도서, 사육, 수집, 비품, 음료수, 화단, 오락 등 • 경상적인 관리와 임시적인 관리 ③ 기타 활동 • 학급 단위의 청소, 계몽, 안전, 질서 등 • 학교 및 향토 사회에 대한 봉사활동과 방호 훈련 • 생활 당번 활동
나) 아동회활동	① 전교 아동회 • 아동 생활 전체 문제 논의 • 각 학급회, 위원회, 클럽 등에서 하는 일 의견 교환, 활동 조성 • 전교 아동 협약 ② 위원회 활동 • 총무, 교통, 도서, 학습, 학예, 체육, 안전, 봉사, 보도, 방호 ③ 집회 활동 및 봉사활동 • 집회: 학예, 보건, 체육, 레크리에이션, 생활 반성, 향토 생활 • 봉사: 학교생활 개선, 하급생의 보호, 선도, 향토 생활 개선, 안전, 미화
다) 클럽활동	① 교과 학습 내용의 심화 확충을 목적으로 하는 클럽활동: 공동 조사, 공동 제작, 실습, 답사 등의 소집단 규모 활동 ② 체육을 위한 클럽활동: 육상, 체조, 축구, 농구, 배구, 야구, 수영, 무용, 태권도, 탁구, 배드민턴, 자전거 등 ③ 취미, 학예 활동을 위한 클럽활동: 합창, 기악, 서예, 회화, 공작, 문예, 과학, 사회, 국제 이해 조사, 자수, 연극, 수집 등 ④ 생산 근로 활동을 위한 클럽활동: 사육, 원예, 주산, 영선 등 ⑤ 봉사, 관리를 위한 클럽활동 • 방송, 신문, 게시, 협동조합, 저축조합, 기상대, 가축, 교재원 등 교내 시설 관리, 운영 • 소년대, 소녀대, 4H 클럽 • 지역사회 봉사활동: 향토 미화, 보건·위생, 교내 생활개선, 교통안전, 구호, 원호, 하급생 보호 등
라) 학교행사	① 의식: 국경일 의식, 조회, 입학식, 졸업식, 개교 기념 의식, 기타 의식 ② 학예 행사: 학예회, 전시회, 음악회, 영화 감상회, 기타 학예적 행사 ③ 보건·체육 행사: 운동회, 신체검사, 예방접종, 학교급식, 중간체조, 기타 보건·체육적 행사 ④ 소풍 행사: 소품, 여행, 기타 ⑤ 안전 지도 행사: 안전 지도, 방호 훈련, 어린이 보호 훈련 ⑥ 지역사회의 발전을 위한 행사: 지역사회의 생활환경 개선, 소득 증대 사업 참여, 지원

이와 같은 영역별 활동 내용은 교과활동과의 관련 아래 운영하고, 세밀한 사전 계획을 수립하여 신축성 있게 운영하도록 유의점을 제시하였다. 특히, 모든 활동에 학생들의 자발적인 참여를 강조하고, 활동 실적과 성장이 구체적으로 평가되어야 한다고 하였다.

1973년 2월 14일에 개정, 공포된 문교부령 제310호는 1973년 3월 1일부터 제1, 2, 3학년에 적용하도록 하였으며, 제4, 5, 6학년은 1974년 3월 1일부터 시행하도록 교육과정 부칙에 명시되었다.

라. 제4차 교육과정 시기(1982~1987)

제4차 교육과정 시기(1982~1987)의 교육과정 편제는 교과활동과 특별활동으로 구성되어 있다. 교육과정 편제에 특별활동은 어린이회 활동, 클럽활동, 학교행사의 세 영역으로 편성함을 명시하였고, 특별활동의 시간은 제3학년 이상부터 배당하도록 시간 배당 기준에 제시하였다. 이와 같은 시간 배당은 학년에 따라, 지역이나 학교 설정에 따라 탄력적으로 운영되어야 함을 명시하고 있는 것이 특색이다.

시간 배당 기준에 제시된 특별활동의 시간은 '어린이회 활동' 및 '클럽활동'에 관한 것이므로 '학교행사'에 필요한 시간은 시간 배당 기준에 제시된 시간 이외에 별도로 확보하여 지역사회와 학교 실정에 알맞게 학교장 재량으로 운영되어야 함을 총론의 '운영 지침'과 각론의 '운영상의 유의점'에서 강조하고 있었다.

특히 제1~2학년에서는 학년의 발달 특성과 교과의 통합 운영 등을 고려하여 시간을 별도로 배정하지는 않았으나, 담임교사가 적절한 시간(학급 조회, 종회, 방과 후 시간, 기타 시간 등)에 학급 중심으로 가능한 활동을 하도록 자율, 재량의 권한을 부여하고 있음을 명시하고 있었다. 연간 시간 수는 최소 활동 시간을 제시한 것이므로 필요에 따라 더 많은 시간을 확보하여 운영할 수 있으며, 집중적으로 계속 운영이 가능하도록 규정되어 있었다.

제4차 특별활동 교육과정에서부터는 목표 체계가 명확하게 제시되기 시작하였다. 즉, 특별활동의 포괄적인 목표로 하나의 총괄 목표와 4개의 하위 목표를 제시하였고, 각 활동 영역에 따라 해당 영역의 구체적인 목표를 제시함으로써 특별활동의 지도 방향을 분명히 설정하게 되었다.

이 시기의 특별활동 영역은 제3차 교육과정 시기의 학급활동과 아동회활동을 통합하여 '어린이회 활동'으로 조정된 것이 특색이었다. 이에 따라 특별활동의 영역은 ① 어린이회

〈표 3-12〉 제4차 교육과정 시기의 특별활동 시간 배당 기준(1981. 12. 31.)

구분 \ 학년	1학년	2학년	3학년	4학년	5학년	6학년
교과활동	782 (23)	816 (24)	884 (26)	952 (28)	1,020 (30)	1,020 (30)
특별활동	·	·	34~(1~)	68~(2~)	68~(2~)	68~(2~)

※ ① 이 표에 배당된 시간 수는 연간 34주를 기준으로 한 최소 시간 양이고, ( ) 안은 주당 평균 시간 수임.
　② 출처: 문교부 고시 제442호(1981. 12. 31.) 별책 2, 국민 학교 교육과정

활동, ② 클럽활동, ③ 학교행사의 세 영역으로 구분하고, 각 영역별로 목표, 내용, 그리고 운영상의 유의점이 제시되었다. 특별활동의 영역 구분을 살펴보면 <그림 3-3>과 같다.

영역별 활동 내용에서 학생들이 주체적으로 활동할 수 있도록 협의활동과 역할 분담 활동에 역점을 두었다. 특히, 클럽활동과 학교행사의 영역에 '학교 특정 활동'과 '학교 특정 행사'를 설정하여 학생의 요구, 지역사회의 특수성, 학교의 실정에 따라 학교에서 창의적으로 선정한 클럽활동이나 창의적으로 계획한 행사 등을 할 수 있도록 단위 학교에서 특색 있게 교육활동을 운영할 수 있는 길을 열어 놓았다.

이 시기의 특별활동 교육과정의 체제와 구조는 종전의 내용을 정비, 개선하는 데 역점을 두었으며, ① 목표, ② 영역별 목표 및 내용, ③ 계획, 지도, 평가로 구분된 운영상의 유의점으로 구성되었다. 그리고 평가의 관점과 실시상의 유의점을 제시하여 평가에 관한 지침이 구체적으로 제시되었다.

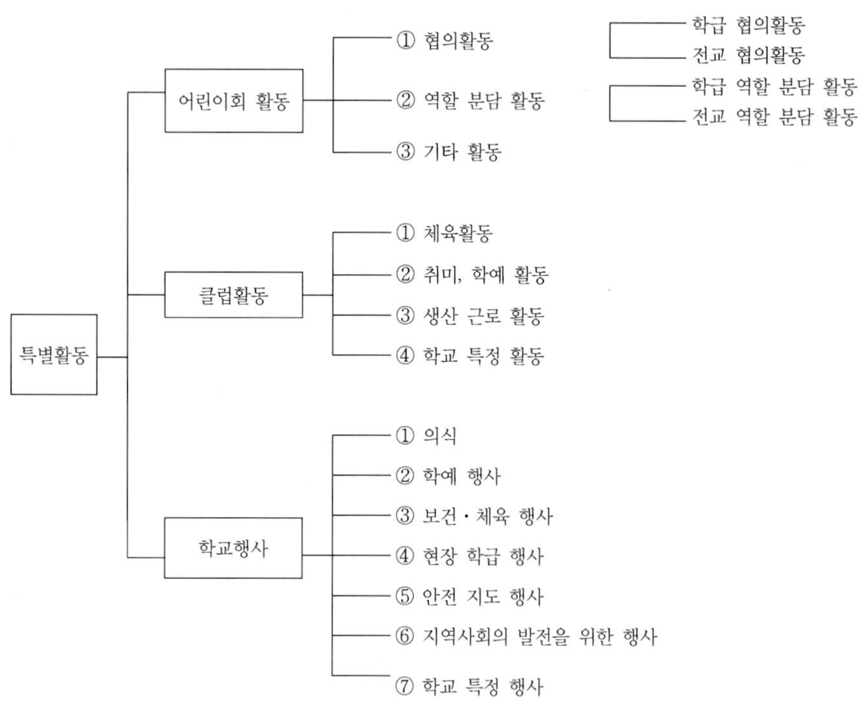

〈그림 3-3〉 제4차 교육과정 시기의 특별활동 영역

1981년 12월 31일에 개정, 고시된 문교부 고시 제442호 별책 2의 국민학교 교육과정은 바로 1982년 3월 1일부터 제1, 2, 3학년에 시행되었으며, 제4, 5, 6학년은 1983년 3월 1일부터 시행하도록 교육과정의 부칙에 명시되었다.

마. 제5차 교육과정 시기(1987~1992)

제5차 교육과정은 기본적으로 제4차 교육과정의 부분 개정을 원칙으로 하였기 때문에 이 시기의 특별활동 교육과정 체제와 구조는 제4차 특별활동 교육과정과 거의 동일하였으며, 다만, 제1, 2학년의 시간 배당과 각 영역별 활동 내용이 보완되었다. 특히, 제5차 개정에서는 특별활동 운영의 융통성을 강조한 것이 특색이라 할 수 있다.

제5차 교육과정 시기(1987~1992)의 교육과정 편제는 교과활동과 특별활동으로 구성되었다. 특별활동의 영역은 제4차와 마찬가지로 어린이회 활동, 클럽활동, 학교행사의 세 영역으로 편성되었다.

특기할 만한 사항은 제1, 2학년에도 특별활동 시간을 배당하고, 제3학년의 시간 수도 증배한 것이 특색이다. 제5차 교육과정 시기의 특별활동 시간 배당 기준은 다음 <표 3−13>과 같다.

특히 제1, 2학년의 특별활동에 배당된 시간은 40분 단위 1시간제로 매주 고정적, 일률적으로 운영해야 하는 것이며, 이는 교과활동의 배당 시간과는 다르게 학교 실정에 알맞게 융통성 있게 운영할 수 있도록 하기 위하여 * 표시를 하게 되었다. 이와 같은 특별활동의 탄력적인 운영은 다음과 같이 시간 운영, 장소 활용, 교과 조직, 주제 선정, 집단 편성 등에 이르기까지 다양한 운영을 강조하였다.

〈표 3−13〉 제5차 교육과정 시기의 특별활동 시간 배당 기준(1987. 6. 30.)

구분 \ 학년	1학년	2학년	3학년	4학년	5학년	6학년
교과활동	760 (23)	826 (24)	884 (26)	952 (28)	1,020 (30)	1,020 (30)
특별활동	*30 (1)	*34 (1)	68 (2)	68 (2)	68 (2)	68 (2)

※ ① 이 표에 배당된 총시간 수는 연간 최소 시간량이고, ( ) 안은 34주를 기준으로 한 주당 평균 시간 수임.
　② 제1, 2학년의 * 표시는 시간 운영의 탄력화를 나타낸 것임.
　③ 출처: 문교부 고시 제87−9호(1987. 6. 30.) 별책 2. 국민 학교 교육과정.

○ 시간 운영의 융통성
  −시간 설정, 시간 양, 연속, 집중, 분산 등으로 융통성 있게 운영
○ 장소 활용의 융통성
  −학교, 지역사회, 기타 장소의 최대 활용 등의 융통성 있는 운영
○ 교사 조직의 융통성
  −지도교사 배정, 지역 자원 인사 및 학부모 활용
○ 주제 선정의 융통성
  −학생이 계획 선정, 학부모의 아이디어
○ 집단 편성의 융통성
  −학급, 학급군, 학년, 학년군, 전교 단위 등

제5차 교육과정에서 특별활동의 총괄 목표는 "집단활동에 자발적으로 참여하게 하고, 자기표현의 기회를 가지게 하여 개성과 소질을 발견, 신장하고, 나아가 민주 시민으로서의 능력과 자질을 함양한다"고 진술하여 제4차 교육과정과 동일하게 하였다. 이는 특별활동의 본질적인 성격에 따라 학생의 개성과 소질의 발견 신장, 민주적인 생활 태도의 육성을 강조하고자 한 것이라 하겠다.

이에 따라 4개의 항목의 하위 목표를 두어 ① 학교생활의 적응, ② 개성과 소질의 발견, 신장, ③ 취미 신장과 여가 선용, ④ 집단 발전을 위한 협동, 봉사 정신 등을 강조하였다. 이러한 특별활동의 목표 아래 그 위계성을 살리고 각 영역의 특성을 고려하여 영역별 목표를 설정하였다.

어린이회 활동 영역에서는 ① 공동의 일을 계획, 실천, ② 문제의 합리적 해결, ③ 집단 구성원으로서의 책임 의식 등이 강조되었고, 클럽활동 영역에서는 ① 개성과 소질의 계발, 신장, ② 학습 효과의 심화 확대, ③ 원만한 인간관계 등이 강조되었으며, 학교행사에서는 ① 집단 연대 의식, ② 다양한 생활 경험, ③ 협동, 봉사의 태도 등이 강조되었다.

제5차 특별활동의 영역 구분에서 새로 설정되었거나 강화된 내용을 살펴보면 <그림 3−4>와 같다.

제5차 특별활동 교육과정에서는 학급 담임교사 중심으로 운영될 수 있는 '생활 적응 활동'을 선정한 것이 특색이었다. 즉, 제4차 교육과정에서 어린이회 활동을 협의활동, 역할 분담 활동, 기타 활동으로 나누었던 것을 ① 협의활동, ② 역할 분담 활동, ③ 생활 적응

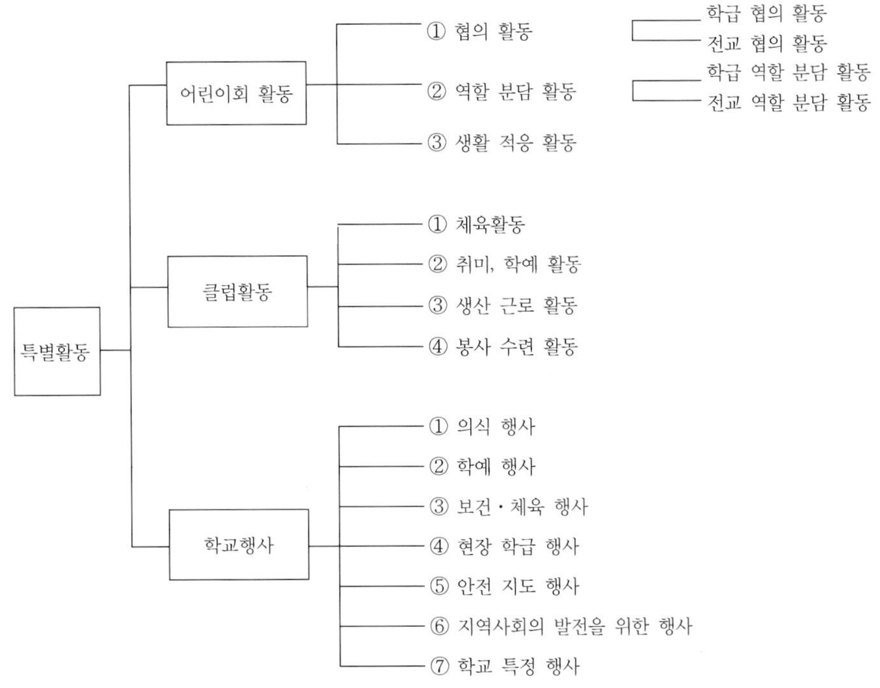

〈그림 3-4〉 제5차 교육과정 시기의 특별활동 영역

활동으로 구분하였다. 이는 초등 교육의 특성으로 보아 담임교사에 의한 학급 지도 내용을 강화하기 위한 조치로 생각해 볼 수 있다. 또, 클럽활동 영역에서도 학급의 특정 활동을 할 수 있도록 담임교사에게 재량권을 부여했으며, 봉사, 수련 활동을 추가 제시하였다.

1987년 6월 30일 문교부 고시 제87-9호로 개정, 고시된 제5차 교육과정은 1989년 3월 1일부터는 제1, 2, 3학년에서 시행되었고, 1990년 3월 1일부터는 제4, 5, 6학년으로 확대되어 시행되었다.

바. 제6차 교육과정 시기(1992~1997)

제6차 교육과정 시기(1992~1997)의 교육과정 편제는 교과, 특별활동, 학교 재량 시간으로 구성되어, 종래의 편제상 고정적인 관념을 탈피할 수 있는 계기가 마련되었다. 특별활동 시간 배당은 다음의 <표 3-14>와 같다.

제6차 교육과정에서의 특별활동은 ① 성격, ② 목표, ③ 내용(내용 체계, 영역별 내용),

<표 3-14> 제6차 교육과정 시기의 특별활동 시간 배당 기준(1992. 9. 30.)

구분＼학년	1학년	2학년	3학년	4학년	5학년	6학년
교과	760	826	884	884	942	942
특별활동	30	34	34	68	68	68
학교 재량 시간	–	–	34	34	34	34
연간 수업 시간 수	790(70)	850	952	986	1,054	1,054

※ ① 이 표의 시간 수는 34주를 기준으로 한 연간 최소 시간 수임(1학년의 교과와 특별활동 시간 수는 30주로 함).
② 출처: 교육부 고시 제1992-16호(1992. 9. 30.) 별책. 국민학교 교육과정

④ 방법, ⑤ 평가로 구성하여 체제와 구조를 대폭적으로 개선한 것이 특색이다. 특별활동의 성격을 명시함으로써 개념 체계를 명확히 규정하게 되었다.

제6차 교육과정에서 특별활동의 총괄 목표는 "건전한 집단활동에 자발적으로 참여하게 하여, 심신의 조화로운 발달이 이루어지게 하고, 협동, 봉사 정신과 자율적인 생활 태도를 가지게 한다"로 되어 있어 특별활동의 본질적인 특성을 포괄하고 있었다.

이에 따라, ① 집단생활의 적응, ② 공동체 의식 함양, ③ 창의성과 사회성 신장 등을 강조한 하위 목표가 제시되었다. 또 특별활동의 활동 영역에 따라 내용적인 목표가 제시되었는데, 학급활동 영역에서는 ① 역할 분담, ② 학교생활에서의 적응을 강조하였으며, 클럽활동 영역에서는 ① 개성과 소질 신장, ② 사회성과 협동성, ③ 원만한 인간관계의 형성을 강조하였다. 이와 같은 특별활동의 목표를 영역별로 체계화하면 <그림 3-5>와 같다.

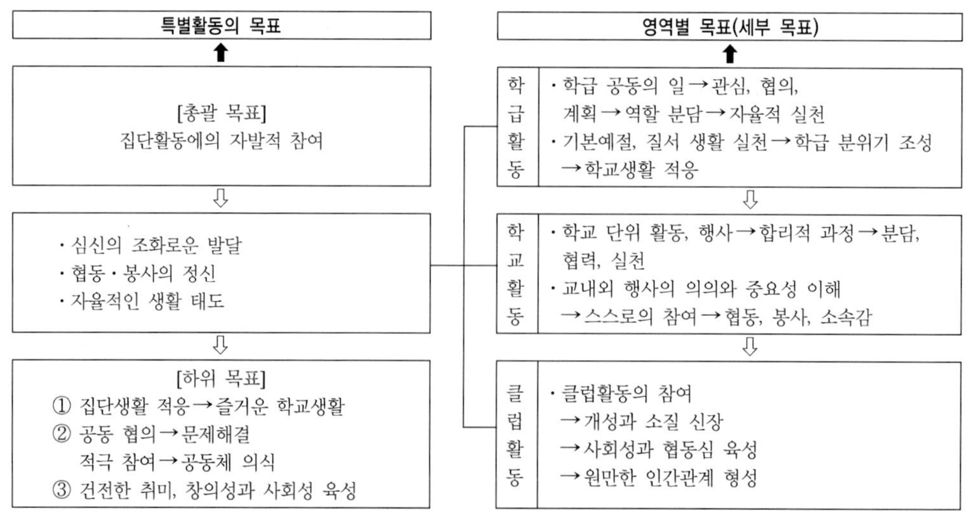

<그림 3-5> 제6차 교육과정의 특별활동 목표 체계

특별활동의 영역은 운영 집단을 중심으로 ① 학급활동, ② 학교활동, ③ 클럽활동 등의 세 영역으로 구성하고, 학생의 자주적이고 실천적인 활동을 중시하였다. 특별활동 교육과정의 내용에서는 제5차 교육과정의 어린이회 활동과 학교행사에 속했던 활동들을 학급활동과 학교활동으로 새분류하여 세시하였다. 제6차 특별활동의 내용 제계표를 제시하면 <표 3-15>와 같다.

〈표 3-15〉 제6차 교육과정의 특별활동 내용 체계

영 역		세부 활동	
학급활동	학급 어린이회 활동	·학급 협의 활동 ·역할 분담 활동	
	적응 활동	·기본 생활 습관 형성 활동 ·상담활동 ·친교활동	
학교활동	전교 어린이회 활동	·전교협의 활동 ·위원활동	
	행사활동	·의식 행사 활동 ·보건 체육 행사 활동 ·안전 방재 활동	·학예 행사 활동 ·현장 학습 활동 ·봉사 지원 활동
클럽활동	·취미활동 ·노작활동 ·체육활동 ·청소년 육성 단체활동		

특히, 학급활동 영역에서 적응활동이 강조되었는데, 적응활동이 독립된 영역으로 된 것은 활동의 형태도 다양할 뿐만 아니라, 기본 생활 습관 형성과 학급 공동생활을 위하여 예절, 준법, 질서, 절제, 청결 등 학생 각자가 이에 대한 습관적 행동 수준에 이르도록 교과와의 관련을 꾀하면서 계획적으로 운영하여야 하기 때문이라 할 수 있다.

1992년 9월 30일, 교육부 고시 제1992-16호로 개정, 고시된 제6차 교육과정은 1995학년도에는 제1, 2학년, 1996학년도에는 제3, 4학년, 1997학년도에는 제5, 6학년 순으로 연차적으로 시행되었다.

제6차 교육과정에서는 영어 교과의 신설에 따라 1995년 11월 1일 교육부 고시 제1995-7호로 초등학교 교육과정이 부분 개정되었으나, 특별활동의 시간 배당에는 아무런 변화가 없었다.

사. 제7차 교육과정 시기(1997~2007)

제7차 교육과정 시기(1997~2007)의 교육과정 편제는 국민 공통 기본 교육과정과 고등학교 선택중심 교육과정으로 구성되었다. 우리나라의 모든 국민에게 동일한 기간 동안 국민 생활에 필요한 기초적이고 기본적인 교육내용을 가르치기 위하여 국민 공통 기본 교육과정이 도입되었다. 국민 공통 기본 교육과정은 초등학교 제1학년에서 고등학교 제1학년에 해당하는 10년 동안의 교육과정으로서 교과, 재량활동, 특별활동 등 영역으로 편성되었다. 특별활동 시간 배당은 다음 <표 3-16>과 같다.

〈표 3-16〉 제7차 교육과정 시기의 특별활동 시간 배당 기준(1997. 12. 39.)

구분 \ 학년	1학년	2학년	3학년	4학년	5학년	6학년
교과	740	748	884	850	952	952
재량활동	60	68	68	68	68	68
특별활동	30	34	34	68	68	68
연간 수업 시간 수	830(80)	850	986	986	1,088	1,088

※ ① 이 표의 국민 공통 기본 교육 기간에 제시된 시간 수는 34주를 기준으로 한 연간 수업 시간 수이다.
　② 1학년의 교과, 재량활동, 특별활동에 배당된 시간 수는 30주를 기준으로 한 것이며, (　) 안의 시간 수는 '우리들의 1학년'에 배당된 시간 수로 3월 한 달 동안의 수업 시간 수를 제시한 것이다.
　③ 출처: 교육부 고시 제1997-15호(1997. 12. 30.) [별책 2]. 초등학교 교육과정

제7차 특별활동 목표는 초등학교, 중학교, 고등학교의 학교급별로 구분하지 않고 이를 하나로 묶어서 총괄 목표를 제시하고, 5개 영역별로 하위 목표를 학습자 중심으로 서술하였다. 특별활동의 목표 체계는 다음과 같다.

〈총괄 목표〉

> 다양하고 건전한 집단활동에 자발적으로 참여하여 개성과 소질을 계발, 신장하고, 공동체 의식과 자율적인 태도를 기름으로써 민주 시민으로서의 기본적인 자질을 함양한다.

<하위 목표>

가. 학급 구성원으로서의 역할을 분담, 수행하고, 자치활동에 적극 참여함으로써 민주 시민의 기본
   자질과 태도를 지닌다.
나. 변화하는 환경에 잘 석능하고 대저하는 능력을 신장하여, 자신의 문제를 능동적으로 해결한다.
다. 계발활동에 자발적으로 참여하여 질서를 배우고, 협동심을 기르며, 자신의 취미와 특기를 계
   발, 신장함으로써 자아실현을 위한 기초를 다진다.
라. 봉사활동의 의미를 이해하고, 타인을 돕는 일에 적극 참여하여 공동체 의식을 함양하고, 삶의
   보람과 자신의 가치를 느낀다.
마. 각종 행사의 의미와 중요성을 이해하고, 자발적으로 참여하여 학교와 지역사회의 일원으로서
   갖추어야 할 기본 자질과 태도를 가진다.

제7차 교육과정의 특별활동 영역은 제6차 교육과정의 특별활동 영역의 학급활동, 클럽활동, 학교활동의 3개 영역을 자치활동, 적응활동, 계발활동, 봉사활동, 행사활동의 5개 영역으로 확대, 개편되었다. 종래의 활동 집단 중심의 3개 영역을 제7차 교육과정 개정에서는 특별활동의 본질에 보다 접근하는 하위 요소별 특성 중심의 5개 영역으로 대폭 개편하였다. 제6차의 '학급활동'의 일부 내용이 '자치활동'과 '적응활동' 속으로 분류되었고, 제6차의 '학교활동' 중 '행사활동'과 그 활동예시였던 '봉사활동'이 각각 하나의 독립된 대영역으로 분리되었다. 이를 그림으로 나타내면 다음 <그림 3-6>과 같다.

<그림 3-6> 제6차 특별활동과 제7차 특별활동 영역의 비교

제7차 특별활동 교육과정의 내용 체계는 다음 <표 3-17>과 같다. 초등학교, 중학교, 고등학교의 학교급별로 구분하지 않고 일괄적으로 제시하였다. 제7차 특별활동에서는 지역 및 단위 학교의 실정을 고려하여 특별활동의 영역 편성, 운영에서의 융통성을 도모하였다. 제7차 특별활동 교육과정에서는 국가 수준의 교육과정에 제시한 내용이 예시적 기준임을 다음과 같이 밝히고 있다. "이 교육과정에서 제시한 각 영역별 활동 내용은 예시적 기준이므로, 지역 실정과 학교 특성을 고려하여 목표 달성에 적합한 활동 내용을 선정하여 운영할 수 있다"는 것이다.

교수·학습 방법은 '계획과 운영', '영역별 유의 사항'으로 구분하여 제시하였으나 학교 급별로는 구분하지 않고 일관되게 제시하였다. 특별활동의 평가에 관한 사항도 초·중·고등학교 구분 없이 학생 평가, 특별활동 교육과정 평가에 관한 사항을 제시하여 평가의 방향과 방법에 대해 안내하고 있다. 이와 같이 제시한 것은 단위 학교의 실정을 고려하여 학교 교육과정을 탄력적으로 운영할 수 있도록 자율, 재량의 폭을 더욱 확대하고자 한 것이라고 할 수 있다.

1997년 12월 30일, 교육부 고시 제1997-15호로 개정, 고시된 제7차 교육과정은 2000년도에는 제1, 2학년, 2001년도에는 제3, 4학년, 2002년도에는 제5, 6학년의 순으로 연차적으로 각급 학교에 시행되었다.

〈표 3-17〉 제7차 특별활동의 내용 체계

영 역	세부 내용(활동)	
자치활동	-협의 활동 -민주 시민 활동	-역할 분담 활동
적응활동	-기본 생활 습관 형성 활동 -상담활동 -정체성 확립 활동	-친교활동 -진로활동
계발활동	-학술 문예 활동 -실습 노작 활동 -정보 통신 활동	-보건 체육 활동 -여가 문화 활동 -청소년 단체 활동
봉사활동	-일손 돕기 활동 -캠페인 활동 -환경시설 보전 활동	-위문활동 -자선 구호 활동
행사활동	-의식 행사 활동 -보건 체육 행사 활동 -안전 구호 활동	-학예 행사 활동 -수련활동 -교류활동

아. 2007년 개정 교육과정 시기(2007~2012)

2007년 개정 교육과정은 제7차 교육과정의 정신과 장점을 계승한 것으로서 제7차 교육과정과 같이 국민 공통 기본 교육과정과 고등학교 선택중심 교육과정으로 구성된다. 국민 공통 기본 교육과정은 초등학교 제1학년부터 고등학교 제1학년에 해당하는 교육과정으로서 교과, 재량활동, 특별활동으로 편성되었다. 초등학교 특별활동 시간 배당은 다음 <표 3-18>과 같다.

2007년 개정 교육과정에서 특별활동 목표는 제7차 교육과정에서의 목표를 그대로 계승하고자 하였다. 다만, 제7차 특별활동 목표의 전술에서 부적절하거나 불필요한 용어 등을 삭제하여 일부를 수정 보완하였다. 예컨대, 하위 목표인 계발활동의 목표와 관련하여 제7차 특별활동의 목표인 "계발활동에 자발적으로 참여하여 질서를 배우고, 협동심을 기르며, 자신의 취미와 특기를 계발, 신장함으로써 자아실현을 위한 기초를 다진다"를 2007년 개정 교육과정에서는 "계발활동에 자발적으로 참여하여 자신의 취미와 특기를 계발 신장함으로써 자아실현을 위한 기초를 다진다"로 수정하였다(교육과학기술부, 2008a: 196).

2007년 개정 특별활동 교육과정에서 특별활동 목표는 제7차 특별활동 교육과정과 마찬가지로 초등학교, 중학교, 고등학교의 학급별로 구분하지 않고 이를 하나로 묶어서 총괄 목표를 제시하고, 5개 영역별로 하위 목표를 학습자 중심으로 서술하였다. 특별활동의 목표 체계는 다음과 같다.

〈표 3-18〉 2007년 개정 교육과정 시기의 특별활동 시간 배당 기준(2007. 2. 28.)

구분 \ 학년	1학년	2학년	3학년	4학년	5학년	6학년
교과	740	748	884	850	952	952
재량활동	60	68	68	68	68	68
특별활동	30	34	34	68	68	68
연간 수업시간 수	830(80)	850	952	952	1,054	1,054

※ ① 이 표의 국민 공통 기본 교육 기간에 제시된 시간 수는 34주를 기준으로 한 연간 최소 수업 시간 수이다. 단 3~6학년의 연간 총 수업 시간 수는 주 5일 수업에 따라 감축된 시간 수이므로 학교에서는 교과 수업 시간 수 중 연간 34시간의 범위 내에서 감축하여 운영한다.
② 1학년의 교과, 재량활동, 특별활동에 배당된 시간 수는 30주를 기준으로 한 것이며 '우리들은 1학년'에 배당된 시간 수는 3월 한 달 동안의 수업 시간 수를 제시한 것이다.
③ 출처: 교육인적자원부 고시 제2007-79호[별책 2], 초등학교 교육과정

> 다양하고 건전한 집단활동에 자발적으로 참여하여 개성과 소질을 계발, 신장하고, 공동체 의식과 자율적인 태도를 기름으로써 민주 시민으로서의 기본적인 자질을 함양한다.

〈하위 목표〉

> 가. 학교 및 학급 구성원으로서의 역할을 분담 협력하여 수행하고, 자치활동에 적극 참여함으로써 민주 시민의 기본 자질과 태도를 지닌다.
> 나. 변화하는 환경에 잘 적응하고 대처하는 능력을 길러, 자신의 문제를 능동적으로 해결한다.
> 다. 계발활동에 자발적으로 참여하여 자신의 취미와 특기를 계발 신장함으로써 자아실현을 위한 기초를 다진다.
> 라. 봉사활동의 의미를 이해하고, 타인을 돕는 일에 적극 참여하여 공동체 의식을 함양하며, 삶의 보람과 자신의 가치를 인식한다.
> 마. 각종 행사의 의미와 중요성을 이해하고, 자발적으로 참여하여 학교와 지역사회의 일원으로서 갖추어야 할 기본 자질과 태도를 가진다.

　　2007년 개정 특별활동 교육과정에서는 제7차 특별활동 교육과정 내용 선정의 기본 원칙인 '첫째, 학생의 자주적, 실천적 활동을 강조할 수 있는 활동 내용을 선정하였다. 둘째, 학생의 인간, 사회, 자연과의 접촉 활동을 강화할 수 있는 활동 내용을 선정하였다. 셋째, 학교 교육에 대한 국가, 사회 및 국민적 요구를 반영할 수 있는 활동 내용을 선정하였다. 넷째, 학생의 특기 소질 계발을 극대화할 수 있는 내용을 선정하였다' 등을 계승하면서, 학습자의 요구 및 시대 사회적 상황, 특별활동 편성 운영의 실효성을 고려하여 제7차 특별활동 교육과정의 내용을 부분적으로 수정 보완하였다. 2007년 개정 특별활동 교육과정의 내용 체계는 제7차 특별활동 교육과정과 마찬가지로 학교급별로 구분하지 않고 초·중·고등학교의 내용을 묶어서 하나로 제시하였다. 특별활동의 내용 체계는 <표 3-19>와 같다.

<표 3-19> 특별활동의 내용 체계

영 역	세부 내용(활동)	
자치활동	○ 협의활동 ○ 민주 시민 활동	○ 역할 분담 활동
적응활동	○ 기본 생활 습관 형성 활동 ○ 상담활동 ○ 정체성 확립 활동	○ 친교활동 ○ 진로활동
계발활동	○ 학술 문예 활동 ○ 실습 노작 활동 ○ 정보 통신 활동	○ 보건 체육 활동 ○ 여가 문화 활동 ○ 청소년 단체 활동
봉사활동	○ 일손 돕기 활동 ○ 캠페인 활동 ○ 환경시설 보전 활동	○ 위문활동 ○ 자선 구호 활동
행사활동	○ 의식 행사 활동 ○ 보건 체육 행사 활동 ○ 안전 구호 활동	○ 학예 행사 활동 ○ 수련활동 ○ 교류활동

2007년 개정 특별활동 교육과정에서는 제7차 특별활동 교육과정에서의 5개 영역인 자치활동, 적응활동, 계발활동, 봉사활동, 행사활동을 그대로 유지하였다. 이러한 5개 영역은 특별활동의 본질적인 특성을 부각시킨 것이라고 할 수 있다. 내용 체계가 초·중·고등학교 구분 없이 하나로 제시된 점을 고려하여 단위 학교에서는 학생의 특성과 발달 단계, 학교의 실정 등을 고려하여 특별활동 목표 달성에 적합한 활동 내용을 선정하여 탄력적으로 운영할 수 있다.

제7차 교육과정과 마찬가지로 2007년 개정 교육과정에서도 지역 및 단위 학교의 실정을 고려하여 특별활동 영역의 편성 운영에서의 융통성을 도모하였다. 특별활동에 제시된 영역별 내용은 예시이므로 단위 학교에서는 특별활동의 목표 달성, 학교의 실정 혹은 여건을 고려하여 국가 수준 교육과정에 제시되지 않은 기타의 다양한 활동 내용을 창의적으로 편성 운영할 수 있다는 것이다.

특별활동 교육과정 문서의 구성체제가 일부 변경되었다. 종전의 '교수 학습 방법'은 학교급별 구분 없이 '계획과 운영', '영역별 유의 사항'으로 구분하였으나 2007년 개정 교육과정에서는 '교수·학습 방법 및 지원'으로 하여 '계획과 운영 및 지원', '영역별 지도 방법'으로 제시하였다.

특히, 2007년 개정 교육과정에서는 단위 학교에서의 특별활동 편성 운영의 자율성을 확대하고 융통성 있게 다양한 방식으로 운영함으로써 특별활동 운영의 실효성을 극대화

<표 3-20> 시간 및 영역 운영 관련 지침의 신구(新舊) 대비표

제7차 교육과정	2007년 개정 교육과정	비고
-특별활동에 배당된 시간(단위)의 요구와 지역 및 학교의 특성을 고려하여 특별활동의 각 영역별 활동시간을 학교에서 결정하여 배정하되, 영역 간의 균형이 유지될 수 있도록 유의한다.	-특별활동에 배당된 시간(단위) 수는 학생의 요구, 지역 및 학교의 특성을 고려하여 학교의 재량으로 배정하되, 학생의 발달 단계를 고려하여 학교급별, 학년별로 활동영역 및 내용을 선택하여 집중적으로 운영할 수 있다.	지침의 수정 및 추가
	-특별활동 영역 중 자치활동, 적응활동, 계발활동은 영역 간의 균형을 유지하되, 필요한 경우에는 일부 영역을 중점적으로 편성할 수 있고, 봉사활동, 행사활동은 별도의 시간을 확보하여 운영할 수 있다.	지침 신설
	-특별활동의 영역은 교육과정 편성상의 구분이며 운영에 있어서는 영역을 통합하여 운영할 수 있다.	지침 신설

하고자 하였다. 이를 위해 2007년 개정 교육과정에서는 다음의 <표 3-20>과 같이 종전의 지침 일부를 수정하거나 추가하여 제시하였다.

특별활동 교육과정에서는 국가 수준의 교육과정에 제시한 내용이 예시적 기준임을 다음과 같이 밝히고 있다.

"이 교육과정에서 제시한 각 영역별 활동 내용은 예시적 기준이므로, 지역 특성과 학교 실정 및 학습자의 발달 단계 등을 고려하여 목표 달성에 적합한 활동 내용을 선정하여 운영할 수 있다"는 것이다.

특별활동의 평가에 관한 사항도 제7차 교육과정과 동일하게 초·중·고등학교 구분 없이 학생 평가, 특별활동 교육과정 평가에 관한 사항을 제시하여 평가의 방향과 방법에 대해 안내하고 있다. 다만, 종전과 달리 2007년 개정 교육과정에서는 평가의 실효성을 제고하기 위해 활동 영역과 활동 상황을 고려하여 평가를 강조하였으며, 일반적이고 당위적인 지침 및 중복되는 지침은 수정하거나 삭제하였다.

자. 창의적 체험활동 교육과정의 신구(新舊) 비교

2009 개정 교육과정에서 창의적 체험활동은 종전의 재량활동과 특별활동을 통합하여 나눔과 배려를 실천하는 창의적인 인재 육성을 그 목적으로 도입되었다. 창의적 체험활동과 종전의 재량활동, 특별활동 교육과정과의 주요 변화 내용을 개관하면 다음 <표 3-21>과 같다.

〈표 3-21〉 재량활동 · 특별활동(구)과 창의적 체험활동(신) 교육과정의 비교

구분		2007년 개정 교육과정	2009 개정 교육과정
1. 명칭		특별활동, 재량활동	창의적 체험활동
2. 시간 배당 기준	특별활동	○ 초등학교 1학년: 연간 30시간 2, 3학년: 학년별 연간 34시간 4, 5, 6학년: 학년별 연간 68시간 ○ 중학교 1, 2, 3학년: 연간 68시간 ○ 고등학교: 이수 단위를 총괄 단위 배당으로 전환-총 12단위	○ 초등학교 1~2학년: 2년간 272시간 3~4학년: 2년간 204시간 5~6학년: 2년간 204시간 ○ 중학교(1~3학년): 3년간 306시간 ○ 고등학교(1~3학년): 3년간 24단위
	재량활동	○ 초등학교 1학년: 연간 60시간 2~6학년: 학년별 연간 68시간 ○ 중학교 1, 2, 3학년: 학년별 연간 102시간 ○ 고등학교 1학년: 연간 102시간(6단위)	
3. 교육 과정 구성	특별활동	○ 초·중·고등학교 구분 없이 통합 제시 -구성 체제 1. 성격 2. 목표 3. 내용 　가. 내용 체계 　나. 영역별 내용 4. 교수·학습 방법 및 지원 　가. 계획과 운영 및 지원 　나. 영역별 지도 방법 5. 평가	○ 초·중·고등학교 구분 없이 통합 제시 -구성 체제 1. 성격 2. 목표 3. 내용 및 교수, 학습 방법 　가. 내용 체계 　나. 영역별 내용 및 교수·학습 방법 4. 운영 및 지원 5. 평가
	재량활동	○총론의 지침으로 제시됨 1. 기본 지침 2. 지역 및 학교에서의 편성, 운영 3. 교육과정의 평가와 질 관리	
4. 성격	특별활동	○ 교과와 상호 보완적 관련 속에서 학생의 심신을 조화롭게 발달시키기 위하여 실시하는 교과 외 활동	○ 앎을 적극적으로 실천하고 나눔과 배려를 할 줄 아는 창의성과 인성을 겸비한 미래 지향적 인재 양성을 목적으로 하는 교과 외 활동 ○ 특색 있고 다양한 학교 교육 활동의 전개 등
	재량활동	○ 사회 변화에 대응할 수 있는 자기주도적 학습능력을 기르고 학교 및 지역사회의 특성과 필요, 요구를 반영한 학교 교육의 특성화, 자율화, 다양화 추구	
5. 목표	특별활동	○ 총괄목표, 하위 목표 5개 항 ○ 하위 영역별 구체 목표 제시	○ 학교급별 구분 없이 총괄목표를 제시하고 4개 영역별로 하위 목표를 학습자 중심으로 서술
	재량활동	○ 학교에서 자율적으로 설정 (재량활동의 의의 고려)	
6. 영역별 목표	특별활동	○ 영역별 목표 제시	○ 영역별로 하위 목표를 제시함. ○ 하위목표는 창의적 체험활동 4개 영역의 실천을 통해서 달성하고자 하는 구체적인 목표임.
	재량활동	○ 학교에서 자율적으로 설정	
7. 영역	특별활동	○ 5개 영역 -자치활동, 적응활동, 계발활동, 봉사활동, 행사활동	○ 자율활동 ○ 동아리활동 ○ 봉사활동 ○ 진로활동

7. 영역	재량활동	○ 교과 재량활동 ○ 창의적 재량활동 　－범교과학습, 자기주도적 학습	
8. 운영	특별활동	○ 학생의 요구, 지역 및 학교의 특성을 고려한 융통성 있는 운영 ○ 영역 및 시간 운영의 학교 자율성 확대 ○ 지역사회와의 연계 운영 ○ 특별활동 편성, 운영에 관한 지원 강조 등	○ 학생의 발달 단계를 고려하여 학교급별, 학년별로 활동 영역 및 내용을 선택하여 집중적으로 운영 ○ 교과 및 창의적 체험활동의 하위 영역 간에 통합하여 편성, 운영할 수 있음. ○ 계획을 수립, 운영 과정에서 학생들의 의사를 적극적으로 반영되도록 함. ○ 활동의 특성에 따라 방학 기간을 이용하여 집중 운영할 수 있음.
	재량활동	○ 교과의 특성과 재량활동, 특별활동의 내용에 따라 시간을 통합하여 연속 운영 ○ 범교과 학습 주제(35개)와의 통합 운영 등	○ 입학 초기 적응활동은 자율활동 중 '적응활동'의 일부로 편성하여 지도 ○ 지역사회와의 연계 운영 ○ 범교과 학습 주제(38개)와의 통합 운영 등
9. 평가	특별활동	○ 활동 영역과 활동 상황을 고려한 평가자 구분 ○ 평가상의 유의점 제시 ○ 평가 결과를 문장으로 기록 등	○ 학생의 자기 평가, 상호 평가 등 다양한 방법 활용 ○ 평가 결과를 누가 기록하여 학생의 활동 실적, 진보의 정도, 행동의 변화, 특기 사항 등을 담임 또는 담당 교사가 수시로 평가
	재량활동	○ 평가의 주안점을 학교에서 작성 활용 ○ 평가 결과를 문장으로 기록 등	○ 창의적 체험활동 성과의 지속적 기록 및 상급학교 진학 자료로 활용 등

　　2009 개정 교육과정에서는 종전의 재량활동과 특별활동을 하나로 묶어 '창의적 체험활동'으로 운영하게 되었다. 따라서 창의적 체험활동에서는 기존의 재량활동과 특별활동의 취지와 교육과정 내용을 계승하되, 창의적 체험활동의 취지를 고려하여 내용을 설정하였다.

〈표 3-22〉 창의적 체험활동 내용 체계와 재량활동 · 특별활동 교육과정 내용의 관계 및 체계 비교

영역	성격(창의적 체험활동)	활동(창의적 체험활동)	재량활동 · 특별활동(2007년 개정 교육과정 내용 포함)
자율활동	학교는 학생 중심의 자율적 활동을 추진하고, 학생은 다양한 교육활동에 능동적으로 참여한다.	－적응활동 －자치활동 －행사활동 －창의적 특색활동 등	(특) 적응활동 　　　자치활동 　　　행사활동 (재) 창의적 재량활동 (재) 교과재량 (1학년) 우리들은 1학년
동아리활동	학생은 자발적으로 집단활동에 참여하여 협동하는 태도를 기르고 각자의 취미와 특기를 신장한다.	－학술활동 －문화 예술 활동 －스포츠 활동 －실습 노작 활동 －청소년 단체활동 등	(특) 계발활동 　　　특별활동의 상설반
봉사활동	학생은 이웃과 지역사회를 위한 나눔과 배려의 활동을 실천하고, 자연환경을 보존한다.	－교내 봉사활동 －지역사회 봉사활동 －자연환경 보호활동 －캠페인 활동 등	(특) 교내외 봉사활동 중심

진로활동	학생은 자신의 흥미, 특기, 적성에 적합한 자기 계발 활동을 통하여 진로를 탐색하고 설계한다.	− 자기 이해 활동 − 진로 정보 탐색 활동 − 진로 계획 활동 − 진로 체험 활동 등	(특) 적응활동에서 독립

제3절 중학교 재량활동 교육과정의 변천과정

가. 제7차 교육과정 시기(1997~2007)

제7차 교육과정은 21세기의 세계화・정보화 시대를 주도할 자율적이고 창의적인 한국인의 육성을 지향하였다. 이를 위해 '건전한 인성과 창의성을 함양하는 기초・기본 교육의 충실', '세계화・정보화에 적응할 수 있는 자기 주도적 능력의 신장', '학생의 적성, 능력, 진로에 적합한 학습자 중심의 교육의 실천', '지역 및 학교의 교육과정 편성・운영의 자율성 확대'를 개정의 중점으로 설정하였다. 이에 따라 제7차 교육과정은 교과, 재량활동, 특별활동으로 구성하였다(교육과학기술부, 2008a: 77).

제7차 교육과정에서는 재량활동을 신설, 확대하였다. 재량활동은 학생의 자기 주도적 학습 활동을 촉진하고 학교의 자율적이고 창의적인 교육과정 편성・운영을 보장하기 위한 것으로 국민 공통 기본 교육기간에 실시하도록 하였다.

재량활동은 제7차 교육과정에 와서 중학교에 신설됨으로써 단위 학교 교육과정 편성・운영의 자율 재량권을 확대하고자 하였다. 지역의 특수성과 학교의 실정, 학생의 교육적인 필요를 수용하기 위하여 학년별로 주당 4시간 이상의 재량활동을 신설한 것이 특징이다. 중학교 재량활동 시간 및 영역을 제시하면 다음의 <표 3−23>과 같다.

〈표 3-23〉 중학교 재량활동 시간 및 영역

영역 \ 학년		1학년	2학년	3학년
교과 재량활동	국민 공통 기본 교과의 심화·보충 학습	102(3)	102(3)	102(3)
	선택과목 학습			
창의적 재량활동	범교과 학습	34(1)	34(1)	34(1)
	자기 주도적 학습			
계		136(4)	136(4)	136(4)

　　재량활동의 하위 영역은 크게 교과 재량활동과 창의적 재량활동으로 구분된다. 교과 재량활동은 선택과목 학습과 국민 공통 기본 교과의 심화·보충 학습을 위한 것이며, 창의적 재량활동은 학교의 독특한 교육적 필요, 학생의 요구 등에 따른 범교과 학습과 자기 주도적 학습을 위한 것이다.

　　재량활동 시간은 학년별로 136(주당 4시간)으로 교과 재량활동에 102(주당 3시간), 창의적 재량활동에 34시간(주당 1시간) 이상을 배정하도록 하였다. 교과 재량활동은 한문, 컴퓨터, 환경, 생활, 외국어(독일어, 프랑스어, 스페인어, 중국어, 일본어, 러시아어, 아랍어), 기타의 선택과목 학습 시간에 우선 배정하고, 나머지 시간은 국민 공통 기본 교과의 심화·보충 시간으로 활용하도록 하였다.

　　창의적 재량활동의 하위 영역인 범교과 학습을 위한 주제로 민주 시민 교육, 인성교육, 환경교육, 경제교육, 에너지 교육, 근로정신 함양 교육, 보건교육, 안전교육, 성교육, 소비자 교육, 진로교육, 통일교육, 한국 문화 정체성 교육, 국제 이해 교육, 해양교육, 정보화 및 정보 윤리 교육 등이며, 그 밖에 학교에서 창의적이고 다양한 프로그램을 마련하고 이를 편성, 운영할 수 있다.

　　창의적 재량활동의 다른 하위 영역인 자기 주도적 학습에는 국가 수준에서 교육프로그램을 열거하지 않고 있으며, 예컨대 주제 탐구 활동, 소집단 공동 연구 활동, 학습하는 방법의 학습, 자연 체험 활동 등 학생 스스로 학습해 갈 수 있는 프로그램 등을 내용으로 할 수 있다. 그 내용을 요약하면 다음의 <표 3-24>와 같다.

영역	하위 영역	활동 주제 및 과목
교과 재량활동	국민 공통 기본 교과 심화·보충	10개 기본 교과(국어, 도덕, 사회, 수학, 과학, 기술·가정, 체육, 음악, 미술, 영어)의 심화·보충
	선택과목 학습	한문, 컴퓨터, 환경, 생활 외국어(독일어, 프랑스어, 스페인어, 중국어, 일본어, 러시아어, 아랍어) 기타 과목
창의적 재량활동	범교과 학습	민주 시민 교육, 인성교육, 환경교육, 경제교육, 에너지 교육, 근로정신 함양 교육, 보건교육, 안전교육, 성교육, 소비자 교육, 진로교육, 통일교육, 한국 문화 정체성 교육, 국제 이해 교육, 해양교육, 정보화 및 정보 윤리 교육
	자기 주도적 학습	※교육과정에 제시된 예가 없음.

나. 2007년 개정 교육과정 시기(2007~2012)

2007년 교육과정 개정의 기본 방향은 수시 개정 체제의 취지에 따라 교육과정의 안정성을 확보하는 차원에서 제7차 교육과정의 기본 철학과 체제를 유지하면서 적용상의 문제점을 개선하는 데 두었다. 이에 따라 2007년 개정 교육과정에서 지향하는 개정의 중점은 '단위 학교별 교육과정 편성·운영 자율권의 실질적 확대', '교과별 교육내용의 적정화 도모', '주 5일 수업제의 월 2회 실시에 따른 수업 시수의 일부 조정' 등이었다.

2007년 개정 교육과정에서 있어서 재량활동은 학교급별로 차이가 있지만 제7차 교육과정에 비해 다소 약화되었다고 할 수 있다. 2007년 개정 교육과정에서는 주 5일 수업제 월 2회 실시에 따라 수업 시간을 연간 34시간 이내에서 감축하되, 초등학교와 고 2~3학년은 학교 자율로 교과에서, 중 1~고 1학년은 재량활동 중 교과와 성격이 유사한 교과 재량활동에서 감축하도록 하였다.

2007년 개정 교육과정에서 재량활동 개정과 관련된 주요 특징은 재량활동 시수의 감축과 재량활동 하위 영역 배당 시간 운영의 융통성이라고 할 수 있다. 2006년 3월부터 주 5일 수업제를 월 2회로 점차적으로 확대 실시함에 따라 수업 시수 조정이 불가피하게 되어 2007년 개정 교육과정에서 중학교 재량활동 시수가 기존에 주당 4시간에서 1시간으로 감축되어 주당 3시간으로 조정되었다. 제7차 교육과정에서는 교과 재량활동과 창의적 재량활동으로 구분된 시간 배당 체제가 통합적 체제로 변화되어 시·도 교육청의 지침에 따라 단위 학교에서 자율적으로 시간 배당을 할 수 있게 된 점이다. 2007년 개정 교육과정에서는 주당 3시간의 재량활동 시간 중에서 교과 교육 내용을 보충·심화하고 선택교과를 학습하는 데 몇 시간을 배당하고 또 지역사회와 단위 학교의 특성에 맞는 교육과정을 편성·운영하는 데 몇 시간을 배당 할 것인가를 국가 교육과정에 규정해 두지 않고 시·도 교육청의 지침에 따라 학교에서 정할 수 있게 하였다(교육과학 기술부, 2008c: 98). 이것은 '단위 학교별 교육과정 편성 및 운영의 자율권 확대'라는 교육과정 개정 방향을 반영한 변화라고 할 수 있다.

2007년 개정 교육과정에서의 변화된 중학교 재량활동 시간 및 영역은 다음의 <표 3-25>와 같다.

〈표 3-25〉 중학교 재량활동 시간 및 영역

영역 / 학년		1학년	2학년	3학년
교과 재량활동	국민 공통 기본 교과의 심화·보충	102시간 (3)	102시간 (3)	102시간 (3)
	선택과목 학습			
창의적 재량활동	범교과 학습			
	자기 주도적 학습			

※ ( ) 안은 주당 시수임.

중학교 재량활동은 크게 교과 재량활동과 창의적 재량활동의 2개 영역으로 구성되어 있으며, 교과 재량활동은 다시 국민 공통 기본 교과의 심화·보충 학습과 선택과목 학습의 2개 하위 영역으로 나누어져 있고 창의적 재량활동은 범교과 학습과 자기 주도적 학습의 2개 하위 영역으로 나누어져 총 4개의 하위 영역이 있다. 중학교 재량활동에 배당된 시간은 1, 2, 3학년 모두 동일하게 배당되어 있고 학년별 총량은 102시간이다.

보다 구체적으로 2007년 개정 교육과정에서 재량활동의 내용은 다음과 같다. 재량활동에서 교과 재량활동은 중학교의 선택과목 학습과 국민 공통 기본 교과의 심화·보충 학습을 위한 것이며, 창의적 재량활동은 학교의 독특한 교육적 필요, 학생의 요구 등에 따른 범교과 학습과 자기 주도적 학습을 하기 위한 것이다.

중학교의 교과 재량활동의 선택과목 학습의 내용은 한문, 정보, 환경, 생활 외국어(독일어, 프랑스어, 스페인어, 중국어, 일본어, 러시아어, 아랍어), 기타의 선택과목 학습 시간에 중점을 두어 운영한다.

창의적 재량활동의 범교과 학습 내용은 국가 교육과정에 제시된 35가지 범교과적 학습 주제가 중시되는 것이 바람직하다. 민주 시민 교육, 인성교육, 환경교육, 경제교육, 에너지 교육, 근로정신 함양 교육, 보건교육, 안전교육, 성교육, 소비자 교육, 진료교육, 통일교육, 한문 문화 정체성 교육, 국제 이해 교육, 해양교육, 정보화 및 정보 윤리 교육, 청렴·반부패 교육, 물 보호 교육, 지속 가능 발전 교육, 양성 평등 교육, 장애인 이해 교육, 인권 교육, 안전·재해 내비 교육, 서출산·고령화 사회 대비 교육, 여가 활용 교육, 호국·보훈 교육, 효도·경로·전통 윤리 교육, 아동·청소년 보호 교육, 다문화 교육, 문화 예술 교육, 농업·농촌 이해 교육, 지적 재산권 교육, 미디어 교육, 의사소통·토론 중심 교육, 논술교육 등으로 범교과적 학습 주제는 관련되는 교과, 재량활동, 특별활동 등 학교 교육 활동 전반에 걸쳐 통합적으로 다루어지도록 하여야 할 것이다.

자기 주도적 학습을 위한 내용으로는 학습하는 방법의 학습(탐구활동 보고서 작성, 학습 정보 활용 능력), 주제 탐구 활동(교과와 연계한 탐구 주제, 생활과 연계된 탐구 주제), 자유 연구, 소집단 공동연구, 프로젝트 학습 등의 내용으로 학생들의 자기 주도적 학습 능력을 기르는 교육내용으로 지도하여야 할 것이다.

다. 창의적 체험활동 교육과정의 신구(新舊) 비교(중학교)

2009 개정 교육과정에서 창의적 체험활동은 종전의 재량활동과 특별활동을 통합하여 나눔과 배려를 실천하는 창의적인 인재 육성을 그 목적으로 도입되었다. 창의적 체험활동과 종전의 재량활동, 특별활동 교육과정과의 주요 변화 내용을 개관하면 다음의 <표 3-26>과 같다.

〈표 3-26〉 창의적 체험활동 교육과정의 신구 비교(중)

구분	2007년 개정 교육과정		2009 개정 교육과정
1.명칭	특별활동, 재량활동		창의적 체험활동
2.시간 배당 기준	특별활동	○초등학교 1학년: 연간 30시간 2, 3학년: 학년별 연간 34시간 4, 5, 6학년: 학년별 연간 68시간 ○중학교 1, 2, 3학년: 연간 68시간 ○고등학교: 이수 단위를 총괄 단위 배당으로 전환- 총 12단위	○초등학교 1~2학년: 2년간 272시간 3~4학년: 2년간 204시간 5~6학년: 2년간 204시간 ○중학교 1~3학년: 3년간 306시간 ○고등학교: 3년간 24단위
	재량활동	○초등학교 1학년: 연간 60시간 2~6학년: 학년별 연간 68시간 ○중학교 1, 2, 3학년: 학년별 연간 102시간 ○고등학교 1학년: 연간 102시간(6단위)	

구분		특별활동·재량활동	창의적 체험활동
3.교육과정 구성	특별활동	○초·중·고등학교 구분 없이 통합 제시 －구성 체제 1. 성격 2. 목표 3. 내용 　가. 내용 체계 　나. 영역별 내용 4. 교수·학습 방법 및 지원 　가. 계획과 운영 및 지원 　나. 영역별 지도 방법 5. 평가	○초·중·고등학교 구분 없이 통합 제시 －구성 체제 　1. 성격 　2. 목표 　3. 내용 및 교수·학습 방법 　　가. 내용 체계 　　나. 영역별 내용 및 교수·학습방법 　4. 운영 및 지원 　5. 평가
	재량활동	○총론의 지침으로 제시됨 1. 기본 지침 2. 지역 및 학교에서의 편성·운영 3. 교육과정의 평가와 질 관리	
4.성격	특별활동	○교과와 상호보완적 관련 속에서 학생의 심신을 조화롭게 발달시키기 위하여 실시하는 교과 외 활동	○앎을 적극적으로 실천하고 나눔과 배려를 할 줄 아는 창의성과 인성을 겸비한 미래 지향적 인재 양성을 목적으로 하는 교과 외 활동 ○특색 있고 다양한 학교 교육활동의 전개 등
	재량활동	○사회 변화에 대응할 수 있는 자기 주도적 학습능력을 기르고 학교 및 지역사회의 특성과 필요, 요구를 반영한 학교 교육의 특성화 자율화, 다양화 추구	
5.목표	특별활동	○총괄목표, 하위 목표 5개 항 ○하위 영역별 구체 목표 제시	○학교급별 구분 없이 총괄목표를 제시 하고 4개 영역별로 하위 목표를 학습자 중심으로 서술
	재량활동	○학교에서 자율적으로 설정(재량활동의 의 의 고려)	
6.영역별 목표	특별활동	○영역별 목표 제시	○영역별로 하위 목표를 제시함 ○하위목표는 창의적 체험활동 4개 영역의 실천을 통해서 달성하고자 하는 구체적인 목표임
	재량활동	○학교에서 자율적으로 설정	
7.영역	특별활동	○5개영역 －자치활동, 적응활동, 계발활동, 봉사활동, 행사활동	○자율활동 ○동아리활동 ○봉사활동 ○진로활동
	재량활동	○교과 재량활동 ○창의적 재량활동－범 교과학습, 자기 주도적 학습	
8.운영	특별활동	○학생의 요구, 지역 및 학교의 특성을 고려한 융통성 있는 운영 ○영역 및 시간 운영의 학교 자율성 확대 ○지역사회와의 연계 운영 ○특별활동 편성·운영에 관한 지원 강조 등	○학생의 발달 단계를 고려하여 학교급별, 학년별로 활동 영역 및 내용을 선택하여 집중적으로 운영 ○교과 및 창의적 체험활동의 하위 영역 간에 통합하여 편성·운영 할 수 있음 ○계획을 수립·운영 과정에서 학생들의 의사를 적극적으로 반영되도록 함 ○활동의 특성에 따라 방학 기간을 이용하여 집중 운영 할 수 있음 ○입학초기 적응활동은 자율활동 중 '적응활동'의 일부로 편성하여 지도 ○지역사회와의 연계 운영 ○범교과 학습 주제(38개)와의 통합운영 등
	재량활동	○교과의 특성과 재량활동, 특별활동의 내용에 따라 시간을 통합하여 연속 운영 ○범교과 학습 주제(35개)와의 통합 운영 등	
9.평가	특별활동	○활동 영역과 활동 상황을 고려한 평가 자료 구분 ○평가 상의 유의점 제시 ○평가 결과를 문장으로 기술 등	○학생의 자기 평가, 상호 평가 등 다양한 방법 활용 ○평가 결과를 누가 기록하여 학생의 활동실적, 진보의 정도, 행동의 변화, 특기 사항 등을 담임 또는 담당 교사가 수시로 평가 ○창의적 체험활동 성과의 지속적 기록 및 상급 학교 진학 자료로의 활용 등
	재량활동	○평가의 주안점을 학교에서 작성 활용 ○평가 결과를 문장으로 기록 등	

<표 3-27> 창의적 체험활동 교육 내용 체계와 2007년 개정 재량활동·특별활동 내용의 관계 비교

영역	성격	활동	2007년 개정 교육과정 내용 포함
자율 활동	학교는 학생 중심의 자율적 활동을 추진하고, 학생은 다양한 교육활동에 능동적으로 참여한다.	− 적응활동 − 자치활동 − 행사활동 − 창의적 특색활동 등	(특) 적응활동 　　　자치활동 　　　행사활동 (재) 창의적 재량활동 (재) 교과재량 (1학년) 우리들은 1학년
동아리 활동	학생은 자발적으로 집단활동에 참여하여 협동하는 태도를 기르고 각자의 취미와 특기를 신장한다.	− 학술활동 − 문화 예술 활동 − 스포츠 활동 − 실습 노작 활동 − 청소년 단체 활동 등	(특) 계발활동 　　　특별활동의 상설반
봉사 활동	학생은 이웃과 지역사회를 위한 나눔과 배려의 활동을 실천하고, 자연환경을 보존한다.	− 교내 봉사활동 − 지역사회 봉사활동 − 자연환경 보호활동 − 캠페인 활동 등	(특) 교내 봉사활동
진로 활동	학생은 자신의 흥미, 특기, 적성에 적합한 자기 계발 활동을 통하여 진로를 탐색하고 설계한다.	− 자기 이해 활동 − 진로 정보 탐색 활동 − 진로 계획 활동 − 진로 체험 활동 등	(특) 적응활동에서 독립

　　2009 개정 교육과정에는 종전의 재량활동과 특별활동을 하나로 묶어 '창의적 체험활동'으로 운영하게 된다. 따라서 정하였다.

제4절 중학교 특별활동 교육과정의 변천과정

가. 교수요목 시기의 특별활동(1946~1954)

　　교수요목 시기의 특별활동은 문서화된 내용이나 명칭이 따로 없었고, 학교 교육에서도 '교과 외 활동'으로 정규 시간에 들어 있지 않았다.

나. 제1차 교과과정의 시기(1954~1963)

　　교육과정은 교과와 특별활동 편제로 구분되어 있었으나 각론으로서의 특별활동 교육

<표 3-28> 특별활동 시간 배당

구분＼학년	1학년	2학년	3학년
특별활동	70~105(2~3)	70~105(2~3)	70~105(2~3)
계	1,190~1,330(34~38)	1,190~1,330(34~38)	1,190~1,330(34~38)

① ( ) 안의 숫자는 매주 평균 수업 시간량을 표시함.

과정은 존재하지 않았다. 특별활동이 교육목적 및 목표를 달성하기 위한 교과 이외의 기타 교육활동으로 편성되어, 교과활동과 특별활동의 2개 영역이 처음으로 편제되었다(교육과학기술부, 2008a: 43). 과외활동을 특별활동으로 개칭하고, '교육목적 및 교육목표를 달성하기 위하여 필요한 교과 이외의 기타 교육활동'으로 정의하였다.

특별활동 시간을 중학교 제1, 2, 3학년에 주당 2~3시간을 배당하여 전인 교육을 지향하였다. 특별활동 시간 배당 기준은 다음의 <표 3-28>과 같다.

특별활동의 내용은 초·중·고 구분이 없이 다음과 같은 내용을 제시하였다.

① 집회, 기타 민주적인 조직으로 운영되는 학생활동에 관한 것
② 학생의 개인 능력에 의한 개별 성장에 관한 것
③ 직업 준비 및 이용후생에 관한 것
④ 학생의 취미에 관한 것

다. 제2차 교과과정의 시기(1963~1969)

제2차 교육과정 시기의 교육과정 편제는 교과활동, 반공·도덕 활동, 특별활동의 3영역으로 편성하였다. 특별활동의 목표와 활동의 예, 지도상의 유의점을 제시하였다.

시간 배당 계획에 융통성을 주도록 한다. 특별활동에 대한 시간 배당은 교과활동과 도

<표 3-29> 특별활동 시간 배당

구분＼학년	1학년	2학년	3학년
총계	30~33	30~33	30~33
특별활동	8%~	8%~	8%~

① 특별활동의 시간은 주당 총이수 시간(30~33%)의 8% 이상을 배정하였다.

덕·반공 생활 지도 시간의 합계 외에 중학교에 8% 이상을 부과하도록 하여 학교 실정에 맞는 융통성을 준다. 특별활동의 시간 배당은 다음의 <표 3−29>와 같다.

특별활동의 영역을 다음과 같이 요약하여 총론에 제시하였다.

> ① 학생의 개인 능력에 따른 개성 신장에 관한 것
> ② 개인의 취미 향상에 관한 것
> ③ 직업적 요구에 응할 수 있는 특수 기능에 관한 것
> ④ 민주적 집회 운영과 생활 태도의 양성에 관한 것

라. 제2차 교과과정의 부분 개정의 시기(1969~1973)

1969년 9월 4일 문교부령 제251호로 교육과정의 부분 개정을 하게 되었다. 이 시기부터 특별활동 교육과정 구조가 체계적으로 정비되었다. 특별활동의 영역을 학급활동, 학생회활동, 클럽활동, 학교행사의 4영역으로 구분하였다.

특별활동을 강화하여 목표를 명확히 하고, 학급활동, 학생회활동, 클럽활동 등 각 활동별로 학생의 성장, 발달에 적합한 다양성 있는 지도 내용, 지도상의 유의점을 제시하였다.

종전의 전체 시간에 대한 비율 표시를 주당 2.5시간 이상으로 개정하였다. 특별활동 시간 배당은 다음과 같다.

<표 3−30>에서와 같이 전체 시간에 대한 백분율(각 학년별로 8% 이상)로 제시하였던 시간 배당 기준을 2.5시간 이상이라는 표현으로 바꾸어, 최저 시간 이상을 확보하면서 운영의 융통성을 도모하였다.

〈표 3−30〉 특별활동 시간 배당

구분 \ 학년	1학년	2학년	3학년
총계	31~34	31~34	31~34
특별활동	2.5~	2.5~	2.5~

마. 제3차 교육과정의 시기(1973~1981)

교육과정은 교과활동과 특별활동으로 편성하였다. 제2차 교육과정에서는 교과 영역, 특별활동 영역, 그리고 반공·도덕 영역 등 3개 영역이었던 것이, 제3차 교육과정 편제에서는 초등학교나 중학교의 편제에서 반공·도덕 영역이 없어지고 도덕과가 교과로 독립함으로써 교육과정 구조는 교과활동과 특별활동의 이원적 구조를 가지게 되었다.

특별활동 시간 배당은 주당 2시간 이상으로 하였다. 특별활동의 시간 배당은 다음 <표 3-31>과 같다.

〈표 3-31〉 특별활동 시간 배당

구분 \ 학년	1학년	2학년	3학년
총이수 시간	1,120 (32)	1,120~1,225 (32~35)	1,120~1,225 (32~35)
특별활동	70~(2~)	70~(2~)	70~(2~)

특별활동 영역은 학급활동, 학생회활동, 클럽활동, 학교행사의 4영역으로 구분하였다. 각 활동 영역을 고려하여 특별활동의 목표와 내용을 포괄적으로 제시하였다. 각 영역별로 지도 목표, 지도 내용, 지도상의 유의점을 제시하였다.

바. 제4차 교육과정의 시기(1981~1987)

교육과정은 종전과 같이 교과활동과 특별활동으로 편성되었다. 특별활동의 영역을 조정하였다. 학급활동, 학생회활동, 클럽활동, 학교행사의 4개 영역에서 학급활동을 학생회활동에 통합하여 3개의 영역으로 줄여 편성하였다.

특별활동 시간은 주당 2시간 이상 배당하여 학생회활동에 1시간, 클럽활동에 1시간을 배당하고, 학교행사는 별도의 시간을 확보하도록 하였다.

〈표 3-32〉 특별활동 시간 배당

구분 \ 학년	1학년	2학년	3학년
특별활동	68~(2~)	68~(2~)	68~(2~)
종계	1,156~1,190~ (34~35)~	1,156~1,124~ (34~36)~	1,156·1,124· (34~36)~

특별활동 운영에 있어서 지역이나 학교 실정에 따라 탄력적으로 운영되어야 함을 명시하였다.

사. 제5차 교육과정의 시기(1987~1992)

제5차 교육과정의 편제는 제3차 교육과정 이래의 교육과정 편제와 다름이 없이 교과활동과 특별활동으로 나누었다.

제5차 교육과정에서는 특별활동이 더욱 강화되었다. 합리적 의사 결정, 합의 존중, 민주적 생활 태도 함양 등에 관한 교육을 강화해야 한다는 필요에서 특별활동을 강화하고자 하였다. 제4차 교육과정에서 학생회활동에 포함되어 있던 학급회 활동을 분리시켜, 그 활동을 학급활동, 학생회활동, 클럽활동, 학교행사의 4개 영역으로 하였고 학교교육에서의 생활 지도 관련 내용을 특별활동의 내용에 포함시켰다.

특별활동 시간은 주당 2시간 이상으로 하였다.

〈표 3-33〉 특별활동 시간 배당

구분 \ 학년	1학년	2학년	3학년
특별활동	68~(2~)	68~(2~)	68~(2~)
총계	1,156~1,224 (34~36)	1,156~1,224 (34~36)	1,156~1,224 (34~36)

① 이 표에 배당된 총시간 수는 연간 최소 시간량이고, ( ) 안의 수는 34주를 기준으로 한 주당 평균 시간 수이다.

특별활동 편성 운영에 있어서 시간 운영, 장소 활용, 주제 선정, 집단 편성 등 융통성 있는 운영을 강조하였다.

아. 제6차 교육과정의 시기(1992~1997)

교육과정 편제는 제5차와 동일하게 교과와 특별활동으로 편성되었다. 제6차 교육과정 시기부터는 교육과정에 특별활동의 성격을 명시하였다(교육부, 1994: 149).

　제6차 교육과정에서 중학교 특별활동의 총괄 목표는 "건전한 집단활동에 자발적으로 참여하게 하여, 심신의 조화로운 발달이 이루어지게 하고, 협동·봉사 정신과 자율적인 생활 태도를 가지게 하여 민주 시민으로서 필요한 기본적 자질을 기르게 한다"로 되어 있다. 총괄 목표를 구체화하여 활동 영역별로 ① 학교생활에의 적응, ② 공동체 의식 함양, ③ 창의성과 사회성 신장 등을 강조한 다음과 같은 하위 목표를 제시하였다.

　학급활동 영역에서는 역할 분담, 안정된 학급 분위기를 강조하였고, 학교활동 영역에서는 합리적인 문제 해결, 자주성과 책임감을 강조하였으며, 클럽활동 영역에서는 개성과 소질 신장, 원만한 인간관계의 형성을 강조하였다. 이와 같은 특별활동의 목표를 영역별로 체계화하면 <그림 3-7>과 같다.

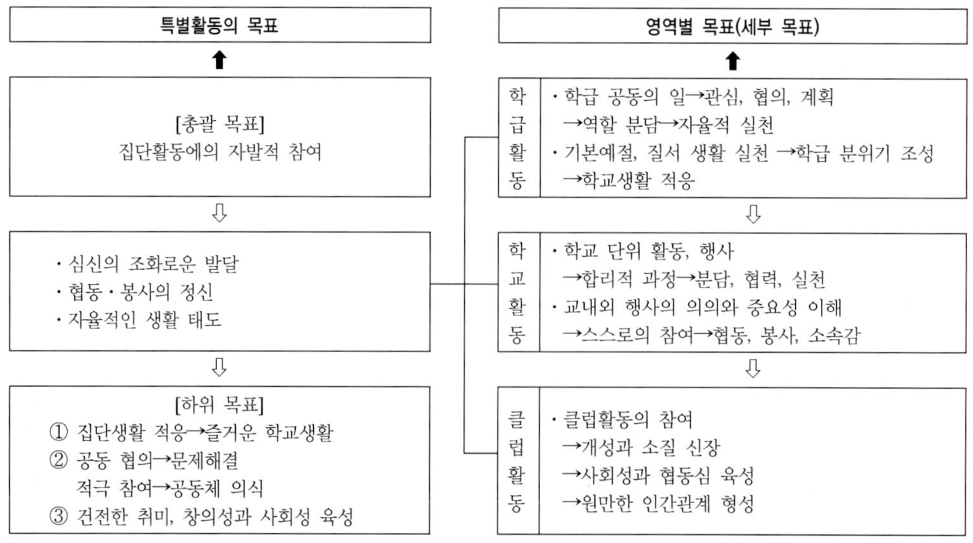

〈그림 3-7〉 제6차 교육과정의 특별활동 목표 체계

<표 3-34> 제6차 특별활동 교육과정의 내용 체계

영 역		활 동
학급활동	학급회 활동	협의활동 역할 분담 활동
	적응활동	상담활동 진로 탐색 활동 친교활동
학교활동	학생회활동	협의활동 위원활동
	행사활동	의식 행사 활동 학예 행사 활동 보건·체육 행사 활동 현장 학습 활동 안전·방재 활동 봉사·지원 활동
클럽활동		학예활동 체육활동 노작활동 취미활동 청소년 육성 단체 활동

　제6차 특별활동 교육과정은 초·중·고등학교 활동 영역의 설정, 활동 내용의 선정과 조직 등을 체계화하였다. 제5차 교육과정의 경우, 특별활동의 활동 영역을 보면, 초등학교는 어린이회 활동, 클럽활동, 학교행사의 3영역으로 분류하였고, 중·고등학교는 학급활동, 클럽활동, 전교 학생회활동, 학교행사의 4영역으로 분류하였다. 이것을 이번 교육과정 개정에서는 초·중·고 특별활동 영역을 모두 학급활동, 학교활동, 클럽활동으로 통일하고, 그 내용 구성에 있어서 소영역의 설정 및 소영역 내의 세부적인 활동 예시는 학생들의 발달 단계 학교 규모에 맞도록 선정, 조직하였다.

　제6차 특별활동 교육과정의 내용 체계는 다음의 <표 3-34>와 같다.

　제6차 특별활동 교육과정에서는 학급활동이 강화되었다. 특히 학급활동 영역에서 적응활동이 강조되었는데, 적응활동이 소영역으로 독립된 것은 학급활동이 학교생활의 기본이므로 학급 내에서 자신의 문제에 대한 허심탄회하고 솔직한 상담이 이루어지고, 자신의 미래에 대한 진지하고도 합리적인 탐색이 있어야 하며, 점차 개인 중심 위주의 사회 풍토로 변질되어 가는 사회적 분위기 속에서 더불어 살아가는 능력과 자세를 길러 가도록 해야 하기 때문이다.

　특별활동 시간은 연간 최소·최대 시간량(34~68시간)으로 제시되었다.

<표 3-35> 제6차 교육과정 특별활동 시간

구분 \ 학년	1학년	2학년	3학년
특별활동	34~68	34~68	34~68
연간 수업 시간 수	1,156	1,156	1,156

① 이 표의 시간 수는 34주를 기준으로 한 연간 최소 시간 수이다.

자. 제7차 교육과정의 시기(1997~2007)

제7차 교육과정 시기(1997~2007)의 교육과정 편제는 국민 공통 기본 교육과정과 고등학교 선택중심·교육과정으로 구성되었다. 우리나라의 모든 국민에게 동일한 기간 동안 국민 생활에 필요한 기초적이고 기본적인 교육내용을 가르치기 위하여 국민 공통 기본 교육과정이 도입되었다. 국민 공통 기본 교육과정은 초등학교 제1학년에서 고등학교 제1학년에 해당하는 교육과정으로서 교과, 재량활동, 특별활동으로 편성되었다.

인성교육을 강화하기 위하여 특별활동의 수업 시간 수를 조절하여 내실 있는 운영이 이루어지도록 하였다. 특별활동의 내실 있는 운영을 위해 인성교육을 강화하고 이를 위해 제6차 교육과정의 연간 34~68시간(주당 1~2시간)이었던 것을 연간 68시간(주당 2시간)으로 하였다. 특별활동 시간 배당은 다음 <표 3-36>과 같다.

<표 3-36> 제7차 교육과정 시기의 특별활동 시간 배당 기준(1997. 12. 30.)

구분 \ 학년	1학년	2학년	3학년
교과	952	952	952
재량활동	136	136	136
특별활동	68	68	68
연간 수업 시간 수	1,156	1,156	1,156

※ ① 이 표의 국민 공통 기본 교육기간에 제시된 시간 수는 34주를 기준으로 한 연간 수업 시간 수이다.
  ② 출처: 교육부 고시 제1997-15호(1997. 12. 30.) [별책 3], 중학교 교육과정

제7차 특별활동 목표는 초등학교, 중학교, 고등학교의 학교급별로 구분하지 않고 이를 하나로 묶어서 총괄 목표로 제시하고, 5개 영역별로 하위 목표를 학습자 중심으로 서술하였다. 특별활동의 목표체계는 다음과 같다.

〈총괄 목표〉

〈총괄 목표〉

> 다양하고 건전한 집단활동에 자발적으로 참여하여 개성과 소질을 계발, 신장하고, 공동체 의식과 자율적인 태도를 기름으로써 민주 시민으로서의 기본적인 자질을 함양한다.

〈하위 목표〉

① 학급 구성원으로서의 역할을 분담, 수행하고 자치활동에 적극 참여함으로써 민주 시민의 기본 자질과 태도를 지닌다.
② 변화하는 환경에 잘 적응하고 대처하는 능력을 신장하여, 자신의 문제를 능동적으로 해결한다.
③ 계발활동에 자발적으로 참여하여 질서를 배우고, 협동심을 기르며, 자신의 취미와 특기를 계발, 신장함으로써 자아실현을 위한 기초를 다진다.
④ 봉사활동의 의미를 이해하고, 타인을 돕는 일에 적극 참여하여 공동체 의식을 함양하고, 삶의 보람과 가치를 느낀다.
⑤ 각종 행사의 의미와 중요성을 이해하고, 자발적으로 참여하여 학교와 지역사회의 일원으로서 갖추어야 할 기본 자질과 태도를 가진다.

제7차 특별활동의 영역은 제6차 특별활동의 학급활동, 클럽활동, 학교활동의 3개 영역을 자치활동, 적응활동, 계발활동, 봉사활동, 행사활동의 5개 영역으로 확대·개편하였다. 종래의 활동 집단 중심의 3개 영역을 제7차 교육과정 개정에서는 특별활동의 본질에 보다 접근하는 하위 요소별 특성 중심의 5개 영역으로 대폭 개편하였다. 제6차의 '학급활동'의 일부 내용이 '자치활동'과 '적응활동' 속으로 분류되었고, 제6차의 '학교활동' 중 '행사활동'과 그 활동 예시였던 '봉사활동'이 각각 하나의 독립된 대영역으로 분리되었다.

제7차 특별활동 교육과정의 내용 체계는 다음 <표 3-37>과 같다.

<표 3-37> 제7차 교육과정 특별활동의 내용 체계

영 역	내 용
자치활동	협의활동 역할 분담 활동 민주 시민 활동
적응활동	기본 생활 습관 형성 활동 친교활동 진로활동 정체성 확립 운동
계발활동	학술 문예 활동 보건 체육 활동 실습 노작 활동 여가 문화 활동 정보 통신 활동 청소년 단체 활동
봉사활동	일손 돕기 활동 위문활동 캠페인 활동 자선 구호 활동 환경·시설 보전 활동
행사활동	의식 행사 활동 학예 행사 활동 보건 체육 행사 활동 수련활동 안전 구호 활동 교류활동

제7차 교육과정에서는 초등학교, 중학교, 고등학교의 학교급별로 구분하지 않고 일괄적으로 제시하였다. 제7차 특별활동에서는 지역 단위 학교의 실정을 고려하여 특별활동의 영역 편성·운영에서의 융통성을 도모하였다. 제7차 특별활동 교육과정에서는 국가 수준의 교육과정에 제시한 내용이 예시적 기준임을 다음과 같이 밝히고 있다. "이 교육과정에서 제시한 각 영역별 활동 내용은 예시적 기준이므로, 지역 실정과 학교 특성을 고려하여 목표 달성에 적합한 활동 내용을 선정하여 운영할 수 있다"는 것이다.

교수·학습 방법은 '계획과 운영', '영역별 유의 사항'으로 구분하여 제시하였으나 학교급별로는 구분하지 않고 일관되고 제시하였다. 특별활동의 평가에 관한 사항도 초·중·고등학교 구분 없이 학생 평가, 특별활동 교육과정 평가에 관한 사항을 제시하여 평가의 방향과 방법에 대해 안내하고 있다. 이와 같이 제시한 것은 단위 학교의 실정을 고려하여 학교 교육과정을 탄력적으로 운영할 수 있도록 자율·재량의 폭을 더욱 확대하고자 한 것이라고 할 수 있다.

1997년 12월 30일, 교육부 고시 제1997-15호로 개정, 고시된 제7차 교육과정은 2001년도에는 제1학년, 2002년도에는 제2학년, 2003년도에는 제3학년의 순으로 연차적으로 시행되었다.

차. 2007년 개정 교육과정 시기(2007~2012)

2007년 개정 교육과정은 제7차 교육과정의 정신과 장점을 계승한 것으로서 제7차 교육과정과 같이 국민 공통 기본 교육과정과 고등학교 선택 중심 교육과정으로 구성되었다. 국민 공통 기본 교육과정은 초등학교 제1학년부터 고등학교 제1학년에 해당하는 10년간의 교육과정으로서 교과, 재량활동, 특별활동으로 편성되었다. 중학교 특별활동 시간 배당은 다음 <표 3-38>과 같다.

〈표 3-38〉 2007년 개정 교육과정 시기의 특별활동 시간 배당 기준(2007. 2. 28.)

구분 \ 학년	1학년	2학년	3학년
교과	952	952	952
재량활동	102	102	102
특별활동	68	68	68
연간 수업 시간 수	1,122	1,122	1,122

※ ① 출처: 교육인적자원부 고시 제2007-79호 [별책 3], 중학교 교육과정

2007년 개정 교육과정에서 특별활동 목표는 제7차 교육과정에서의 목표를 그대로 계승하고자 하였다. 다만, 제7차 특별활동 목표의 진술에서 부적절하거나 불필요한 용어 등을 삭제하여 일부를 수정·보완하였다. 예컨대, 하위 목표인 계발활동의 목표와 관련하여 제7차 특별활동의 목표인 "계발활동에 자발적으로 참여하여 질서를 배우고, 협동심을 기르며, 자신의 취미와 특기를 계발, 신장함으로써 자아실현을 위한 기초로 다진다"를 2007년 개정 교육과정에서는 "계발활동에 자발적으로 참여하여 자신의 취미와 특기를 계발·신장함으로써 자아실현을 위한 기초를 다진다"로 수정하였다.

2007년 개정 특별활동 교육과정에서 특별활동 목표는 제7차 특별활동 교육과정과 마찬가지로 초등학교, 중학교, 고등학교의 학교급별로 구분하지 않고 이를 하나로 묶어서 총괄 목표를 제시하고, 5개 영역별로 하위 목표를 학습자 중심으로 서술하였다. 특별활동의

목표 체계는 다음과 같다.

〈총괄 목표〉

> 다양하고 건전한 집단활동에 자발적으로 참여하여 개성과 소질을 계발, 신장하고, 공동체 의식과 자율적인 태도를 기름으로써 민주 시민으로서의 기본적인 자질을 함양한다.

〈하위 목표〉

> 가) 학교 및 학급 구성원으로서의 역할을 분담·협력하여 수행하고, 자치활동에 적극 참여함으로써 민주 시민의 기본 자질과 태도를 지닌다.
>
> 나) 변화하는 환경에 잘 적응하고 대처하는 능력을 신장하여, 자신의 문제를 능동적으로 해결한다.
>
> 다) 계발활동에 자발적으로 참여하여 자신의 취미와 특기를 계발, 신장함으로써 자아실현을 위한 기초를 다진다.
>
> 라) 봉사활동의 의미를 이해하고, 타인을 돕는 일에 적극 참여하여 공동체 의식을 함양하고, 삶의 보람과 가치를 인식한다.
>
> 마) 각종 행사의 의미와 중요성을 이해하고, 자발적으로 참여하여 학교와 지역사회의 일원으로서 갖추어야 할 기본 자질과 태도를 가진다.

2007년 개정 특별활동 교육과정에서는 제7차 특별활동 교육과정 내용 선정의 기본 원칙을 계승하면서, 학습자의 요구 및 시대·사회적 상황, 특별활동 편성·운영의 실효성을 고려하여 제7차 특별활동 교육과정의 내용을 부분적으로 수정·보완하였다. 2007년 개정 특별활동 교육과정의 내용 체계는 제7차 특별활동 교육과정과 마찬가지로 학교급별로 구분하지 않고 초·중·고등학교의 내용을 묶어서 하나로 제시하였다. 특별활동의 내용 체계는 다음 <표 3-39>와 같다

<표 3-39> 2007년 개정 교육과정 특별활동의 내용 체계

영 역	내 용
자치활동	협의활동 역할 분담 활동 민주 시민 활동
적응활동	기본 생활 습관 형성 활동 친교활동 상담활동 진로활동 정체성 확립 활동
계발활동	학술 문예 활동 보건 체육 활동 실습 노작 활동 여가 문화 활동 정보 통신 활동 청소년 단체 활동
봉사활동	일손 돕기 활동 위문활동 캠페인 활동 자선 구호 활동 환경·시설 보전 활동
행사활동	의식 행사 활동 학예 행사 활동 보건 체육 행사 활동 수련활동 안전 구호 활동 교류활동

2007년 개정 특별활동 교육과정에서는 제7차 특별활동 교육과정의 5개 영역인 자치활동, 적응활동, 계발활동, 봉사활동, 행사활동을 그대로 유지하였다. 이러한 5개 영역은 특별활동의 본질적인 특성을 부각시킨 것이라고 할 수 있다. 내용 체계가 초·중·고등학교 구분 없이 하나로 제시된 점을 고려하여 단위 학교에서는 학생의 특성과 발달 단계, 학교의 실정 등을 고려하여 특별활동 목표 달성에 적합한 활동 내용을 선정하여 탄력적으로 운영할 수 있다.

제7차 교육과정과 마찬가지로 2007년 개정 교육과정에서도 지역 및 단위 학교의 실정을 고려하여 특별활동의 영역 편성·운영에서의 융통성을 도모하였다. 특별활동에 제시된 영역별 내용은 예시이므로 단위 학교에서는 특별활동의 목표 달성, 학교의 실정 혹은 여건을 고려하여 국가 수준 교육과정에 제시되지 않은 기타의 다양한 활동 내용을 창의적으로 편성·운영할 수 있다는 것이다.

특별활동 교육과정 문서의 구성 체제가 일부 변경되었다. 종전의 '교수·학습 방법'은 학교급별 구분 없이 '계획과 운영', '영역별 유의 사항'으로 구분하였으나 2007년 개정 교육과정에서는 '교수·학습 방법 및 지원'으로 하여 '계획과 운영 및 지원', '영역별 지도 방법'으로 제시하였다.

특히, 2007년 개정 교육과정에서는 단위 학교에서의 특별활동 편성·운영의 자율성을 확대하고 융통성 있게 다양한 방식으로 특별활동 운영의 실효성을 극대화하고자 하였다. 이를 위해 2007년 개정 교육과정에서는 다음 <표 3－40>과 같이 종전의 지침 일부를 수정하거나 추가하여 제시하였다.

〈표 3－40〉 시간 및 영역 운영 관련 지침의 신·구 대비표

제7차 교육과정	2007년 개정 교육과정	비고
·특별활동에 배당된 시간(단위) 수는 학생의 요구와 지역 및 학교의 특성을 고려하여 특별활동의 각 영역별 활동 시간을 학교에서 결정하여 배정하되, 영역 간의 균형이 유지될 수 있도록 유의한다.	·특별활동에 배당된 시간(단위) 수는 학생의 요구와 지역 및 학교의 특성을 고려하여 학교의 재량으로 배정하되, 학생의 발달 단계를 고려하여 학교급별, 학년별로 활동 영역 및 내용을 선택하여 집중적으로 운영할 수 있다.	지침의 수정 및 추가
	·특별활동 영역 중 자치활동, 적응활동, 계발활동은 영역 간의 균형을 유지하되, 필요한 경우에는 일부 영역을 중점적으로 편성할 수 있고, 봉사활동, 행사활동은 별도의 시간을 확보하여 운영할 수 있다.	지침 신설
	·특별활동의 영역은 교육과정 편성상의 구분이며 운영에 있어서는 영역을 통합하여 운영할 수 있다.	지침 신설

특별활동의 평가에 관한 사항도 제7차 교육과정과 동일하게 초·중·고등학교 구분 없이 학생 평가, 특별활동 교육과정 평가에 관한 사항을 제시하여 평가의 방향과 방법에 대해 안내하고 있다. 다만, 종전과 달리 새 교육과정에서는 평가의 실효성을 제고하기 위해 활동 영역과 활동 상황을 고려한 평가를 강조하였으며, 일반적이고 당위적인 지침 및 중복되는 지침은 수정하거나 삭제하였다.

카. 창의적 체험활동 교육과정의 신구(新舊) 비교

2009 개정 교육과정에서 창의적 체험활동은 종전의 재량활동과 특별활동을 통합하여 나눔과 배려를 실천하는 창의적인 인재 육성을 그 목적으로 도입되었다. 창의적 체험활동과 종전의 재량활동, 특별활동 교육과정과의 주요 변화 내용을 개관하면 다음의 <표 3－41>과 같다.

2009 개정 교육과정에는 종전의 재량활동과 특별활동을 하나로 묶어 '창의적 체험활동'

으로 운영하게 된다. 따라서 창의적 체험활동에서는 기존의 재량활동과 특별활동의 취지
와 교육과정 내용을 계승하되, 창의적 체험활동의 취지를 고려하여 내용을 선정하였다.

〈표 3-41〉 창의적 체험활동 교육과정의 신구 비교

구분		2007년 개정 교육과정	2009 개정 교육과정
1. 명칭		특별활동, 재량활동	창의적 체험활동
2. 시간 배당 기준	특별활동	○ 초등학교 　1학년: 연간 30시간 　2, 3학년: 학년별 연간 34시간 　4, 5, 6학년: 학년별 연간 68시간 ○ 중학교 1, 2, 3학년: 연간 68시간 ○ 고등학교: 이수 단위를 총괄 단위 배당으로 전환 　－총 12단위	○ 초등학교 　1~2학년: 2년간 272시간 　3~4학년: 2년간 204시간 　4~5학년: 2년간 204시간 ○ 중학교 1~3학년: 3년간 306시간 ○ 고등학교: 3년간 24단위
	재량활동	○ 초등학교 　1학년: 연간 60시간 　2~6학년: 학년별 연간 68시간 ○ 중학교 1, 2, 3학년: 학년별 연간 102시간 ○ 고등학교 1학년: 연간 102시간(6단위)	
3. 교육과정 구성	특별활동	○ 초·중·고등학교 구분 없이 통합 제시 　－구성 체제 　1. 성격 　2. 목표 　3. 내용 　　가. 내용 체계 　　나. 영역별 내용 　4. 교수·학습 방법 및 지원 　　가. 계획과 운영 및 지원 　　나. 영역별 지도 방법 　5. 평가	○ 초·중·고등학교 구분 없이 통합 제 시－구성 체제 　1. 성격 　2. 목표 　3. 내용 및 교수·학습 방법 　　가. 내용 체계 　　나. 영역별 내용 및 교수·학습 방법 　4. 운영 및 지원 　5. 평가
	재량활동	○ 총론의 지침으로 제시됨. 　1. 기본 지침 　2. 지역 및 학교에서의 편성·운영 　3. 교육과정의 평가와 질 관리	
4. 성격	특별활동	○ 교과와 상호 보완적 관련 속에서 학생의 심신을 조 화롭게 발달시키기 위하여 실시하는 교과 외 활동	○ 앎을 적극적으로 실천하고 나눔과 배려를 할 줄 아는 창의성과 인성을 겸비한 미래지향적 인재 양성을 목 적으로 하는 교과 외 활동 ○ 특색 있고 다양한 학교 교육활동의 전개 등
	재량활동	○ 사회 변화에 대응할 수 있는 자기주도적 학습능력을 기르고 학교 및 지역사회의 특성과 필요, 요구를 반 영한 학교 교육의 특성화, 자율화, 다양화 추구	
5. 목표	특별활동	○ 총괄목표, 하위목표 5개 항 ○ 하위 영역별 구체 목표 제시	○ 학교급별 구분 없이 총괄목표를 제 시하고 4개 영역별로 하위 목표를 학습자 중심으로 서술
	재량활동	○ 학교에서 자율적으로 설정(재량활동의 의의 고려)	
6. 영역별 목표	특별활동	○ 영역별 목표 제시	○ 영역별로 하위 목표를 제시함. ○ 하위목표는 창의적 체험활동 4개 영 역의 실천을 통해서 달성하고자 하 는 구체적인 목표임.
	재량활동	○ 학교에서 자율적으로 설정	

7. 영역	특별활동	○ 5개 영역 　－자치활동, 적응활동, 계발활동, 봉사활동, 행사활동	○ 자율활동 ○ 동아리활동 ○ 봉사활동 ○ 진로활동
	재량활동	○ 교과 재량활동 ○ 창의적 재량활동 　－범교과 학습, 자기주도적 학습	
8. 운영	특별활동	○ 학생의 요구, 지역 및 학교의 특성을 고려한 융통성 있는 운영 ○ 영역 및 시간 운영의 학교 자율성 확대 ○ 지역사회와의 연계 운영 ○ 특별활동 편성·운영에 관한 지원 강조 등	○ 학생의 발달 단계를 고려하여 학교 급별, 학년별로 활동 영역 및 내용을 선택하여 집중적으로 운영 ○ 교과 및 창의적 체험활동의 하위 영역 간에 통합하여 편성·운영할 수 있음. ○ 계획을 수립·운영 과정에서 학생들의 의사를 적극적으로 반영되도록 함. ○ 활동의 특성에 따라 방학 기간을 이용하여 집중 운영할 수 있음. ○ 입학 초기 적응활동은 자율활동 중 '적응활동'의 일부로 편성하여 지도 ○ 지역사회와의 연계 운영 ○ 범교과 학습주제(38개)와의 통합 운영 등
	재량활동	○ 교과의 특성과 재량활동, 특별활동의 내용에 따라 시간을 통합하여 연속 운영 ○ 범교과 학습 주제(35개)와의 통합 운영 등	
9. 평가	특별활동	○ 활동 영역과 활동 상황을 고려한 평가자 구분 ○ 평가 상의 유의점 제시 ○ 평가 결과를 문장으로 기술 등	○ 학생의 자기 평가, 상호 평가 등 다양한 방법 활용 ○ 평가 결과를 누가 기록하여 학생의 활동 실적, 진보의 정도, 행동의 변화, 특기 사항 등을 담임 또는 담당 교사가 수시로 평가 ○ 창의적 체험활동 성과의 지속적 기록 및 상급학교 진학 자료로의 활용 등
	재량활동	○ 평가의 주안점을 학교에서 작성 활용 ○ 평가 결과를 문장으로 기록 등	

〈표 3-42〉 창의적 체험활동 교육 내용 체계와 2007년 개정 재량활동·특별활동 내용의 관계 비교

영역	성격	활동	2007년 개정 교육과정 내용 포함
자율 활동	학교는 학생 중심의 자율적 활동을 추진하고, 학생은 다양한 교육활동에 능동적으로 참여한다.	－적응활동 －자치활동 －행사활동 －창의적 특색활동 등	(특) 적응활동 　　자치활동 　　행사활동 (재) 창의적 재량활동 (재) 교과재량 (1학년) 우리들은 1학년
동아리 활동	학생은 자발적으로 집단활동에 참여하여 협동하는 태도를 기르고 각자의 취미와 특기를 신장한다.	－학술활동 －문화 예술 활동 －스포츠 활동 －실습 노작 활동 －청소년 단체 활동 등	(특) 계발활동 　　특별활동의 상설반
봉사 활동	학생은 이웃과 지역사회를 위한 나눔과 배려의 활동을 실천하고, 자연환경을 보존한다.	－교내 봉사활동 －지역사회 봉사활동 －자연환경 보호 활동 －캠페인 활동 등	(특) 교내외 봉사활동
진로 활동	학생은 자신의 흥미, 특기, 적성에 적합한 자기 계발 활동을 통하여 진로를 탐색하고 설계한다.	－자기 이해 활동 －진로 정보 탐색 활동 －진로 계획 활동 －진로 체험 활동 등	(특) 적응활동에서 독립.

제5절 고등학교 재량활동 교육과정의 변천과정

가. 제7차 교육과정 시기(1997~2007)

제7차 교육과정은 21세기의 세계화·정보화 시대를 주도할 자율적이고 창의적인 한국인의 육성을 지향하였다. 이를 위해 '건전한 인성과 창의성을 함양하는 기초 기본 교육의 충실' '세계화 정보화에 적응할 수 있는 자기 주도적 능력의 신장' '학생의 적성, 능력, 진로에 적합한 학습자 중심의 교육의 실천', '지역 및 학교의 교육과정 편성 운영의 자율성 확대'를 개정의 중점으로 설정하였다. 이에 따라 제7차 교육과정은 교과, 재량활동, 특별활동으로 구성하였다.

제7차 교육과정에서는 재량활동을 신설하여 단위학교의 교육과정 편성 운영의 자율 재량권을 더 적극적으로 확대하고자 하였다. 재량활동은 학생의 자기 주도적 학습활동을 촉진하고 학교의 자율적이고 창의적인 교육과정 편성 운영을 보장하기 위한 것이다. 재량활동은 크게 교과 재량활동과 창의적 재량활동으로 구분된다. 교과 재량활동은 선택과목 학습과 국민 공통 기본 교과의 심화 보충 학습을 위한 것이며 창의적 재량활동은 학교의 독특한 교육적 필요, 학생의 요구 등에 따른 범교과 학습과 자기 주도적 학습을 위한 것이다. 재량활동은 국민 공통 기본 교육 기간에만 편성되어 고등학교의 경우에는 국민 공통 기본 교육기간에 해당하는 1학년에만 12단위가 배당되었다. 재량활동 12단위는 교과 재량활동에 10단위(주당 5시간)를 배정하고, 창의적 재량활동에 2단위(주당 1시간)를 배정하였다. 교과 재량활동은 국민 공통 기본 교과의 심화 보충 학습에 4~6단위, 선택 중심 교육과정의 선택과목에 4~6단위를 배정하였다. 다만 실업계 고등학교의 경우, 교과 재량활동은 전문 교과로 대체하여 이수할 수 있도록 학교에 융통성을 부여하였다. 고등학교 재량활동 시간 및 영역을 제시하면 다음의 <표 3-43>과 같다.

<표 3-43> 제7차 교육과정 고등학교 재량활동 영역 및 시간 단위

구분(영역)		학년(제1학년) 이수 단위
교과 재량활동	국민 공통 기본 교과 심화 보충	4~6단위
	선택과목 학습	4~6단위
창의적 재량활동	범교과 학습	2단위(1)
	자기 주도적 학습	

나. 2007년 개정 교육과정 시기(2007~2012)

2007년 교육과정 개정의 기본 방향은 수시 개정 체제의 취지에 따라 교육과정의 안정성을 확보하는 차원에서 제7차 교육과정의 기본 철학과 체제를 유지하면서 적용상의 문제점을 개선하는 데 두었다. 이에 따라 새 교육과정에서 지향하는 개정의 중점은 '단위 학교별 교육과정 편성 운영 자율권의 실질적 확대', '교과별 교육 내용의 적정화 도모', '주 5일 수업제의 월 2회 실시에 따른 수업 시수의 일부 조정' 등이었다. 2007년 개정 교육과정에서 재량활동은 학교급별로 차이가 있지만 제7차 교육과정에 비해 다소 약화되었다고 할 수 있다. 2007년 개정 교육과정에서는 주 5일 수업제(토요휴업제) 월 2회 실시에 따라 수업 시간을 연간 34시간 이내에서 감축하되, 초등학교와 고등학교 제2~3학년은 학교 자율로 교과에서, 중학교 제1학년~고등학교 제1학년은 재량활동 중 교과와 성격이 유사한 교과 재량활동에서 감축하도록 하였다. 2007년 개정 교육과정에서 재량활동 개정의 주요 특징은 '재량활동 수업 시수 감축'과 '재량활동 하위 영역 배당 시간의 운영의 융통성'이라고 할 수 있다. 재량활동은 연간 102(6단위)시간으로 설정되었다. 재량활동 시수가 종전의 12단위(국민 공통 기본 교과의 심화 보충 학습 4~6단위, 선택 중심의 교육과정의 선택과목 4~6단위, 창의적 재량활동 2단위)에서 6단위로 감축되었다. 또한 제7차 교육과정에서는 교과 재량활동과 창의적 재량활동으로 구분된 시간 배당 체제가 통합적 체제로 변환되어 시·도교육청의 편성 운영 지침에 따라 단위 학교에서 영역별 시간 배당을 자율적으로 할 수 있게 된 점이다. 즉, 개정 교육과정에서 재량활동 수업 시수는 102시간으로 감축되었으나, 단위 학교 교육과정 편성 운영의 자율성을 확대하기 위하여 하위 영역별 수업 시수는 국가 수준에서 설정하지 않고 시·도교육청의 편성 운영 지침에 따라 학교에서 편성할 수 있도록 하였다. 재량활동은 교과 재량활동과 창의적 재량활동으로 구분된다. 교과 재량활동은 선택과목 학습과 국민 공통 기본 교과의 심화 보충 학습을 위한

<표 3-44> 2007년 개정 교육과정 고등학교 재량활동 영역 및 시간 단위

영역		학생(제1학년)이수 단위
교과 재량활동	선택과목 학습	102(6단위)
	국민 공통 기본 교과의 심화 보충	
창의적 재량활동	범교과 학습	
	자기 주도적 학습	

것이며 전문 교육을 주로 하는 고등학교에서는 교과 재량활동을 전문교과로 대체하여 이수할 수 있도록 하였다. 창의적 재량활동은 학교의 독특한 교육적 필요, 학생의 요구 등에 따른 범교과 학습과 자기 주도적 학습을 위한 것이다. 2007년 개정 고등학교 교육과정에서의 재량활동의 영역 및 시간은 다음과 같다.

보다 구체적으로 2007년 개정 교육과정에서 재량활동의 내용은 다음과 같다. 교과 재량활동에서 선택과목 학습으로는 제2, 3학년 선택 중심의 교육과정에서 개설된 선택과목을 편성 운영한다. 국민 공통 기본 교과의 심화 보충 학습으로는 국어, 도덕, 사회, 수학, 과학, 기술, 가정, 음악, 미술, 외국어(영어)의 10개 기본 교과에 필요한 심화 보충 학습을 실시할 수 있다. 범교과 학습을 위해 민주 시민 교육을 포함하여 국가 교육과정에 제시된 35가지 범교과 학습 주제를 활용할 수 있는 것이다. 범교과 학습의 주제는 민주 시민 교육, 인성교육, 환경교육, 경제교육, 에너지 교육, 근로정신 함양 교육, 보건교육, 안전교육, 성교육, 소비자 교육, 진로교육, 통일교육, 한문 문화 정체성 교육, 국제 이해 교육, 해양교육, 정보화 및 정보 윤리 교육, 청렴 반부패 교육, 물 보호 교육, 지속 가능 발전 교육, 양성 평등 교육, 장애인 이해 교육, 인권교육, 안전 재해 대비 교육, 저출산 고령 사회 대비 교육, 여가 활용 교육, 호국 보훈 교육, 효도 경로 전통 윤리 교육, 아동 청소년 보호 교육, 다문화 교육, 문화 예술 교육, 농업 농촌 이해 교육, 지적 재산권 교육, 미디어 교육, 의사 소통 토론 중심 교육, 논술교육 등이 있다. 자기 주도적 학습 방법으로는 주제 탐구 활동이나 소집단 공동 연구 활동, 학습하는 방법에 대한 학습, 자연 체험 활동과 같이 학생이 스스로 학습할 수 있는 방법 등이 있다. 자기 주도적 학습 방법은 학생의 관심과 지적 발달 단계에 적합한 다양한 방법으로 이루어지는 것이 바람직하다.

다. 창의적 체험활동 교육과정의 신구(新舊) 비교

2009 개정 교육과정에서 창의적 체험활동은 종전의 재량활동과 특별활동을 통합하여 나눔과 배려를 실천하는 창의적 인재육성을 그 목적으로 도입되었다. 창의적 체험활동과 종전의 재량활동, 특별활동 교육과정과의 주요 변화 내용을 개관하면 다음의 <표 3-45>와 같다.

〈표 3-45〉 창의적 체험활동 교육과정의 신구 비교

구분		2007년 개정 교육과정	2009 개정 교육과정
1. 명칭		특별활동, 재량활동	창의적 체험활동
2. 시간 배당 기준	특별활동	-초등학교 　1학년: 연간 30시간 　2, 3학년: 학년별 연간 34시간 　4, 5, 6학년: 학년별 연간 68시간 -중학교 1, 2, 3학년: 연간 68시간 -고등학교: 이수 단위를 총괄 단위 배당으로 전환-총 12단위	-초등학교 　1~2학년: 2년간 272시간 　3~4학년: 2년간 204시간 　5~6학년: 2년간 204시간 -중학교 1~3학년 　3년간 306시간 -고등학교 　3년간 24단위
	재량활동	-초등학교 　1학년: 연간 60시간 　2~6학년: 학년별 연간 68시간 -중학교 1, 2, 3학년: 학년별 연간 102시간 -고등학교 1학년: 연간 102시간(6단위)	
3. 교육과정 구성	특별활동	-초·중·고등학교 구분 없이 통합 제시 -구성 체제 　1. 성격 　2. 목표 　3. 내용 　　가. 내용 체제 　　나. 영역별 내용 　4. 교수 학습 방법 및 지원 　　가. 계획과 운영 및 지원 　　나. 영역별 지도 방법 　5. 평가	-초·중·고등학교 구분 없이 통합 제시 -구성 체제 　1. 성격 　2. 목표 　3. 내용 및 교수 학습 방법 　4. 운영 및 지원 　5. 평가
	재량활동	-총론의 지침으로 제시됨. 　1. 기본 지침 　2. 지역 및 학교에서의 편성, 운영 　3. 교육과정의 평가와 질 관리	
4. 성격	특별활동	교과와 상호 보완적 관련 속에서 학생의 심신을 조화롭게 발달시키기 위하여 실시하는 교과 외 활동	앎을 적극적으로 실천하고 나눔과 배려를 할 줄 아는 창의성과 인성을 겸비한 미래 지향적 인재 양성을 목적으로 하는 교과 외 활동 특색 있고 다양한 학교 교육 활동의 전개 등
	재량활동	사회 변화에 대응할 수 있는 자기 주도적 학습 능력을 기르고 학교 및 지역사회의 특성과 필요, 요구를 반영한 학교 교육의 특성화, 자율화 다양화 추구	

5. 목표	특별활동	총괄 목표, 하위 목표 5개 항	학교급별 구분 없이 총괄 목표를 제시하고 4개 영역별로 하위 목표를 학습자 중심으로 서술
	재량활동	학교에서 자율적으로 설정(재량활동의 의의 고려)	
6. 영역별 목표	특별활동	영역별 목표 제시	영역별로 하위 목표를 제시함. 하위 목표는 창의적 체험활동 4개 영역의 실천을 통해서 달성하고자 하는 구체적인 목표임.
	재량활동	학교에서 자율적으로 설정	
7. 영역	특별활동	5개 영역 －자치활동, 적응활동, 계발활동, 봉사활동, 행사활동	자율활동 동아리활동 봉사활동 진로활동
	재량활동	교과 재량활동 창의적 재량활동 －범교과 학습, 자기 주도적 학습	
8. 운영	특별활동	학생의 요구, 지역 및 학교의 특성을 고려한 융통성 있는 운영 영역 및 시간 운영의 학교 자율성 확대 지역사회와의 연계 운영 특별활동 편성 운영에 관한 지원 강조	학생의 발단 단계를 고려하여 학교급별, 학년별로 활동 영역 및 내용을 선택하여 집중적으로 운영 교과 및 창의적 체험 활동의 하위 영역 간에 통합하여 편성 운영할 수 있음. 계획을 수립 운영 과정에서 학생들의 의사를 적극적으로 반영되도록 함. 활동의 특성에 따라 방학 기간을 이용하여 집중 운영할 수 있음. 입학 초기 적응활동은 자율활동 중 '적응활동'의 일부로 편성하여 지도 지역사회와의 연계 운영 범교과 학습주제(38개)와의 통합 운영 등
	재량활동	교과의 특성과 재량활동, 특별활동의 내용에 따라 시간을 통합하여 연속 운영 범교과 학습주제(35개)와의 통합 운영 등	
9. 평가	특별활동	활동 영역과 활동 상황을 고려한 평가자 구분 평가상의 유의점 제시 평가 결과를 문장으로 기술 등	학생의 자기 평가, 상호 평가 등 다양한 방법 활용 평가 결과를 누가 기록하여 학생의 활동 실적, 진보의 정도, 행동의 변화, 특기 사항 등을 담임 또는 담당 교사가 수시로 평가 창의적 체험활동 성과의 지속적 기록 및 상급학교 진학 자료로의 활용 등
	재량활동	평가의 주안점을 학교에서 작성 활용 평가 결과를 문장으로 기록 중	

　2009 개정 교육과정에서는 종전의 재량활동과 특별활동을 하나로 묶어 '창의적 체험활동'으로 운영하게 된다. 따라서 창의적 체험활동에서는 기존의 재량활동과 특별활동의 취지와 교육과정 내용을 계승하되, 창의적 체험활동의 취지를 고려하여 내용을 설정하였다.

<표 3-46> 창의적 체험활동 교육 내용 체계와 2007년 개정 재량활동, 특별활동 내용의 관계 비교

영역	성격	활동	2007년 개정 교육과정 내용 포함

자율활동	학교는 학생 중심의 자율적 활동을 추진하고, 학생은 다양한 교육활동에 능동적으로 참여한다.	-적응활동
		-자치활동
		-행사활동
		-창의적 특색활동 등
			(특) 적응활동
			    자치활동
			    행사활동
			(재) 창의적 재량활동
			(재) 교과 재량
			    (1학년) 우리들은 1학년

동아리활동	학생은 자발적으로 집단 활동에 참여하여 협동하는 태도를 기르고 각자의 취미와 특기를 신장한다.	-학술활동 -문화 예술 활동 -스포츠 활동 -실습 노작 활동 -청소년 단체 활동	(특) 계발활동 특별활동의 상설반
봉사활동	학생은 이웃과 지역사회를 위한 나눔과 배려의 활동을 실천하고, 자연환경을 보존한다.	-교내 봉사활동 -지역사회 봉사활동 -자연환경 보호활동 -캠페인 활동 등	(특) 교내외 봉사활동
진로활동	학생은 자신의 흥미, 특기, 적성에 적합한 자기 계발 활동을 통하여 진로를 탐색하고 설계한다.	-자기 이해 활동 -진로 정보 탐색 활동 -진로 계획 활동 -진로 체험 활동	(특) 적응활동에서 독립

제6절 고등학교 특별활동 교육과정의 변천과정

가. 교수요목 시기(1946~1954)

교수요목 시기의 특별활동은 문서화된 내용이나 명칭이 따로 없었고, 학교 교육에서도 '교과 외 활동'으로 정규 시간에 들어 있지 않았다.

나. 제1차 교육과정의 시기(1954~1963)

제1차 교육과정 시기의 교육과정은 교과와 특별활동으로 편제되어 있었으나 각 교과의 교육과정만 제시되어 있었기 때문에 '교과과정'의 시기라고도 한다. 특별활동과 관련해서는 문교부령 제35호(1954. 4. 20.)로 공포된 '국민학교, 중학교, 고등학교, 사범학교 교육과정 시간 배당 기준령'의 총칙 제6조의 규정을 살펴볼 만하다. 이 규정에서는 특별활동을

'교육 목적 및 교육목표를 달성하기 위하여 필요한 교과 이외의 기타 교육활동'으로 규정하고 있다. 그러나 고등학교 교육과정 각론으로서의 특별활동에 관해서는 자세한 내용이 다루어지고 있지 않으며, 다만 총칙 제6조에 특별활동에 관한 다음과 같은 개괄적인 내용을 세시하고 있을 뿐이나.

> ① 집회, 기타 민주적인 조직으로 운영되는 학생활동에 관한 것
> ② 학생의 개인 능력에 의한 개별 성장에 관한 것
> ③ 직업 준비 및 이용후생에 관한 것
> ④ 학생의 취미에 관한 것

따라서 이 시기의 특별활동 교육과정은 매우 간략한 대강적 기준으로 열려 있음을 알 수 있다. 고등학교 특별활동의 학년별 시간 배당 기준은 다음의 <표 3-47>과 같다.

〈표 3-47〉 제1차 교과 과정 특별활동 시간 배당 기준(1954. 4. 20.)

학년	1	2	3
시간 배당	70(2)	70(2)	70(2)

다. 제2차 교육과정 시기(1963~1973)

제2차 교육과정 시기의 교육과정 편제는 교과활동, 반공 도덕 생활, 특별활동의 세 영역으로 구성되었다. 특별활동 교육과정이 '목표', '활동의 예', '지도상의 유의점'으로 나뉘어 제시됨으로써 특별활동이 학교 교육의 정규 과정으로 자리 잡을 수 있게 되었다. 당시의 교육과정 총론에서는 특별활동의 내용을 그 성격상의 활동 범위로 보아 다음과 같이 요약하여 제시하고 있다.

> ① 학생의 개인 능력에 따른 개성 신장에 관한 것
> ② 개인의 취미 향상에 관한 것
> ③ 직업적 요구에 응할 수 있는 특수 기능에 관한 것
> ④ 민주적 집회 운영과 생활 태도의 양성에 관한 것

제2차 교육과정에서 제시된 특별활동의 목표는 다음과 같다.

① 교과활동과 긴밀한 관련 밑에 개인의 능력을 신장시킬 수 있는 기회를 마련하여 생활에 유용한 힘을 기른다.
② 실천활동을 통하여 개인의 취미를 높이고, 생활에 필요한 건전하고 명랑한 기능과 태도를 기른다.
③ 아동의 적성을 발견하고 이를 신장시킬 수 있는 기회를 마련하여 직업적 특수 기능을 기른다.
④ 자치적인 활동을 지도하고 이에 참여시켜, 자주적이며 민주적인 생활 태도를 기른다.

제2차 교육과정 시기의 특별활동 영역은 '홈룸', '학생회', '클럽활동', '학생 집회'의 4가지로 설정되었다. 특히 '학생 집회'라는 영역을 설정하여 학생의 자율적 활동을 장려하고 있다는 점은 특기할 만하다. 한편, 특별활동의 '지도상의 유의점'에서는 교육과정 문서에 예시된 바가 교과 이외의 활동에 관한 부분적 시사에 지나지 않는다는 점을 밝히고, 각 학교에서 적절히 계획하여 모든 학생의 개성의 신장과 함께 사회적 태도의 발달에 적합한 구체적인 활동의 기회를 충분히 마련하여야 한다고 강조하고 있다. 이 시기의 특별활동 시간 배당 기준은 주당 시간량을 백분율로 표시하여 총단위 시간 수의 10% 이상에 해당하는 시간을 배당 시간 안에서 충당하도록 하고 있다. 그러나 제2차 교육과정의 특별활동은 1969년 9월 4일 부분 개정되어 문교부령 제251호로 공포된 인문계 고등학교 교육과정에 의거하여 변화되었다. 우선, 특별활동의 영역이 '학급활동', '학생회활동', '클럽활동', '집단활동'의 네 영역으로 변경되었다. 특히, '집단활동'은 교풍 수립과 학교생활 개선에 관한 활동, 학예 연구 발표에 관한 활동, 취미 오락 수양에 관한 활동, 보건 체육에 관한 활동, 생산 건설에 관한 활동, 문화 사회 산업 조사에 관한 활동, 합숙 생활 훈련, 기타 등 그 지도 내용을 광범위하게 제시하였다. 또한 시간 배당 기준도 변화하였는데 종래 백분율로 표시되던 것이 주당 최소 시간량을 제시하는 것으로 바뀌었다. 변화된 시간 배당 기준에 의하면, 고등학교 특별활동에는 인문 자연 직업 과정 모두 3년 동안 12단위(216시간)가 배당되었다.

라. 제3차 교육과정 시기(1973~1981)

제3차 교육과정 시기의 교육과정 편제는 '도덕'이 교과가 됨에 따라 교과활동과 특별활동의 이원적인 구조로 구성되었다. 특별활동의 각론 체제는 '목표', '내용', '지도상 유의점'으로 바뀌었고, '목표'는 다시 '일반 목표'와 '활동 목표'로 구분되었다. 그리고 '지도상 유의점'은 '운영상 유의점'과 '영역별 유의점'으로 나누어 제시하였다. 제3차 교육과정 시기의 특별활동 목표는 각 활동 영역을 고려하여 다음과 같이 포괄적으로 제시하였다.

① 자발적이고 자율적인 생활 경험을 통하여 사회성의 신장을 꾀하고, 민주적이며 협동적인 생활을 영위할 수 있는 공민으로서의 소양을 기른다.
② 집단생활에의 참여와 봉사활동을 통하여 합리적이며 진취적인 생활 태도와 국가 발전에 봉사하고 기여할 수 있는 능력을 기른다.
③ 자기표현의 기회를 가지게 하고 개성을 발견하게 함으로써 창조의 힘을 기르고 개개인이 지닌 소질을 신장시킨다.
④ 심신의 건전한 발달을 조장하고 실천력을 길러, 건전하고 풍부한 생활을 개척할 수 있게 한다.

특별활동의 영역은 '학급활동', '학생회활동', '클럽활동', '학교행사' 등 4개 영역으로 설정되었다. 각 영역의 하위 구성 체제는 '소영역명', '소영역 지도 목표', '활동 내용 예시' 순으로 제시하였다. 예시의 끝에는 '기타'를 두어 학교의 재량권을 보장하였다. 이 내용을 좀 더 구체적으로 살펴보면 다음과 같다. 우선 '학급활동'을 학급회활동과 위원활동으로 구성되었으며, '학생회활동'은 전교 학생회활동과 위원회활동으로 구성되었다. '클럽활동'은 교과 학습 내용의 심화 확충을 위한 클럽활동, 체육을 위한 클럽활동, 취미 학예를 위한 클럽활동, 생산 근로를 위한 클럽활동, 봉사 관리를 위한 클럽활동 5가지로 이루어져 있으며, '학교행사'는 의식, 학예 행사, 보건 체육 행사, 소풍 및 여행 행사, 안전지도 행사, 지역 사회 및 국가 발전을 위한 행사 6가지로 구성되었다. 특별활동에 대한 단위 배당은 고등학교 전 과정에 걸쳐 12단위가 배정되었다. 그러나 1977년 2월 28일에 부분 개정, 공포된 인문계 고등학교 교육과정(문교부령 제404호)에 의해서 특별활동은 여러 가지 변화를 겪게 되었다. 우선 영역에 있어서, '학생회활동'을 '학도 호국단 활동'으로 변경하고 그 활동 내용을 국가 안보에 관한 정신 교육 실시, 면학 기풍의 진작, 군사 훈련, 새마을 운동에의 참여, 의료봉사·근로봉사·계몽활동 등의 각종 봉사활동, 비상사태하에 있어서의 사회질서 유지, 전시하에 있어서의 구호 사업의 전개, 파괴 시설의 복구, 작전 지역에서의 군사 지원, 협조 또는 지역 방위 분담, 부서의 주관에 의한 학·예술 및 체육활동, 기타 학도 호국단의 기능에 따르는 활동 등으로 제시하였다. 특히, 학도 호국단 활동에는 안보와 군사 관련 내용이 포함되었으며, 별도의 학도 호국단 운영 규정을 따르게 한 점이 특징이었다.

마. 제4차 교육과정 시기(1982~1987)

제4차 교육과정은 1981. 12. 31.에 문교부 고시 제442호로 고시되었다. 지금까지 부령으로 공포되었던 교육과정이 장관 고시로 변경(1979. 3. 1.)되었기 때문에 교육과정의 개정과 고시에 관한 형식, 절차 등이 보다 간편해졌고 장관의 결재만으로 교육과정의 수정, 보완이 가능하여 기동성 있게 처리할 수 있게 되었다. 고시로 변동된 후 처음으로 발표된 교육과정이 제4차 교육과정이라고 할 수 있다. 제4차 교육과정 시기의 교육과정은 교과활동과 특별활동으로 편성되었으며, 이 시기에 들어서서 고등학교 특별활동은 보다 체계화된 모습을 선보였다고 말할 수 있다. 전체 목표는 총괄 목표와 하위 항목별 목표의 복합 형식으로 제시되었다. 하위 항목별 목표는 '공동체 의식과 민주적 생활 태도 육성', '소질 계발과 개성의 신장', '취미 신장, 여가 선용', '협동 봉사 정신 형성' 등으로 설정되었다. 특별활동 영역은 '학도 호국단 활동', '클럽활동', '학교행사' 등 3대 영역으로 구성되었고, 각 영역별로 '목표', '내용'을 제시하였으며 운영상의 유의점은 '계획', '지도', '평가' 등으로 구분하여 제시되었으나, 그중 '지도'만은 3대 영역별로 그 유의점을 제시하였다. 그 세부 내용을 살펴보면 다음과 같다. 우선 '학도 호국단 활동'은 제3차 교육과정의 '학급활동'과 '학도 호국단 활동'을 통합하여 구성한 것으로서 협의활동과 위원활동, 기타 활동의 소영역으로 구분하고, 협의활동과 위원활동은 각각 그 특성에 맞게 활동 내용을 제시하였다. 그 세부 내용을 살펴보면 다음과 같다. 우선 '학도 호국단 활동'은 제3차 교육과정의 '학급활동'과 '학도 호국단 활동'을 통합하여 구성한 것으로서, 협의활동과 위원활동, 기타 활동의 소영역으로 구분하고, 협의활동과 위원활동은 각각 그 특성에 맞게 활동 내용을 제시하였다. '클럽활동'은 그 내용을 체육활동, 학예활동, 생산 근로 활동, 봉사 관리 활동, 학교 특정 활동으로 제시하고 있다. 학교 특정 활동이란, 앞에 제시한 활동 이외에 학생의 요구, 지역사회의 특성, 학교의 실정을 고려하여 학교에서 창의적으로 개설할 수 있는 클럽활동을 말한다. '학교행사'는 의식, 학예 행사, 보건 체육 행사, 현장 학습 행사, 안전 지도 행사, 지역사회 발전을 위한 행사와 학교 특정 행사로 되었다. 학교 특정 행사는 클럽활동의 학교 특정 클럽과 같은 성격의 활동이라고 할 수 있다. 제4차 교육과정에서 특별활동에 대한 단위 배당은 제3차 교육과정기와 마찬가지로 12단위가 배정되었다. 특별활동에 배당된 단위는 학도 호국단 활동 및 클럽활동에 배정한 것으로, 학교행사 시간은 별도로 확보하도록 하였다. 제4차 특별활동 교육과정 역시 1985년 12월 17일에 부분 개정, 고시되었다. 문교부 고시 85-10호로 고시된 고등학교 특별활동 교육과정의 주요 부분 개정 내용은 '학도 호국단 활동' 영역을 다시 '학생회활동' 영역으로 환원한 것이다. 그리하여 고등학교 특별활동 교육과정의 영역은 '학생회활동', '클럽활동', '학교행사'의 3개 영역이 되었다.

바. 제5차 교육과정 시기(1987~1992)

제5차 교육과정 시기의 교육과정 편제는 교과활동과 특별활동으로 구성되었다. 제5차 교육과정은 기본적으로 제4차 교육과정의 부분 개정을 원칙으로 하였기 때문에 이 시기의 교육과정 체제와 구조는 제4차 교육과정 시기와 거의 동일하였다고 말할 수 있다. 그러나 고등학교의 특별활동 교육과정은 목표와 영역 면에서 상당한 변화가 있었다. 우선 제5차 교육과정에서 특별활동의 각론 체제는 '목표', '영역별 목표 및 내용', '운영상의 유의점' 등으로 구성되었다. 특별활동의 목표는 '개성 소질의 신장', '진로 결정 능력', '풍부한 정서 생활', '자주적 생활 태도', '공동체 의식 함양', '협동 봉사 정신 육성' 등으로 변화되었다. 특별활동 역영은 '학급활동', '클럽활동', '학생회활동', '학교행사'의 4개 영역으로 편성되었다. 구체적으로 살펴보면, '학급활동'은 협의활동, 위원활동, 상담활동으로 구성되었고, '클럽활동'은 학예활동, 체육활동, 생산 근로 활동, 청소년 단체 활동, 여가활동, 학교 특정 활동으로 구성되었다. '학생회활동'은 협의활동, 위원활동으로 나누어졌고, '학교행사'는 의식 행사, 학예 행사, 체육 보건 행사, 현장 학습 행사, 안전 지도 행사, 지역사회 발전을 위한 행사, 학교 특정 행사 등으로 구성되었다.

제5차 교육과정에서 특별활동에 대한 단위 배당은 제4차 교육과정기와 마찬가지로 12단위가 배정되었다. 특별활동에 배당된 단위는 학급활동 및 클럽활동에 배정한 것이므로, 학생회활동과 학교행사 시간은 별도로 확보하도록 하였다. 시간 운영, 장소 활용, 교과 조직, 주제 선정, 집단 편성 등에 이르기까지 다양하고 융통성 있는 운영을 강조하였다.

사. 제6차 교육과정 시기(1992~1997)

제6차 교육과정 시기의 교육과정 편제는 교과, 특별활동, 학교 재량 시간으로 구성되었다. 제6차 교육과정 시기는 교육과정사상 가장 큰 변혁이 이루어진 것으로 평가받고 있다. 이 시기에 처음으로 교육과정 편성 운영 체제에 대폭적인 개혁이 이루어져 학교 교육과정과 시도의 교육과정 편성 운영 지침이 탄생되는 등 중앙 집권형 교육과정이 지방 분권형 교육과정으로 전환되는 획기적인 계기를 마련했다. 특별활동 교육과정에 있어서도 많은 변화가 있었다. 우선, 국가 수준 교육과정에서 처음으로 특별활동의 성격이 공식으로 밝혀졌고, 내용 체제가 제시되었다. 특별활동의 목표는 '학급 구성원의 역할 수행과 자신의 진로 설계', '합리적 의사 결정 능력과 자율적 실천 능력', '개성과 소질 계발 및 건전한 정서 생활', '공동체 의식 함양 및 강인한 의지와 사회 적응력' 등으로 집약되었다. 특별활동 영역에도 큰 변화가 있었다. 활동 집단의 범위와 규모를 단위로 하여 영역을 체계화하였다. 즉, '학급활동', '학교활동', '클럽활동', '단체활동'의 4개 영역으로 구분하였다. 구체적인 내용을 살펴보면, 먼저 '학급활동'은 학급회활동과 역할 분담 활동으로 구성되었고, '학교활동'은 학생회활동과 행사활동으로 구성되었다. '클럽활동'은 학예활동, 체육활동, 노작활동, 취미활동, 청소년 육성 단체 활동으로 구성되었고, '단체활동'은 극기활동, 탐사활동, 안전 구호 활동, 지역사회 봉사활동 등으로 구성되었다. 특히, 고등학교 특별활동에 처음으로 신설된 '단체활동'은 교련과 담당교사들이 지도를 맡도록 하였다. 고등학교의 특별활동에서는 학생의 자주적, 자율적 계획, 실천, 평가를 중시하였다. 운영 지침은 '방법'과 평가로 구분되어 제시되었다. 특별활동에 대한 단위 배당은 학급활동과 클럽활동에 12단위, 단체활동에 4단위가 배정되었다. 이와 같이 특별활동에 배당된 기준 단위는 학급활동, 클럽활동 및 단체활동에 배정한 것이므로, 학교활동 시간은 별도로 확보하도록 하였다. 학교에서는 특별활동의 각 영역이 균형 있게 운영되도록 노력하여야 함을 강조하고, 각 학교별로 특색 있는 중점 영역을 설정하여 육성함으로써 학교의 전통을 가꾸어 나가도록 하였다.

아. 제7차 교육과정 시기(1997~2007)

제7차 교육과정 시기의 교육과정 편제는 교과활동, 특별활동, 재량활동의 3대 영역으로 구성되었다. 제7차 특별활동 교육과정은 특별활동 교육과정사상 가장 큰 변혁이 이루어졌다. 우리나라의 특별활동 영역의 명칭을 살펴보면 뚜렷한 근거나 기준이 없어 학급활동, 학생회활동, 클럽활동, 학교행사 등으로 구분되어 오다가, 제6차 교육과정에서 처음으로 집단을 단위로 하여 학급활동, 클럽활동, 학교활동, 단체활동으로 구분되어 그 나름대로의 체계를 잡았다. 그러나 이러한 특별활동의 영역 구분은 특별활동을 편성, 운영할 때 고려하여야 할 점에서 특별활동의 본질에 입각하여 구분한 것은 아니라고 할 수 있다. 제7차 특별활동 교육과정의 목표 및 영역 설정과 내용 구성이 이전과 크게 다른 점은 특별활동을 통하여 달성하고자 하는 바를 목표로 설정하고 그 목표에 맞게 특별활동의 영역을 구분하였다는 점이다. 즉, 특별활동을 통하여 학생들이 달성하기를 바라는 능력이 무엇인지를 영역 설정의 근거로 하여 '자치활동', '적응활동', '계발활동', '봉사활동', '행사활동'의 5개 영역으로 구분하였다. 이렇게 함으로써 특별활동을 통하여 기르고자 하는 학습 목표와 내용이 분명하게 드러나며, 특별활동이 이루어지는 다양한 수준의 집단에서 특별활동을 통하여 달성하고자 하는 각각의 목표가 실현될 수 있는 것이다.

제7차 특별활동 교육과정의 내용 체계는 다음의 <표 3-48>과 같다. 제7차 특별활동 교육과정에 국가 수준의 교육과정에 제시한 내용이 예시적 기준임을 다음과 같이 밝히고 있다. 즉, "이 교육과정에서 제시한 각 영역별 활동 내용은 예시적 기준이므로, 지역 실정과 학교 특성을 고려해 목표 달성에 적합한 활동 내용을 선정하여 운영할 수 있다"는 것이다.

〈표 3-48〉 제7차 교육과정 특별활동의 내용 체계

영역	내용	
자치활동	○ 협의활동 ○ 민주 시민 활동	○ 역할 분담 활동
적응활동	○ 기본 생활 습관 형성 활동 ○ 상담활동 ○ 정체성 확립 운동	○ 친교활동 ○ 진로활동
계발활동	○ 학술 문예 활동 ○ 실습 노작 활동 ○ 정보 통신 활동	○ 보건 체육 활동 ○ 여가 문화 활동 ○ 청소년 단체 활동
봉사활동	○ 일손 돕기 활동 ○ 캠페인 활동 ○ 환경시설 보전 활동	○ 위문활동 ○ 자선 구호 활동
행사활동	○ 의식 행사 활동 ○ 보건 체육 행사 활동 ○ 안전 구호 활동	○ 학예 행사 활동 ○ 수련활동 ○ 교류활동

제7차 특별활동 교육과정의 목표 설정 및 활동 내용 체계는 지금까지의 특별활동 교육과 정의 영역이나 내용에 대한 보완 내지는 재구성이라기보다는 '특별활동은 왜 하는지', '특 별활동의 목표는 무엇인지', '특별활동을 통하여 학생들에게 길러 주고자 하는 궁극적인 능 력이 무엇인지' 등에 대한 근본적인 재검토를 통하여 특별활동의 목표와 활동 내용을 새롭 게 설정하였으며, 지금까지의 특별활동 교육과정의 모든 영역과 활동들을 근본적으로 재편 하였다는 특징이 있다. 아울러, 제7차 특별활동 교육과정은 학생들의 현실 감각에 부응하고 미래 지향적인 교육적 관심을 제고한다는 점에서 특별활동의 하위 활동에 민주 시민 활동, 정체성 확립 활동, 여가 문화 활동, 정보통신 활동, 교류활동 등을 새롭게 제시하고 있다. 그 밖에도 제7차 특별활동 교육과정의 특징으로 다음과 같은 것을 들 수 있다.

> 초·중·고등학교의 특별활동 교육과정을 학교급별로 구분하지 않고 하나로 통합하여 제시하였다.
> 총괄 목표 외에 하위 영역별 구체적 목표를 제시하였다.
> 단위 학교의 편성·운영상의 자율권을 확대하였다.
> −국민 공통 기본 교육과정 기간인 초등학교 1학년에서 고등학교 1학년까지는 연간 최소 68시간
> 이상의 시간을 배정하고, 선택 중심 교육과정 기간인 고등학교 2, 3학년 기간의 총 이수 단위는
> 8단위 이상으로 배정하였다.
> −특별활동의 각 영역별 시간 수의 배정은 단위 학교에서 결정하도록 하였으며, 영역별로 제시된
> 활동 내용이 예시적 성격임을 분명히 하였다.

교수·학습 방법은 '계획과 운영', '영역별 유의 사항' 등으로 구분하여 제시하였으나 학교급수별로는 구분하지 않고 일관되게 제시하였다. 특별활동의 평가에 관한 사항도 초· 중·고등학교 구분 없이 학생평가, 특별활동 교육과정 평가에 관한 사항을 제시하여 평가 의 방향과 방법에 대해 안내하고 있다. 이와 같이 제시한 것은 단위 학교의 실정을 고려 하여 학교 교육과정을 탄력적으로 운영할 수 있도록 자율·재량의 폭을 더욱 확대하고자 한 것이라고 할 수 있다.

자. 2007년 개정 교육과정(2007~2012)

2007년 개정 교육과정은 제7차 교육과정의 정신과 장점을 계승한 것으로서 제7차 교육

<표 3-49> 2007년 개정 교육과정 시기의 특별활동 시간 배당 기준(2007. 2. 28.)

구분 \ 학년	제10학년(고 1학년)	제11학년(고 2학년)~제12학년(고 3학년)
교과	1,020(60)	132단위
재량활동	102(6)	
특별활동	68(4)	8단위
연간 수업 시간 수	1,190(70)	140단위

※ ① 10학년의 ( ) 안에 제시된 숫자는 단위 수이다.
   ② 출처: 교육인적자원부 고시 제2007-29호 [별책 4], 고등학교 교육과정(Ⅰ)

과정과 같이 국민공통기본교육과정과 고등학교 선택중심 교육과정으로 구성된다. 국민
공통 기본 교육과정은 초등학교 제1학년부터 고등학교 제1학년에 해당하는 교육과정으로
서 교과, 재량활동, 특별활동으로 편성되었다. 고등학교 선택 중심 교육과정은 교과와 특
별활동으로 편성되었다.

고등학교 특별활동 시간 배당은 다음 <표 3-49>와 같다.

2007년 개정 교육과정에서 특별활동 목표는 제7차 교육과정에서의 목표를 그대로 계승
하고자 하였다. 다만, 제7차 특별활동 목표의 진술에서 부적절하거나 불필요한 용어 등을
삭제하여 일부를 수정·보완하였다. 예컨대, 하위 목표인 계발활동의 목표와 관련하여 제
7차 특별활동의 목표인 "계발활동에 자발적으로 참여하여 질서를 배우고, 협동심을 기르
며, 자신의 취미와 특기를 계발, 신장함으로써 자아실현을 위한 기초를 다진다"를 2007년
개정 교육과정에서는 "계발활동에 자발적으로 참여하여 자신의 취미와 특기를 계발·신
장함으로써 자아실현을 위한 기초를 다진다"로 수정하였다.

2007년 개정 특별활동 교육과정에서 특별활동 목표는 제7차 특별활동 교육과정과 마찬
가지로 초등학교, 중학교, 고등학교의 학급급별로 구분하지 않고 이를 하나로 묶어서 총
괄 목표를 제시하고, 5개 영역별로 하위 목표를 학습자 중심으로 서술하였다. 특별활동의
목표 체계는 다음과 같다.

〈총괄 목표〉

다양하고 건전한 집단활동에 자발적으로 참여하여 개성과 소질을 계발, 신장하고, 공동체 의식
과 자율적인 태도를 기름으로써 민주 시민으로서의 기본적인 자질을 함양한다.

〈하위 목표〉

2007년 개정 특별활동 교육과정에서는 제7차 특별활동 교육과정 내용 선정의 기본 원칙을 계승하면서, 학습자의 요구 및 시대·사회적 상황, 특별활동 편성·운영의 실효성을 고려하여 제7차 특별활동 교육과정의 내용을 부분적으로 수정·보완하였다. 2007년 개정 특별활동 교육과정의 내용 체계는 제7차 특별활동 교육과정과 마찬가지로 학급급별로 구분하지 않고 초·중·고등학교의 내용을 묶어서 하나로 제시하였다. 특별활동의 내용 체계는 다음의 <표 3-50>과 같다.

〈표 3-50〉 특별활동의 내용 체계

영역	세부 내용	
자치활동	○ 협의활동 ○ 민주 시민 활동	○ 역할 분담 활동
적응활동	○ 기본 생활 습관 형성 활동 ○ 상담활동 ○ 정체성 확립 활동	○ 친교활동 ○ 진로활동
계발활동	○ 학술 문예 활동 ○ 실습 노작 활동 ○ 정보 통신 활동	○ 보건 체육 활동 ○ 여가 문화 활동 ○ 청소년 단체 활동
봉사활동	○ 일손 돕기 활동 ○ 캠페인 활동 ○ 환경·시설 보전 활동	○ 위문활동 ○ 자선 구호 활동
행사활동	○ 의식 행사 활동 ○ 보건 체육 행사 활동 ○ 안전 구호 활동	○ 학예 행사 활동 ○ 수련활동 ○ 교류활동

2007년 개정 특별활동 교육과정에서는 제7차 특별활동 교육과정의 5개 영역인 자치활동, 적응활동, 계발활동, 봉사활동, 행사활동을 그대로 유지하였다. 이러한 5개 영역은 특별활동

의 본질적인 특성을 부각시킨 것이라고 할 수 있다. 내용 체계가 초·중·고등학교 구분 없이 하나로 제시된 점을 고려하여 단위 학교에서는 학생의 특성과 발달 단계, 학교의 실정 등을 고려하여 특별활동 목표 달성에 적합한 활동 내용을 선정하여 탄력적으로 운영할 수 있다.

제7차 교육과정과 마찬가지로 2007년 개정 교육과정에서도 지역 및 단위 학교의 실정을 고려하여 특별활동의 영역 편성·운영에서의 융통성을 도모하였다. 특별활동에 제시된 영역별 내용은 예시이므로 단위 학교에서는 특별활동의 목표 달성, 학교의 실정 혹은 여건을 고려하여 국가 수준 교육과정에 제시되지 않은 기타의 다양한 활동 내용을 창의적으로 편성·운영할 수 있다는 것이다.

특별활동 교육과정 문서의 구성 체제가 일부 변경되었다. 종전의 '교수·학습 방법'은 학교급별 구분 없이 '계획과 운영', '영역별 유의 사항'으로 구분하였으나 2007년 개정 교육과정에서는 '교수·학습 방법 및 지원'으로 하여 '계획과 운영 및 지원', '영역별 지도 방법'으로 제시하였다.

특히 2007년 개정 교육과정에서는 단위 학교에서의 특별활동 편성·운영의 자율성을 확대하고 융통성 있게 다양한 방식으로 특별활동 운영의 실효성을 극대화하고자 하였다. 이를 위해 2007년 개정 교육과정에서는 다음의 <표 3-51>과 같이 종전의 지침 일부를 수정하거나 추가하여 제시하였다.

〈표 3-51〉 시간 및 영역 운영 관련 지침의 신구(新舊) 대비표

제7차 교육과정	2007년 개정 교육과정	비고
·특별활동에 배당된 시간(단위) 수는 학생의 요구와 지역 및 학교의 특성을 고려하여 특별활동의 각 영역별 활동 시간을 학교에서 결정하여 배정하되, 영역 간의 균형이 유지될 수 있도록 유의한다.	·특별활동에 배당된 시간(단위) 수는 학생의 요구와 지역 및 학교의 특성을 고려하여 학교의 재량으로 배정하되, 학생의 발달 단계를 고려하여 학교급별, 학년별로 활동 영역 및 내용을 선택하여 집중적으로 운영할 수 있다.	지침의 수정 및 추가
	·특별활동 영역 중 자치활동, 적응활동, 계발활동은 영역 간의 균형을 유지하되, 필요한 경우에는 일부 영역을 중점적으로 편성할 수 있고, 봉사활동, 행사활동은 별도의 시간을 확보하여 운영할 수 있다.	지침 신설
	·특별활동의 영역은 교육과정 편성상의 구분이며 운영에 있어서는 영역을 통합하여 운영할 수 있다.	지침 신설

특별활동의 평가에 관한 사항도 제7차 교육과정과 동일하게 초·중·고등학교 구분 없이 학생 평가, 특별활동 교육과정 평가에 관한 사항을 제시하여 평가의 방향과 방법에 대

해 안내하고 있다. 다만, 종전과 달리 2007년 개정 교육과정에서는 평가의 실효성을 제고하기 위해 활동영역과 활동 상황을 고려한 평가를 강조하였으며, 일반적이고 당위적인 지침과 중복되는 지침은 수정하거나 삭제하였다.

차. 창의적 체험활동 교육과정의 신구(新舊) 비교(고등학교)

2009 개정 교육과정에서 창의적 체험활동은 종전의 재량활동과 특별활동을 통합하여 나눔과 배려를 실천하는 창의적인 인재 육성을 그 목적으로 도입되었다. 창의적 체험활동과 종전의 재량활동, 특별활동 교육과정과의 주요 변화 내용을 개관하면 다음과 같다.

⟨표 3-52⟩ 창의적 체험활동 교육과정의 신구 비교(고)

구분		2007년 개정 교육과정	2009 개정 교육과정
1. 명칭		특별활동, 재량활동	창의적 체험활동
2. 시간 배당 기준	특별활동	○초등학교 　1학년: 연간 30시간 　2, 3학년: 학년별 연간 34시간 　4, 5, 6학년: 학년별 연간 68시간 ○중학교 1, 2, 3학년: 연간 68시간 ○고등학교: 이수 단위를 총괄 단위 배당으로 전환－총 12단위	○초등학교 　1~2학년: 2년간 272시간 　3~4학년: 2년간 204시간 　5~6학년: 2년간 204시간 ○중학교 1~3학년: 3년간 306시간 ○고등학교: 3년간 24단위
	재량활동	○초등학교 　1학년: 연간 60시간 　2~6학년: 학년별 연간 68시간 ○중학교 1, 2, 3학년: 학년별 연간 102시간 ○고등학교 1학년: 연간 102시간(6단위)	
3. 교육과정 구성	특별활동	○초·중·고등학교 구분 없이 통합 제시 　－구성 체제 　1. 성격 　2. 목표 　3. 내용 　　가. 내용 체계 　　나. 영역별 내용 　4. 교수·학습 방법 및 지원 　　가. 계획과 운영 및 지원 　　나. 영역별 지도 방법 　5. 평가	○초·중·고등학교 구분 없이 통합 제시 　－구성 체제 　1. 성격 　2. 목표 　3. 내용 및 교수·학습 방법 　　가. 내용 체계 　　나. 영역별 내용 및 교수·학습 방법 　4. 운영 및 지원 　5. 평가
	재량활동	○총론의 지침으로 제시됨. 　1. 기본 지침 　2. 지역 및 학교에서의 편성·운영 　3. 교육과정의 평가와 질 관리	
4. 성격	특별활동	○교과와 상호 보완적 관련 속에서 학생의 심신을 조화롭게 발달시키기 위하여 실시하는 교과 외 활동	○앎을 적극적으로 실천하고 나눔과 배려를 할 줄 아는 창의성과 인성을 겸비한 미래 지향적 인재 양성을 목적으로 하는 교과 외 활동 ○특색 있고 다양한 학교 교육활동의 전개 등
	재량활동	○사회 변화에 대응할 수 있는 자기 주도적 학습 능력을 기르고 학교 및 지역사회의 특성과 필요, 요구를 반영한 학교 교육의 특성화, 자율화, 다양화 추구	

5. 목표	특별활동	○총괄목표, 하위 목표 5개 항 ○하위 영역별 구체 목표 제시	○학교급별 구분 없이 총괄 목표를 제시하고 4개 영역별로 하위 목표를 학습자 중심으로 서술
	재량활동	○학교에서 자율적으로 설정 (재량활동의 의의 고려)	
6. 영역별 목표	특별활동	○영역별 목표 제시	○영역별로 하위 목표를 제시함. ○하위 목표는 창의적 체험활동 4개 영역의 실천을 통해서 달성하고자 하는 구체적인 목표임.
	재량활동	○학교에서 자율적으로 설정	
7. 영역	특별활동	○5개 영역 －자치활동, 적응활동, 계발활동, 봉사활동, 행사활동	○자율활동 ○동아리활동 ○봉사활동 ○진로활동
	재량활동	○교과 재량활동 ○창의적 재량활동 －범교과 학습, 자기 주도적 학습	
8. 운영	특별활동	○학생의 요구, 지역 및 학교의 특성을 고려한 융통성 있는 운영 ○영역 및 시간 운영의 학교 자율성 확대 ○지역사회와의 연계 운영 ○특별활동 편성·운영에 관한 지원 강조 등	○학생의 발달 단계를 고려하여 학교급별, 학년별로 활동 영역 및 내용을 선택하여 집중적 운영 ○교과 및 창의적 체험활동의 하위 영역 간에 통합하여 편성·운영할 수 있음. ○계획을 수립·운영 과정에서 학생들의 의사를 적극적으로 반영되도록 함. ○활동의 특성에 따라 방학 기간을 이용하여 집중 운영할 수 있음. ○입학 초기 적응활동은 자율활동 중 '적응활동'의 일부로 편성하여 지도 ○지역사회와의 연계 운영 ○범교과 학습 주제(38개)와의 통합 운영 등
	재량활동	○교과의 특성과 재량활동, 특별활동의 내용에 따라 시간을 통합하여 연속 운영 ○범교과 학습 주제(35개)와의 통합 운영 등	
9. 평가	특별활동	○ 활동 영역과 활동 상황을 고려한 평가자 구분 ○ 평가상의 유의점 제시 ○ 평가 결과를 문장으로 기술 등	○ 학생의 자기 평가, 상호 평가 등 다양한 방법 활용 ○ 평가 결과를 누가 기록하여 학생의 활동 실적, 진보의 정도, 행동의 변화, 특기 사항 등을 담임 또는 담당 교사가 수시로 평가 ○ 창의적 체험활동 성과의 지속적 기록 및 상급학교 진학 자료로의 활용 등
	재량활동	○ 평가의 주안점을 학교에서 작성 활용 ○ 평가 결과를 문장으로 기록 등	

2009 개정 교육과정에는 종전의 재량활동과 특별활동을 하나로 묶어 '창의적 체험활동'으로 운영하게 된다. 따라서 창의적 체험활동에서는 기존의 재량활동과 특별활동의 취지와 교육과정 내용을 계승하되, 창의적 체험활동의 취지를 고려하여 내용을 설정하였다.

〈표 3-53〉 창의적 체험활동 교육내용 체계와 2007년 개정 재량활동·특별활동 내용의 관계 비교

영역	성격	활동	2007년 개정 교육과정 내용 포함

자율활동	학교는 학생 중심의 자율적 활동을 추진하고, 학생은 다양한 교육 활동에 능동적으로 참여한다.	－적응활동
		－자치활동
		－행사활동
		－창의적 특색활동 등
			(특) 적응활동
			  자치활동
			  행사활동
			(재) 창의적 재량활동
			(재) 교과 재량
			(1학년)우리들은 1학년

동아리활동	학생은 자발적으로 집단활동에 참여하여 협동하는 태도를 기르고 각자의 취미와 특기를 신장한다.	-학술활동 -문화 예술 활동 -스포츠 활동 -실습 노작 활동 -청소년 단체 활동 등	(특) 계발활동 특별활동의 상설반
봉사활동	학생은 이웃과 지역사회를 위한 나눔과 배려의 활동을 실천하고, 자연환경을 보존한다.	-교내 봉사활동 -지역사회 봉사활동 -자연환경 보호 활동 -캠페인 활동 등	(특) 교내 봉사활동
진로활동	학생은 자신의 흥미, 특기, 적성에 적합한 자기 계발 활동을 통하여 진로를 탐색하고 설계한다.	-자기 이해 활동 -진로 정보 탐색 활동 -진로 계획 활동 -진로 체험 활동 등	(특)적응활동에서 독립

〈표 3-54〉 창의적 체험활동 교육과정의 영역별 세부 활동(서울특별시교육청 지침: 예)

영역	세부 영역	세부 활동
자율 활동	적응활동	○ 입학, 진급, 전학 등에 따른 적응 활동　　　○ 축하, 친목, 사제동행 활동 등 ○ 예절, 질서 등의 기본 생활 습관 형성 활동 등 ○ 학습, 건강, 성격, 교우 등의 상담 활동 등
	자치활동	○ 1인 1역, 학급회 및 학급 부서 활동 등 ○ 학생회 협의 활동, 운영 위원 활동, 모의 의회, 토론회 등
	행사활동	○ 시업식, 입학식, 졸업식, 종업식, 기념식, 경축일 행사 등 ○ 전시회, 발표회, 학예회, 경연 대회, 실기 대회 등 ○ 건강 체력 평가, 체격·체질 검사, 체육대회, 친선 경기 대회, 안전 생활 훈련 등 ○ 수련 활동, 현장 학습, 수학여행, 학술 조사, 문화재 답사, 국토 순례, 해외 문화체험 등
	창의적 특색 활동	○ 학생 특색 활동, 학급 특색 활동, 학년 특색 활동, 학교 특색 활동, 지역 특색 활동 등 ○ 학교 전통 수립 활동, 학교 전통 계승 활동 등
동아리 활동	학술 활동	○ 외국어 회화, 과학 탐구, 사회 조사, 탐사, 다문화 탐구 등 ○ 컴퓨터, 인터넷, 신문 활용, 발명 등
	문화 예술 활동	○ 문예, 창작, 회화, 조각, 서예, 전통 예술, 현대 예술 등 ○ 성악, 기악, 뮤지컬, 오페라 등　　　○ 연극, 영화, 방송, 사진 등
	스포츠 활동	○ 구기 운동, 육상, 수영, 체조, 배드민턴, 인라인 스케이트, 하이킹, 야영 등 ○ 민속놀이, 씨름, 태권도, 택견, 무술 등
	실습 노작 활동	○ 요리, 수예, 재봉, 꽃꽂이 등　　　○ 사육, 재배, 조경 등 ○ 설계, 목공, 로봇 제작 등
	청소년 단체 활동	○ 스카우트연맹, 걸스카우트연맹, 청소년연맹, 청소년적십자, 우주소년단, 해양소년　단 등
봉사 활동	교내 봉사 활동	○ 학습 부진 학생, 장애인, 병약자, 다문화 가정 학생 돕기 등
	지역 사회봉사 활동	○ 복지 시설, 공공시설, 병원, 농·어촌 등에서의 일손 돕기　등 ○ 불우이웃 돕기, 고아원, 양로원, 병원, 군부대에서의 위문 활동 등 ○ 재해 구호, 국제 협력과 난민 구호 등
	자연 환경보호 활동	○ 깨끗한 환경 만들기, 자연 보호, 식목 활동, 저탄소 생활 습관화 등 ○ 공공시설물, 문화재 보호 등
	캠페인 활동	○ 공공질서, 교통안전, 학교 주변 정화, 환경 보전, 헌혈, 각종 편견 극복 등에 대한 캠페인 활동 등

	자기이해 활동	○ 자기 이해 및 심성 계발, 자기 정체성 탐구 등 ○ 가치관 확립 활동, 각종 진로 검사 등
진로 활동	진로 정보 탐색 활동	○ 학업 정보 탐색, 입시 정보 탐색, 학교 정보 탐색, 학교 방문 등 ○ 직업 정보 탐색, 자격 및 면허제도 탐색, 직장 방문, 직업 훈련, 취업 등
	진로 계획 활동	○ 학업 및 직업에 대한 진로 설계, 진로 지도 및 상담 활동 등
	진로 체험 활동	○ 학업 및 직업 세계의 이해, 직업 체험 활동 등 ○ 지역 및 학부모, 동문 등과 연계한 진로의 날 운영

〈표 3–55〉 창의적 체험활동 교육과정의 영역별 활동 방향(서울특별시교육청 지침: 예)

영역	세부 활동 방향
자율 활동	1) 학생들이 자발적·자율적으로 활동할 수 있도록 하며, 교사는 그 활동이 바람직하고 창의적인 방향으로 나아가도록 지도한다. 2) 모든 구성원들이 골고루 참여할 수 있는 기회를 제공하고, 활동 과정에서 학생들의 다양한 의견을 존중하여 참여 의식을 높이며 소속감을 가지게 한다. 3) 자율적으로 학생회를 구성·운영하여 학교에서 일어나는 여러 문제의 해결 과정과 특색 있는 교육 활동 만들기 등에 참여하여 책임감과 민주 시민 의식을 고취한다. 4) 학생 전원이 학급 생활에 필요한 한 가지 이상의 일을 분담하여 자율적으로 실천하게 하되, 필요할 경우 역할을 교체하여 다양한 경험을 가지도록 지도한다. 5) 행사의 계획 수립, 준비, 시행, 반성 등의 전 과정을 체계적으로 지도하되, 적절한 역할 분담을 통하여 자치적인 운영이 되도록 한다. 6) 학교 행사의 실시에서 필요한 경우 지역 사회와의 연계성을 고려하되, 지역 사회의 요청에 의한 학교 행사는 그 교육적 가치를 충분히 검토하여 선택적으로 운영한다. 7) 학교와 지역의 창의적인 특색 활동 등은 활동의 특성에 따라 방학 기간을 이용하여 집중 운영할 수 있다. 8) 학교의 전통을 계승하고 이를 창의적으로 발전시키려는 노력을 통하여 소속감과 애교심을 기르도록 지도한다.
동아리 활동	1) 학생의 요구와 학교 실정을 고려하여 활동 부서를 조직하되, 가입 시 학생의 희망을 존중하고, 교사 주도가 아니라 학생 중심으로 운영하여 자율성이 최대한 신장되도록 한다. 2) 학교 및 지역 사회의 여건을 고려하여 정일제, 격주제, 전일제, 집중제 등의 방식으로 운영하되, 학생의 개성과 소질을 최대한 신장시키기 위하여 방과 후 및 휴업일, 방학 중에도 활동을 지속적·집중적으로 운영할 수 있다. 3) 동아리 활동의 각종 프로그램을 활성화시키기 위하여 교내외의 인적 자원, 물적 자원을 적극 활용한다. 특히 지역 사회 인사와 학부모의 자발적 봉사 협력을 적극 장려한다. 4) 동아리 활동을 활성화시키기 위해 교내 및 학교 간 경연대회, 전시회, 발표회, 봉사 활동과 연계 등을 적극 추진한다.
봉사 활동	1) 봉사 활동의 참된 의미를 인식시키고 미래 생활과 연계되도록 지도한다. 2) 진정한 봉사 활동이 될 수 있도록 사전 교육을 실시하며, 관련 정보를 충분히 수집하고 면밀한 계획을 세워 추진한다. 3) 봉사 활동의 내용은 학교나 지역 사회의 여건을 고려하되, 학교 재량으로 선정하여 융통성 있게 운영할 수 있다. 4) 지역 사회 관련 기관 및 봉사 단체와 긴밀한 협조 체제를 유지하여 효율적인 봉사 활동이 이루어지도록 한다. 5) 학생들의 처지와 능력 수준에 맞는 봉사 활동을 실시하되, 동아리 활동 등 서로 협력하는 기회를 제공하여 보람을 느낄 수 있도록 지도한다.
진로 활동	1) 학생이 자신에 대한 충분한 이해를 바탕으로 자신의 진로를 개척하려는 태도를 갖게 한다. 2) 학생의 인성, 적성, 진로 성숙도 등 다양한 측면을 파악할 수 있는 각종 검사를 실시하고, 그 결과에 대해 필요한 상담을 실시한다. 3) 진로 관련 상담 활동은 담임교사가 하는 것을 원칙으로 하되, 학생의 진로와 가장 밀접한 교과 및 창의적 체험활동 담당 교사를 진로 지도 교사로 하여 학생 개인별 혹은 집단별 진로 상담에 도움이 되도록 한다. 4) 학생의 학업과 직업에 대한 진로 계획서를 작성하도록 하고 꾸준히 수정하는 활동을 실시하도록 지도한다. 5) 학교, 지역 사회의 인적 자원 및 시설 등을 활용하여 장래에 학생들이 선택하게 될 학업과 직업에 대해 탐구하고, 직접 체험할 수 있는 기회를 제공한다.

<표 3-56> 학교급별 창의적 체험활동 교육과정의 교육 중점(서울특별시교육청 지침: 예)

학교급	주요 교육 중점
초등 학교	초등학교 단계의 창의적 체험활동은 서울특별시의 지역적 특성을 바탕으로 나눔과 배려를 실천하는 창의성과 인성을 겸비한 인재를 기르기 위해 초등학생들의 기초생활습관의 형성, 공동체 의식의 함양, 개성과 소질의 발현에 중점을 둔다. 가. 생활 변화에 적응하고 협의를 통해 문제를 합리적으로 해결할 수 있으며, 다양한 행사와 특색 활동에 능동적으로 참여하여 민주적 시민의 기본 자질과 태도를 지닐 수 있도록 한다. 나. 다양한 활동 부서에 참여하여 창의성, 잠재력을 계발·신장하고, 여가를 선용하는 생활 습관　을 형성하며, 나아가 자아실현의 기초를 다질 수 있도록 한다. 다. 학년 수준에 맞게 가정 및 지역 사회와 연계하여 나눔과 배려의 활동을 실천하도록 하고, 자연환경 보호 활동 및 캠페인 활동에 참여하는 등 활동의 전 과정이 교육적 의미를 가질 수 있도록 한다. 라. 일의 세계를 이해할 수 있는 다양한 학습 경험을 체험하게 하고, 자신의 특성, 소질과 적성, 능력 등을 인식하여 미래 사회의 생활인으로서 바르게 살아갈 수 있는 능력을 갖도록 한다.
중학교	중학교 단계에서는 창의적 체험활동을 통해 남과 더불어 살아가는 태도의 확립, 자신의 진로에 대한 탐구, 자아의 발견과 확립에 중점을 둔다. 학생의 자기주도인 실천 활동을 중시하여 학생과 교사가 공동으로 협의하거나 학생들의 힘으로 활동 계획을 수립하고 역할을 분담하여 실천하게 한다. 아울러, 지역과 학교의 독특한 문화 풍토를 고려하여 특색 있는 프로그램을 편성하며, 인적·물적 자원과 시간을 폭넓게 활용하여 융통성 있게 운영하도록 한다. 　자율 활동에서는 진급 등에 따른 생활 변화에 적응하고 참여와 협의를 통해 문제를 합리적으로 해결할 수 있으며, 다양한 특색활동 및 행사에 참여하여 자신감과 창의성을 기르고 민주 시민의 기본 자질을 익히도록 한다. 　동아리 활동을 통해 다양한 활동에 자발적으로 참여하여 자신의 잠재 능력을 창의적으로 계발·신장하고, 원만한 인간관계를 통해 협동심을 기르며 자아실현의 기초를 닦는다. 　봉사 활동에서는 나눔과 배려의 봉사 활동 실천을 통해 더불어 사는 공동체 의식을 기르며, 지역 사회에 대한 관심을 가지고 사회적 역할과 책임을 분담하여 지역 사회의 발전에 이바지하는 태도를 기른다. 　진로 활동에서는 자신의 진로를 준비하고 개척할 수 있도록 자기이해, 진로정보 탐색, 진로계획 설계 및 다양한 진로체험 활동이 학생 주도적으로 이루어질 수 있도록 한다.
고등 학교	고등학교 단계에서는 학습자의 다양한 욕구를 건전한 방향으로 유도하고, 원만한 인간관계를 형성하며 진로를 선택하여 자아실현에 힘쓰도록 하는 데 중점을 둔다. 학생의 자기 주도적인 실천 활동을 중시하여 학생과 교사가 공동으로 협의하거나 학생들의 힘으로 활동 계획을 수립하고 역할을 분담하여 실천하게 한다. 아울러, 지역과 학교의 독특한 문화 풍토를 고려하여 특색 있는 프로그램을 편성하며, 인적·물적 자원과 시간을 폭넓게 활용하여 융통성 있게 운영하도록 한다. 가. 자율 활동에서는 진급 등에 따른 생활 변화에 적응하고 참여와 협의를 통해 문제를 합리적으로 해결할 수 있으며, 다양한 특색 활동 및 행사에 참여하여 자신감과 창의성을 기르고 민주 시민의 기본 자질을 익히도록 한다. 나. 동아리 활동을 통해 다양한 활동에 자발적으로 참여하여 자신의 잠재 능력을 창의적으로 계발·신장하고, 원만한 인간관계를 통해 협동심을 기르며 자아실현의 기초를 닦는다. 다. 봉사 활동에서는 나눔과 배려의 봉사 활동 실천을 통해 더불어 사는 공동체 의식을 기르며, 지역 사회에 대한 관심을 가지고 사회적 역할과 책임을 분담하여 지역 사회의 발전에 이바지하는 태도를 기른다. 라. 진로 활동에서는 자신의 진로를 준비하고 개척할 수 있도록 자기이해, 진로 정보 탐색, 진로 계획 설계 및 다양한 진로 체험 활동이 학생 주도적으로 이루어질 수 있도록 한다.

Chapter 4

창의적 체험학습의 개관

제1절 창의적 체험학습의 기초

창의적 체험활동과 창의적 체험학습을 고찰할 때에는 반드시 '체험'이란 구체적으로 어떤 것인가가 문제로 대두된다. 이를 사전적 어의에서는 '몸소 겪은 일'이라고 설명하고 있다. 그렇다면 인간의 생활 중에 몸소 겪지 않은 일이 있을 것인가 생각해 보아야 한다. 학습에 초점을 두고 생각하더라도 책을 읽거나 글씨를 쓰는 것도 모두 몸소 겪은 일이 되며, 교사의 강의를 듣는 것도 몸소 겪는 일이 된다. 아마도 이는 교실에서 별 의미가 없는 정의가 될 것 같다. 교육학 용어사전에는 '체험→경험'으로 설명하고 있다. 경험과 같은 의미라는 뜻이다. 그렇다면 체험이나 경험은 정말로 같은 의미로 쓰이고 있는 말인가?

엄격히 구분하면 경험과 체험이 완전하게 동일하지는 않은 것이다. 일반적으로 여기서 설명하는 경험(experience)은 철학, 심리학, 교육학 등에서 정의하는 방식이나 내용이 천차만별이다. 철학자 플라톤(Platon)과 로크(J. Locke)와 듀이(J. Dewey)의 경험이 다르다. 교육에서도 경험을 말한 학자는 많지만 어떤 것이 경험이라고 단정하기는 역시 어렵다. 그러나 현재 우리나라의 교실에서는 경험이라고 하면, 으레 듀이의 경험을 생각하고 있는 것이 대부분이라고 생각한다. 이때의 경험은 어떤 사건을 직접 관찰하거나 행동에 참여하여 얻어진 결과로서의 의식적 사실을 말하며, 이때 사실 속에는 주체로서의 지식이나 정서는 물론 객관적인 사상이 모두 포함되는 개념이다. 그렇다고 체험이 듀이의 경험과 같은 의미라는 말에 쉽게 동의할 수는 없을 것 같다.

심리학에서 한때 체험을 경험과 구분하여 개념 지은 적은 있었다. 이때 체험은 개념의 범위가 넓은 경험 중에서 의식 행위 중에 주관성이 개재된 행위를 구분하여 일컬을 때 사용한 말이다.

일반적으로 창의적 체험활동 교육과정 운영과 관련하여 창의적 체험학습의 개념에 대한 합의의 필요성을 느끼게 된다. 특히 체험학습에 대한 개념 정의가 분명해져야 한다.

교육학자인 데일(E. Dale)의 '경험의 원추 모형', 올센(E. G. Olsen)의 '학습 경험설' 등 교육학자이론들의 경험에 관한 견해와 학교 현장에서 논의되고 있는 일반적인 의미에서 다음과 같은 현장체험 학습에 대한 합의점을 도출할 수 있을 것이다.

첫째, 자연이나 현실 사회를 직접 대상으로 하는 활동

둘째, 직접적인 학생의 행위가 수반되는 활동

셋째, 자연이나 현실과 직접 접촉이 있는 활동

넷째, 최소한 교실의 울타리 밖에서 이루어지는 활동

제2절 창의적 체험학습의 의의

창의적 체험학습이란 자연 현상이나 사회 현상을 실재의 장면에서 직접 관찰하거나 조사하면서 전개하는 학습 방법으로서, 학교 밖에서 이루어지는 학습의 총칭이다. 이는 교실이라는 동일한 환경 속에서 생활함으로써 발생하는 권태에서 탈피하여 학생들의 흥미나 의욕을 불러일으켜 학습 효과를 올리고 학생들로 하여금 생생한 현장에 직면함으로써 생활 경험과 시야를 넓히고 사상(事象) 간의 관계를 보다 잘 이해할 수 있도록 하는 데 그 중요한 목적이 있다.

지리 분야의 야외 관찰, 역사 분야에서의 사적지 답사, 사회 분야에서의 현지 연구에 알맞은 내용들은 현장체험 학습의 형태를 취할 수 있는 것들이다. 관청, 공장, 시장, 조합,

농장 등의 견학, 답사, 소풍, 여행 등은 바로 이러한 학습 형태로 시도될 수 있다.

창의적 체험학습의 특징은 다음과 같이 다섯 가지로 요약할 수 있다.

첫째, 자연적, 사회적 현상을 구체적이고 직접적으로 관찰할 수 있으므로 흥미와 관심을 높이고 자주적인 학습 태노를 높일 수 있다.

둘째, 학생들로 하여금 생생한 사회사상에 직면하게 하여 폭넓은 경험을 시킴으로써 사회적 태도나 능력을 육성할 수 있고 사회인으로서의 행동 양식도 길러 줄 수 있다.

셋째, 교과와 관련된 문제들을 실제 체험을 통해 배우고, 배운 것을 실천할 수 있는 계기가 된다.

넷째, 자기의 주변 환경을 통찰하고 여기에서 새로운 의미를 발견하며, 이러한 작업 속에서 탐구력과 사고력을 기른다.

다섯째, 교사와 학습자가 공동으로 현장 조사를 계획하고 실행하며 평가하는 등, 제반 활동을 함께함으로써 보다 풍부한 교육 환경을 접할 수 있고 지식을 심화시킨다. 특히 소집단을 구성하여 현장 조사 학습을 실행하는 경우에는 협동심을 기를 수 있다.

제3절 창의적 체험학습의 필요성

교육학 이론에서 교육의 효과는 직접 체험을 하면서 체득하는 방법이 가장 효과적이라고 말하고 있다. 특히 현대의 학생들은 스스로 직접 체험에 의해서 사실을 파악하고 인식하는 기회가 과거에 비해 많지 않은 실정이다. 그래서 될 수 있는 대로 학생들에게 직접 체험을 많이 시킬 수 있는 계획이 필요하게 된다.

가. 인성교육의 강화 측면

창의적 체험학습의 구체적인 활동들 속에서 서로 부딪치며 돕고 배우는 것은 다음과 같은 면에서 어린이들의 인성교육에 긍정적이다.

첫째, 학생들의 원만한 인격을 육성하는 전인교육의 장을 마련해 줄 수 있다. 즉, 학교

시설을 떠난 새로운 환경에서의 생활교육, 도덕교육, 체육교육 등의 교육 목적을 종합적으로 달성할 수 있다.

둘째, 의도적인 학교 교육계획을 가장 자연스럽고, 자유스럽게 달성시킬 수 있다.

셋째, 학생들의 사회적·심리적인 필요, 흥미, 관심을 효과 있게 충족시킬 수 있다.

넷째, 집단과정을 통하여 계속적인 경험의 재구성과 집단 속에서의 개성을 형성하는 계기를 마련해 주는 공동 체험학습 프로그램을 개발 운영함으로써 공동체 의식 함양, 애교 정신, 애향 정신, 주인 정신 등 바른 인성 및 품성도 길러지고 학교생활 적응력도 향상될 것으로 사료된다.

나. 창의력 신장 측면

현재 초·중·고교 등 학교에 다니는 학생들이 주역이 될 미래 세계화 시대 및 글로벌 사회(global society)는 지식이나 정보가 경제적 가치를 생산하는 중심적 요소가 될 것이다.

이러한 사회를 일컬어 흔히 지식 사회(knowledge society), 또는 정보 사회(information society) 내지 지식 정보 사회라고 말하며, 이것을 개인적인 측면에서 해석하면 부(富)의 원천이 지식이나, 정보라는 뜻이 된다.

이때 지식과 정보는 창의력이라는 가상의 틀을 통해 표출되며, 미래 사회는 인간의 노동력 중에서 창의력을 가장 요구하는 사회가 될 것이라는 것도 의심의 여지가 없다.

창의적 체험학습은 가공되고 정제된 지식을 전달하는 방식에서 탈피하여, 정보 수준의 현상을 학습자에게 직접 제시하여 개인의 주관적 판단에 의한 학습을 가능하게 한다는 데 근본적인 의의가 있다고 보인다. 또한, 지식의 양적 축적이 학습의 목적이 아니라 질적으로 개인에게 가치 있는 지식을 스스로 구성할 수 있는 기회를 제공하자는 것이 현장체험 학습의 보다 본질적인 목적이며 이를 통하여 학생들의 자기 주도적 학습력이 길러질 수 있다.

현재도 그렇지만, 훨씬 더 정제된 정보능력이 필요한 미래사회에서 보다 많은 가치를 창출할 수 있는 지식이란, 스스로가 구성한 유용한 지식과 주관적 인식의 틀이며 이런 종류의 지식에 대한 필요성이 점점 더 증가하리라는 것은 자명한 일이다.

다. 학생 중심의 교육과정 운영 측면

2009 개정 교육과정에서는 학생의 학습과 일상생활에 필요한 기초적인 능력과 태도의 육성을 위하여 학습자 중심의 직접적인 체험활동을 강조하며, 지식 중심이 획일적인 교육 내용과 방법에 의한 교육과정 운영의 폐단에서 탈피하여 실천 중심의 다양한 체험 교육과 토론 학습으로의 전환을 요구하고 있다.

라. 향토의 얼 계승 측면

지방화 시대를 맞이하여 장차 우리 지역의 주역이 될 학생들에게 향토의 얼과 정신을 심어 주는 것은 매우 중요하다. 이를 위하여 향토의 얼과 정신이 깃들어 있는 문화재, 유적, 기타 관련 현장들을 돌아보고, 조상과 선현들의 생애와 삶의 가치를 탐구해 봄으로써 자랑스러운 한국인으로 자라게 해야 한다.

학생들이 직접 조사하고 느끼고 탐구하는 창의적 체험학습은 이와 같은 면에서 상당히 효과적일 것이다.

제4절 창의적 체험학습의 교육과정 접근

가. 교육과정의 재구성 및 지역화

창의적 체험학습을 위해서는 학교 교육과정을 탄력적으로 편성하고 운영할 필요가 있다. 즉 교육과정의 지역화와 재구성이 반드시 필요하다. 이를 위하여 학생의 다양한 관심을 자극하는 과제를 제시하고, 학생에게 유의미한 주제를 중심으로 내용과 활동을 재조직하여, 학생 자신의 견해를 이해하고 계발시키는 활동을 포함시켜야 한다.

이에 대한 방안으로 지역사회의 자연적·사회적·문화적·인적 특성과 학교의 특수성, 학생들 간에 나타나는 흥미와 욕구의 차이 등을 고려하여 국가 수준에서 개발된 교육과정을 적합하게 재구성하는 활동이 필요하다.

나. 교육과정의 탄력적 운영

창의적 체험학습은 여러 교과와 단원의 내용이 융합된 형태가 많다. 따라서 학교에서 교육과정을 운영하는 시스템에 융통성이 있어야 할 것이다. 종래의 일주일 단위의 시간표에 의한 교육과정 운영 시스템은 시간 운영의 경직성 때문에 체험학습을 위해 다른 학습이 희생되거나 파행적으로 운영될 소지가 다분히 있다고 보인다.

이를 위해서는 학교 수준에서 시간 운영, 교사의 배정, 시설의 운용 등 종합적인 운영 시스템에 대한 포괄적인 계획만을 제시하고, 학년 또는 학급 담임 수준의 상세 교육과정 운영 계획이 따로 마련되어야 할 것으로 판단된다.

다. 창의적 체험학습에 필요한 예산의 확보

현재 창의적 체험학습 경비는 대부분 농어촌 지역은 학교회계로 지급하는 경우가 많으나, 도시 지역의 경우 경비 일체를 순전히 학부모의 부담으로 실시하는 경우가 대부분이다. 그러나 이제는 이러한 관행에 대한 재검토가 이루어져야 한다고 생각된다. 학부모가 경비를 부담하는 현장체험 학습은 그 실시 계획에서부터 실행에 이르는 많은 과정에서 문제의 소지를 안고 있다.

예를 들면, 창의적 체험학습에 동의하지 않는 학부모가 경비를 부담하지 않았다면, 해당 학생을 창의적 체험학습에서 배제할 것인가 등의 문제가 그것이다. 현장체험 학습의 경비는 따로 학교 예산에 편성되는 것이 마땅하며, 학부모가 부담하더라도 현재와 같이 사안별로 부담하게 할 것이 아니라 회계연도나 학년도별로 별도의 예산계정을 마련하여 통합 관리하는 것이 마땅할 것이다. 이것은 빈번히 일어나는 불필요한 잡음에 대한 교사들의 부담을 덜어 주기 위해서라도 반드시 필요한 일이라고 생각된다.

라. 창의적 체험학습 중 안전사고 대책

「교육발전 5개년 계획」과 「학교 자율화 지침」에서는 이 부분과 관련하여, 궁극적으로 학생 안전을 학교안전보험체제로 전환할 것을 제시하고 있다. 그러나 당장 창의적 체험학습과 관련된 안전사고에 대한 부담은 학교 당국자들에게 이만저만한 부담이 아니다. 어쩌면 창의적 체험학습을 기피하게 되는 가장 큰 원인이 여기에 있는지도 모른다.

지금 당장 이 문제에 대하여 해결할 방안이 없다는 것은 창의적 체험학습의 확대에 수반되는 안전사고에 대한 부담을 고스란히 학생과 학교 당국자들이 안으리는 말과 마찬가지이다. 당장 급한 대로 학교 안전공제회의 보상 범위를 확대하고, 교사 및 학교 책임자의 면책 범위에 대한 확실한 규정이 마련되어야 할 것이다.

마. 현장체험 학습에 대한 연수 및 홍보의 필요

현재 많이 개선되기는 하였지만, 학부모나 사회 일반에서는 학생들의 현장체험 학습에 대하여 여전히 이완된 학습 행위라는 인식을 가지고 있는 것 같다. 이에 대한 인식의 전환이 없으면 학교에서 현장체험 학습을 계획하고 실천하는 데 많은 장애 요인으로 작용할 것이다.

실제로 기업이나 관공서에서는 학생들의 학습 장소를 제공하는 데 인색하거나 부담스러워하는 경우가 많으며, 이런 부분은 적극적인 홍보활동으로 상당 부분 상쇄할 수가 있을 것으로 판단된다. 여기에 덧붙여서 이러한 홍보활동은 단위 학교로서는 일정한 한계가 있다는 것이 현실이다. 따라서 홍보활동은 도교육청, 지역교육청, 학교, 교사의 수준에서 각각 일정한 영역에 대하여 이루어져야 보다 효과적일 것이다.

한편, 창의적 체험학습에 대한 합의된 이론과 현장 교사들의 인식이 부족한 실정이다. 뿐만 아니라 학부모나 지역사회, 학생들의 현장체험 학습에 대한 인식 제고를 위하여 이에 대한 계획적이고 의도적인 연수가 필요하다고 하겠다.

바. 현장체험 학습장의 확보 문제

창의적 체험학습장을 발굴하는 것은 다양한 현장체험 학습 활동을 위한 필요조건이다. 이러한 일은 각 학교의 창의적 체험학습 경험을 공유함으로써 쉽게 이루어질 수 있을 것이다. 또한 아직 한 번도 경험하지 못한 창의적 체험학습장도 적극적으로 발굴해서 홍보되어야 할 것이다.

현재 각 시도교육청(지역 교육지원청) 관내에는 여러 개소의 현장체험 학습장과 야영장, 수련원, 수련원 등 다양한 프로그램을 갖춘 현장체험 학습장을 보유하고 있는데, 이를 효율적으로 이용하는 것이 바람직하다.

그러나 학습의 다양성과 여러 지역에서의 접근성을 고려하여 폐교 시설을 이용한 테마 중심의 현장체험 학습장이 각 시·군·구별로 지역 특성에 맞게 더욱 많이 설치 운영되어야 할 것이다.

사. 창의적 체험학습 지원 협의체 구성 운영

창의적 체험학습을 효과적으로 실시하기 위하여 단위 학교나 담임교사의 힘만으로는 어려운 점이 많다. 학교와 교사의 역량은 한계가 있는 것이다. 운송수단, 경비 현장체험 학습장의 개방 여부, 명예 교사의 협조 여부 등 지역사회의 협조는 현장체험 학습의 성패를 가름한다. 그렇다고 매회 현장체험 학습을 실시할 때마다 이들의 협조를 구한다는 것은 담임교사에게 상당한 업무 부담으로 작용하게 된다.

따라서 학교, 학교운영위원회, 지역 인사, 기관, 현장체험 학습장으로 활용 가능한 장소의 대표, 운수회사 대표 등 관련 인사들로 '현장체험 학습 지원 협의체'를 구성하여 현장체험 학습 연간 계획수립에 참여시키는 것이 필요하다. 이와 같은 협의체는 학교 단위 또는 인근학교 단위, 지역 교육지원청 단위로 조직 운영할 수 있다.

제5절 창의적 체험학습의 여건 조성

가. 준비 및 유의점

1) 학습할 내용에 대해 웃어른께 여쭈어 보거나, 책을 통하여 미리 공부해야 한다.
2) 학습 대상의 위치, 교통편, 경비 등을 미리 알아 두어야 한다.
3) 체험학습장에 방문할 시각, 인원 등을 미리 연락하면 더욱 좋다.

4) 체험학습장마다 지켜야 할 규칙과 예절들이 있다. 이에 대하여 미리 알고 가야 한다.

5) 공부할 방법을 미리 자세하게 계획해야 한다.

6) 준비물을 빠뜨리지 않도록 주의해야 한다.

나. 학습 요령

1) 무엇보다 스스로 관찰하고, 조사·탐구하여 문제를 해결하겠다는 의지가 중요하다.

2) 함께 가는 사람들과의 협동이 중요하다. 자신이 맡은 일을 충실히 관찰하고, 조사한다.

3) 다녀와서 보고서를 쓸 수 있도록 충분한 자료를 수집하고 수시로 메모하여야 한다.

Chapter 5

창의적 체험학습의 유형

일반적으로 창의적 체험학습은 종류에 따라 여러 가지 유형으로 구분할 수 있지만, 대체적으로 학습 대상, 교류 유무, 활동 영역, 활동 내용, 활동 집단에 따라 분류하고 있다.

제1절 창의적 체험학습의 유형 분류

가. 학습 대상에 따른 분류

창의적 체험학습을 그 학습 대상에 따라 분류하면 해당 학교와 지역사회의 환경에 따라 달라질 수 있지만 본 자료와 본 자료의 지역 편에서는 충남의 얼 계승, 사랑의 봉사, 역사·유적, 자연·환경, 전통·문화, 산업·경제, 심신 수련, 기관·단체 등 8가지 영역을 대상으로 하는 현장체험 학습의 유형을 고찰해 볼 수 있다.

1) 향토의 얼 계승

조상의 빛난 얼을 이해하고, 향토애 및 각 지역의 얼을 드높일 수 있도록 하는 것이 중요하다. 각 지역의 얼과 정신을 기리는 여러 위인의 사당, 생가, 기념관, 전적지, 사찰, 공원 등을 다채롭게 이용하는 것이 바람직하다. 또 향토의 얼 관련 인물 탐구, 현장 답사, 통일 안보 관련 현장 답사, 견학, 참배 등도 고려하여야 한다.

2) 사랑의 봉사

사회구성원 모두가 더불어 살아가는 삶을 구체적으로 실천할 수 있는 학습으로서 사회복지 시설, 경로당 청소, 농촌 봉사활동, 마을 가꾸기 활동 등이 이에 속한다.

본 활동은 학교에서 단체로 방문하는 것으로 일과성에 그치지 않도록 사후지도가 매우 중요하다. 학생들의 마음을 움직여서 개인이나 단체 활동을 통해서 이와 같은 활동이 지속적으로 이루어지도록 해야 한다.

3) 역사 · 유적 탐방

교과와 관련하여 박물관이나 지역사회의 각종 유형 · 무형 문화재를 답사하고 거기에 담겨 있는 조상의 얼과 슬기를 계승 발전시키려는 태도를 갖도록 하는 데 그 목적이 있다. 관련 교과 및 관련 단원을 통합하여 지도함으로써 주제 통합 학습이 이루어지게 한다면 더욱 좋겠다.

또한, 단순한 답사나 탐구활동에 그치지 말고, 그 속에 담긴 민족 고유의 정취를 느끼게 하며 그것을 아끼고 보존하여 후손에게 물려줄 책임감을 갖도록 지도하는 것도 매우 중요하다.

4) 자연 · 환경 답사(탐사)

산, 강, 바다, 호수 등의 생태계 조사, 환경오염 실태조사, 동식물 관찰, 지역사회의 자연환경 조사활동 등이 이에 속하며, 본 활동은 계절과 지역의 특성을 고려하여 실시하여야 한다. 또한, 학생들이 오고 가는 과정에서의 교통안전, 각종 해충 및 안전 사고 예방에 주의하여야 한다.

5) 전통 · 문화 탐구

지역의 전통과 문화를 접함으로써 조상의 슬기와 얼을 본받고 이를 계승 발전시키려는 노력과 우리 고유의 미풍양속을 가꾸고 지키려는 태도를 길러 주기 위한 현장체험 학습으로 지역 문화제 참가, 관혼상제 참여, 민요나 설화 조사, 민속마을 견학 등이 이에 속한다.

6) 산업 · 경제 분야 조사

지역의 다양한 산업 현장에 대한 견학과 지역 특산물 조사활동을 통하여 진로 의식 고취, 우리 경제 발전에 미치는 영향, 산업의 중요성, 산업현장에서 일하는 사람들에 대한 고마움, 지역 경제의 특징, 지역 발전의 방향 등을 탐구할 수 있도록 하는 현장체험 학습으로 산업 현장 견학과 실습, 시장이나 백화점 견학, 지역 특산물 조사활동 등이 이에 속한다.

7) 심신 수련장 활용

야영장, 수련장, 체육시설, 경기장 등에서 이루어지는 창의적 체험학습으로 야영 및 수련활동은 각 시 · 도교육청, 각 지역 교육지원청 등에서 운영하는 야영장, 각종 사회단체에서 운영하는 야영장이나, 뒤뜰 야영 등 학교 시설을 이용할 수 있으며, 학생들의 심신 단련과 호연지기를 키워 줄 수 있다. 여기에서 각 프로그램의 운영은 활동에 참여하는 학생들의 특성과 학년성 등을 고려하여야 할 것이다.

한편, 체육시설 및 경기장을 이용하는 현장체험 학습은 각종 스포츠 활동, 안전훈련 등을 실시할 수 있으며 이는 학생들에게 적당한 체력단련을 통하여 건강한 심신을 유지하도록 하는 데 기여할 수 있으며, 각종 경기관람, 지역 내 체육대회 참가, 응급 처치법 수강, 안전사고 대비훈련, 건강 교양 강좌 수강 등이 이에 속한다.

위에서 살펴본 현장체험 학습의 유형을 표로 요약하면 <표 5-1>과 같다.

〈표 5-1〉 현장체험 학습의 유형

체험 학습 영역	현장체험 학습을 할 수 있는 곳	공부할 내용	학습방법
향토의 얼 계승	• 향토의 얼 관련 인물 • 향토의 얼 관련 현장 • 독립기념관, 현충사, 충의사 • 통일 안보 관련 현장 • 전적지, 현충원 등	• 충효 정신 • 선비 정신 • 바른 예절 • 굳은 절개와 의리 • 개척 정신	답사 탐구 견학
사랑의 봉사	• 고아원, 양로원, 복지원, 보육원 • 사회복지시설 • 기타 봉사활동이 가능한 곳	• 인사 • 질서 • 대화 • 봉사	봉사 견학
역사·유적	• 문화재(국보, 보물, 지방문화재) • 고적 • 역사박물관	• 조상의 슬기와 얼 • 우리 문화재의 우수성 • 문화재 애호 태도	답사 탐구 견학
자연·환경	• 생태계 현장, 갯벌 • 천연기념물(동식물), 보호수 • 특이 생물(고란초, 동매화 등) • 철새도래지, 식물군락지, 수목원 • 환경오염 현장(토양, 수질, 공기) • 쓰레기매립장, 분뇨처리장, 정수장 등 • 관광명승지	• 자연 생태계 • 자연 보호 • 환경오염 예방 • 자연의 고마움 알기 • 관광 자원 아끼기 • 관광 홍보 활동	관찰 탐구 실습
전통·문화	• 종교 관련(유교, 불교, 기독교 등) • 문학, 음악, 미술, 서예, 연극 등 • 문화원, 방송, 신문 • 지역문화재, 백제문화재, 지역문화축제 • 은산별신제, 굴부르기제, 성황제 • 문예회관　　　• 도예촌 • 민간 신앙　　　• 민속 마을 • 관혼상제, 공원묘지, 토속음식점 • 민요, 설화, 속담, 세시풍속	• 종교와 우리 생활 • 옛 조상의 슬기와 멋 • 조상의 슬기 계승 발전 • 지역문화제에 동참 의식 • 전통 예법 • 조상의 의식주 모습 • 고장 사랑 정신	관람 관전 탐구 견학 실습 봉사
산업·경제	• 산업현장(농업, 임업, 축산업, 잠업, 수산업, 공업, 상업, 금융업 등) • 간척지, 종축장, 양계장, 양돈장, 목장, 양식장, 탄광, 석탄박물관, 염전 등 • 5일장, 상설시장, 백화점 • 특산물(인삼, 구기자, 홍삼, 더덕, 사과 등)	• 산업의 발달과 노력할 점 • 경제활동의 구실 • 소득 증대를 위한 노력 • 소비 절약 • IMF 극복을 위한 노력	견학 실습 탐구
심신 수련	• 야영장　　• 수련장 • 체육시설, 경기장	• 건강한 생활 • 인내심, 극기, 자신감	실습
기관·단체	• 행정기관(시·군청, 경찰서, 전화국, 기상대 등) • 교육기관(교육청, 도서관, 향교, 서원 서당 등) • 단체(청년회의소, 여성단체 등)	• 각 기관에서 하는 일 • 각 단체에서 하는 일 • 공익 • 자신의 꿈 가꾸기	견학 탐구 봉사

나. 교류 유무에 따른 분류

창의적 체험학습은 타교와의 교류 유무에 따라서 더 넓은 삶의 현장 경험을 위하여 학교 간 교류를 통한 교류 학습 방법과 살아 있는 학습 경험을 위하여 해당 학교 자체로 실시하는 학습방법 등 크게 두 가지로 나눌 수 있다.

1) 교류 학습

시·군·구 내 교류, 시·군 간 교류, 시·도 간 교류 등으로 이루어질 수 있는 교류학습은 교육의 장을 확대하여 학생들에게 공동체 의식을 느끼게 하고 다른 지역의 문화적 특성을 이해함으로써 조화로운 인성을 함양하는 데 그 목적을 두며, 그 유형별 특징은 다음과 같다.

가) 자매결연을 통한 교류 체험학습

학생들이 살고 있는 지역과 다른 특성을 갖는 지역의 학교와 자매결연을 통하여 상호 교류함으로써 다른 지역의 다양한 문화를 체험할 수 있다.

이때, 교류기간은 1개월 이내로 하며, 이를 출석기간으로 인정한다. 학생의 지도는 위탁교 교사가 담당하고, 위탁교 교사의 학생 평가서와 학생의 교류 체험학습 보고서를 토대로 재적 학교 담임교사는 관련 교과 학습 및 행동 발달 상황에 반영할 수 있다.

나) 친·인척 집에 기거하는 교류체험학습

핵가족화에 따라 소홀해질 수 있는 가정예절, 집안의 법도 등을 체험으로 느끼게 하기 위하여 친·인척 집에 기거하며 그 인근 학교에서 공부하는 유형으로서 교류기간은 1개월 이내로 한다. 학습 결과에 대한 처리는 자매결연을 통한 교류 체험학습과 동일하다.

다) 교환학습에 의한 교류 체험학습

환경이 다른 지역의 문화 및 생활의 이해와 다양한 삶의 지혜를 터득하게 하기 위하여 1:1 교환 또는 단독 교류 형태로 실시할 수 있는 유형으로 그 처리 절차 및 기간은 자매결연을 통한 교류 체험학습과 동일하다.

이때 양 교 학교장은 학생이 기거하는 가정의 부모를 보호자로 위촉하는 협조문을 발송한다.

라) 교류 체험학습의 절차

(1) 교류 체험학습 기간은 학부모의 희망 및 내용에 따라 1박 2일에서 1개월 이내로 하며 모든 기간을 출석으로 인정한다.

(2) 그 절차는 학부모 신청→재적 학교장의 승인→위탁교에 교류 학습 의뢰→위탁 학교장의 승인→교류 학습결과 통보

(3) 교류기간 동안 위탁교 담임교사의 학습결과 평가서와 학생의 보고서를 바탕으로 해당 학습의 수행 평가 및 교과 학습, 행동발달 상황에 반영할 수 있다.

(4) 위탁 학교장은 학생이나 학부모의 희망, 건강, 기타 특별한 사유로 인하여 복교 사유가 발생했을 때는 재적 학교에 통보하고 즉시 복교 조치를 취한다.

(5) 교류기간 동안 해당 학생의 학습 및 생활 지도 전반에 대하여 학교장이 책임을 진다.

(6) 위와 같은 사항에 대하여 학년 초에 학부모 연수 및 안내문을 발송하여 널리 홍보하는 것이 좋다.

2) 학교 자체 현장체험 학습

학습의 장을 확대함으로써 다양한 학습활동 경험과 자기 학습력 신장, 이웃과 더불어 살아가는 지혜 터득을 통하여 조화로운 인성을 함양하는 데 그 목적을 두며, 그 유형별 특성은 다음과 같다.

가) 교육과정의 다양한 운영을 위한 현장체험 학습

학습의 장을 교내에서 학교 밖으로 확대함으로써 교육과정을 보다 다양하게 운영하기 위한 학습이며 학년별, 학급별, 소집단별로 실시할 수 있다.

이를 위하여 교육과정 내용을 분석하고 재구조화하여 지역사회의 물적, 인적 자원을 최대한 활용할 수 있게 연간 계획을 수립하여 운영한다. 시간확보를 위하여 교과활동, 특

별활동, 재량시간 등을 활용할 수 있으나, 교과별 법정 이수 시간은 필히 이수할 수 있도록 계획되어야 한다.

이를 위하여 단일 교과 위주의 현장체험 학습보다는 여러 교과에서 요소를 추출하여 수제 통합에 의한 학습이 효율적일 수 있으며 2시간, 반일제, 전일제 등으로 다양히게 계획할 수 있다. 또한, 현장체험 학습장의 실무자를 명예교사로 적극 활용하는 방안도 모색하는 것이 좋겠다.

나) 부모 직업 체험학습

주말이나 방학 기간을 이용하여 부모가 근무하는 직장이나 하는 일을 체험함으로써 부모님에 대한 고마움을 느끼고, 직업에 대한 고귀함, 가정 경제 흐름의 이해, 진로 의식 고취, 근무처에 대한 이해 등을 도모할 수 있는 학습이며, 1년에 3~4회 정도 실시하고, 체험 수기 발표회를 가짐으로써 학습에 대한 동기를 부여할 수 있다.

다) 봉사 체험학습

각 도의 역점 시책 중 '이웃 사랑 실천 운동'과 관련하여 고아원, 양로원, 보육원 등 사회복지시설 방문, 농촌 일손 돕기, 마을청소, 교통안전 봉사활동 등의 실천을 통하여 남을 돕는 자세를 갖게 하는 학습으로 사전에 담임교사에게 계획서를 제출하고 해당 기관의 봉사활동 확인에 의하여 학교 생활기록부 작성 자료로 활용한다.

라) 테마 중심 체험학습

교육과정과 관련된 일정 주제를 정하고 전시회, 박람회, 지역 문화제, 향토문화행사 등을 통하여 학습할 수 있는 유형으로 비교적 고학년에 적합한 유형이다.

주제를 정할 때는 여러 교과에서 관련 요소를 추출하고, 그들이 유기적으로 결합될 수 있도록 재조직되어야 한다.

마) 가족과 함께하는 체험학습

가족과 함께 여행을 통하여 현장체험 학습을 하며 여행지 인근의 학교에서 수업을 받는 유형으로 6일 이내의 기간을 출석으로 인정한다. 이때 학부모를 명예교사로 위촉하며 위탁교에서 통보되는 학습결과 및 학생의 체험학습 보고서를 바탕으로 교과학습 및 행동 발달 상황을 평가할 수 있다.

바) 관혼상제 친·인척 고향 방문을 통한 체험학습

친·인척 간의 공동체 의식 함양과 전통 윤리의 가치 이해를 도모하기 위하여 실시하는 학습으로 대동하는 학부모나 친·인척이 학생을 지도한다.

이는 국가공무원 복무규정(대통령령 제14825호) 및 학교 생활기록부 관리 지침 해설(교육과학기술부 장학자료 110호)에 의하여 출석으로 인정하며, 원격지인 경우에는 학교장의 재량으로 1~2일 가산할 수도 있다.

사) 결연 가정에 기거하는 체험학습

동일 학교 내에서 자매결연 관계에 있는 가정에 기거하며 다른 가정 문화를 이해할 수 있게 하는 학습으로 기거하는 가정의 학부모를 해당 학생의 보호자로 학교장이 위촉할 수 있다.

다. 활동 영역에 따른 분류

현장체험 학습을 활동 영역별로 구분하여 종합적으로 제시해 보면 스포츠 활동, 문예활동, 봉사활동, 전통문화활동, 과학활동, 예능활동, 자연체험활동, 예절수양활동 등 8개 영역으로 구분할 수 있다.

1) 스포츠 활동

이 활동은 학생의 건강 증진이 고유 목적이지만 이외에도 협동심과 용기를 심어 주는 역할을 할 뿐만 아니라 학교생활에 따른 정신적 긴장을 해소시킴으로써 학생들의 정서 발달에도 큰 도움을 줄 수 있다.

각종 체육대회 참가, 극기훈련, 만남의 광장, 응급 처치법 수강, 안전사고대비 훈련, 건강교양강좌 수강, 수영, 등산, 오리엔티어링, 빙상, 경기관람 등이 이에 속한다.

2) 문예활동

각종 백일장 대회 참가, 문학강좌 수강, 토론회 참석, 도서관 이용, 저자와의 만남 등은 학생들의 사고 능력과 문학적 표현력을 향상시키는 것을 고유 목직으로 하며, 자신의 생각과 감정을 여러 가지 형태로 표현하고 그것을 발표하는 활동뿐만 아니라 다른 사람의 글을 이해하고 감상하는 활동을 포함한다. 창작 발표회, 시낭송 경연대회 등이 이에 속한다.

3) 봉사활동

학생들에게 사회봉사의 의의와 필요성, 봉사활동의 다양한 유형 등을 제시함으로써 이웃을 사랑하고 봉사활동으로부터 얻는 즐거움을 경험할 수 있도록 하는 데 그 목적이 있다. 학생들이 이웃이 겪는 어려움이나 그들에 대한 고마움을 느낄 수 있도록 하는 것은 그들의 성장에 매우 중요하며 건전한 시민 정신과 근면한 생활 태도를 함양할 수 있는 주요 활동 영역이라 할 수 있다.

불우 이웃 돕기 바자회, 각종 복지시설 위문, 농촌 봉사활동, 꽃길 가꾸기, 청소활동, 교통지도활동, 각종 캠페인 등이 이에 속한다.

4) 전통문화활동

우리 민족 고유의 정취를 느낄 수 있는 활동으로 학생들에게 올바른 문화적 정체감을 심어 주고, 외국 문화를 주체적이고 창조적으로 수용할 수 있는 능력을 길러 줌으로써 조화로운 생활양식을 스스로 만들어 가는 활동이다.

전통 문화제 참가 및 관람, 민속놀이하기, 전통생활용품 조사, 지역사회 고유의 문화조사, 도요지 견학, 향교 견학, 내 고장 지도 그리기, 문화 유적 탐사, 박물관 견학, 전통문화 강습, 전통문화 공연 관람, 민속 예능제 참가 등이 이에 속한다.

5) 과학활동

　과학활동은 직접적인 관찰과 활동을 통하여 기초적인 과학적 지식을 습득하고 여러 가지 현상들에 대한 탐구 능력을 키우기 위한 것이다. 어린이들은 호기심이 매우 강하기 때문에 과학적 현상들을 탐구하고자 하는 열의가 매우 강하다.

　동식물 관찰, 생태계 조사, 해양 탐구 활동, 수질오염실태 조사, 자연학습장 견학, 발명품 전시회 참가 및 견학 등이 이에 속한다.

6) 예능활동

　예능활동은 음악, 미술, 연극, 영화 등의 분야에 직접 참여하거나 다른 사람의 예술활동에 대한 기본적인 소양과 안목을 갖추도록 하는 데 있으며 학생들의 정서 발달과 창조능력 증진에 도움이 된다.

　청소년 문화 광장 참가, 종합 예술제 참가 및 관람, 문화 동아리활동, 미술관 관람, 서예교실 수강, 공예강습 수강, 도자기 만들기, 음악 감상회 관람, 연극 관람, 각종 전시회 관람, 영화 감상 등이 이에 속한다.

7) 자연체험활동

　이 활동은 자연 속에서 이루어지는 각종 탐사활동, 자연을 가꾸고 보존하는 활동, 야외 레크리에이션 등으로 이루어진다. 이는 학생들로 하여금 자연의 생태를 이해하고 자연을 사랑하는 마음을 갖게 하는 것을 주요 목적으로 한다. 특히 도시 생활에 익숙해 있는 학생들의 경우에는 이 활동을 통하여 짧은 기간이나마 전원생활의 기쁨을 체득할 수 있다.

　이 영역의 특징은 학생들이 일상생활을 떠나 자연 속에서 생활해야 하므로 주로 방학이나 휴가 기간, 행사 기간에 집중적으로 실시된다는 점이 있다.

　무인도 탐험, 강 탐사, 국토 탐사, 조국 순례, 향토 순례, 관광명소 여행, 모험의 세계, 야영활동, 추적 활동, 자연관찰 하이킹, 소풍, 수학여행, 식목행사, 화단 꾸미기, 주말 전원농장, 환경보전여행, 철새 도래지 탐사 등이 이에 속한다.

8) 예절 수양 활동

우리 사회의 전통 예절 및 일상생활에서 지켜야 할 생활 예절을 익히는 활동으로 이루어진다. 학생들이 사회 구성원으로서 갖추어야 힐 공동생활의 원리를 내면화할 수 있도록 하는 데 주요 목적이 있다. 특히 전통적인 예의 규범들을 변화된 시대 상황에 알맞게 재해석하여 공동생활의 원칙으로 정착시킬 수 있다.

혼례·제례·상례 배우기, 명절 쇠기, 생활관 실습, 전통 다도 배우기, 가정 상호 방문 등이 이에 속한다.

라. 활동 내용에 따른 분류

현장체험 학습은 그 활동 내용에 따라 다양하게 분류할 수 있지만, 일반적으로 관찰, 답사, 탐구, 견학, 실습, 봉사, 관람·관전, 주제 통합 등으로 구분한다.

1) 관찰활동

주로 저학년의 자연(슬기로운 생활) 학습활동에 적합하며, 대상을 살펴보고 그 특징과 모습을 알아보는 활동으로 동·식물 관찰, 생태계 관찰, 천체 관찰 등이 이에 속한다.

2) 답사활동

주로 중학년의 사회과 학습활동에 적합하며, 현장에 가서 실제로 보고 조사하는 활동을 문화재 답사, 향토 답사, 고적 답사, 유적 답사 등이 이에 속한다.

3) 탐구활동

주로 고학년의 학습활동에 적합하며 대상에 대한 조사활동을 통하여 자료를 수집하고 이를 분류하며 나름대로의 해석을 곁들이는 활동으로 생태계 탐구, 환경오염 탐구, 문화재 탐구, 향토 탐구, 우리 고장 산업의 특징 탐구 등이 이에 속한다.

4) 견학활동

넓은 의미로 볼 때 답사활동과 큰 차이가 없으나, 일반적으로 그 대상을 공공기관이나 산업체, 농장 등을 실제로 가 보고 조사 활동하는 것을 의미한다. 따라서 공공기관 견학, 공장 견학, 농장 견학, 박물관 견학 등이 이에 속한다.

5) 실습활동

교실에서 수업을 통해 배운 내용을 실생활 현장에 적용시켜 보는 활동으로 교통질서 지키기, 물건 사기 등이 이에 속한다.

6) 봉사활동

자신의 처지보다 어려운 사람을 돕거나 자신의 희생과 노력으로 남을 위하는 활동으로 복지시설 방문, 마을 꽃길 가꾸기, 경로당 청소, 농촌 봉사활동 등이 이에 속한다.

7) 관람·관전 활동

주로 예·체능 활동과 관련하여 미술 전시회, 각종 공연, 운동 경기 등을 관람 또는 관전하는 활동이 이에 속한다.

8) 주제 통합 활동

위의 여러 가지 활동 중에 2개 이상의 활동 유형이 복합적으로 나타나는 활동으로 대부분의 현장체험 학습은 이에 속한다.

마. 활동 집단에 따른 분류

창의적 체험학습은 활동 집단에 따라 개인활동과 집단활동으로 분류할 수 있으며, 집단활동은 다시 소집단 활동, 학습활동, 학년 단위 활동, 학교 단위 활동, 가족과 함께하는 활동, 동호회 활동, 청소년 단체 활동 등으로 구분할 수 있다.

창의적 체험학습에서 개인활동과 집단활동의 장단점은 다음과 같다.

개인활동은 주체가 학생 개인이다. 이 형태는 학생 개인의 눈으로 관찰하고 개인이 보고서를 정리하여 발표하는 형식을 취함으로써 학생의 활동이 보다 많아진다는 장점이 있다. 그러나 이 방법은 교실 밖의 생소한 환경에서 이루어진다는 점에서 자칫하다가는 계획된 대로 실행하기가 어렵고 활동이 위축되기 쉬운 단점도 가지고 있다.

한편, 집단활동은 집단을 구성하여 현장체험 학습을 벌이는 형태로서 보다 폭넓고 깊은 현장 조사 활동을 전개할 수 있다는 이점이 있다.

학습의 형태는 학습의 목적과 내용에 따라서 탄력적으로 운영할 수 있다. 대체로 학습전개에 있어서는 개인학습보다 소집단을 형성하여 해결하는 것이 효과적인 경우가 많다. 집단적 사고를 거침으로써 올바르고 효율적인 현장조사 활동을 벌일 수 있고 보다 왕성한 활동을 유발하며 집단적인 문제 해결력과 의사소통 능력을 기를 수 있다.

제2절 창의적 체험학습의 수업 모형

효율적인 현장체험 학습의 운영을 위하여 교재의 특성 및 학생의 능력에 따라 알맞은 수업 모형을 적용하는 것은 교사의 몫이 될 것이다.

일반적으로 현장체험 학습과 관련되는 수업 모형들을 살펴보면 다음과 같다.

가. 역할놀이 수업 모형

이 방법은 학생들에게 구체적인 상황을 실제로 경험해 볼 수 있는 기회를 제공한다. 이

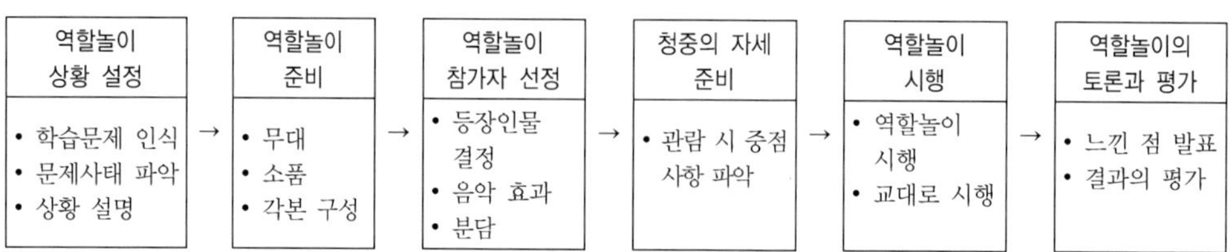

〈그림 5-1〉 역할놀이 수업 모형의 절차 및 방법

렇게 함으로써 학생들에게 스스로가 지닌 '가치'나 '의견'을 좀 더 분명히 깨닫게 하고 또 사람들이 어떻게 타인의 행동에 영향을 미치는가를 더 잘 이해할 수 있게 해 준다. 그 절차 및 방법은 다음과 같다.

나. 개념 분석 수업 모형

개념 분석 수업 모형은 학생들이 개념의 의미를 점차 높은 수준에서 사고해 내도록 도와주고 유도하는 방법이다. 다음은 윌슨(J. Wilson)의 개념 분석 전략을 응용하여 제시한 것이다.

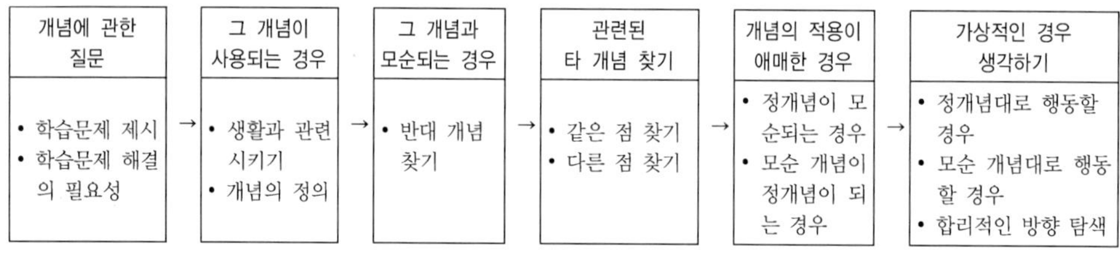

〈그림 5-2〉 개념 수업 모형의 절차 및 방법

다. 집단 탐구 수업 모형

이 모형은 학생들이 정보를 수집, 분석, 종합, 일반화함으로써 지식이 도출된다는 가정 하에서 출발한다. 학생들이 문제를 스스로 발견하고 해결하는 과정을 집단 문제 해결 활동으로 하면 토의 과정에서 그들의 아이디어가 보다 명료화된다.

교사는 이 과정에서 유연성을 발휘하여야 하고 학생들에게 어떠한 단서를 주지 않아야 한다는 것이 중요하다.

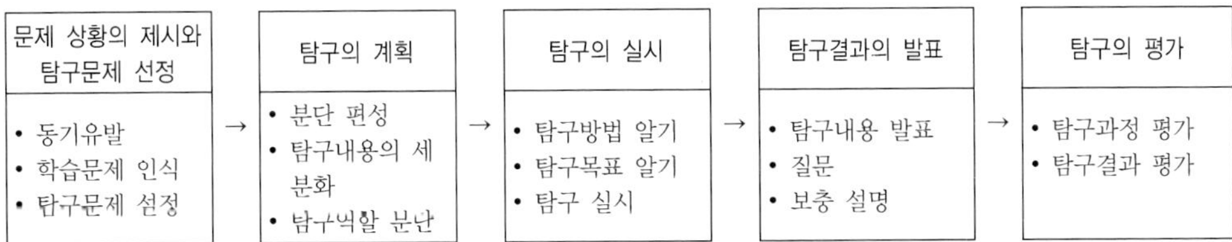

〈그림 5-3〉 집단 탐구 모형의 절차 및 방법

라. 사례 학습 모형

사례 학습 모형은 사례 연구법을 적용한 학습 모형이다. 사례 연구는 개인이나 소집단을 대상으로 양적으로 조사하기 힘든 문제에 대하여 그 특성까지 깊고 넓게 그리고 상세하게 조사·분석·검토함으로써 제 요인을 전체적으로 밝히는 방법이다.

- 학습 계획 단계: 학습 문제를 결정하고, 조사 방법을 선택한다.
- 관찰, 조사, 분석 단계: 사례의 일반적인 특징, 원인, 결과, 다른 사항과의 관계 등을 알아보거나 관련되는 가치를 분명하게 한다.
- 정리, 보고 단계: 종합적으로 정리하여 보고서를 작성한다.

마. 표본 조사 학습 모형

전체 대상에 대한 문제의 답이나 그 특성을 찾기 위하여 대상의 일부, 혹은 집단을 표본 추출하여 자료를 수집하고 정리·분석함으로써 그 경향을 알아보기 위한 방법이다.

- 학습 계획 단계: 학습 문제를 결정하고 조사 방법과 가설을 설정한다.
- 조사활동의 단계
- 분석 정리 단계: 자료를 분석하고 정리하여 결론을 내리고 일반화한다.

바. 인물 학습 모형

학생들로 하여금 보다 친밀감 있게 역사에 접근할 수 있는 계기를 마련하여 역사에 대한 관심과 판단력을 길러서 역사의 개성적인 내면의 이해를 가능하게 하며, 편협한 인간관을 시정하고 보다 넓은 시야에서 인간을 보도록 하는 데에 의의가 있다.

- 도입 단계: 인물에 대한 사전 지식을 조직하고 탐구 문제를 결정한다.
- 전개 단계: 인물의 생애와 인간상, 업적, 시대적 배경, 역사적 상황 등을 개인별 혹은 분단별로 분담하여 자료를 수집하고 조사한다.
- 정리 단계: 전체 학생들에게 발표, 토의, 질의, 응답 등의 활동을 통해 문제점을 명료화한다. 교사의 보충적인 지도 조언을 곁들인다.
- 평가 단계: 학생들의 정의적인 가치, 태도 및 자료의 분석과 비판 능력 등에 대하여 평가를 한다.

사. 문헌 조사 학습 모형

특정한 주제와 관련된 정보를 교과서 이외의 여러 가지 문헌 자료로부터 수집하고 이를 수업에 활용하는 것을 의미한다. 그 조사 대상은 백과사전, 향토지, 전문서적, 잡지, 신문, 연설문 등을 들 수 있다.

- 문제 발견 및 가설 설정: 조사 목적 확인, 잠정적인 문제 해결 방안 찾기
- 조사 계획 수립: 문헌 조사, 사례 조사, 면접법 등 신뢰할 만한 자료 찾기
- 문헌 자료의 수집 및 검토
- 검토 분석된 내용의 해석: 가설 검증, 결론 도출
- 발표와 토의: 가설의 수정, 합리적인 결론 도출
- 보고서 작성

아. 사료 학습 모형

과거를 입증해 주는 사료를 자료로 삼아 학습하면, 학생의 과거에 대한 상상은 보다 용이해지고 그만큼 역사 학습에 대한 흥미와 관심이 높아질 수 있을 것이다.

- 사료의 준비: 찾아진 사료를 학생의 수준으로 번안하기
- 사료의 분석: 사료 읽기, 사료 분석
- 발표 및 검토 분석 결과 발표, 질의응답 및 토의, 가설 검증, 결론 도출
- 보고서 작성

자. 토의 학습 모형

특정의 주제나 문제에 대하여 학생 상호 간에 의견을 교환하는 학습활동으로 사회 현
상이나 문제를 사고하고 탐구하는 학습을 함으로써 바람직한 민주 시민의 육성을 그 목
표로 한다.
- 준비 단계: 토의 주제 선정, 토의 기초 자료 조사 및 수집, 분석
- 토의 단계: 토의 방법 선정, 토의 진행

차. 자원 인사 초빙 학습 모형

학습시키고자 하는 내용 및 상황에 대하여 교사보다 잘 알고 있거나 전문적 지식 또는
풍부한 경험을 가지고 있는 그 분야의 전문가를 초빙하여 학습에 활용하는 방법
- 학습 문제의 결정
- 자원 인사의 선정
- 자원 인사의 교섭 및 회의
- 학습 목표의 재확인
- 자원 인사의 이야기 청취 및 질의응답
- 학습 정리

카. 지도 이용 학습 모형

지도 자체에 관한 이해를 추구하거나 지도를 이용하여 각종의 추론 능력, 상황 및 관계
파악 능력을 배양하는 학습
- 탐구 문제의 확인 및 진술: 주제를 확인하고 구체화
- 자료원의 확인: 자료의 종류와 그 출처를 알아보기
- 자료의 처리: 구체적으로 활용될 수 있게 처리하기
- 추론하기: 탐구 문제에 대한 답을 찾아 새로운 통찰하기
- 종합 및 정리

타. 경험 수업 모형

실험에 의한 가설 검증 과정을 필요로 하지 않고, 학생들에게 자연의 사물과 현상을 직접 경험할 수 있는 기회를 제공함으로써 탐구 과정 능력의 개발에 강조점을 두는 수업 모형이다.

경험 수업 모형의 지도 단계는 다음과 같다.

- 자유 탐색 단계: 자료 관찰, 자료 놀이, 분류
- 탐색 결과 발표 단계: 결과 발표, 토의
- 교사의 인도에 따른 탐색: 관찰 관점 제시, 분류 기준 제시
- 탐색 결과 정리 단계: 이해, 문장화

파. 발견 수업 모형

자연의 사물과 현장을 관찰하고 그 결과를 일반화하는 데 중점을 두는 수업 모형으로 그 지도 단계는 다음과 같다.

- 탐색 및 문제 파악 단계: 탐색활동, 자료 관찰, 문제 파악
- 자료 제시 및 관찰 탐색 단계: 계획된 자료 제시, 관찰, 탐색, 분류, 측정, 의사 전달
- 자료 추가 제시 및 관찰 탐색 단계: 자료 추가 제시, 관찰, 분류, 측정, 의사 전달
- 규칙성 발견 및 개념 정리 단계: 모형사용, 일반화, 그래프화, 문장화, 수식화
- 적용 및 응용 단계: 적용, 응용, 설명

하. 가설 검증 수업 모형

학습 주제가 원인−결과 관계, 즉 '만일 ～이라면, ～일 것이다'와 같은 내용이 포함되어 있을 때 가능한 수업 모형으로 과학의 개념과 탐구 과정의 학습을 동시에 달성할 수 있다.

- 탐색 및 문제 파악 단계: 자료 관찰, 문제 파악
- 가설 설정 단계: 가설의 설정

- 실험 설계 단계: 변인 조사, 실험 계획
- 실험 단계: 변인 통제, 실험, 관찰, 분류, 측정
- 가설 검증 단계: 데이터 정리, 그래프화, 자료 해석, 일반화, 가설의 수용 또는 수정
- 적용 및 새로운 문제 발견 단계: 적용, 예상, 실명, 문제 발견

거. 탐구 훈련 모형

탐구 훈련 모형은 교사가 상호작용을 통제하고 탐구절차를 지시하는 식으로 매우 구조적일 수 있다. 그러나 탐구 규범은 협동, 지적인 자유 그리고 평등이다. 학생들 사이의 상호 작용이 격려되어야 한다. 지적 환경은 모든 관련된 아이디어에 대하여 개방적이며 교사와 학생은 아이디어에 관한 한 동등하게 참여한다.

- 1단계 문제와 대면: 탐구 절차 설명, 이례적인 사례 제시
- 2단계 자료 수집 – 확인: 물체의 성질과 상황을 확인, 문제 상황의 발생 확인
- 3단계 자료 수집 – 실험: 관계된 변인을 분리, 인과 관계의 가설을 세우고 검증한다.
- 4단계 설명: 규칙을 형성하거나 설명한다.

너. 생물학 탐구 모형

이 모형은 보통 정도의 구조적, 협동적이며 엄격한 지적 풍토를 가지고 있다. 교사는 학생들로 하여금 동일시하려는 노력보다는 탐구 과정에 주의를 기울이게 하며 탐구 능력을 육성한다. 이 모형에서는 탐구 과정에 숙련된 융통성 있는 교사와 탐구할 문제 영역이 제공될 필요가 있다.

- 1단계: 탐구 영역 제시
- 2단계: 문제를 구조화
- 3단계: 탐구에서의 문제 확인
- 4단계: 탐구 과정에서 어려운 점을 제거할 방법을 생각

더. 귀납적 사고 모형

이 모형은 고도에서부터 보통으로 구조화되어 있다. 이는 협동적이지만 교사가 활동의 주도자이고 통제자이다. 교사는 유도 질문을 학생들의 인지 활동 수준에 조화시키고, 학생의 준비도를 결정한다. 학생들은 조직하고 분석할 원자료가 필요하다.

- 개념 형성: 목록화 및 열거, 집단화, 명명 범주화
- 자료 해석: 영역 및 관계의 구별, 영역 및 관계의 설명, 추론
- 원칙의 적용: 결과에 대한 가설 설정 및 예측, 예측과 가설을 설명하고 지지, 예측을 입증

러. 창조적 문제 해결 모형

이 모형은 교사가 각 단계들을 주도하지만 학생들의 반응은 꽤 개방되어 있다. 창의성의 규범과 '환상의 놀이'가 권장된다. 보상은 내적인 것이다. 이를 위하여 개방성, 비합리성, 창의적 표현을 권장한다. 필요하면 모형도 사용한다. 모든 학생의 반응을 수용한다. 학생들의 사고를 확장하도록 비유를 선택한다.

① 새로운 것의 창조를 위한 수업 흐름
- 단계 1 – 현재 상황의 기술: 주제나 상황은 현재 이해한 대로 기술하기
- 단계 2 – 직접적 비유: 직접적 비유를 제시하고 하나를 선택하여 탐색
- 단계 3 – 개인적 비유: 학생이 절차에서 선택한 비유
- 단계 4 – 압축된 갈등: 단계 2와 3에서 서술한 것들을 택하고, 압축된 갈등을 몇 개 제시하고 하나를 선택한다.
- 단계 5 – 직접적 비유: 압축된 갈등에 대해서 다른 직접적 비유를 하고 선택한다.
- 단계 6 – 최초의 과제 재검토: 최초의 과제 또는 문제로 돌아가서 마지막 비유를 하게 하고 모든 창조적 문제 해결 경험을 하게 한다.

② 낯선 것을 친숙하게 하기 위한 수업 흐름
- 단계 1 – 실재적인 것의 투입: 새로운 주제에 관한 정보 제공

- 단계 2 – 직접적인 비유: 교사는 직접적인 비유를 제시하고 이를 학생들이 설명하도록 한다.
- 단계 3 – 개인적 비유: 교사는 학생들이 직접적 비유의 부분이 되게 한다.
- 단계 4 – 비유의 비교: 새로운 사료와 직접적인 비유 긴의 유시성을 지적
- 단계 5 – 차이점의 설명: 적합하지 않은 비유에 대한 설명
- 단계 6 – 탐색: 최초의 주제를 자신의 말로 재탐구
- 단계 7 – 비유의 도출: 자기 자신의 직접적 비유를 제시하고 유사점과 차이점을 탐색

머. 모의 학습 모형

교사는 자료 선정, 모의 학습 지도 등을 통하여 사회 체제를 구조화한다. 그러나 학습에서의 상호작용은 비위협적이며 협동적이어야 한다. 교사의 역할은 모의 학습을 관리하고 (조직과 내용), 게임을 설명하고 규칙을 준수하도록 하고, 지도하고, 결과 보고를 위한 토의를 하게 한다.

- 1단계 – 도입: 모의 학습 소재와 모의 활동에 통합된 개념 제시
- 2단계 – 참여자 훈련: 시나리오 선정, 역할 배정, 연습
- 3단계 – 모의 학습 운영: 게임 활동 및 게임 관리
- 4단계 – 참여자의 결과보고: 사태와 지각의 요약, 난점과 통찰의 요약, 과정 분석, 모의 활동과 실세계와의 비교, 교과 내용과 관련시키기, 평가, 재설계

버. 훈련 모형

이 모형은 다양한 교육 문제에 적용될 수 있다. 사회적 행동의 발달과 공포감을 없애 주는 데에 도움을 준다. 또한 정신 운동 기능을 포함하여 상당히 다양한 종류의 단순한 능력과 복잡한 능력, 문제 해결 방법, 다양한 인간적 능력 등이 적용될 수 있다. 이러한 능력들은 자기 확신과 안정감을 길러 준다.

- 1단계 – 명료화: 목표의 명료화
- 2단계 – 이론적 설명: 실행의 근거나 이론을 설명

- 3단계－시범: 정확한 시범 보이기
- 4단계－모의 상황하의 연습: 모의 상황에서 피드백을 받으며 연습
- 5단계－적용: 실제 세계에 적용해 보기

서. 감상 및 관람 모형

미술품이나 각종 예능 발표회를 감상하거나 관람하여 그 특징을 발견하고 애호하는 태도를 기를 수 있는 수업 모형으로
- 준비 단계: 목표 제시, 대상, 관찰
- 감상 및 관람 단계: 비교, 분류, 관점 설명, 관점 확인
- 확인 단계: 능력이나 태도 진단
- 보충 단계: 심화 보충

제3절 창의적 체험학습의 절차 및 평가

학교 현장에서 창의적 체험학습을 계획하고 실행하기 위하여 몇 가지의 절차를 거치는 것이 효과적이다. 또한 모든 학습에서와 마찬가지로 현장체험 학습에서도 그 결과에 대한 평가가 이루어져서 환류의 과정을 거쳐야 한다.

가. 절차와 방법

창의적 체험학습은 교육과정에 맞게 일련의 학습 과제를 해결하기 위한 방법이다. 그러므로 학교에서 이루어지는 일상적인 학습 과정에서 반드시 창의적 체험학습으로 해결하여야 하는 학습과제가 나올 경우 창의적 체험학습이 계획되고 추진되어야 한다. 단지 소풍이니까, 또는 '책가방 없는 날' 행사를 때우는 식으로 하여서는 학습 효과를 충분히 기대하기 힘들다.

교실 수업의 연장으로 이루어지는 창의적 체험학습은 대개 3단계를 갖는다. 즉 가기 전의 준비 단계, 현장에서의 체험 단계, 다녀온 후의 정리 단계가 그것이다.

1) 준비 단계

준비 단계는 학습 주제를 결정하고 장소를 물색하며, 학습 방법을 계획·준비하는 단계이다. 이때 학생들과 같이 현장체험 학습 계획서를 작성한다. 일단 장소가 결정되면 가능한 한 사전 답사를 다녀오는 것이 좋다. 만일 자주 가 본 곳이고 잘 아는 곳이면 생략할 수도 있으나 이는 학습 과제 해결의 가능 여부와 학습 방법의 자세한 계획을 세우기 위하여 필요하다.

2) 현장에서의 체험 단계

체험 단계에서는 직접 현장에 가는 것으로 이때에는 학생들이 스스로 탐구하고 조사하며 과제를 자주적으로 해결하도록 교사나 부모가 도와주어야 하며 충분한 정보가 없을 경우에는 교사가 적절한 내용을 설명하여 주어야 한다.

또한, 체험학습 현장에서 지켜야 할 사항이나 주의할 일, 예절과 질서에 대한 지도가 있어야 한다.

3) 정리 단계

사후 정리 단계는 조사 결과를 정리하는 것으로 다양한 방법이 가능하다. 대자보 형식으로 정리할 수도 있고 복사하여 나누어 줄 수 있는 방식으로 간단히 보고서를 작성할 수도 있다. 또한 녹음한 것이나 사진 등을 첨부할 수도 있다. 계획한 학습 주제가 어떻게 정리되었는가가 가장 중요하다. 그리고 참가한 학생들 나름의 느낌도 같이 정리하도록 한다.

4) 체험학습 보고회(발표회) 개최

창의적 체험학습에 대한 결과의 일반화와 학생 토론 정착, 학생 축제 문화 형성을 위하여 다양한 보고회 개최를 권장한다.

예를 들어 현장체험 학습 발표 대회, 토론회, 전시회 등을 개최하며 그 방법으로는 부모님과 함께하는 보고회, 동호인과 함께하는 보고회, 개별 보고회 등이 있을 수 있다.

나. 창의적 체험학습의 평가

창의적 체험학습이 과거의 객관적인 지식이나 정보를 가르치고 배우는 것이 아니라, 개별 학습자의 소질이나 특성에 맞추어 보다 조직적이고 체계적인 인지 구조를 가질 수 있도록 도와주고 격려하는 것, 즉 교수·학습 활동의 주체는 개별 학생이 되며 교사는 개별 학생이 능동적으로 배우고자 하는 지식이나 정보에 대한 적절한 안내자 및 나름대로의 학습을 조장하기 위한 촉진자 역할을 강조하는 것이라면 그 평가 방법도 당연히 학생 스스로가 자신의 지식이나 기능을 나타낼 수 있도록 산출물을 만들거나, 행동으로 나타내거나, 답을 작성하도록 요구하는 수행 평가 방식이 타당할 것이다. 따라서 현장학습을 중심으로 한 창의적 체험학습에 대한 평가 방안을 수행 평가를 중심으로 살펴보기로 한다.

1) 수행 평가의 특징

학생의 창의성이나 문제 해결력 등 고등 사고 기능을 파악하고 개별적인 학습을 신장하기 위하여 사용될 수 있는 수행 평가의 일반적인 특징은 다음과 같다.

첫째, 수행 평가는 학생이 문제의 정답을 선택하게 하는 것이 아니라, 자기 스스로 정답을 작성하거나 행동으로 나타내도록 하여 학생의 인지적 구조나 문제 해결 과정을 파악하고자 한다.

둘째, 수행 평가는 추구하고자 하는 교육목표를 가능한 한 실제적인 상황하에서 달성했는지 여부를 파악하고자 한다.

셋째, 수행 평가는 교육의 결과뿐만 아니라 교육의 과정도 함께 중요시한다.

넷째, 수행 평가는 개개인을 단위로 해서 평가하기도 하지만 학생들 간의 상호 협력을 유도하기 위해 집단을 단위로 해서 평가하기도 한다.

다섯째, 수행 평가는 학생의 인지적인 영역뿐만 아니라 학생 개개인의 행동발달 상황이나 흥미·태도 등 정의적인 영역, 신체적인 영역 등 종합적이고 전인적인 평가를 중시한다.

2) 수행 평가의 방법

현재 널리 사용되고 있는 수행 평가의 종류로는 서술형 검사, 논술형 검사, 구술시험, 찬·반 토론법, 실기시험, 실험·실습법, 면접법, 관찰법, 자기 평가 보고서, 연구 보고서, 포토폴리오 등이 있다. 이는 기존의 권위나 가치관에 대한 수동적인 수용보다는 자기 나름의 세계를 재창조해 가는 과정을 강조하는 근래의 인지심리학을 근거로 하여 창의성이나 문제 해결력 등 고등 사고 기능을 파악하고 신장하기 위한 교육 평가의 기법으로 각광받고 있다. 이들 중 몇 가지 방법에 대해 알아보고자 한다.

가) 서술형 및 논술형 검사

서술형 검사란 흔히 주관식 검사라고 하는 것으로 문제의 답을 선택하는 것이 아니라 학생들이 직접 서술하는 검사이다. 질문의 형태에 있어서 단편적인 지식을 묻는 것(예: 수덕사의 대웅전은 국보 몇 호이며 어느 시대 건축물인가?)보다는 창의성 등 고등 사고 기능을 묻는 것(예: 수덕사 대웅전의 건축 양식을 통하여 고려 시대건축 문화를 알아보자)이 주류를 이루어야 한다. 논술형 검사도 일종의 서술형 검사이기는 하지만 개인 나름의 생각이나 주장을 창의적이고 논리적이면서도 설득력 있게 조직하여 작성해야 함을 강조한다.

나) 실기시험

종래의 실기시험과 수행 평가에서의 실기시험의 차이는 시험을 치르는 상황이 통제되거나 강요된 상황인가 아니면 자연스러운 상황인가의 차이에 기인한다.

다) 관찰법

관찰은 학생을 이해하고 평가하기 위한 가장 보편적인 방법 중의 하나이다. 교사들은 늘 학생들을 접하고 있으며 개별 학생 단위로나 집단 단위로 항상 관찰하게 된다. 그러나 객관적이고 정확한 관찰을 하기 위해서는 관찰 대상을 있는 그대로 기술하는 일화 기록법이나, 점검표(체크리스트)나 평정 척도 등을 이용하기도 하고, 경우에 따라서는 비디오 녹화를 한 후 분석하기도 한다.

라) 연구 보고서

이 방법은 통합된 주제로 현장체험 학습을 할 때, 그 주제에 대해서 자기 나름대로 자료를 수집하고 분석·종합하여 연구 보고서를 작성·제출하도록 하여 평가하는 것이다. 이때 연구의 주제나 범위에 따라 개인적으로 할 수도 있고 조별로 할 수도 있다.

이러한 보고서 작성을 통하여 각종 정보를 수집하는 방법, 다양한 자료를 종합하고 분석하는 방법, 보고서 작성법 등을 익히게 될 것이며, 연구 발표회나 연구의 상호 교환을 통해 다른 사람의 학습 결과를 배우게 될 것이다.

마) 포트폴리오(portfolio)

포트폴리오란 자신이 만든 작품을 지속적으로 모아 둔 작품집을 이용한 평가 방법이다. 현장체험 학습에서는 학생이 몇 시간 또는 하루의 학습의 과정에서 얻어지는 산출물을 그 순서대로 교사에게 제시함으로써 학습 과정을 평가하는 데 매우 유용할 것이다.

일반적으로 포트폴리오 평가를 수행하는 데는 다음과 같은 절차를 고려해야 한다.

첫째, 교사는 해당 수업 시간에 내용을 선정하고 선정된 내용에 대한 수행 과제의 범위를 결정해야 한다.

둘째, 수행 과제 범위 내에서 포트폴리오 과제를 정하고 포트폴리오 제작물을 만들어야 한다.

셋째, 제작된 포트폴리오 과제 수집 모델을 수업 시간에 나누어 주고 수업과 동시에 완성해 가도록 수업을 운영한다.

넷째, 완성해 가는 포트폴리오 제작물은 교사와 협의회 때 자료로 이용되며 학습 향상 보고서를 작성하는 데 근거가 된다.

다섯째, 교사는 학습 향상 보고서를 가지고 평가를 하게 된다.

전통적인 평가의 대안으로 지칭되는 용어는 다양하나 그중에 하나가 수행 평가이며, 이 수행 평가의 목적을 만족시킬 새로운 기법의 하나로 논의되고 있는 것이 포트폴리오 평가이다. 이 포트폴리오를 이용하면 학습 현장에서 학생 수준별 개별화 문제, 자기 주도적 학습 참여 문제, 반성적 사고를 높이는 문제 등을 해결하는 도구로 이용될 수 있다.
따라서 일선 현장에서의 이에 대한 부단한 연수가 요구되고 있다.

다. 현장체험 학습을 위한 유의점

현장체험 학습은 분명 교내 수업에 의한 방식보다는 직접 체험을 할 수 있다는 점에서
매력적이지만, 교사나 학생들의 시간적, 경제적 부담이 가중될 수밖에 없다. 따라서 다음
사항에 유의하여야 할 것이다.

1) 학습 계획상의 유의점

현장체험 학습은 학습의 장을 학교 울타리 밖으로 넓혀 가는 것이기 때문에 자칫 단순
한 행사나 여행, 놀이 중심으로 학습이 진행될 우려가 있다.

따라서 현장체험 학습을 계획하기 위해서는 그 준비가 교내에서 하는 수업보다 더 계
획적이고 조직적이며 유목적적(有目的的)이어야 한다.

첫째, 교육과정을 철저히 분석하여 현장체험 학습에 필요한 우선순위를 정하고, 가능한
한 비슷한 제재나 주제를 다루고 있는 교과 영역들을 모아서 주제 통합을 이루어야 한다.

둘째, 수업 가능 일수와 학교행사, 수업 시수를 고려하여 현장체험 학습 실시 가능한
시간 수를 산출한다.

셋째, 교육과정의 내용과 관련된 지역사회 내의 인적·물적 자원을 조사한다.

넷째, 현장체험 학습의 우선순위와 실시 가능한 시간 수, 지역사회 자원 등을 고려하여
현장체험 학습 연간 계획을 수립한다.

다섯째, 현장체험 학습일 전에 가능하면 현장 답사를 통하여 학생들이 학습할 내용과
방법, 학습 집단 조직을 계획한다.

여섯째, 현장체험 학습 시 기본예절을 지도한다. 예를 들어 기관을 방문할 때의 예절,
문화재 애호 태도, 복지시설 방문 시 가져야 할 마음가짐 등을 지도하여 학습 대상에 대
한 무례가 없도록 하여야 한다.

위의 여러 가지 유의점도 중요하지만 무엇보다도 가장 중요한 것은 현장체험 학습의

목적이 뚜렷해야 한다는 것이다. 학생들이 간접 경험에 의해서도 충분히 달성할 수 있는 내용으로 행사를 치르기 위한 계획이 앞선다면 이는 분명 시간의 낭비에 불과할 것이다.

2) 학습 지도상의 유의점

일반적으로 초·중·고교 학생들은 주변 분위기에 매우 민감하다. 따라서 학습의 장이 교실에서 교실 밖으로 바뀌었다는 사실 하나만으로도 자칫 학습의 핵심을 벗어나는 행동을 할 가능성이 높다.

따라서 교사는 현장체험 학습을 실시하는 중에 다음과 같은 점에 유의하여야 할 것이다.

첫째, 학생들에게 학습목표와 학습할 과제를 분명히 알도록 하여야 한다. 목표와 과제가 명확하지 않으면 학생들이 대상에 대한 조사나 탐구의 방향을 제대로 잡지 못하여 엉뚱한 학습 결과가 나올 수 있다. 따라서 사전 지도를 통하여 대상에 대한 선수 지식, 학습 방법, 과제 등을 제시해 줄 필요가 있다.

둘째, 학습 집단 구성에 유의하여야 한다. 학습 대상의 특성, 크기, 위치한 곳의 면적 등에 따라 개별, 소집단, 학급 단위, 학년 단위로 학습 집단을 구성하여야 한다.

셋째, 학습에 근간이 되는 학습 지침만 제시하고 학습의 주도권을 학생들이 가질 수 있도록 개방적이어야 한다. 현장체험 학습을 통한 자기 학습력 신장 차원에서라도 학습 방법을 학생 스스로 세울 수 있도록 세세한 부분까지 교사가 간섭해서는 안 된다.

넷째, 집단활동일 경우 팀워크를 중시해야 한다. 자칫 학습에 방관자가 생겨서는 곤란하다. 인성교육 차원에서라도 서로 도움을 주고받는 협동성을 강조해야 한다.

다섯째, 현장체험 학습 활동 후 개별 또는 소집단별 보고서를 작성하게 하여 학생들에게 목적의식을 부여하여야 한다.

3) 현장체험 학습 도중 주의할 점

학생들은 학교를 벗어나면 들뜨기 쉽다. 따라서 무엇보다 안전사고에 유념하여야 한다. 다음은 창의적 체험학습 도중 일어나기 쉬운 사고의 유형이다.

가) 교통사고

나) 낙반 사고

다) 뱀, 해충, 독충 등에 의한 사고

라) 수상 안전사고

마) 기타 예기치 못한 사고

물론 교사가 사전에 충분히 지도하거나 예비하더라도 사고의 가능성은 항상 존재한다. 따라서 학교 안전공제회나 보험회사 등의 적절한 보험 상품을 조사하여 이에 가입하는 것도 적극 고려해 보아야 할 것이다.

4) 사후 단계에서의 유의점

현장체험 학습 결과를 간단한 보고서나 발표회로 그칠 것이 아니라 학교 특성에 따른 다양한 방법의 보고회나 발표회를 계획하여 학생들 나름대로 열심히 조사하고 탐구한 결과에 대한 발표와 토론 기회를 충분히 주어야 한다. 이는 자연스럽게 토론 문화를 형성할 수 있으며, 더 나아가 현장체험 학습을 통하여 배운 여러 가지 기능과 학습 결과물을 모아 학예 발표회와 같은 축제로 승화시킬 수 있다.

또한, 모든 학습이 그러하듯 현장체험 학습도 과정상의 오류나 고쳐야 할 점들을 평가하고, 그 결과를 환류시켜 지도하여야 한다.

Chapter 6

창의적 체험학습의 유형별 실제

제1절 관찰학습

가. 관찰학습의 목표

1) 자연의 여러 모습을 관찰하여 그 특징을 파악한다.
2) 주변 생물의 생김새와 생활을 살펴서 그 특징을 파악한다.
3) 자연과 생물의 모습과 변화를 파악하고 학습에 적용한다.

나. 관찰학습의 과정과 내용

1) 관찰 계획 세우기
2) 숲 속의 여러 생물 알아보기
3) 준비물 갖추기
4) 관찰활동을 하기
5) 중요한 점 메모하기

6) 사후 정리하기

다. 관찰학습 시 준비물

1) 화첩, 필기도구, 돋보기, 채집망 등 채집 도구 등
2) 망원경, 사진기 등

라. 관찰학습 시 유의점

1) 기상의 변화 및 안전에 유의한다.
2) 식물 관찰할 때 독충이나 벌레에 물리지 않도록 한다.
3) 관찰의 범위를 넓게 잡지 말고, 좁은 범위에서 많은 것을 발견하도록 한다.
4) 한 번의 관찰로 끝내지 말고, 계절별이나 수시로 관찰하여 변화 과정을 기록한다.
5) 혼자 떨어져서 관찰하지 말고 친구들과 함께한다.
6) 지도교사 등 지도·관리하는 분의 지도에 따라 활동한다.

마. 관찰학습의 절차

사전 활동	당일 활동	사후 활동
•사전 학습하기 •사전 협의하기 •사전 답사 •계획 수립하기 •모둠편성 및 관찰 과제 작성 •준비물 구비하기	•정해진 시각 집합 •관찰 시 주의사항 지도 •개인별 학습 안내 •분임별 견학활동 •관찰결과 정리 •주변 정리	•관찰활동 정리 보고서 작성하기 •보고서 발표회 •평가 및 반성 •학습자료 보충 설명

바. 관찰 학습 활동 안내(예시)

순	활동 장소	활동 내용	활동장 안내
1	○○산	•금성산 숲 속 생태 관찰·탐구하기 •금성산의 자연과 생물 알아보기	■ 공주시 금흥동 소재
2	○○산	•봉황산 생태 관찰·탐구하기 •주변 경관 살펴보기	■ 공주시 봉황동 소재

3	○○봉	•국사봉 생태 관찰·탐구하기 •쉰질 바위의 유래 알아보기	■ 공주시 의당면 월곡리 천태산 일원
4	○○산	•계룡산 생태 관찰·탐구하기 •계룡산의 여러 절(갑사, 동학사, 신원사 등)의 역사와 유래 알아보기	■ 공주시 계룡면, 반포면 소재
5	○○성	•공산성 생태 관찰·딤구하기 •공산성의 여러 유적 살펴보기(쌍수정 등)	■ 공주시 산성동 소재
6	○○산	•무성산 생태 관찰·탐구하기 •고랭지 채소 재배 상황 알아보기	■ 공주시 우성면, 사곡면 소재
7	○○산	•칠갑산 생태 관찰·탐구하기 •칠갑산 자연 휴양림 살펴보기	■ 청양군 정산면, 대치면 소재(시외)
8	○○봉	•장군봉 일대 산의 생태 관찰하기 •주변의 인삼 재배 농가 방문하기	■ 공주시 장기면 소재
9	○○강	•금강 주변의 자연생태 관찰·탐구하기 •모래 및 유역의 토지 변형 살펴보기	■ 공주시 장기면 소재
10	○○천	•유구천의 생태 관찰하기 •직조 공장과 하천의 오염 살펴보기	■ 공주시 유구읍 소재
11	○○식물원	•식생하는 동식물 관찰하기 •식물을 각 종류별로 유목 분류하기	■ 청양군 남양면 소재(사립)(시외)
12	○○동물원	•기르는 동물 생태 관찰하기 •동물들의 특징 알아보기	■ 대전광역시 소재(시외)

현장체험 학습은 학습 과제를 해결하기 위하여 학생들이 생활 현장이나 역사적 유적지를 직접 찾아가서 문제를 해결해야 한다. 특히 관찰 학습은 다른 현장체험 학습의 바탕이 되는 학습이다. 따라서 현장체험 학습을 통하여 학습 목표를 달성하고자 하는 아주 효과적인 학습 방법이다. 다만, 소풍이나 책가방 없는 학습의 날로 생각하여 무엇을 해야 할지 몰라 헤매거나, 아무거나 하는 학습으로 오해하지 않도록 미리 세부 계획을 치밀하게 수립해야 한다.

사. 관찰 학습 과정안

단 계	과 정	학습 활동
탐색 및 문제 파악	•선수학습 　요소 해결 •학습목표 인지	•전 시간에 학습한 내용을 상기시키고 경험을 발표시키기 •본시의 학습문제 파악하기 　·교과서 문제 예습과제 교사 자작문제 중심으로 교사가 제시하기
자료제시 및 관찰	•자료제시 •관찰 및 탐색	•새 문제를 해결하는 데 필요한 자료를 제시하기 •해결방법 구상하기 •문제 해결에 필요한 자료제시 •문제 해결 탐색하기 　·해결방법을 생각하며 관찰하기 　·해결 과정을 다시 살펴보기

자료 추가제시 및 관찰탐색	•개념정리 •토의	•발견한 원리 법칙, 사실 등을 말, 문자, 기호화하기 ·그림으로 그리기 ·표를 만들기 ·그래프로 그리기 ·만들어진 자료 해석하기 •학습한 것을 정리된 자료를 통하여 발표하기 ·연구의 결과 발표 ·정리된 자료에 의하여 발표하기 ·학습내용 재음미
적용 및 응용	•응용	•본시의 학습내용에 따라 새로운 사태의 경우 유추하기 ·새 개념의 활용 ·새 개념의 기지의 개념 속에 편입하기 •복습 과제와 예습과제를 아동 수준에 따라 제시하기

아. 관찰 학습 교수·학습 과정안

1) 학습주제: 숲 속의 생물 관찰

2) 학습 목표

가) 식물을 자세히 관찰하여 분류할 수 있다.

나) 식물의 이름을 식물도감에서 찾아낼 수 있다.

다) 자연이 우리에게 주는 혜택을 알 수 있다.

라) 자연을 사랑하는 마음을 가질 수 있다.

3) 학습 전개

주 제	숲 속의 생물 관찰	대 상	제 ( )학년
일 시	20○○. . .	장 소	( )산
관련교과	자연, 도덕	교 통	도보
준 비 물	교사: 식물도감 학생: 화첩(스케치 북), 필기도구, 돋보기		

활동영역	영 역	활 동 내 용	유 의 점
사전활동	사전 계획 세우기(전날)	•숲 속의 식물 안내 협의 및 계획 세우기: 일시, 장소, 준비물 등 •모임별 사전 계획 세우기	
학교 준비 활동(아동)	주의 사항	•인원 파악 •이동 시 주의 사항: 개인행동 삼가기 쓰레기 버리지 않기, 들꽃 사랑하기, 교통질서 지키기 등 •학교 출발⇒도보	

중심 활동 관찰 1	숲에 누워 자연 만나기 (1)	•숲 속에 누워 하늘을 바라보고, 눈을 감고 소리 들어보기 •무슨 소리가 들릴까? •도시에서 나는 소리와 무엇이 다른가? •새소리나 벌레 소리 들어보고 흉내내고 가장 인상적인 새에게 만 이름 붙여주기	
관찰 2	숲에 누워 자연 만나기 (2)	•이 숲 속에는 무엇이 살고 있을까? S : "나무, 풀, 거미, 새, 다람쥐, 나비 등…" T : "그것 말고 또 이 숲을 이루고 있는 것들은 무엇일까?" S : "흙, 바람, 돌, 물, 햇빛 등…" T : "이 중에 필요 없는 것이 있을까?" S : "없어요" K : "저기 있는 저 돌맹이는 밑에 무엇이 살고 있을까요? S : "돌 밑에 지렁이가 살고 있어요."	

관찰 3	가장 큰 잎과 가장
	작은 잎 찾기
		•주위 살피기7
		
		•약 5명씩 조 편성을 하여 나뭇잎 모아 보기
		 •전체적인 생김새 : 길쭉한 것, 넓은 것, 뾰족한 것, 둥그런 것,
		  잎자루 쪽이 넓은 것, 하트 모양 등
		 •잎 가장자리의 모양 : 밋밋한 것, 물결 모양, 톱니 모양 등
		
		 •잎이 갈라진 정도 : 얕게 갈라진 것, 깊게 갈라진 것
		 •전체적인 생김새 : 길쭉한 것, 넓은 것, 뾰족한 것, 둥그런 것,
		  잎자루 쪽이 넓은 것, 하트 모양 따위
		 •잎 가장자리의 모양 : 밋밋한 것, 물결 모양, 톱니 모양 등
		 •잎이 갈라진 정도 : 얕게 갈라진 것, 깊게 갈라진 것
		 •잎맥의 모양 : 그물 모양, 나란이 모양
		 •잎의 앞 뒷면 : 부드러운 것, 꺼칠꺼칠한 것
		
		•가장 큰 잎과 가장 작은 잎 찾기 활동
		 •가장 큰 잎과 작은 잎을 찾기 위해 몸을 낮추다 보면 조금은
		  낮아지고 겸손해질 수 있는 인성 교육 실시
		
		•가장 큰 잎과 가장 작은 잎을 모양, 잎맥, 감촉, 냄새 등으로 분
		류 관찰하기
			•생물과 환경요소의
			상관 관계를 알게
			한다.
			
			•같은 식물인데도 크
			기 차이가 얼마나
			큰지를 느끼게 하고
			제각기 자기만의 모
			습으로 살아가는 것
			을 깨닫는 기회가
			되도록 한다.

관찰 4	풀 씨름 등 풀
	놀이를 해보자.
		•풀 놀이를 통한 식물의 다양한 상태 알아보기
		 •쇠뜨기의 줄기를 잡아당겨 보면 '똑'하는 소리와 함께 마디
		  가 쏙 빠진다. 빠진 줄기를 제자리에 꽂으면 마치 요술처럼
		  빠지지 않고 붙어있다.(아이들이 신기해 함)
		 •갈퀴 덩쿨과 같이 잎이나 줄기에 가시가 있는 식물로 옷에
		  붙여 장식해 보기
		 •질경이와 같이 줄기가 질긴 풀로 풀씨름 해보기
		 •바랭이 종류의 이삭을 거꾸로 세워서 이삭 부분을 묶어 올려
		  예쁜 우산 만들기
		 •쇠비름을 이용한 목걸이 만들어 보기
			•내 몸과 친해지도
			록 한다.

관찰 5	꽃과 나뭇잎, 풀잎으로 꽃다발을 만들기	•자연물로 꽃다발을 만들어 보기 •토끼풀, 메꽃 등 질긴 풀줄기 등을 이용하여 꽃다발을 만들 어 보기	•촉감, 냄새, 크기 등 특징을 생각해 찾아내도록 한다.

관찰 6	나무를 온 몸으로 느껴봐요.	•나무의 특징 알아보기 ·2인 1조가 되어 한사람은 눈을 가려 장님이 되고 한사람은 안내자가 되어 안내자가 장님을 주변의 한 나무 앞으로 가서 "이게 네 나무야"라고 말해주고 장님은 온갖 감각을 이용해 자기 나무를 익혀둔다. ·안내인은 다시 원위치로 장님을 데리고 와서 눈가리개를 풀어 주고 자기 나무를 찾아보게 한다.	
관찰 7	자연물로 조형물 만들기	•이전의 활동들로 꺾어놓았던 나뭇잎, 풀, 나무 줄기, 돌 등을 총동원하여 조형물 만들기	·느낌, 바람 등 추상적인 내용을 표현하게 한다.
관찰 8	가장 인상적인 식물을 자세히 관찰하고 그리기	•가장 인상적인 식물을 관찰하고 그려보기 ·가장 인상 깊었던 식물을 찾아가 '친구'라고 불러 보세요. ·친구를 안아주세요. 어떤 느낌이. 또는 생각이 떠오르나요? ·친구의 전체 모습, 잎의 모습을 자세히 살펴 그 모양을 그려봅시다.	
적용 및 응용단계	식물의 이름 알아보기	•가장 인상 깊었던 식물의 친구에게 이름을 지어주세요. ·내가 지어주는 이름, 이름을 붙인 까닭 발표하기 •진짜 이름을 식물도감에서 찾아 이름 불러주기	
평가관점	1. 식물을 자세히 관찰하여 분류할 수 있는가? 2. 식물의 이름을 식물도감에서 찾아내는가? 3. 자연이 우리에게 주는 혜택을 알고 있는가? 4. 자연을 사랑하는 마음을 갖고 행동으로 실천하는가?		

제2절 답사학습

가. 답사학습의 목표

1) 고장 및 향토의 문화재와 명승지를 답사하고 자긍심을 고취한다.
2) 고장과 향토에 있는 명승고적과 문화재의 유래와 훌륭한 점을 파악한다.
3) 우리 조상들의 문화와 문화재를 답사하고 그 훌륭한 점을 알고 본받으려는 마음을 갖는다.

나. 답사학습의 과정과 내용

1) 답사 사전 지도
2) 분임(모둠) 편성 및 출발
3) 목적지(답사지) 도착 및 인원 점검

4) 박물관(문화재, 명승고적) 답사 활동하기

5) 특징 및 중요한 점 메모하기

6) 주변 정리 및 과제 제시, 귀가 지도하기

다. 답사학습 시 준비물

1) 교사: 호루라기, 문화재 사진자료, 안내 팸플릿, 박물관 실별 배치도 등

2) 학생: 필기도구, 수첩, 사진기 등

라. 답사학습 시 유의점

1) 사전에 충분한 협의와 연구를 하고 계획을 세운다.

2) 사전 답사를 통하여 충분한 기초 지식을 갖고 출발해야 한다.

3) 단순한 답사에 그치지 말고 조상의 얼을 계승하려는 마음을 갖도록 한다.

4) 보고 듣고 느낀 점을 기록한다.

5) 사진은 허가된 구역에서만 촬영한다.

6) 선생님 지시에 따라 활동하고 경건한 자세를 갖는다.

마. 답사학습의 절차

사전 활동		당일 활동		사후 활동
•사전 학습하기 •사전 협의하기 •사전 답사하기 •계획 수립하기 •모둠편성 및 답사 과제 작성 •준비물 구비하기	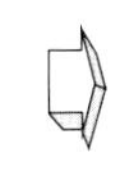	•정해진 시각 집합 •답사활동 시 주의사항 지도 •개인별 학습 안내 •분임별 답사활동 •답사결과 정리 •주변 정리		•답사 활동 정리 보고서 작성하기 •보고서 발표회 •평가 및 반성 •학습자료 보충 설명

바. 답사학습 활동 안내(예시)

순	활동 장소	활동 내용	활동장 안내
1	○○민속박물관	•민속박물관에 소장된 유물 알아보기 •민속박물관에 소장된 조상들의 의식주 관련 유물 살펴보기	■충남 아산시 소재(시외)
2	국립○○박물관	•공주박물관에 소장된 유물 알아보기 •백제 시대 유물의 훌륭한 점 알아보기	■공주시 중동 소재
3	○○민속극박물관	•민속극박물관 소장품 살펴보기 •민속극의 특징과 유래 알아보기	■공주시 의당면 청룡리 소재
4	○○사	•마곡사(태화산)의 창건과 유래 알기 •마곡사 경내의 여러 유적, 유물 알아보기	■공주시 사곡면 소재
5	○○향교	•공주향교의 유래 알기 •옛날 향교에서 한 일 알기	■공주시 교동 소재
6	○○리구석기 유적지	•석장리에서 출토된 유물 알아보기 •석장리 유물의 특징 파악하기	■공주시 장기면 소재
7	○○사	•성곡사 사찰의 역사 알기 •대석불상의 웅장함 살펴보기	■공주시 우성면 소재
8	○○리 고분 군(群)	•무령왕릉 살펴보기 •고분군의 경관 및 왕릉의 위치 알아보기	■공주시 웅진동 소재
9	○○바위	•천주교순교자가 생긴 이유 알기 •옛날과 현재의 종교의 자유 관계알기	■공주시 금성동 소재
10	○○서원	•충현 서원의 유래 알기 •서원에서 한 일 알아보기	■공주시 반포면 소재
11	○○리도요지	•학봉리 도요지에서 생산된 도자기 알기 •학봉리에 도요지가 생긴 지리적 이유 알기	■공주시 반포면 소재
12	○○전적지	•우금치 전적지 비문 알기 •동학군의 역할과 동학혁명 의미 알기	■공주시 금학동 소재

사. 답사학습 교수·학습 과정안

1) 학습 주제: 의·식·주 생활의 변화
2) 학습 목표: 민속박물관을 찾아가 조상들의 의·식·주 생활 지혜를 알아보고 우리들의 의·식·주 생활에서 개선해야 될 점을 찾아 말할 수 있다.
3) 학습 전개

주 제	조상들의 의·식·주 생활		대 상	4학년
일 시	20○○. . .( ) 교시		장 소	○○ 민속박물관
관련교과	사회과, 도덕과		교 통	도보(또는 승차 교통)
준 비 물	교사: 학습지			
	아동: 메모지, 필기도구, 사진기			

활동과정	영 역	활 동 내 용	유 의 점
문제 파악	•학습동기 유발 •학습문제 확인	•오늘 점심시간에 먹은 음식물에 대한 이야기하기 •우리 집이 없었다면 어제 밤에 나는 어디에서 잤을까? •우리 조상들의 옷과 집, 음식에 대해 아는 점 발표하기 •본시 학습문제 이야기하기 조상들의 의·식·주 생활 모습과 지혜를 알아보고 우리들의 의·식·주 생활에서 고칠 점 찾아보기	
문제 탐색	•학습문제 해결 방안 협의	•조상들의 의·식·주 생활에 대한 VTR을 시청하면서 주요 내용 기록하기 •학습 내용, 순서, 방법 등의 해결 방안을 협의하기 •문제 해결을 위한 조 짜기와 각자의 임무 부여하기 •답사 시 지킬 일 협의하기	
문제 해결	•학습장으로 이동 •의생활 전시관	•질서를 지키며 안전하게 체험학습장으로 이동하기 •모임별로 인원 파악하기 •지킬 일 상기시키기 •의생활의 시대적 변화 찾아보기 •조상들의 의생활의 지혜 알아보기 •조상들이 의생활의 발전을 위해 노력한 흔적 알아보기 •옛날과 오늘날의 의생활 변화 조사하기	— 의식주를 연계하여 지도한다.
	•식생활 전시관 •주생활 전시관	•식생활의 시대적 변화 찾아보기 •조상들의 식생활의 지혜 알아보기 •조상들이 식생활의 발전을 위해 노력한 흔적 알아보기 •옛날과 오늘날의 식생활 변화 조사하기 •주생활의 시대적 변화 찾아보기 •조상들의 주생활의 지혜 알아보기 •조상들이 주생활의 발전을 위해 노력한 흔적 알아보기 •옛날과 오늘날의 주생활 변화 조사하기	— 의식주를 연계하여 지도한다.

정착
및
발전
	•의·식·주 생활
	  의 개선 및 발전
	  방향 발표하기
	
	•차시 안내와 귀가
		•우리 조상들의 의·식·주 생활의 개선발전 방향에 대해 발표하기
		
		우리 조상들의 슬기, 솜씨를 이어받아 현실성 있게 꾸준히 개선해야겠다.
		
		•차시 안내와 귀가 시 지킬 일 주지	

평가 관점		1. 조상들의 의·식·주 생활에 대한 슬기로움을 알고 있는가? 2. 조상들의 의·식·주 생활 발전에 대한 노력한 점을 알고 있는가? 3. 조상들의 의·식·주 생활을 이어받아 개선할 마음가짐을 가지고 있는가?	

가. 탐구학습의 목표

1) 주변의 생물과 사회 현상에 대해서 탐구한다.

2) 자연과 생물의 오염과 정화에 대해서 탐구적으로 탐사한다.

3) 자연과 사회의 여러 현상에 대해서 능동적으로 탐구한다.

나. 탐구학습의 과정과 내용

1) 탐구 사전 지도

2) 개별 과제 부여 및 분임(모둠) 편성

3) 준비물 사전 확인 및 구비

4) 탐구활동 실시

5) 개인별, 분임별 탐구활동

6) 정리 및 보고서 작성

다. 탐구학습 시 준비물

1) 교사: 각종 시청각 자료, 사전 실험 기구 등

2) 학생: 필기도구, 실험 기구, 탐구 기구 등

라. 탐구학습 시 유의점

1) 사전에 충분한 연구를 하고 탐구 계획을 세운다.

2) 교사의 사전 실험과 준비물 확인 등을 통하여 탐구학습의 질을 높인다.

3) 개별활동과 분임활동의 연계가 되도록 한다.

4) 실험 기구와 약품을 활용할 때에는 사용법을 준수하도록 한다.

5) 견학, 답사학습 등과 연계하면 더욱 바람직하다.

6) 반드시 선생님 지시에 따라 활동하도록 한다.

마. 탐구학습의 절차

사전 활동	당일 활동	사후 활동
•사전 학습하기 •사전 협의하기 •사전 준비물 확인 •계획 수립하기 •모둠편성 및 탐구·실험 과제 작성 •준비물 구비하기	•정해진 시각 집합 •탐구활동 시 주의사항 지도 •개인별 학습 안내 •분임별 활동 안내 •탐구결과 정리 •주변 정리	•탐구 활동 정리 보고서 작성하기 •보고서 제출(담임) •평가 및 반성 •소감문 쓰기

바. 탐구학습 활동 안내(예시)

순	활동내용·장소	활동 내용	활동장 안내
1	수질 오염	•수질 오염에 대해서 실험하기 •수질 오염의 원인과 대책 알기	■과학실(여러 곳 물 채취)
2	토양 오염	•토양 오염에 대해서 실험하기 •토양 오염의 원인과 대책 알기	■토양이 오염된 곳(야외)
3	공기 오염	•공기 오염에 대해서 실험하기 •공기 오염의 원인과 대책 알기	■공기가 오염된 곳(야외)
4	쓰레기매립장	•쓰레기와 토양 오염의 관계 알기 •쓰레기를 줄이기 위한 방안 알아보기	■쓰레기매립장
5	상수도사업소	•상수도사업소에서 하는 일 알기 •물의 오염 경로 탐구하기	■상수도 사업소
6	재활용품 전시장	•재활용품 전시장 견학하기 •폐품 재활용과 오염 줄이기의 중요성 알기	■재활용품 전시장
7	공장 폐수장	•공장 폐수로 인한 물의 오염 알기 •공장 폐수를 줄이고 정화시키기 위한 방법 알기	■공단(폐수장 설치 공장)
8	젖소 목장	•가축 분뇨가 수질, 토양 오염에 미치는 영향 알기 •가축 분뇨 정화처리장의 필요성 알기	■가축 목장
9	논, 밭	•토양의 오염실태 알아보기 •토양 오염을 줄이기 위한 노력 알기	■들녘(농약과 농약병 등으로 논, 밭의 오염이 우려되는 곳)
10	하천과 강	•수질 오염의 현장 알아보기 •수질 오염을 줄이기 위한 노력 알기	■강(하천)
11	생활하수장	•생활하수의 오염 정도 알아보기 •생활하수 처리의 중요성 알기	■생활하수장
12	정수기 공장	•정수기의 구조와 물의 오염관계 알기 •맑은 물을 유지하기 위한 인간의 노력 알기	■웅진 코웨이 유구공장 견학

사. 탐구학습 과정안

학습 단계	활 동 내 용	자료 및 유의점
도 입	◦동기 유발 및 주의 집중 　•노래 부르기 　•주의 집중	
문제 파악	◦학습 주제 알아보기 　•학습 주제 발표하기 　•학습 목표 알아보기	
문제 탐색	◦주제에 대한 토의 　•경험했던 일을 이야기하기 　•주제와 관련된 이야기하기 　•주제와 관련된 비디오와 사진 자료 보기 ◦주제와 관련된 경험한 것과 이해하고 있는 것을 그림으로 그리거나 글로 쓰기	◦학생들은 학급 안에서 자신의 경험을 잘 발표하고, 다른 학생들의 경험을 청취하면서 서로의 경험을 공유한다. ◦소집단별 구성은 하지 않을 수도 있고 구성할 경우 수준과 능력을 고려한다.
문제 해결	◦관심 있는 분야에 대하여 발표하기 　•주제와 관련된 질문 사항이나 떠오르는 이미지 발표하기 　•목록 만들기 ◦주제망 구성하기 　•주제 중에서 연구할 토픽 선택하기 　•같은 주제 선택한 학생들끼리 집단 만들 기 ◦연구 계획서 작성하기 ◦연구 계획서에 의하여 연구하기 　•연구 방법 토의하기 　•자려 수집 　•현장 조사 　•강사 초빙(부모 포함) 　•도서관 방문 　•필기 및 스케치 ◦학습물 정리하기 　•소집단별 또는 개인별로 학습 결과물을 전시나 게시할 수 있도록 정리하기	◦능력이 부족한 학생에게 알맞은 방법을 지도한다. ◦연구가 진행되는 과정을 전시할 수 있는 공간을 마련하여 누가철 하거나 게시할 수 있게 한다. ◦학습된 모든 내용이 공유되는 것은 불가능하므로 연구 내용을 가장 함축적이고 요령있게 설명 할 수 있는 내용을 선택한다. ◦다른 학급의 학생이나 학부모 등을 참여시킬 수 있다.
정착 및 발전	◦연구 주제에 관련된 시나 글짓기, 그림, 연극 등을 준비하기 ◦활동 결과 토의, 발표하기 ◦학습물 전시하기	
정 리	◦프로젝트 활동을 마무리하기 ◦재검토 및 평가하기 ◦개인적 이야기나 시 등을 발표하거나 전시하기 ◦활동 반성하기	

아. 탐구 학습 교수·학습 과정안

1) 학습 주제: 토양의, 오염 원인과 오염으로부터의 피해 줄이기
2) 학습 목표

   가) 지역에 따라 토양의 느낌, 색깔, 입자의 크기, 냄새 등이 다름을 알 수 있다.

   나) 토양의 오염 원인을 알아낼 수 있다.

   다) 죽어 가는 땅을 살리기 위하여 우리들이 할 수 있는 일을 알고 실천할 수 있다.

3) 학습 전개

활동과정	영 역	활 동 내 용	유 의 점
탐색단계	비포장도로의 흙 관찰하기 풀이 있는 곳의 흙 관찰하기	○사람들이나 차가 많이 다니는 비포장 길을 밟아 봅시다. 모종삽으로 한 삽 파서 관찰해 봅시다. 　• 손으로 만졌을 때, 느낌은 어떤가요? 　• 색깔, 입자의 크기, 냄새 등은 어떤가요? ○풀이 많이 자라고 있는 흙을 밟아 봅시다. 모종삽으로 한 삽 파 볼까요? 　• 느낌은 어떤가요? 　• 색깔, 입자의 크기, 냄새 등은 어떤가요? ○양쪽 흙이 서로 다른 이유는 무엇일까요? ○토양층이 드러나 있는 지역을 찾아 관찰하여 그림으로 그려 봅시다. ○층별로 입자 크기나 색깔 등을 관찰하고, 또 토양층이 형성된 과정을 상상하여 봅시다.	준비물: 모종삽, 필기도구, 색연필
조사단계	땅 속 곤충 찾아보기	○부드러운 흙을 주변에서 찾아 1㎥정의 흙 속에 살고 있는 생물들을 눈으로 찾아봅시다. ○찾아낸 생물들의 이름을 알아보고, 이름을 알 수 없는 것은 그림으로 그려 보세요. ○생물의 종류별로 대략적인 숫자를 세어 보고, 그 지역에서 가장 많이 살고 있는 생물을 찾아보세요. 또 이름을 알 수 없는 것은 그림으로 그려 보세요. ○흰 종이를 펴 놓고 가는 채로 한 줌의 흙을 칩시다. 아래로 떨어져 있는 생물들을 돋보기로 이용하여 찾아보세요. ○돋보기로 보이지 않는 생물은 없을까요?	준비물: 모종삽(야외용 삽), 생물도감, 돋보기, 채, 유리그릇(샬레), 자, 흰 종이, 연필, 색연필
실험단계	침전조를 만들어 오염된 물이 정화되는 과정 알아보기	○음료수병의 밑 부분을 칼로 조심스럽게 오려 냅니다. ○음료수병을 거꾸로 세워 침전조를 만듭시다. ○만들어진 침전조를 오염된 물을 넣고 나오는 물을 살펴봅시다. ○활동 결과 나오는 물은 처음과 어떻게 다른가요? 지하수가 깨끗한 이유는 무엇일까요? 흙이 오염되면 지하수는 어떻게 될까요?	준비물: 음료수병(페트병), 칼, 자갈, 모래, 흙, 활성탄 약간씩

실험단계		활성탄 흙 모래 자갈 활성탄 흙 모래 자갈	
적용단계	토양의 오염원과 그 경로 알아보기	◦ 토양의 오염원을 경로별로 나누어 생각해 보고, 그 파급되는 피해를 정리해 봅시다. (소집단 토론) · 물의 오염 · 공기의 오염 · 농약, 비료에 의한 오염 · 인간 활동에 대한 오염 ◦ 죽어 가는 땅을 살리기 위해 우리가 해야 할 일은 무엇일까요? · 혼자서도 할 수 있는 일 · 함께할 수 있는 일	

제4절 견학학습

가. 견학학습의 목표

1) 조상들의 의식주에 담긴 슬기와 얼을 발견한다.

2) 군청, 경찰서, 지방의회, 도서관 등 공공기관의 하는 일을 파악한다.

3) 각 공공기관과 문화재 등을 직접 찾아가 살펴봄으로써 그 고유의 역할과 보존의 중요성을 이해한다.

나. 견학학습의 과정과 내용

1) 견학 사전 지도

2) 개별 과제 부여 및 분임(모둠) 편성

3) 준비물 사전 확인 및 구비

4) 견학학습 활동 실시

5) 개인별, 분임별 견학 및 활동

6) 정리 및 보고서 작성

다. 견학학습 시 준비물

1) 교사: 구급약품, 호루라기, 견학기관 소개 자료, 학습지, 안내 팸플릿 등

2) 학생: 필기도구, 사진기, 도시락 등

라. 견학학습 시 유의점

1) 사전에 충분한 연구를 하고 견학 계획을 세운다.

2) 사전에 견학 기관과 교섭하고 연락을 취하여 착오가 없도록 한다.

3) 유희가 아니라 교실 공부의 연장이라는 점을 학생들에게 인식시킨다.

4) 실내에서 조용히 하고 경건한 자세로 견학한다.

5) 전시된 자료와 시설에 함부로 손을 대지 않는다.

6) 반드시 선생님 지시에 따라 활동하고 개별 행동을 하지 않는다.

마. 견학학습의 절차

사전 활동		당일 활동		사후 활동
•학습내용 선정 •사전 학습하기 •사전 답사하기 •안내장 발송 •모둠편성 및 탐구 •준비물 구비 및 점검하기		•정해진 시각 집합 •견학처 안내 및 주의사항 지도 •견학처 견학 학습 •개별, 분임별 활동 •견학결과 정리 •정리 정돈		•견학보고서 작성하기 •보고서 제출(담임) •평가 및 반성 •견학보고서 평가

바. 견학학습 활동 안내(예시)

순	활동내용·장소	활동 내용	활동장 안내
1	○○도서관	•도서관에서 하는 일 알기 •도서의 종류와 분류 방법 알기	■ 공주 도서관
2	○○시청	•시청에서 하는 일 조사하기 •시청 내 각 기관에서 하는 일 알기	■ 공주시청
3	○○시 의회	•지방자치와 지방의회의 중요성 알기 •지방의회가 필요한 까닭 알기	■ 공주시 의회
4	공주경찰서	•경찰서에서 하는 일 알기 •경찰관에게 늘 감사하는 마음 갖고 협조하는 방법 알기	■ 공주 경찰서
5	공주교육청	•교육청에서 하는 일 알기 •학무과, 관리과에서 하는 일 알기	■ 공주교육청
6	KBS○○방송국	•방송국에서 하는 일 알기 •방송의 기능과 중요성 알기	■ KBS공주방송국
7	○○시 농업기술센터	•농업기술센터에서 하는 일 알기 •우리 농업과 농촌에 농업기술센터가 주는 도움 알기	■ 공주농업기술센터
8	○○사무소	•읍사무소에서 하는 일 알기 •읍사무소의 업무 분장 상황 알기	■ 유구읍사무소
9	○○소방서	•소방서에서 하는 일 알기 •119구조대가 하는 일 알기	■ 공주소방서
10	한국통신○○전화국	•전화국에서 하는 일 알기 •통신의 중요성 이해하기	■ 한국통신공주전화국
11	○○시보건소	•보건소에서 하는 일 알기 •건강한 생활을 위해서 우리가 할 일 알기	■ 공주보건소
12	○○시외버스 터미널	•버스터미널의 역할 알기 •교통 기관을 이용할 때의 유의점 알기	■ 공주시외버스터미널

사. 견학학습 과정안

형식 단계	지 도 단 계	학 습 과 정	지도상의 유의점
도입	○견학 계획 수립	○견학 사항 발견 ○견학 사항 공통화 ○견학 계획 세우기 　•견학 방법 모색 　•견학을 위한 조직 　•견학 순서 결정	•견학할 내용의 정선 및 사전준비 •견학시기 선택 •견학 장소에 다른 실정 고려
전개	○계획 확인	○견학상의 유의점 협의 ○출발점 행동 고르기 　•견학의 바탕 고르기	•견학 자에 대한 사전 조사 •질문 사항 준비(학생)

| 전개 | ○학습 전개 | ○견학 실시
• 제반 상황 살피기
• 분담된 내용을 깊이 관찰
• 자원 인사와 정보 교환

○출발점 행동 고르기(병행)

○원리 원칙 및 법칙성 발견
○도착점 행동 성취 상황 확인 | • 학생들에게 견학 내용 이해

• 자원 인사가 학생수준에 알맞게 지도되도록 안내
• 교사의 보충설명 준비
• 학생들의 필기준(자료 활용력, 법칙성의 발견력) |
| 정리 | ○정리, 반성 | ○분담되는 견학 사항 정리

○견학 사항에 대한 발표회
○가정에서 실천 | • 학급에서 돌아와서 견학에 대한 평가가 이루어질 것 |

아. 견학학습 교수·학습 과정안

1) 학습 주제: 지식의 바다 도서관으로

2) 학습 목표

　가) 도서관의 구조를 알고 올바르게 이용할 수 있다.

　나) 도서 열람, 대출 방법, 반납 방법을 알고 직접 행할 수 있다.

3) 학습 전개

일시	20○○. . .	장소	○○ 도서관	학년	(　)학년	관련교과 (영역)	국어 창의적 체험활동
활동 영역	견 학	주 제		도서관을 찾아서			
자료 및 준비물	교 사			아 동			
	학생 활동표, 필기도구, 도서관에 대한 자료			필기도구, 견학 보고서, 교통비, 점심			
활동 개요	• 도서관 이용 방법 알아보기 • 도서관 이용 시 읽을 책 1권 정하기(만일의 경우 생각해서 2, 3권 생각) • 견학 보고서 양식 만들기(소집단별로 다양하게 만들도록 한다)						
단계	시 간	지도 방법 및 내용			유의점		
들어가기	08:50～09:10	• 도서관 견학 시의 유의사항 • 도서관에 가는 방법 • 준비물 확인			• 1주일 또는 2주일 전부터 자료 수집을 하도록 하고 소집단별 활동 계획을 세울 수 있게 한다.		
학습장으로 이동	09:10～10:10	• 학교에서 도서관으로 가기			• 대중교통을 이용할 때 질서를 지키도록 지도한다.		

	10:10~11:10	· 도서관에 대한 소개와 주의사항 알기 · 도서관의 위치와 규모 알아보기 · 도서의 분류 방법 알아보기 · 도서의 배가 방법과 도서의 위치 알기 · 도서 열람, 대출, 반납 방법 알기 · 도서관 이용 시 바른 태도, 독서 위생 알기	· 절대로 떠들지 않도록 한다. · 음식물을 들고 다니지 않게 한다.
활동하기	11:10~12:30	· 도서 직접 대출해서 읽기	· 책을 대출할 때 만화 종류로만 고르지 않도록 주의한다.
	12:30~13:10	· 점심시간	· 음식물 쓰레기가 없도록 한다.
	13:10~14:10	· 오전에 읽었던 책 계속 읽기 · 책 직접 반납하기	· 배운 대로 맞게 실습해 본다.
	14:10~15:10	· 견학 기록문 쓰기	· 견학 기록문은 다음 날 학교에서 써도 된다.
돌아오기	15:10~16:10	· 도서관에서 학교로 오기	· 학생 인원을 확인한다.

견학기록문(예시)

○○초등(중·고등)학교 제 학년 반 번 이름:		
주 제	도서관을 견학하고	
장 소	○○ 도서관	

1. 도서관에서 책을 열람하는 차례를 7단계로 나누어 써 보세요.

　① 입관증을 낸다.
　②
　③
　④
　⑤
　⑥
　⑦

2. 도서관을 이용할 때 주의할 점을 다섯 가지 정도만 써 보세요.

　①
　②
　③
　④
　⑤

3. 도서관을 이용해 보고 느낀 점을 간단하게 써 보세요.

4) 참고 사항

도서관 효과적으로 이용하기

가) 도서관을 자신 있게 이용하자

요즘 학교에서 조사·탐구 학습 과제를 많이 내준다. 그럴 때 학생들이 가장 많이 이용하는 곳은 도서관이다. 그러나 도서관에 가서도 이용법을 몰라 필요로 하는 자료를 찾지 못하고 허탕을 치거나, 너무 많은 책들에 주눅이 들어 필요한 책을 엄두도 못 내고 그냥 발길을 돌리는 학생들이 많다. 하지만 도서관에 있는 많은 책들은 대부분 일정한 규칙에 따라 사람들이 필요한 책들을 찾기 쉽게 분류되어 있으므로 자신감을 갖자.

나) 목적을 가지고 가자

도서관에 가서 어떤 자료를 찾을 것인지에 대해 미리 결정하고 가야만 도서관을 훨씬 유용하게 이용할 수 있다. 도서관에서 일하는 사서에게도 그냥 어떤 책을 찾아 달라고 이야기하는 것보다는 필요로 하는 책의 이름이나 책의 내용, 지은이를 대며 도움을 요청하는 것이 훨씬 좋다.

다) 스스로의 힘으로 책을 찾아보자

먼저 도서 분류법을 알아야 한다. 십진 분류법을 이해하여야 한다.

도서 분류법만 제대로 안다면 도서관 사서의 도움을 받지 않고도 자신의 힘만으로도 얼마든지 책을 찾을 수 있다.

다음으로는 주제별로 정리되어 있는 선반을 찾아보자.

다 그런 것은 아니지만 대부분의 도서관은 대체로 책을 주제별로 분류해 책을 열람할 수 있도록 만들어 놓았다. 그러니까 만약 자신이 동화책을 찾고 싶다면 동화책만 모아 둔 선반을 일단 찾아보자. 그러면 원하는 책을 찾는 데 한 걸음 성큼 다가서게 될 것이다.

지역에 따라 공공 도서관을 이용하기 어려운 경우는 학교 도서실을 이용하는 방법도 있다. 학교 도서실이 십진분류표로 되어 있지 않아도 전반적인 도서관 이용방법을 익히면 된다. 학교 도서실마저 없는 경우는 학급문고를 이용하거나 시범적으로 한 학급에 준비를 하고 국어 시간을 이용하여 실습해 볼 수 있도록 하면 좋겠다.

라) 도서관에서 책 열람하는 차례

입관증을 낸다.→도서목록함에서 목록 카드를 찾는다.→도서대출 카드를 쓴다.→사서에게 책을 신청한다.→책을 받는다.→열람실에서 책을 본다.→책을 읽은 후 사서에게 책을 제출한다.

마) 한국 십진 분류표

십진 분류표에서 학생들이 가장 많이 찾는 것은 주로 다음과 같다.

분류기호		내 용
000	총 류	백과 · 학습사전, 신문, 잡지 따위
100	철 학	윤리, 도덕, 심리학, 경학
200	종 교	신화 포함
300	사회과학	정치, 경제, 사회, 통계 따위
400	순수과학	수학, 화학, 천문학, 지학, 동 · 식물학, 광물학 따위
500	기술과학	의학, 농업, 기술, 가정학 따위
600	예 술	조각, 회화, 사진, 음악, 연극, 영화, 체육 따위
700	어 학	문장, 문법, 작법 따위
800	문 학	시, 동화, 소설, 수필, 일기, 편지, 희곡, 고전 따위
900	역사 · 지리	한국사, 세계사, 전기, 지리 따위

제5절 봉사활동 학습

가. 봉사활동의 목표

1) 어려운 이웃과 더불어 사는 공동체 의식을 함양한다.

2) 외롭고 의지할 곳 없는 불우 이웃에게 사랑과 온정을 베풀도록 한다.

3) 불우한 이웃을 돕고 고통을 함께 나누며 봉사하는 태도를 기른다.

나. 봉사활동의 과정과 내용

1) 봉사활동 사전 협의하기

2) 봉사활동 장소 및 봉사활동 내용 선정하기

3) 봉사활동 일정 협의하기

4) 봉사활동 시설 견학 및 봉사활동을 하기

5) 정리 및 마무리 활동

6) 봉사활동 보고서 작성

다. 봉사활동 시 준비물

1) 교사: 봉사활동 프로그램, 구급약품, 위문품 및 성금 등

2) 학생: 위문품, 필기도구, 교통비, 프로그램, 소도구 등

라. 봉사활동 시 유의점

1) 학급회의 등을 통하여 사전 계획을 세운다.

2) 깨끗하고 간편한 옷차림으로 참여한다.

3) 봉사활동 기관의 봉사활동 담당자와 약속한 활동에만 충실한다.

4) 봉사활동 내용, 시간 등을 준수한다.

5) 봉사활동 기관의 자료와 시설에 함부로 손을 대지 않는다.

6) 선생님 지시에 따라 활동하고 조심스럽게 행동한다.

마. 봉사활동의 절차

사전 활동	당일 활동	사후 활동
•봉사활동 계획 수립 •사전 협의하기 •사전 답사하기 •봉사방법 및 준비물 구비 •위문 프로그램 구안 •준비 일정 수립 및 점검하기	•정해진 시각 집합 •봉사활동 내용 및 방법 안내 •위문품 전달 •봉사활동을 하기 •청소활동 •정리 정돈	•봉사활동 반성 및 토의 •봉사활동 시설에 있는 분(아동)에게 위문편지 쓰기 •평가 및 반성 •봉사활동 보고서 평가

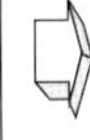

바. 봉사활동 안내(예시)

순	활동 장소	활동 내용	활동장 안내
1	○○원	•봉사의 즐거움 찾아보기 •시설 수용 아동의 애로 이해하기	■ 공주시 반포면 소재
2	○○의 집	•장애인들의 생활 용품을 정리 정돈하고 주변 청소하기	■ 공주시 상왕동 소재
3	○○요양원	•동곡요양원을 방문하여 봉사하기 •홀로 서기 활동 참여하기	■ 공주시 반포면 소재
4	○○치료감호소	•약물 중독 등으로 격리된 사람들과 말벗하고 함께 활동해 보기	■ 공주시 반포면 소재
5	○○어버이집	•무의탁 노인들의 어려움 알기 •참다운 효와 공경의 의미 이해하기	■ 공주시 상왕동 소재
6	○○장애인 복지관	•시설 내·외의 청소 활동에 참여하여 보람 느끼기	■ 공주시 계룡면 소재
7	○○기도회	•무의탁 노인들과 말벗하기 •청소 및 봉사활동 하기	■ 공주시 장기면 소재
8	○○의료원	•노인 환자들 돌보기 •병실 청소하고 정리하기	■ 공주시 중동 소재
9	○○시 노인 회관	•노인들과 대화하기 •장기 자랑하기 •청소 활동에 참여하기	■ 공주시 반죽동 소재
10	○○성	•공산성에 있는 유적 조사하기 •공산성에 있는 시설 애용하는 마음 갖기	■ 공주시 산성동 소재
11	○○동 노인정	•노인들의 신체·정신·환경적인 특징을 이해하고, 돕는 방법 알아 보기	■ 공주시 옥룡동 소재
12	○○복지관	•사회 공공 기관에서 봉사활동 하기	■ 공주시 유구읍 소재

사. 봉사활동 학습 과정안

형식 단계	지도단계	학 습 과 정	지도상의 유의점
사전	◦봉사 계획 세우기 ◦준비하기	◦봉사활동 결의 ·필요성·장소·시간 · 할 일 정하기 ◦봉사활동을 위한 준비하기 ·위문품, 공연, 역할 분담 등	◦실제 도움이 될 수 있는 내용으 로 봉사 활동 계획 세우기
활동	◦봉사활동 하기	◦봉사 장소 확인하기 ·주변을 살피고 준비한 내용과 비교하기 ◦봉사활동 하기	◦형식적인 활동이 되지 않도록 마 음가짐을 갖게 한다.
사후	◦소감문 쓰기 ◦평가	◦활동 결과에 대한 소감문 쓰기 ◦봉사활동 결과에 대한 반성과 앞으로의 계획	◦본 활동에 대한 반성을 통해 앞 으로의 다짐이 되도록 한다.

아. 봉사활동 교수·학습 과정안

1) 학습주제: 이웃과 더불어 살기

2) 학습 목표

가) 양로원에서의 봉사활동을 통해 어른을 공경하는 마음 자세를 갖는다.

나) 봉사활동을 통해 이웃을 사랑하는 마음을 갖는다.

3) 학습전개

일시	20○○. . .( )	장소	양로원	학년	( )학년	관련교과	도덕
단계	지도 방법					유의점	
활동 영역	봉 사		주제		더불어 사는 이웃		
자료 및 준비물	교사			학생			
	계획서, 사진기, 구급약품			계획서, 교통비, 점심, 간단한 위문품(반찬 종류도 조금씩)			
활동 개요	• 봉사활동의 필요성에 대해 토론 • 봉사활동을 할 만한 장소 정하기, 양로원과 사전 연락 • 양로원에 가서 할 봉사 계획 세우기						
들어 가기	09:10~09:30	◉사전 점검 • 양로원에 가서 지켜야 할 규칙 • 전체 계획 이상 유무 점검				• 자칫 소풍 가는 분위기로 들뜨지 않도록 주의	
활동 하기	09:30~10:10	◉학교에서 양로원으로 가기 ◉봉사활동 • 학급 사정, 활동 사정에 알맞게 활동하기 • 청소하기 • 안마해 드리기 • 간단한 위문 행사 (텔레비전 흉내만 내지 않도록 준비 단계에서 지도)				• 소집단별 책임 학생 확인 • 장난치지 않도록 한다. • 실제 도움이 될 수 있는 것으로 봉사활동 계획을 세운다.	
	12:10~13:10	◉점심시간 (양로원에 미리 알아본 후 점심을 함께 해 먹을 수 있으면 직접 해 먹을 수 있도록 하고 아니면 준비해 간다.)					
나오기	13:10~13:50	◉양로원에서 학교로 오기				• 학생 인원을 확인한다.	

4) 참고사항

양로원에 가기 전에

가) 봉사활동으로 양로원이나 고아원, 지체부자유아가 있는 곳에 가는 경우가 있다. 그러나 초등학생의 경우 고아원은 피하는 것이 좋다. 고아원에 있는 아이들을 생각하면 꼭 좋은 활동으로 보기 힘들 수도 있다. 양로원이나 정신박약아 같은 아이들이 생활하는 곳을 찾으면 좋을 것이다.

나) 반드시 사전 답사가 필요하다.

위치, 생활하는 사람들의 수, 건물, 봉사활동을 할 만한 곳인가, 학생들이 가도 괜찮은지의 여부 등에 대해 자세하게 알아보아야 한다.

다) 학부모에게도 알려 작은 도움을 얻을 수 있으면 좋다.

가령 양로원에 갈 경우 학생들이 할 수 있는 봉사활동이 있고 부모님들이 해야 하는 봉사활동이 있다. 시간이 되시는 부모님들도 함께 가서 적극적인 봉사활동이 될 수 있도록 한다.

라) 개인 봉사활동 계획서

제　　학년　　반　　번　　이름:

활동 일시	20○○년　　월　　일　요일　　:　－　:　（　　시간）
활동 대상 (개인 또는 기관)	양로원이나 소년 소녀 가장, 혼자 사시는 노인, 관공서 등 대상을 넓게 생각하도록 한다.
활동 장소	구체적으로 쓰고 약도도 그릴 수 있으면 좋다. 전화번호를 쓰도록 한다.
활동 내용	자세히 쓰도록 한다. 기관이나 도움을 받은 사람을 써도 된다.
함께한 사람	함께한 친구, 또는 가족 등의 이름을 쓴다.

위와 같이 봉사활동을 하고자 계획서를 제출합니다.

20○○년　　월　　일
이름:　　　　　（인）

마) 봉사활동 보고서

양로원을 다녀와서

1. 우리 주변에 여러분의 도움이 필요하다고 생각하는 곳을 아는 대로 써 보세요.

2. 양로원을 다녀온 여러분의 심정을 솔직하게 써 보세요.

3. 요즘은 부모님과 함께 살지 않는 사람들이 점점 많아지고 있습니다. 여러분의 부모님께서 훗날 양로원에 들어가신다고 하면 여러분은 어떻게 하시겠습니까? 이유도 꼭 써 보세요.

4. 양로원에서의 활동 내용을 순서대로 써 보세요.

제6절 실습학습

가. 실습학습의 목표

1) 농어촌 현장에서 직접 재배, 사육, 양식, 고기잡이 등에 참여한다.
2) 도시의 공장과 산업체 등에서 어른들과 함께 활동에 참여한다.
3) 학교 현장에서 요리, 알뜰 바자회, 각종 만들기 등에 직접 참여한다.

나. 실습학습의 과정과 내용

1) 실습학습 사전 협의하기

2) 실습학습 내용 선정하기(요리, 바자회, 식물 재배, 동물 사육 등)

3) 실습학습 일정 협의하기

4) 개인별, 분임별 실습 학습하기

5) 정리 및 마무리 활동

6) 실습활동 보고서 작성 및 실습 작품 전시회(시연회)

다. 실습학습 시 준비물

1) 교사: 각종 지도 자료(요리, 바자회, 식물 재배, 동물 사육 등 주제에 맞게 구비)

2) 학생: 각종 실습 용품, 필기도구, 앞치마·농기구 등 도구 등

라. 실습학습 시 유의점

1) 사전 계획을 세밀하게 세운다.

2) 간편한 옷차림으로 참여한다.

3) 실습 주제별 용구와 도구를 빠짐없이 준비한다.

4) 다양한 체험을 할 수 있도록 프로그램을 다양화한다.

5) 칼, 농기구 등 기구 사용법을 알고 사용해야 한다.

6) 선생님 지시에 따라 활동하고 장난을 치지 않는다.

마. 실습학습의 절차

사전 활동		당일 활동		사후 활동
•실습학습 계획 수립 •주제, 장소 선정 •사전 답사하기 •실습학습 방법 및 준비물 구비 •외부 기관의 경우 공문 발송 •준비 일정 수립 및 점검하기		•정해진 시각 집합(외부일 경우 승차) •실습학습 내용 및 방법 안내 •실습장 배정 •실습활동 •상호교환 학습활동 •청소 및 정리 정돈		•실습학습 활동 반성 및 토의 •실습 보고서 쓰기 •평가 및 반성 •우수 분임(모둠) 격려

바. 실습학습 안내(예시)

순	활동 주제	활동 내용	참고 사항
1	알뜰시장 열기	•폐품 재활용하기 및 교환 활동하기 •알뜰 바자회 활동하기	■학년 초에 계획 수립
2	요리 실습하기	•요리 실습의 기본 익히기 •협동하여 요리 실습하기	■요리 주제 사전 제시
3	꾸미기와 만들기	•생활에 필요한 물건이나 예술적 작품을 꾸미거나 만들어 보기	■목적을 갖고 만들기
4	식물 재배하기	•식물을 재배하여 꽃 피우기, 열매 맺기를 해 보기	■오이, 가지, 국화, 나팔꽃 등
5	동물 사육하기	•동물을 사육하면서 여러 가지 활동을 해 보기	■토끼, 닭, 오리 등
6	컴퓨터 다루기	•컴퓨터 구성에 대해 알아보기 •컴퓨터 기능 익히기	■자격증 도전 좋음
7	서예 쓰기	•서예 도구 알아보기 •서예 기능 익혀 서예 써 보기	■도구 다루는 법 알고 쓰기
8	글쓰기	•다양한 글의 종류와 쓰는 방법 알아보기 •글 써 보기	■형식에 맞게 쓰기
9	발명품 만들기	•과학 분야 중 주제를 정해 탐구하기 •과학 발명품 만들어 보기 •과학 실험해 보기	■기구 조심히 다루기
10	농장 체험하기	•인근 농장을 찾아 활동 살펴보고 익히기	■사전 연락 및 의뢰
11	외국어 익히기	•세계의 언어 알아보기 •외국어 중 하나를 정해 익히기	■꾸준히 하기
12	만화 그리기	•만화의 특성 알아보기 •만화 그려 보기	■활동 자료를 모아 두기

사. 실습학습 과정안

형식단계	지 도 단 계	학 습 과 정	지도상의 유의점
도입	◦실습 계획 세우기	◦실습의 필요성을 알고 실습 계획 세우기 • 학습 목표 알기 • 역할 분담 • 준비물을 확인하고 갖추기 • 시간과 장소 정하기	◦실습의 종류에 따라 안전사고를 대비하여 사전 교육을 실시한다.
전개	◦실습의 순서 알기	◦실습 순서 정하기 • 소집단별 토의를 통해 효과적인 순서를 알아본다. • 과정별로 유의할 점을 알아본다. ◦정해진 순서에 맞게 실습하기	◦작업의 순서에 따라 일의 효율이 달라짐을 인식시킨다.
정리	◦학습 내용 정리 ◦뒷정리	◦실습을 통해 알게 된 점 정리 ◦실습의 뒷정리하기	
발전	◦반성 및 평가	◦실습에 대한 반성 및 평가 • 잘된 점 소개하기 • 잘못된 점과 그 이유 알아보기 • 개인별, 소집단별로 실습 결과를 평가하고, 더 나은 방법 찾아보기	

아. 실습학습 교수·학습 과정안

1) 학습 주제: 물건 아끼기를 체험하는 알뜰시장

2) 학습 목표

가) 쓰지 않는 물건 중에서 친구들의 것과 바꿔 다시 쓰는 활동을 통해 재활용의 중요성을 이해하고 실천할 수 있다.

나) 물자 절약의 정신을 깨닫고, 이를 실천하는 태도를 습관화한다.

3) 학습 전개

일시	2000. . .( )		장소	교실 및 특별실		학년	( )학년	관련교과	실과
활동 영역	실 습			주 제		알뜰시장을 통한 절약활동			
자료 및 준비물	교사					학생			
	VTR, 환경에 관련된 비디오테이프, 녹음기, 노래 테이프					바꿀 물건, 가격표 등			
활동 개요	·환경과 관련된 비디오테이프 감상하기 ·활동 계획 세우기 ·알뜰시장 열기 및 물물 교환하기 ·느낀 점 발표하기								

단계	시간	분	지도 방법 및 내용	유의점
도입	09:10~09:30 09:30~09:50	20 20	▣ 출석 및 준비물 확인하기 ▣ 환경과 관련된 비디오테이프 감상하기 ·물건 아껴 쓰기의 장점 ▣ 물건을 아껴 쓰는 여러 가지 방법 토의 ·발표 ▣ 알뜰시장 활동에 대한 계획 세우고 발표하기(개인별, 소집단별 활동) ·꼭 필요한 활동에 대한 계획: 구입의 우선 순서 ·바꿀 물건의 순서 등	·음악을 잔잔하게 틀어서 조용하고 차분한 분위기를 만든다.
전개	09:50~10:10	20	▣ 알뜰시장 꾸미기 ▣ 알뜰시장 돌며 물건 살피기 ▣ 물건 교환 및 구입하기	
정리	11:10~11:30	20	▣ 휴식 및 주변 정리 ▣ 느낀 점 발표하기	
발전	11:30~12:20	50	▣ 용돈 기입장 쓰기	

4) 참고 사항

알뜰시장 활용 자료

가) 과제 학습 및 확인·보충

(1) 각자의 소품이나 가정에서 사용하는 물건 가운데 다음과 같은 종류의 물건이 있으
   면 찾아 적습니다.

●같은 것이 여러 개 있어서 별로 쓰지 않는 물건

(   )

●물려줄 동생이 없는데 작아서 입지 못하는 옷

(   )

●싫증이 나서 이제는 거의 쓰지 않는 물건

(   )

●없는 색깔이 많아서 쓰지 못하는 크레파스나 색연필

(   )

●그 밖에 친구와 나눠 쓰거나 바꿔 쓰고 싶은 물건

(   )

(2) 알뜰시장에 내놓을 물건을 정하고, 이것을 어떤 물건과 바꾸고 싶은지 적어 봅시다.

(   )

나) 토의 자료

토 의 문 제	토 의 내 용
●알뜰시장에 어울리지 않는 물건은 어떤 것이었는지 이야기해 봅시다.	
●알뜰시장을 열어서 좋은 점은 무엇인지 이야기해 봅시다.	
●'티끌 모아 태산'이라는 속담이 있습니다. 이 속담의 뜻을 알뜰시장과 관련지어 이야기해 봅시다.	
●친구가 쓰던 물건을 다시 쓸 때 좋은 점과 나쁜 점은 무엇인지 이야기해 봅시다.	
●알뜰시장을 열면서 부족하고 아쉬웠던 점은 무엇이었습니까?	
●앞으로 우리가 일상생활에서 실천할 수 있는 재생운동에는 어떠한 것들이 있을까요?	

제7절 관람 · 관전 학습

가. 관람 · 관전 학습의 목표

1) 축제와 운동 경기 등의 공동 활동을 보면서 공감하고 참여의식을 함양한다.
2) 향토 문화 기관의 여러 공연을 관람 · 관전하면서 참가자와 동일체 의식을 갖는다.
3) 우리 문화재 관람을 통해서 조상들의 슬기와 얼을 이해하고 본받으려는 마음을 갖는다.

나. 관람 · 관전 학습의 과정과 내용

1) 관람 · 관전 학습 사전 협의하기
2) 관람 · 관전 학습 내용 선정하기(경기, 축제, 공연, 문화재 등)
3) 관람 · 관전 학습 일정 협의하기
4) 주제 내용 현장 관람 · 관전 학습하기
5) 정리 및 마무리 활동
6) 관람 · 관전 학습 활동 보고서 작성

다. 관람 · 관전 학습 시 준비물

1) 교사: 각종 지도 자료, 오리엔테이션 자료, 주의사항(유인물) 등
2) 학생: 필기도구, 수첩, 사진기, 도시락, 물통 등

라. 관람 · 관전 학습 시 유의점

1) 사전 계획을 세밀하게 세운다.
2) 간편한 옷차림으로 참여한다.
3) 사전 준비를 철저히 하고 준비물을 챙긴다.

4) 반드시 관람·관전 질서를 지킨다.

5) 주제별(경기, 축제, 공연, 문화재 등) 관람관전 내용을 파악하여 참여한다.

6) 질서를 지키고 관람(관전)장에서 친구들과 장난을 치지 않는다.

마. 관람·관전 학습의 절차

사전 활동	당일 활동	사후 활동
•실습학습 계획 수립(주제, 장소 선정) •사전 답사하기 •실습학습 방법 및 준비물 구비 •외부 기관의 경우 공문 발송 •준비 일정 수립 및 점검하기	•관람·관전장 소개 •관람·관전 학습 내용 및 방법 안내 •학습지 분배 •관람·관전 활동 •청소 및 정리 정돈	•관람(관전)학습 활동 반성 및 토의 •보고서 쓰기 •평가 및 반성 •우수 분임(모둠) 격려

바. 관람·관전 학습 안내(예시)

순	활동 장소	활동 내용	활동장 안내
1	○○ 공설 운동장	•운동경기 관람하기 •운동장 질서 지키기의 중요성 알기	■공주시 웅진동 소재
2	○○문화원	•문화원이 하는 일 알아보기 •문화원의 자료 알아보기	■공주시 반죽동 소재
3	○○문예회관	•문예회관의 역할 및 열리는 행사에 대해 조사해 보기	■공주시 웅진동 소재
4	○○체육관	•체육관에서 하는 일 알아보기 •체육관 이용하는 방법 알기	■공주시 웅진동 소재
5	○○ 문화제	•백제문화제 행사와 내용 알기 •백제 문화의 훌륭한 점 이해하기	■10월 중순(공주, 부여 개최)
6	○○(정안)밤축제	•고장에서 나는 과일에 대해 알아보기 •고장의 특산물과 관련된 문화 행사 알아보기	■9월 하순(정안면 일대)
7	○○민속극박물관	•민속극 관람하고 의미 되새기기 •아시아 1인 연극제 살펴보기	■공주시 의당면 청룡리 소재
8	○○연정국악원	•우리 국악의 우수성과 가락 익히기	■공주시 웅진동 소재
9	○○거리예술제	•거리 예술제의 의의와 담긴 뜻 알기	■공주시 금학동 일대
10	○○소라실장승제	•장승제 관람하고 훌륭한 점 알기	■공주시 탄천면 공연
11	○○교향악단연주회	•교향악단 정기 연주회 관람하고 음악적으로 감상하기	■공주문예회관에서 공연

사. 관람·관전 학습 과정안

형식단계	지도 단계	학 습 과 정	유 의 점
사전	◦관람·관전 계획 세우기	・관람, 관전 사항 발견 ・관람, 관전 계획 세우기 −시기, 장소, 조직 −교통편 −순서 정하기 −주의사항 파악	@ 관람, 관전의 내용, 횟수를 적절히 조정
학습	◦계획 확인 ◦학습 전개	・관람, 관전상 사전 공부 ・관람, 관전상의 유의점 협의 ・관람, 관전 실시 −음악회 관람 −전시회 관람 −학예회 관람 −운동경기 관전	@ 치밀한 사전 계획 수립 지도
사후	◦정리, 반성	・관람 보고서 작성 −감상문 쓰기	@ 다양한 체제로 자유롭게 보고서 쓰도록 지도

아. 관람·관전 학습 교수·학습 과정안

1) 학습주제: 야구경기 관전

2) 학습목표

　가) 야구경기 규칙을 알고 관전할 수 있다.

　나) 경기장에서의 질서를 지킬 줄 안다.

3) 학습전개

형식단계	지도 단계	학 습 과 정	유 의 점
사전	◦관전계획 세우기	・야구경기 관전 결의 ・관전 계획 세우기 −일시:　　　. . .(　　) −장소: 대전 운동장 −교통: 버스 이용 −조직: 소집단별 −주의사항	@ 학부모와 동행 @ 학교수업에 지장이 없는 시기 선택
학습	◦관전계획 확인	・야구 경기 규칙 공부 ・관전상의 유의점 토의 ・야구장 가기	@ 학부모의 승인이 있는 계획서 필요

학습	◦관전하기	・야구경기 관람
		  －경기 규칙 확인
		  －승리팀 예상하기
		  －경기장 질서 지키기
			@ 학부모의 승인이 있는 계획서 필요

사후	◦정리, 반성	・관전 보고서 작성
		  －야구 관전 후 소감문 작성하기
		  －의심나는 규칙 알아보기
			@ 자유롭게 소감문을 작성한 후 전시함.
			@ 학부모의 의견서 첨부

제8절 주제 중심 체험학습

가. 주제 중심 현장체험 학습의 목표

1) 교실 밖에서 여러 가지 현장체험 학습을 실행한다.

2) 학교행사, 재량활동, 특별활동 등과 연계하여 실행한다.

3) 교육과정 운영의 질을 높이고 다양한 활동으로 흥미와 관심을 고양한다.

나. 주제 중심 현장체험 학습의 과정과 내용

1) 주제 정하기

2) 사전 협의회 하기

3) 활동 일정 협의하기

4) 활동하기

5) 정리 및 마무리 활동

6) 보고서 및 소감문 쓰기

다. 주제 중심 현장체험 학습 시 준비물

1) 교사: 각종 지도 자료, 주제에 관련된 기안 결재물, 기타 준비물 등

2) 학생: 주제에 관련된 준비물, 필기도구 등

라. 주제 중심 현장체험 학습 시 유의점

1) 사전 계획을 세밀하게 세운다.

2) 반드시 현지답사를 실시한다.

3) 사전 준비를 철저히 하고 준비물을 챙긴다.

4) 각 주제에 알맞게 활동하도록 지도를 하고 질서를 지킨다.

5) 간편한 복장으로 참여, 활동한다.

6) 사후 정리 및 평가를 실시한다.

마. 주제 중심 현장체험 학습의 절차

사전 활동
•주제중심학습 계획 수립(주제, 장소 선정) •사전 답사하기 •각종 준비물 구비 •외부 기관의 경우 공문 발송 •준비 일정 수립 및 점검하기

당일 활동
•주제 안내 및 활동 소개 •각자의 역할 주지 •학습활동 실시 •협동, 봉사활동 •청소 및 정리 정돈

사후 활동
•반성 및 토의 •보고서 쓰기 •평가 및 반성 •우수 분임(모둠) 격려

바. 주제 중심 현장체험 학습 안내(예시)

순	활동 주제	활동 내용	관련 교과(학년 − 월)
1	소중한 학교 시설	•학교의 여러 시설 실제 이용하기 •공공시설을 애용해야 하는 이유 알기	■ 바른생활(2−5)
2	즐거운 봄 소풍	•봄 소풍의 즐거움과 자연보호 실천하기 •야외 활동에서 지킬 일 알기	■ 국어(2−4)
3	우리 마을	•학교 주변 마을의 여러 가지 조사해 보기	■ 슬기로운 생활(2−4)
4	줄넘기	•체육활동을 통한 체험 학습하기 •체육활동에서 지켜야 할 규칙 알기	■ 즐거운 생활(2−4)
5	자석놀이	•과학실에서 여러 자석놀이 하기 •자석놀이 학습을 통한 창의력 기르기	■ 슬기로운 생활(2−5)
6	바다에 가면	•바다 현장체험 학습하고 느낀 점 말하기 •바다 현장체험 학습의 즐거움 느끼기	■ 국어(2−7)
7	숨바꼭질	•친구들과 놀이하기 •친구들과 놀이하면서 지킬 일 알기	■ 즐거운 생활(2−6)
8	신나는 운동회	•운동회 활동을 통해서 지킬 규칙과 협동 정신 함양하기	■ 즐거운 생활(2−5)
9	농장 견학	•농장에서 재배하는 시굴의 종류 알기	■ 즐거운 생활(2−6)
10	물놀이	•학교 주변 냇가를 찾아 체험학습하기	■ 즐거운 생활(2−7)
11	학예발표회	•학예 발표회에 참여하고 재능 발휘하기	■ 국어, 즐거운 생활(2−12)

주제 중심 체험학습을 교육과정의 정상적인 운영 속에서 좀 더 구체적이고 효율적으로 운영하기 위해서는 단위 시간, 또는 블록타임(Block time)제 운영의 현장체험 학습보다는 주 1회 또는 격주로 주제 중심 현장체험 학습의 날과 병행하여 운영하는 것이 바람직하다.

주제 중심의 현장체험 학습을 전개하기 위해서는 먼저 선행되어야 할 요건들이 몇 가지 있다. 먼저 교육과정을 철저히 분석하여 학습내용이 유사하고 계열성 있는 학습활동을 중심으로 주제를 설정하여 교육과정을 통합적으로 운영할 수 있도록 재구성하여야 한다. 이때 지역, 학교의 실태와 교육과정의 내용에 따라 시기를 조절하여 융통성 있게 계획한다.

또한 교육과정의 교육내용을 보충·심화·발전시킬 수 있는 다양하고 직접적인 현장체험 학습이 이루어지도록 유의한다. 따라서 교과 통합 측면의 주제 중심 현장체험 학습의 설계와 방법을 구체적으로 소개한다.

사. 주제 중심 현장체험 학습 계획

주제중심 체험학습 주제	즐거운 현장체험 학습	○○초등(중·고등)학교 제 학년 반 담임 ○○○

1) 현장체험 학습 계획

가) 목적

한정된 학습 공간과 학습 방법에서 벗어난 간접적인 경험을 보다 심화시켜 현장체험 학습의 장을 넓히고 직접적인 경험을 할 수 있는 학습 기회를 제공하여 학생들이 학교생활을 보다 적극적으로 할 수 있는 기회를 마련하고자 함.

나) 방침

- 모든 학생과 교사가 참여한다.
- 사전 답사를 철저히 한다.
- 사전 준비와 사전 학습을 철저히 한다.
- 현장체험 학습 후의 후속 학습을 철저히 한다.
- 공중도덕과 거리와 질서를 잘 지킬 수 있도록 사전 지도를 철저히 한다.

- 비상약품을 준비하고 인근 병원을 조사한다.
- 학부모 보조 교사는 학생 관리에 협조토록 한다.
- 점심 도시락은 각자 준비하도록 한다.

다) 일시: 20○○　.　.　.(○요일) 07:40~16:40

라) 장소: 경기도 과천 '서울 랜드'

마) 준비물
- 학생: 점심 도시락, 수첩, 필기도구, 화장지, 야외용 돗자리, 간편한 복장, 사진기, 식수 등
- 교사: 도시락, 메가폰, 호루라기, 사진기, 필름, 화장지, 비상약품, 표시 깃발, 비닐봉지 등

바) 일정표
- 학교 출발(08:00)→서울랜드 도착(09:40)→오전 활동(09:40~12:30)→점심 식사(12:30)→ 오후 활동(13:40)→서울랜드 출발(15:00)→학교 도착(16:30)

사) 사전 준비
- ○월 ○일(○)에 학습 활동 순서 및 학습할 내용을 안내한다.
- 준비물을 점검한다.
- 학부모와 보조 교사의 임무에 대하여 협의한다.
- 현지의 상황을 전화로 확인하여 차질이 없도록 한다.
- 안내장을 발송하여 학생들과 학부모의 참가 희망서를 받도록 한다.
- 현장체험 학습 경비는 세입 세출 외 현금 출납의 규정에 따라 관리한다.

아) 사후 처리
- 현장체험 학습을 보고서를 써서 제출하게 하고 발표회를 통하여 잘된 작품은 시상하도록 한다.
- 일기 쓰기를 통하여 반성하는 기회를 갖도록 한다.

- 그리기를 통하여 계절에 어울리는 색채 감각을 키울 수 있는 기회를 부여한다.

자) 예상 소요 경비의 내역

- 1인당 9,000원(입상료: 1,500원, 놀이 기구 사용료: 4,500원, 차량 내절료: 3,000원)

차) 지도상 유의점

- 실시의 시기, 소요 시간, 집합·해산의 장소, 교통수단 등의 계획
- 인솔 교사의 수, 분담 조직, 현지답사 방법
- 건강·안전에 대한 준비, 긴급 연락 및 안전사고의 발생 시 대처 방법
- 관계 기관의 교섭, 실시 후의 보고
- 가정 통신의 방법
- 학생의 복장, 학생의 준비물, 용돈 관리
- 당일의 소요 경비 및 인솔자의 준비물
- 평가의 관점, 반성의 기록의 보관
- 실천 계획 작성의 시기와 순서
- 학부모 동참 여부의 결정

카) 소집단 활동 조직(탐사 및 탐구 활동을 위한 소집단 조직)

분임명	학 생 이 름	보조교사
나 비	원종화, 허민실, 허진실, 심초이, 조요상, 김문수	박 금 실
장 미	김도연, 김미애, 홍미림, 이민재, 임정빈, 진민우	류 은 란
참 새	이제희, 김혜영, 이석호, 송혜진, 이재용, 정찬용	허 수 경
병 아 리	오성근, 한미경, 박우성, 김형신, 이동식, 이재상	박 영 택
민 들 레	이재욱, 허지윤, 박현지, 윤종대, 오진우, 김재열	김 창 희
개 나 리	이소연, 이아름, 유단비, 윤태영, 백승호, 헌혜인	한 소 영

〈안내장 예시: 참가희망서〉

안 내 장

희망찬 새봄을 맞아 안녕하신지요?

드릴 말씀은 금 학년도의 교육 계획 추진과 ○○교육청 지정 체험학습 시범학교 운영의 일환으로 현장체험 학습을 아래와 같이 실시하고자 합니다.

이에 현장체험 학습에 동참하시고자 하는 학생과 학부모님들의 희망을 듣고자 합니다.

이번 현장체험 학습은 학년별로 장소를 달리하여 실시하기 때문에 학년별 학생 수와 학부모님들의 참석 여부에 따라 학생들과 동참하시는 학부모님들께서 부담하시는 금액이 학년별로 달라집니다.

따라서 봄 소풍 경비 산출을 위해 학생과 학부모님들의 동참과 희망서를 배부해 드리오니, 현장체험 학습 동참 희망서를 ○월 ○일(목)까지 학생 편에 학교로 보내 주시면 대단히 감사하겠습니다.

  1. 일시: 20○○년 월 일 ( )

  2. 장소

    가. ( )학년: 서울랜드(서울)

    나. ( )학년: 부여, 공주

    다. ( )학년: 강화도

  3. 경비: 동참 학부모 수에 따라 추후 결정(8,000원~10,000원 정도)

20○○.   .   .

○○ 초등(중·고등)학교장

봄 현장체험 학습 동참 희망 조사서

■ 학생: ○○초등(중·고등)학교 제( )학년 이름 (   )

■ 학부모: (   )(인)

■ 희망 여부

참가 여부(해당란에 ○표)		비 고(기타 의견 제시)
학 생	학부모	

2) 주간 학습 계획 안내서 작성

주 간 학 습 계 획 안 내 ○월 ○일~○월 ○일 ○○초등(중·고등)학교 제( )학년 반 담임 ○○○ (인)	결재	부장	교감	교장

구분		월	화	수	목	금	토
		○일	○일	○일	○일	○일	○일
행사	학교	애국조회	체험학습의 날		용의검사		반성조회
	학급	안전지도	체험학습	생활 지도	저 축	아침 봉사활동	사랑의 동전 모으기
1교시		바생(28-29) •웃어른께 쓰는 말씨 익히기 *인사*	주제: 즐거운 소풍(슬생) 1.우리들은 2학년 •버스를 안전하게 타고 내리기 3. 봄 •봄철의 날씨와 변화된 모습(바생) 9. 모두가 지킬 일 •공공시설의 종류와 이용방법 알기(즐생) 8. 봄나들이 •나들이 오고 갈 때 지킬 일 알기 *질서*	슬생(69-71) •우리나라, 학교 꽃과 나무 알기	읽기(44-48) •대화하는 글을 알맞게 소리 내어 읽기	쓰기(37-38) •겹받침(ㄹ) 글자에 유의하며 글씨 바르게 쓰기	말 듣기(37-42) •말을 듣고 내용 파악하기 •들은 말을 바르게 전하기 •바르게 전하기 위해 주의할 점 알기
2교시		읽기(41-48) •인물의 말과 행동에 어울리는 목소리로 글 읽기 •대강의 내용 파악하기 •인물의 성격 알기		수학(36-37) •받아올림이 있는 두 자리 수끼리의 덧셈하기	쓰기(35-36) •누가, 어디에서, 무엇을 하는지 드러나게 글짓기	수학(42-43) •덧셈과 뺄셈의 관계를 이해하고, 미지항 구하기	즐생(40,50) •줄넘기하면서 노래 부르기 •몸으로 꽃모양 만들기
3교시				즐생(40-43) •전래 동요 부르기 •주변에서 보았던 일들을 선으로 나타내기	수학(36-41) •십의 자리에서 받아내림이 있는(두 자리 수)-(두 자리 수) 계산하기 •계산 기능이 숙달되도록 암산하기	즐생(46, 47) •즐거웠던 일을 찰흙판에 찰흙 끈으로 나타내기 •높이를 다르게 하여 줄넘기하기	
4교시		슬생(58-59) •이야기에 맞추어 그림자 연극하기					
준비물		•연극에 필요한 모양판	•간편한 복장, 도시락, 필기도구, 쓰레기봉투	•크레파스, 신문지, 긁을 도구(핀, 드라이버, 자 등)	•원고지, 바둑알	•찰흙, 찰흙판, 고무찰흙, 신문지, 줄넘기 줄	•줄넘기 줄
가 정 통 신		•13일(화요일)은 현장체험 학습의 날입니다. 07:40분까지 등교하세요. •10칸 공책과 종합 공책은 매일 가지고 다니도록 준비해 주십시오. •부모님 상장을 많이 활용해 주세요. •학습 준비물을 꼭 챙기도록 하세요.					

아. 주제 중심 현장체험 학습 교수·학습 과정안

1) 주제 설정의 이유

봄이 되면 날씨의 변화에 따라 자연의 모습도 변화되게 되며 우리의 생활 모습도 변하고 밖에서의 활동이 많아지게 된다.

따라서 봄의 계절을 느끼게 하고 나들이할 때에 지켜야 할 일과 교통질서, 교통수단의 올바른 이용, 공중도덕 지키기, 단체활동에서 지켜야 할 태도, 공공시설을 바르게 이용하는 것을 직접 체험하게 하여 올바른 태도가 습관화될 수 있도록 하는 데 주안점을 두고 있다.

2) 주제 학습 요소 추출

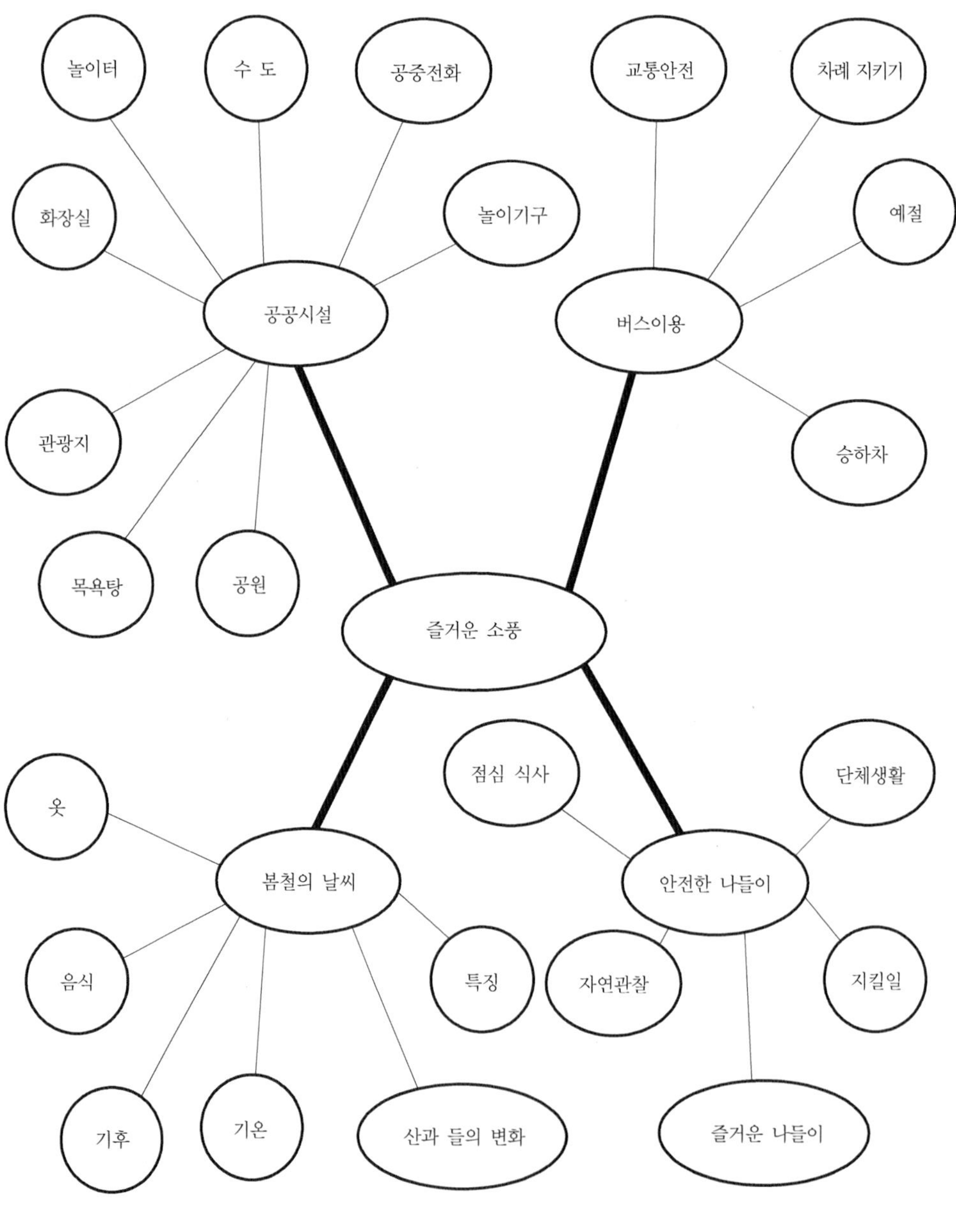

3) 현장체험 학습 과정안

현장체험 학습 과정안			결재	부장	교감	교장

학년반	○○초등(중·고등)학교 제( )학년			지도교사	○ ○ ○		
일시	20○○년 월 일 요일	지도 시간 ( )분		장소	서울랜드		
학습 주제	·즐거운 소풍	준비물	·교사: 호루라기, 비상약, 사진기 ·학생: 필기도구, 도시락, 간편한 복장, 야외용 돗자리			

	바생	관련단원	9. 모두가 지킬 일	관련제재	·공공장소에서 지킬 일	관련차시	2/2	교과서 쪽 수	84−87
	즐생		8. 봄나들이		·안전한 나들이		3/7		58
	슬생		1. 우리들은 2학년 3. 봄		·버스 이용 ·봄철의 날씨;		4/10 2/9		12−13 65−68

학습 목표	·봄의 특징을 알며 교통수단, 공공시설을 바르고 안전하게 이용할 수 있다.

사전 활동	계획 및 준비	안전 지도 내용
	·계획 세우기 ·활동 내용과 활동 순서 알기 ·환경 보호의 태도 갖기(쓰레기는 지정된 장소에 버리기) ·준비물 알기 ·안전사고 예방에 대하여 알기	·질서 있게 버스 이용하기 ·차례 지켜 관람하고 시설 이용하기 ·혼자서 돌아다니지 않기 ·위험한 곳에 가지 않기 ·버스 안에서 돌아다니지 않기

주 학 습 활 동			
시정	학 습 활 동 내 용	장소	자료 및 유의점
07:40 ~ 07:50	■현장체험 학습활동 준비 확인 ·인원 점검 −안전 지도 내용 강조 −개인 준비물 확인 ·현장체험 학습 장소에서 학습할 내용 알아보기 −버스를 바르게 이용하는 방법 알기 −봄의 자연모습을 관찰하기 −공공시설을 바르고 안전하게 이용하기 −즐거운 나들이를 위해 지켜야 할 점 알기	학교	·안전사고 예방 에 관심을 갖게 한다.
07:50	■차례 지키며 승차하기 ·승차 시 유의점 알기 ·차례 지키기 ·지정된 좌석에 앉아 안전벨트 매기 ·개인생활과 단체생활의 차이점 알기	버스	·봄철의 날씨변화 는 겨울과 비교하여 경험 중심으로 알아보게 한다.
08:00 ~ 09:40	■현장체험 학습 가는 길 관찰 ·봄철의 날씨 조사하기 −기온과 기후의 변화 알기 −봄철 날씨의 특징 알기 ·봄이 되어 변화된 생활 모습 알아보기 −사람들의 옷차림 ·봄의 산과 들의 변화 알아보기 −산과 들의 모습 관찰하기 −들에서 농부들이 하는 일 알기		

시정	학 습 활 동 내 용	장 소	자료 및 유의점

09:40
~
12:30
	■ 목적지 도착
	 • 인원 점검하기
	 • 주의 사항 및 공공시설을 이용하는 방법을 알기
	  － 화장실, 수도 바르게 이용하기
	 • 놀이 시설 이용하기
	  － 놀이 기구 이름 알기
	  － 놀이 기구 이용 시 주의할 점 알기
	  － 차례 지키며 놀이기구 이용하기
		서울
		랜드
			• 지킬 일, 주위 할 일 꼭
			  지키도록 한다.

12:30
~
13:30
	■ 점심시간
	 • 부모님께 감사하는 마음 갖기
	 • 친구와 나누어 먹기
	 • 쓰레기는 지정된 장소에 버리기
			• 자연 보호 활동의 필요성
			  을 깨닫고 적극적으로 참
			  여할 수 있게 한다.

13:40 ~ 14:50	■ 주변 관찰 • 봄철에 피는 꽃 알아보기 • 자연보호 활동하기		
15:00	■ 승차 • 질서 있게 승차하기 ■ 학교 도착		
16:40	■ 귀가지도 • 부모님께 인사드리기 • 몸 씻기 • 현장 학습 보고서 쓰기	학교	
후 속 활 동	• 각자의 생각이나 느낌을 정리하고 보고서 쓰기 • 잘된 점과 잘못된 점 반성하기 • 그림으로 나타내기		

수 행 평 가 계 획			
평가 내용	학습 내용을 알고 성실하게 활동하였는가?		

항목	평 가 관 점	평가척도		
		상	중	하
1	봄의 모습을 바르게 관찰하였는가?			
2	질서와 안전을 지키며 버스를 이용하였는가?			
3	공공시설을 바르게 이용하였는가?			
4	봄철에 피는 꽃의 종류를 5가지 이상 알고 있는가?			
5	보고서를 잘 썼는가?			
종합 의견				

주제 중심 현장체험 학습 보고서 (1)

○○초등(중·고등)학교   제 학년 반 (   )번   이름(   )

★ 창의적인 주제 중심 현장체험 학습을 하면서 가장 재미있었던 일이나 즐거웠던 일, 신기하게 느꼈던 일을 그림으로 간단하게 그리고 기록해 보시오.

주제 중심 현장체험 학습 보고서 (2)

○○초등(중·고등)학교   제 학년 반 (   )번 이름(   )

체험 학습 내용:

구 분	활 동 내 용

제9절 통합 현장 체험학습

가. 통합 현장체험 학습의 목표

1) 여러 활동과 연계된 현장체험 학습을 실행한다.

2) 체험학습을 종합적 통합적으로 실행한다.

3) 학교행사 등에 학생들의 참여를 고취시켜 다양한 활동을 실시한다.

나. 통합 현장체험 학습의 과정과 내용

1) 주제 정하기

2) 사전 협의 및 준비물 구비하기

3) 활동 일정 협의하기

4) 통합 체험 활동하기

5) 정리 및 마무리 활동

6) 보고서 및 소감문 쓰기

다. 통합 현장체험 학습 시 준비물

1) 교사: 각 통합 주제에 적절한 준비물, 지도 자료, 호루라기 등

2) 학생: 통합 주제에 관련된 준비물, 활동 계획서, 필기도구 등

라. 통합 현장체험 학습 시 유의점

1) 사전 계획을 세밀하게 세운다.

2) 가족과 함께하는 활동의 경우는 사전에 학교의 허가를 받아서 한다.

3) 사전 준비를 철저히 하고 준비물을 챙긴다.

4) 각 주제에 알맞게 활동하고 공공질서를 지킨다.

5) 주제에 알맞은 복장으로 참여, 활동한다.

6) 사후 정리 및 평가를 실시한다.

마. 통합 현장체험 학습의 절차

사전 활동		당일 활동		사후 활동
•통합 중심 학습 계획 수립(주제, 장소 선정) •사전 계획, 답사하기 •각종 준비물 구비 •외부 기관의 경우 공문 발송 (협조의뢰) •준비 일정 수립 및 점검하기	⇨	•주제 안내 및 활동 소개(가족 동반 활동의 경우 사전 주지) •각자의 역할 주지 •학습활동 실시 •분임(모둠)활동 강조 •청소 및 정리 정돈	⇨	•반성 및 토의 •활동 보고서 쓰기 •평가 및 반성 •보고회 개최 •보고서 발간

바. 통합 현장체험 학습 안내(예시)

순	활동 주제	활동 내용	참고 사항
1	가족 동반 현장체험 학습	•각 가정별로 가족과 활동하기 •다양한 활동 실시하기	■ 휴가 일수 확인(추후 확인서 제출)
2	산업체 견학 현장체험 학습	•산업체(공장) 견학, 방문하여 여러 가지 배우기 •생산물, 생산 공정, 판매 과정 등 조사하기	■ 사전 협조 의뢰(공문 발송)
3	향토 탐사반 현장체험 학습	•향토의 자연과 문화재, 유적, 특산물 등 조사해 보기	■ 각 분임별로 나누어 조사
4	도농교류 현장체험 학습	•자매 결연학교 학생들과 정기적 체험 학습하기 •홈스테이하면서 느낀 점 발표하기	■ 학년 초에 계획 수립 공지(희망자 학부모 추천)
5	야영 현장체험 학습	•하교 야영 활동을 통한 체험 학습하기 •다양한 프로그램에 적극 참여하기	■ 밥 짓기, 오락, 등산, 체육활동 프로그램 구안
6	방학 중 현장체험 학습	•가족과 함께 계획 세워 활동하기 •계절별로 적합한 활동하기	■ 여름 방학, 겨울 방학 계획 미리 수립

사. 통합 현장체험 학습의 요령

1) 관심 있는 분야에 흥미와 관심을 갖고 참여해야 한다.

2) 창작활동을 창의적으로 하려는 태도를 가진다.

3) 스스로의 인격과 지혜를 넓힐 수 있도록 한다.

4) 자유로운 분위기에서 과감하게 표현할 수 있도록 한다.

5) 자신의 흥미, 취미, 소질, 적성 등을 고려하여 선택한다.

6) 자유롭고 창의적인 활동이 되도록 한다.

7) 다양한 활동에 참여하여 자신의 잠재 능력을 계발, 신장한다.

8) 협동심과 단결심을 우선 배양하려고 노력해야 한다.

9) 개인보다는 집단을 우선해야 한다.

10) 공동체의 이익과 임무 수행에 초점을 맞춘다.

아. 가족 동반 현장체험 학습

1) 친인척 집에 기거하는 현장체험 학습

가) 목적: 도·농 간 대가족 제도 생활의 이해 및 예절 생활의 실천

나) 기간: 1박 2일~1개월 이내

다) 학생 지도: 해당 학교 교사가 지도하고 기거하는 친인척 가정에 협조 서신 발송

2) 도·농 간 이동 학교 운영을 통한 현장체험 학습

가) 목적: 도·농 간 학생들의 서신 교환, 상호 방문으로 공동생활 규범에 대한 이해 및 실천

나) 기간: 1박 2일~1개월 이내

다) 학생 지도: 원적 학교 교사가 이동 현장체험 학습 지도

라) 출결 사항: 현장체험 학습 기간 결석 처리하지 않음.

마) 사후 처리: 현장체험 학습 보고서 담임에게 제출→관련 교과 학습 및 행동 발달 상
   황에 반영

3) 가족 여행 현장체험 학습

가) 목적: 자녀와 학부모의 대화 시간 증대로 아동의 불만감 및 갈등 해소

나) 기간: 1박 2일~1주일 이내

다) 학생 지도: 학부모를 명예 교사로 위촉하여 현장체험 학습 지도

라) 출결 사항: 현장체험 학습 기간 결석 처리하지 않음.

마) 사후 처리: 위탁 학교에서 학습 결과를 통보하면 관련 교과 학습 및 행동 발달 상황
에 반영

4) 친인척 간의 경조사 방문을 통한 현장체험 학습

가) 목적: 친인척 간의 공동체 의식 함양과 전통가치의 이해

나) 기간: 국가 공무원 복무규정(대통령령 제14825호) 및 학교생활 기록부 관리 지침 해
설(교육부 장학자료 제110호)에 의함.

※ 원격지인 경우에는 학교장의 결재를 받아 가산할 수 있음.

다) 학생 지도: 대동하는 학부모 또는 친인척

라) 출결 사항: 해당 기간 결석 처리하지 않음.

마) 학습 내용: 효행, 공경, 형제애, 가족 간의 사랑, 관혼상제에 관한 의식과 예법

바) 학습 방법: 가족과 함께 직접 참여하고 활동하는 현장체험 학습

사) 사후 활동: 활동 보고서를 학교에 제출하고 담임교사의 확인을 받음.

〈표 6-1〉 경조사의 대상과 일수(국가 공무원 복무규정 제20조 제1항)

구분	경조사 대상	일수	구분	경조사 대상	일수
결혼	•본인	7	사망	•본인 및 배우자의 형제자매와 그 형제자매의 배우자	3
	•자녀	1			
	•형제, 자매	1			
출산	•배우자	7		•본인 및 배우자 부모의 형제자매와 그 형제자매의 배우자	3
입양	•본인	20			
사망	•배우자, 본인 및 배우자의 부모	7	탈상	•배우자, 본인 및 배우자의 부모	2
	•본인 및 배우자의 증조부모·조부모·외증조부모·외조부모	5		•본인 및 배우자의 증조부모·조부모·외증조부모·외조부모	1
	•자녀와 그 자녀의 배우자	3		•본인 및 배우자의 형제자매와 그 형제자매의 배우자	1

5) 고적 답사 및 향토 행사 참여를 통한 현장체험 학습

가) 목적: 조상의 빛난 얼을 이해하고 고장에 대한 자긍심 고취
나) 기간: 1일~1주일 이내
다) 학생 지도: 해당 학교 교사 또는 인솔 담당자가 지도
라) 출결 사항: 현장체험 학습 기간 결석 처리하지 않음.
마) 사후 처리: 현장체험 학습 보고서 담임에게 제출→관련 교과 학습 및 행동 발달 상황에 반영

6) 시행 절차

가) 현장체험 학습 기간: 학부모의 희망 및 내용에 따라 1박 2일~1개월 이내
나) 일반적인 절차: 학부모가 담임교사에게 신청→학교장 승인→희망교의 학교장에게 위탁 수업 의뢰→위탁받은 학교장은 이를 승인→결과 통보
다) 소속 학교장은 수업 결과 통지서를 학생의 교육 활동 자료로 활용
라) 위탁 교육 학교에서의 수업 결과와 출석 일수는 재학 학교 출석 일수에 합산
마) 위탁 학교는 해당 학생이 건강, 기타 특별한 사유로 위탁 교육 기간 내 재학 학교로 복교 희망 시 재학 학교로 사전 통보 후 복교 조치
바) 위탁 학교는 해당 학생을 위탁 기간 종료 후 반드시 복교시켜야 함.

7) 참고 사항

가) 가족 동반 체험학습은 교육적 목적으로 실시해야 한다.
나) 학생들에게 관혼상제 등 예절과 의례를 현장체험 학습으로 실시하는 데 초점을 맞추어야 한다.
다) 반드시 학교와 담임교사에게 사전에 신청하고 소정의 신청서를 제출하고 절차를 밟아 실시한다.
라) 사후에는 결과 보고서를 제출하고 소감문 등을 써서 누철(累綴)해 둔다.

8) 각종 양식

가) 가족 동반 현장체험 학습 신청서

<u>가족 동반 현장체험 학습 신청서</u>

· 소　　　속: (　　)초등(중·고등)학교　　　제(　)학년　(　　)번
· 학 생 성 명:
· 보호자 성명:
· 주　　　소:　　　　　　　　　　　　　　　　☎:
　위 학생은 본인의 자녀로서 가족과 함께하는 체험학습을 하고자 다음과 같이 신청하니 허락하여 주시기 바랍니다.

체 험 학 습 영 역		
친인척 방문	친인척 경조사	가족 여행

비 고	

· 해당되는 체험학습 영역에 ○표 하시고, 비고란에 사유를 상세히 써 주시기 바랍니다.
1. 체험학습 장소:
2. 체험학습 기간: (　　)년 (　　)월 (　　)일 ~ (　　)년 (　　)월 (　　)일간
3. 체험학습 기간 중 보호자:
4. 체험학습 기간 중 숙박지 및 숙박 방법:
5. 체험학습 중 연락처:

☎ (　　　　ㅡ　　　ㅡ　　　　)
C · P:　　　ㅡ　　　ㅡ

년　　　월　　　일

　　　　　　　신청인: 보호자(　　　　　　　　　) (인)

　　　　　　　○○ 초등(중·고등) 학 교 장　　　귀 하

나) 농·어촌 현장체험 학습 위탁 교육 신청서

농·어촌 현장체험 학습 신청서

· 소　　　속: (　　)초등(중·고등)학교　　　제(　　)학년 (　　)번
· 학 생 성 명:
· 보호자 성명:
· 주　　　소:　　　　　　　　(　　　　)리　☎:
　위 학생은 본인의 자녀로서 전인적인 인간 형성을 위하여 농·어촌 현장체험 학습을 실시하고자 다음과 같이 신청하오니 허락하여 주시기 바랍니다.

체 험 학 습 영 역 (해당 영역에 ○표)			
친인척 방문	친인척 경조사	가족 여행	기　타
참고사항			

　· 해당되는 체험학습 영역에 ○표 하시고, 비고란에 사유를 상세히 써 주시기 바랍니다.
1. 체험학습 기간: (　　)년 (　　)월 (　　)일 ~ (　　)년 (　　)월 (　　)일 (　　)일간
2. 위탁 희망 학교: (　　　　)초등(중·고등)학교
3. 위탁 학교 주소:
4. 체험학습 기간 중 보호자:
5. 체험학습 기간 중 숙박지 및 숙박 방법:
6. 체험학습 중 연락처:

　　　　　　　　　　　　　　　　　　　　　　☎ (　　－　　－　　)

　　　　　　　　　　　　　　　　　　　　　　　　년　　월　　일

　　　　　　　신청인: 보호자 (　　　　　　) (인)

　　　　　　　○○ 초 등(중·고등) 학 교 장　　귀 하

다) 가족 동반 현장체험 학습 결과 보고서

( )초등(중·고등)학교 제( )학년 ( )번 이름( )		보호자	(인)
기 간	( )년 ( )월 ( )일 ( )요일~ ( )년 ( )월 ( )일 ( )요일/ ( )일간		
체험 영역			
목 적			
장 소			
함께한 사 람			
현장체험 학습 내용			
본 것			
들은 것			
활동내용			
느낀 점			
담 임 지도란			

라) 현장체험 학습 위탁 의뢰서

수 신: ( )초등(중·고등)학교장

위탁 학교명	학 생 명 (漢 字)	학 급	원 적 학 교
( )초등(중·고등)학교 (- -)		학년 반	( )초등(중·고등) 학교 (- -)
위탁 교육 목적			
학생 참고 사항			
위탁 수업 기간	20 . . .( ) ~ 20 . . .( ) (일간)		

위 학생을 귀교에 교육을 위탁하오니 허락하여 주시기 바랍니다.

년 월 일

○ ○ 초 등(중·고등) 학 교 장

마) 현장체험 학습 위탁 수업 결과 통지서

수　　신: (　　　)초등(중·고등)학교장

위탁학교명 (전화번호)	학 생 명 (漢　　字)	학　급	제적 학교 교시명
			(인)
(　)초등학교 (　－　－　)	○　○　○ (　　　　)	제　학년　반	위탁 학교 교사명
			(인)
활동 사항			
특기 사항			
출결 사항	결석	지각	조퇴
위탁수업기간	20○○.　.　.(　).　～ 20○○.　.　.(　).　(　일간)		

위 학생의 위탁 교육 결과를 위와 같이 통보합니다.

년　　월　　일

○ ○ 초 등(중·고등) 학 교 장

자. 공장(산업체) 견학을 통한 현장체험 학습

1) ○○분유(주) ○○ 공장 견학 의뢰

○　○　초　등 (중·고등)　학　교

우편번호 314－140　□□ ○○시 ○○면 ○○리 / 전화 (　) － 전송(　) －
교 감　○○○　　담당자　○○○　E－mail:

문서번호○○초(중·고)81140 －

시행일자: 20○○　.　.　.

(경　　유)

수　　신: ○○분유(주) 공장
　　　　　　사장

참　　조: 총 무 과 장

선결			지시	
접수	일자 시간		결재	
	번호			
처 리 과			·	
담 당 자	○○○		공람	

제 목 : 현장체험 학습(견학) 협조 의뢰

1. 본교는 20○○학년도부터 2년차에 걸쳐 ○○교육청으로부터 현장체험 학습 시범학교로 지정되어 과제 수행을 하고 있습니다.
2. 본교 시범학교 운영 과제 수행의 일환으로 추진하고 있는 농·어촌 간 교류 현장체험 학습을 위하여, 본교의 자매결연 학교인 ○○초등(중·고등)학교(시·도   구(군)   동(읍·면))의   어린이가 본교와 교류 학습차 본교를 방문하게 되어 우리 고장의 모범 산업체인 귀사를 견학하고자 하오니 협조하여 주시기 바랍니다.

붙   임: 1. 현장체험 학습 의뢰서 1부
           2. 농·어촌 교류 현장체험 학습 프로그램 1부. "끝"

○ ○ 초 등 (중·고등) 학 교 장

현장체험 학습 협조 의뢰서

안녕하십니까?
　본교의 자매결연 학교인 ○○초등(중고등)학교(시·도 구(군)   동(읍·면) ( ) 6학년 학생들이 현장체험 학습을 통하여 산지식을 얻고자 다음과 같이 귀사를 방문, 견학하고자 하오니 협조하여 주시기 바랍니다.

아　래

1. 일 시: 20   년   월   일   요일
2. 시 간: 오전 10시 00분 ～ 12시 00분(2시간)
3. 견학 아동 및 인원: ○○초등(중·고등)학교 (   )학년 계: 명
4. 인솔책임자: ○○ 초등(중·고등)학교   교사 ○○○ 외   ○명
5. 목적
　가. 우리 고장에 있는 공장에서 생산되는 물품 알기
　나. 우리 고장의 공장이 고장 발전에 미치는 영향
　다. 우리 생활에 편리함을 주기 위해 노력하시는 분들의 고마움 알기
6. 학습 내용
　가. 공장에서 생산되는 물품의 종류
　나. 생산 방법 및 분업의 효율성 알기
　다. 물품의 생산 과정 알기, 공장의 구조 및 생산 과정 알기
　라. 근로의 보람과 긍지 갖기
7. 협조 사항
　가. 안내 및 설명자: 1명
　나. 내용
　(1) 무료입장
　(2) 생산 공정 설명
　(3) 홍보 책자 및 기념품 제공: 학생 및 인솔자 총 명분

20○○년 ○월 ○일

○ ○ 초 등(중·고등) 학 교 장

(주)○○분유 ○○공장 사장 귀하

◆ ○○초등(중 · 고등)학교 농 · 어촌 교류 현장체험 학습 프로그램

● 1일차 활동(첫날):　　　년　　월　　일 (　　　)

시 정	영 역	활 동 내 용	시간	담당	비 고
09:20~09:40	승선준비	•배표 구입 •소지품 및 배표 확인	50′	담임	여 객 터미널
09:40~10:00	이 동	•○○초교(저두)→어항(해상 안전 지도)(한일 훼리호－09:45분 출발) •선상 체험학습(밀물과 썰물, 갯벌의 이용, 환경 보전)	30′	담임	여객선
10:00~11:20		•어항→대천시외버스터미널(교통안전 지도) •학생 건강관리	30′	담임	시내버스
11:20~13:00		•대천시외버스터미널→공주시외버스터미널(교통안전 지도) •기차 체험학습(봄의 자연, 농촌의 모습)	100′	담임	시외버스
13:00~13:10		•○○시외버스터미널→○○초등(중 · 고등)학교	10′	연구 담임	학교버스
13:10~13:30	만 남	•환영식(양교 학생) •학교, 아동 자매결연 맺기 •우정의 대화 갖기	20′	담임	운동장
13:30~14:00	점 심	•학년별 결연 아동과 함께 식사하기	30′	연구	급식실
14:00~14:30	이 동	•○○초등(중 · 고등)학교→○○분유 공장(교통안전 지도)	30′	연구 담임	버 스
14:30~15:30	견 학	•○○분유 공장(분유 생산 공정)	60′	연구 담임	○○분유 공장
15:30~16:00	이 동	•○○분유 공장→김종서군생가지(교통안전지도)	30′	연구 담임	학교버스
16:00~17:30	참 배	•무령왕릉, 공주 박물관 견학(우리 조상의 슬기와 문화)	90′	연구 담임	무령왕릉 박물관
17:30~17:40	이 동	•공주 박물관→○○초등학교(교통안전 지도)	10′	담임	학교버스
17:40~19:00	귀 가 마을탐사	•귀가 지도 •결연 갖고 부모님께 인사드리기 •결연 어린이 마을 탐사(문화재, 관광명소, 전설, 풍습 등)	140′	아동	결연 마을 및 가정
19:00~	저녁 식사 명상 및 취 침	•결연 가족과 식사 및 대화하기 •현장체험 학습 보고서 쓰기 •부모님께 편지 쓰기 •생활 반성 및 취침하기	·	아동	결연 가정

● 2일차 활동(둘째 날):　　　　년　　월　　일 (　　　)

시 정	영 역	활 동 내 용	시간	담당	장 소
06:30~07:00	탐 사	•기상 •어른께 인사드리기 •마을 탐사(농촌 주민의 생활상)	40′	학생	결연 마을
07:00~17:30	아침 식사	•결연 가족과 아침 식사 •결연 가족과 대화하기	30′	학생	결연 가정
07:30~07:50	등 교	•결연 학생과 등교(교통안전 지도)	20′	학생	학 교
07:50~08:20	합동학습	•결연 학급활동 학습 •학교, 학급, 마을 자랑 •친교활동	30′	연구 담임	결연학급
08:20~08:30	이 동	•○○초등(중·고등)학교→공산성 및 곰나루	40′	담임	버 스
08:30~10:30	견 학	•공산성 및 곰나루 견학(조상의 얼과 슬기)	120′	연구 담임	공산성 곰나루
10:30~11:00	이 동	•아산 민속박물관→(주) ○○	30′		버 스
11:00~12:00	견 학	•(주) ○○코웨이 ○○ 공장 견학(정수기 생산 공정)	60′		(주)○○
12:00~12:20	이 동	•(주) ○○→○○초등(중·고등)학교	20′		버 스
12:20~12:50	점 심	•학년별 결연 학생과 함께 식사하기	30′	담임	급식실
12:50~13:10	환 송	•환송식(양교 학생, ○○: 3~6학년)	20′	전 직원	운동장
13:10~18:00	이 동	•○○초등학교→○○초등학교 •승차, 승선 유의점 주지 및 안전 지도 •인원 점검 및 승차 준비 •소지품 및 차표, 배표 확인 •기차, 선상 체험학습	260′	담임	버스(시내, 시외) 여객선
18:00~18:20	해단식	•현장체험 학습 반성 •현장체험 학습 우수 학생 표창 •해단식	20′	교무	학 교
18:20~	귀 가	•귀가 지도 •부모님께 인사드리기 •현장체험 학습 보고서 쓰기 •일기 쓰기 •결연 학생 및 가족에 편지 쓰기	·	담임 학생	가 정

2) ○○ 공장(산업체) 견학

○　○　초　등(중·고등)　학　교

우편번호 314-140　　□□ ○○시 ○○면 ○○리 /전화 (　)　　　　　/전송(　　)
교　감　○○○　　　담당자　○○○　　　E-mail:

문서번호○○초(중·고)81140-

시행일자: 20 ．　．　．

(경　유)

수　　신:(주)○○공장 사장

참　　조: 홍 보 과 장

선결			지시	
접수	일자 시간		결재	
	번호		·	
처 리 과			공람	
담 당 자				

제　　목: 현장체험 학습 의뢰

본교의 교육과정 운영의 일환으로 귀사를 붙임의 계획과 같이 견학하고자 하오니 허락하여 주시기 바랍니다.

붙　　임: 현장체험 학습 협조 의뢰서 1부.　"끝"

○　○　초　등(중·고등)　학　교　장

현장체험 학습 협조 의뢰서

귀사의 무궁한 발전을 기원합니다.
　본교의 (　　)학년 학생들이 현장체험 학습을 통하여 산지식을 얻고자 아래와 같이 귀사를 방문, 견학하고자 하오니 협조하여 주시기 바랍니다.

아　　　래

1. 일　시: 20○○년　　월　　일　　요일
2. 시　간:　시　분　~　시　분(　시간)
3. 견학 아동 및 인원: ○○초등(중·고등)학교 제 (　)학년생　　계:　　명
4. 인솔 책임자: (　)학년 담임교사　○명
5. 목적
　가. 우리 고장에 있는 공장에서 생산되는 것 알기
　나. 우리 고장 발전에 미치는 영향 알기
　다. 우리 생활에 편리함을 주기 위해 노력하시는 분들의 고마움 알기
6. 학습 내용
　가. 공장에서 생산되는 물건의 종류 알기
　나. 분업의 효율성 알기
　다. 물건의 생산 과정 알기
7. 협조 사항
　가. 안내 및 설명자: ○명
　나. 내용
　　(1) 무료입장
　　(2) 공장의 구조 및 생산 과정
　　(3) 근로의 고충 및 보람
　　(4) 고장 및 국가 경제 발전에 미치는 영향
　　(5) 차량 제공: ○대

20○○ 년　　월　　일

○　　○　초 등(중·고등)　학 교 장

(주) ○○ 사장 귀하

차. 향토 탐사반 운영을 통한 현장체험 학습

1) 목적

　향토 문화유산과 아름다운 자연환경을 탐사하여 문화 민족으로서의 자긍심을 갖고, 애향심 함양과 함께 우리의 자연과 문화재를 보존하려는 태도를 기른다.

2) 운영 방침

가) 월 1~2회 향토 탐사의 날을 지정하여 운영한다.

나) 학생, 학부모, 교사가 동참하는 체험학습이 되도록 운영한다.

다) 효율적인 운영을 위하여 1개의 탐사반 인원은 40명 정도가 적당하다.

라) 문화 유적지 탐사, 등산, 자연 보호, 봉사활동 등으로 심신을 단련하고 상호 이해와
   대화의 장이 조성되도록 운영한다.

마) 활동일은 학교 학습에 지장이 없는 일요일과 공휴일로 한다.

바) 학생과 학부모가 동반하여 가입하도록 적극 권장한다.

3) 조직

가) 조직 과정

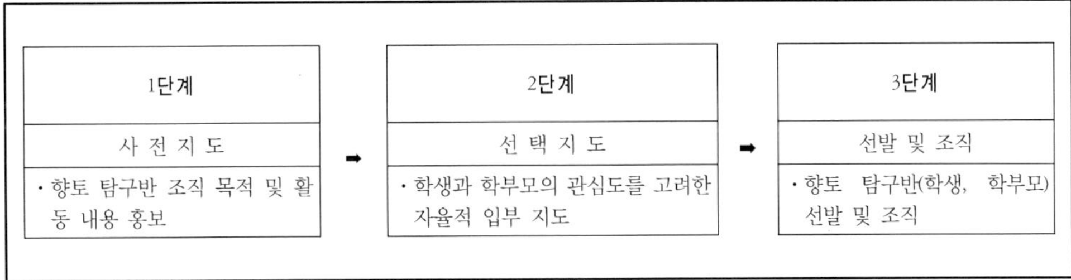

나) 가입 지도

향토 탐사반에 관심이 있는 학생과 학부모 중에서 가입 희망자를 대상으로 다음과 같은 절차로 가입하도록 한다.

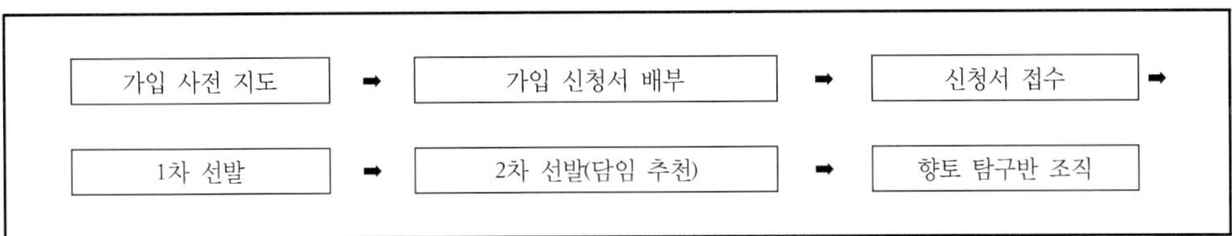

다) 가입자 명단

학년	학 생 성 명	보호자 성명		계
		부	모	
1	김효인, 이희수, 김민주, 이승표, 원용석	이규석(승표)	김선희(승표), 이기권(용석)	8
2	이석호, 김문수, 심초이, 오진우, 박현지, 위종화	·	·	6
3	김수인, 이헌우, 김미루, 한승연, 민혜진, 김민정, 홍승명, 한태양, 이종근, 원종현	원찬재(종현) 이형기(종근)	이향남(종근), 이현자(종현), 방선희(승명), 강하자(태양), 김영금(승연), 김명오(민정)	18
4	이승근, 이아름, 이헌만, 이상승, 김우식, 이승수, 심초롱, 우승민	우영근(승민)	양연미(우식), 홍미애(승수), 송영숙(승민)	12
5	윤용근	·	·	1
6	이지연, 김강경, 김우중, 김정인, 장부용	·	김진영(지연), 박정순(강경), 김한순(정인)	8
계	35	4	14	53

라) 소집단 조직

수	대표학생	구 성 원	인원수	보조교사
1	이지연	우승민(4), 이석호(2), 김민정(3), 김민주(1), 김수인(3), 이승표(1)	7명	송영숙, 김명오
2	김강경	윤용근(5), 김문수(2), 김우식(4), 김미루(3), 한태양(3), 원용석(1)	7명	양연미, 강하자
3	김우중	이헌만(4), 이헌우(3), 한승연(3), 민혜진(3), 홍승명(3), 오진우(2)	7명	김영금, 방선희
4	김정인	이아름(4), 이종근(3), 김효인(1), 심초롱(4), 심초이(2), 박현지(2)	7명	이형기, 이향남
5	장부용	이승수(4), 원종현(3), 원종화(2), 이희수(1), 이승근(4), 이상승(4)	7명	원찬재, 홍미애

4) 향토 탐사반 연간 활동 계획

활동시기		활 동 주 제	지 역	탐 사 장 소
월	일			
4	1	•향사탐구반 조직 및 활동 안내	학 교	•강당(안내 및 활동 계획 수립)
4	5	•백제 문화 탐사 1(공주지역)	공 주	•공산성, 무령왕릉, 박물관, 송산리고분군 등
5	5	•우리 문화재 탐사	서 울	•국립중앙박물관, 경복궁, 덕수궁 등
6	13	•우리 고장의 명소	아 산	•현충사, 민속박물관, 묘소 등
7	17	•향토 문화 탐사(보령)	보 령	•성주사지, 오천관아, 도미정, 오천항, 석탄박물관, 화석산지 등
9	12	•백제 문화 탐사 2(부여지역)	부 여	•부소산성, 박물관, 능산리고분, 낙화암, 군창터 등
10	24	•아름다운 우리 강산	계룡산	•갑사, 신원사, 동학사 등

5) 향토 탐사반 활동 안내

가) 사전 활동

(1) 소집단별로 사전에 협의하여 역할 분담

(2) 사전 조사 활동

(3) 보고서 작성 요령 및 보고회 준비

나) 활동 당일

(1) 대표학생 및 보조 교사의 인솔 아래 소집단별 협동

(2) 개별 활동 엄금

(3) 소분임별(집단별) 충실한 탐구 활동 전개

(4) 보고서 작성을 위한 스케치북, 노트, 필기도구 등에 기록 및 사진 촬영

(5) 공공질서 및 교통안전 등에 각별히 유의

다) 활동 후

(1) 분임별(소집단별) 탐사활동 내용 정리

(2) 탐사활동 보고 대회

(3) 탐사활동 보고 대회 우수 소집단 시상 및 보고서 전시

(4) 탐사활동 반성회 갖기

라) 가입 신청서

향토 탐사반 가입 신청서

○○초등(중·고등)학교에서 운영하는 향토 탐사반에 가입하여 정해진 규칙을 준수하고 향토 탐사활동에 성실하게 임할 것을 약속하며 향토 탐사반 가입을 신청합니다.

■ 가입 신청자

· 학 생
　　　○○초등(중·고등)학교　　제(　)학년 (　)번　　이름(　　　　　)
　　　○○초등(중·고등)학교　　제(　)학년 (　)번　　이름(　　　　　)
　　　○○초등(중·고등)학교　　제(　)학년 (　)번　　이름(　　　　　)

· 학 부 모 (　　　　　) <관계:　　>
　　　　　　 (　　　　　) <관계:　　>

위 학생과 학부모를 ○○초등학교 향토 탐사반 가입자로 추천합니다.

담임 교사: (　　　　　) (인)

○ ○ 초 등(중·고등) 학 교 장　귀 하

안 내 장

안녕하십니까?

항상 본교 향토 탐사반에 보내 주신 관심과 성원에 대단히 감사합니다.

드릴 말씀은 본교 향토 탐사반원(학생, 학부모)들에게 현장체험 학습을 통해 폭넓은 산지식을 심어 주고, 조상들의 우수한 정신문화 습득을 통해 맹목적으로 받아들이고 있는 서구 문화를 지양하고 전통 가치관을 인식시키고자 ○○민속촌의 전통 문화 캠프에 참가하고자 합니다.

이에 향토 탐사반 학부모님들의 의견을 듣고자 희망서를 배부해 드리니 아래 사항을 숙지하시고 참가 여부를 알려 주시기 바랍니다.

아　　래

1. 일　　시: 20○○년　　월　　일(　요일) :　　～　　:
2. 장　　소: ○○민속촌(경기도 용인)
3. 참가대상: ○○초등(중·고등)학교 향토 탐사반
4. 경　　비: 3만 원(참가비: 23,000원, 교통비(왕복): 7,000원)
5. 첨 부 물
　 가. ○○민속촌 현장체험 학습 안내 1부
　 나. ○○민속촌 전통 문화 현장체험 학습 캠프 안내서 1부

20　　.　　.　　.

○ ○ 초 등(중·고등) 학 교 장

○○민속촌 전통 문화 체험 학습 캠프 참가 희망서

○○초등학교(중·고등)　　제( )학년 (　　　)의　　보호자:　　　(인)

20　.　.　.(　요일) 장소:

참 가 희 망 여 부(희망란에 ○표)		비 고(의견 제시)
학 생	학 부 모	

○○초등(중·고등)학교장 귀하

○ ○ 초 등(중·고등) 학 교

우편번호 314-140　□□ ○○시 ○○면 ○○리/ 전화 (　) － /전송(　)－ 교 감　○○○　　담당자　○○○　E－mail:

문서번호 ○○초(중·고)

시행일자: 20 . . .

(경 유)

수 신: 내부결재

참 조:

취 급		학 교 장	
보 존			
교 감			
기 안	○○○		협 조

제 목: 향토 탐사반 현장체험 학습 실시

1. ○○초(중·고)   -   (20 . .) 및 교육과정 운영계획과 관련입니다.
2. 현장체험 학습 시범학교 운영의 일환으로 본교 향토 탐사반의 향토 탐사 현장체험 학습을 아래와 같이 실시하고자 합니다.

○ ○ 초 등(중·고등) 학 교 장

아 래

1. 일 시: 20 년 월 일 (   )
2. 장 소: ○○일원(마곡사, 국립공주박물관, 공산성 등)
3. 참가자 명단(탐사반원 중 희망자 - 참가 희망서)

대상\학년	학 생	학 부 모	계
1학년	이승표, 이희수, 원용석, 김효인, 김민주	김선희(승표), 이기권(용석), 김응보, 김명오(민주)	9명
2학년	심초이, 박현지, 이석호, 김문수	심영보(초이)	5명
3학년	민아름, 김미루, 홍승명, 원종현, 민혜진, 이헌후, 김수인, 이종근, 김민정	윤경희(아름), 방선희(승명), 이현자(종현)	12명
4학년	우승민, 김우식, 이헌만, 이승근, 심초롱, 이상승, 이승수	양연미(우식), 홍미애(승수)	9명
5학년	윤용근		1명
6학년	이지연, 김강영, 김순이, 김정인, 김우중	이진영(지연), 김상태(순이)	7명
계	31명	12명	43명

4. 향토 탐사 활동 소집단 조직

분임명	분임장	분 임 원 명 단	보조 교사
민들레	이지연	심초롱, 민아름, 김미루, 홍승명, 이희수	정영희
장 미	김강경	이헌만, 민혜진, 원종현, 심초이, 원용석	박영문
들국화	장부용	윤용근, 이승수, 이헌후, 박현지, 이승표	전순선
해바라기	김정인	김우식, 이승근, 이상승, 김수인, 이석호, 김효인	양미희
진달래	김우중	우승민, 이종근, 김민정, 김민주, 김문수	정봉기

5. 참가 경비: 1인당(학생, 학부모 각각)-9,000원(교통비, 입장료, 구급약품, 간식 비 등)
6. 탐사 일정(예정)
■ 학교 출발(08:00)→마곡사 도착(09:00)→마곡사 탐사(09:00~11:00)→국립공주박물관 도착(11:40)→국립공주박물관 견학
 (11:40~12:40)→공산성 도착(13:00)→점심(13:00~13:40)→공산성 탐사(13:40~15:40)→산림박물관 도착<반포면>(16:10)
 →산림박물관 견학(16:10~17:10)→산림박물관 출발(17:20)→금강(청벽) 도착(17:30)→금강 탐사(17:30~18:00)→학교 도
 착 및 귀가(18.20)
7. 탐사 결과 보고 대회 개최
 가. 일 시: 20   년 월 일(   )
 나. 장 소: 본교 강당
 다. 참가 대상: 학생 및 학부모
 라. 시상 계획: 최우수 1, 우수 2, 장려 2
 마. 보고서 양식: 학교 홈페이지에 탑재(예시이니 창의적으로 작성하기 바람)
8. 경비 집행 방법: 임시 전도자금 출납원 임명 집행
9. 참가자(학생, 학부모) 준비물
 가. 도시락(점심), 식수, 간단한 구급약품, 필기도구, 야외용 돗자리, 사진기 등 준비
 나. 탐사 장소(마곡사, 박물관, 공산성, 산림박물관, 금강 등)의 사전 문헌 조사
 다. 불상, 석탑, 석등, 절의 구조, 강의 경관 등에 관한 사전 조사
 라. 공주 박물관의 소장품 및 무령왕릉에 대한 사전 조사
 마. 당일 분임별 탐사활동(학부모 포함)을 전개하고, 월일(목) 탐사보고 대회를 개최하고 시상할 예정임(학부모 동참). "끝"

○ ○ 초 등(중·고등) 학 교 장

카. 도·농 간 교류 현장체험 학습

1) 농촌 지역 현장체험 학습

가) 운영 방향

(1) 농촌의 자연환경과 향토 지역사회의 탐구

(2) 도시 학생들에게 농촌의 문화 체험학습 기회 제공

(3) 지역사회의 지방문화재 및 생태계 탐구

(4) 농촌의 산업에 대한 이해 증진 및 진로 인식 기회 제공

(5) 도시와 농촌의 관계를 이해하고 향토 이해의 계기 마련

나) 운영 계획

(1) 기간: 20   년 월 일( ) ~ 일( ) (박   일간)

(2) 장소: ○○초등학교를 중심으로 한 ○○면 지역 일원

(3) 대상: 본교 4~6학년 전원 및 ○○초등학교의 참가 희망 어린이

  본교: 명, 교류 결연학교(○○초교):   명, 계: 명

다) 추진 절차

순	추 진 내 용	날짜(기간)	주 무 자	비고
1	계획 수립	6. 9.	연 구	
2	결연 학교와의 협의	6. 11.	〃	
3	학부모 안내장 발송	6. 13.	〃	
4	견학지·탐사지 선정 및 체험학습지 구안	6. 14.	〃	
5	활동 프로그램 구안	6. 16.	〃	
6	결연 학교 공문 발송	6. 16.	〃	
7	견학지 및 탐사지 답사	6. 16.	〃	
8	결연 짝 확정	6. 20.	연구, 담임	
9	차량 교섭	6. 20.	서 무	
10	수업안 작성 및 학습 자료 제작	6. 23.	연구, 담임	
11	위탁 수업 실시	7. 1.~7. 3.	연구, 담임	
12	현장체험 학습 평가 분석	7. 3.	교무, 담임	
13	시상 준비	7. 3.	교 무	
14	위탁수업 결과 통지	7. 7.	담임, 연구	
15	현장체험 학습 결과 정리	7. 10.	연 구	

라) 운영의 실제

(1) 계획 수립

교무부에서 계획을 수립한 후 직원협의회 및 학교운영위원회 심의를 거쳐 기간, 장소, 대상, 추진 절차 등을 확정

(2) 교류 결연 학교와의 협의

본교 및 교류 결연 학교의 연구 담당자와 전화 및 상호 방문을 통하여 계획 추진에 대하여 협의

(3) 학부모 안내장 발송

① 현장체험 학습 내용 및 방법과 결연 짝 맺어 주기 희망 조사: ( )월 ( )일

② 가정에서의 결연 짝에 대한 협조 사항 안내: ( )월 ( )일

(4) 견학·탐사지 선정 및 현장체험 학습지 구안

① ( )월 ( )일부터 향토지역의 기관, 산업, 문화, 생태계 등에 대한 조사 실시

② 지역 주민의 협조 아래 사진 촬영 및 현장체험 학습지 구안

현장체험 학습 자료

명　칭	
위　치	

(사　　　진)

◆ 학습안내
1. 지정 번호: 충청남도 문화재 자료 제261호
2. 사당 이름: 충헌사
3. 묘　　　소: 사당 뒤쪽 은석산 정상 부근에 있음
4. 시　　　대: 조선시대
5. 박문수(1691~1756): 조선시대의 훌륭한 암행어사로 백성을 위한 정치에 노력하였으며, 명판결로 유명하고 벼슬이 병조판서, 예조판서에 이름

◆ 공부할 문제
1. 박문수 어사의 일화를 모아 보자.
2. 박문수 어사의 일화를 듣고 느낀 점을 적어 보자.
3. 박문수 어사에게서 본받을 점은 무엇인가?

◆교과 관련　　(사회)−(2)−(1)−(4), (읽기)−(4)−(1)−(1), (사회)−(5)−(2)−(1),
　　　　　　　　(사회)−(6)−(1)−(2)

(5) 활동 프로그램의 구성

① 2박 3일 프로그램

㉮ 전체 프로그램

구분	일별	제1일(화) 만남의 날	제2일(수) 친교의 날	제3일(목) 보람의 날
아 침	~08:00	학 교 도 착	아 침 활 동	
	08:00~09:00		음악 방송, 1분 운동, 아침 자습, 수업 준비	
1교시	09:00~09:40		교수·학습 활동	교수·학습 활동
2교시	09:50~10:30	환영식, 안내(오리엔테이션)		
중 간 활 동	10:30~10:50	리 듬 체 조	레 크 레 이 션	주 사 위 놀 이
3교시	10:50~11:30	교수·학습 활동	교수·학습 활동	교수·학습 활동
4교시	11:40~12:20			

구분 \ 일별		제1일(화)	제2일(수)	제3일(목)
		만남의 날	친교의 날	보람의 날
점 심	12:20~13:20	점 심(급식실)	점 심(급식실)	점 심(급식실)
체 험 활 동	13:20~14:00	박문수 어사 유물관 견학 및 묘소 참배	운용리 답사(효자 정려문, 위례산성, 토종벌), ○○농장 견학	신자경 선생 묘소 답사, 엽연초 재배지 견학 표고버섯 재배지 견학
	14:00~15:00		지산 사슴목장 견학 및 자연 탐사, 신흥목장 견학	환송식
	15:00~16:00	은석산 하이킹, 우리 고장의 지형 관찰		귀 교
	16:00~17:00	계곡의 자연 탐사	시내의 자연 탐사 (물고기 및 물속의 곤충)	
	17:00~18:00	학교 도착, 숙소로	학교 도착, 숙소로	
	18:00~21:00	저녁 식사 지역사회 탐구	저녁 식사, 마을의 전통 및 풍속 조사	
	21:00~22:00	부모님께 편지 쓰기 하루의 정리(명상)	하루의 정리 가정의 풍습(명상)	
취 침	22:00~	꿈 나 라 로	꿈 나 라 로	

ⓝ 일과 진행표

◆ 1일차 (만남의 날) :　　　○월 ○일 (○)

시정 \ 구분		( ) 학 년	( ) 학 년	( ) 학 년	담 당 자
아 침 활 동	~09:00	등교 지도 음악방송, 1분 운동, 아침 자습, 수업 준비(좌석 확인)			선도교사 각 담 임
1교시	09:00~09:40	(말하기 · 듣기) 의견 주고받기	(말하기 · 듣기) 화제가 바뀌는 부분	(수학) 11. 여러 가지 문제	각 담 임
2교시	09:50~10:30	결연 짝 맺어 주기. 학급 안내 환영식			각 담 임 연 구
중 간 활 동	10:30~10:50	리 듬 체 조			○○○
3교시	10:50~11:30	(자연) 초파리의 관찰	(자연) 식물의 구조와 기능	(체육) 단결 발야구	각 담 임
4교시	11:30~12:20	(컴퓨터) GW-BASIC	(사회) 국립공원 분포도 만들기	(사회) 3. 민족의~우리 역사 지키기	각 담 임
점 심 시 간	12:20~13:20	점 심 식 사(급 식 실)			영 양 사 각 담 임
체 험 활 동	13:20~14:00	박문수 어사 유물관 견학 및 묘소 참배			인솔단장: ○ ○ ○ 인솔교사: ○ ○ ○
	14:00~15:00				
	15:00~16:00	은석산 하이킹, 우리 고장의 지형 관찰			
	16:00~17:00	은석사 계곡 탐사			
	17:00~18:00	학교 도착, 방문 예절 지도, 결연 짝과 귀가			

시정 \ 구분		( )학 년	( )학 년	( )학 년	담 당 자
체 험 활 동	18:00~21:00	저녁 식사 지역사회 탐구 및 결연 가정과 사랑 나누기 체험학습 기록 정리			결연 가정 학 부 모 결 연 짝
	21:00~22:00	부모님께 편지 쓰기, 안부 전화, 하루를 마치고(명상 및 일기)			
취침	22:00~	꿈 나 라 로			
수업준비물		돋보기, 파리 ※본교에서 준비	(사회) 전국 관광 안내도, 사회과부도, 색연필※각자준비	간편한 복장(개인별) 신문－본교에서 준비	각 담 임 결 연 짝
체험학습 준 비 물		사진기, 필기도구			학 생
		체험학습 기록장, 비커 10개			본교제공
		물통			결연짝

◆ 2일차(친교의 날) :　　　○월 ○일 (○)

시정 \ 구분		( )학 년	( )학 년	( )학 년	담 당 자
아 침 활 동	~09:00	등교 지도 음악방송, 1분 운동, 아침 자습, 수업 준비(출석 확인)			선도교사 각 담 임
1교시	09:00~09:40	(읽기) 상황에 어울리는 목소리로 읽기	(읽기) 이야기의 인물, 사건, 배경 알아보기	(수학) 11. 여러 가지 문제	각 담 임
2교시	09:50~10:30	(사회) 도의회의 하는 일	(수학) 10. 여러 가지 문제	(읽기) 14. 주고받는 마음	각 담 임 연 　 구
중 간 활 동	10:30~10:50	레 크 레 이 션			○○○
3교시	10:50~11:30	(음악) 노래와 율동			○ ○ ○ 각 담 임
4교시	11:40~12:20	(수학) 9. 여러 가지 문제	(체육) 여럿이 할 수 있는 놀이	(자연) 호흡기관의 구조와 하는 일	각 담 임
점 심 시 간	12:20~13:20	점 심 식 사(급식실)			영 양 사 각 담 임
체 험 활 동	13:20~14:00	운용리 답사(효자 정려문, 위례산, 토종벌 견학) 유성 농장 견학			인솔단장: ○ ○ ○ 인솔교사: ○ ○ ○
	14:00~15:00	정농원 화훼 재배 단지 견학			
	15:00~16:00	지산 사슴목장 견학 및 산골 마을의 자연 탐사 신홍 목장 견학			
	16:00~17:00	시내의 자연 탐사 (민물고기 및 물속의 곤충에 대한 생태 조사)			
	17:00~18:00	학교 도착, 석별 예절 지도, 결연 짝과 숙소를 향하여			
	18:00~21:00	저녁 식사 마을의 전통과 풍속 조사 및 석별의 정 나누기 체험 학습 기록 정리			결연 가정 학 부 모 결 연 짝
	21:00~22:00	부모님께 소식 전하기 하루를 마치고(명상 및 일기)			
취침	22:00~	꿈 나 라 로			

시정 \ 구분	( )학년	( )학년	( )학년	담 당 자
수업준비물	※본교에서 준비	간편한 복장	※본교에서 준비	각 담 임 결 연 짝
체험학습 준 비 물	사진기, 필기 도구			학 생
	체험 학습 기록장, 그물(반두) 10개, 양동이 10개			본교제공
	물통			결 연 짝

◆ 3일차(보람의 날) :   ○월 ○일 (○)

시정 \ 구분	( )학 년	( )학 년	( )학 년	담당자
아 침 활 동 ~09:00	등교 지도 음악방송, 1분 운동, 아침 자습, 수업 준비(출석 확인)			선도교사 각 담 임
1교시 09:00~09:40	(읽기) 상황을 생각하며 글 읽기	(말·듣·쓰) 16. 지혜의 샘-글쓰기	(수학) 11. 여러 가지 문제	각 담 임
2교시 09:50~10:30	(사회) 도의회에서 하는 일 발표	(수학) 10. 여러 가지 문제	(읽기) 17. 주고받는 마음	각 담 임 연 구
중 간 활 동 10:30~10:50	주 사 위 놀 이			각 담 임
3교시 10:50~11:30	(수학) 9. 여러 가지 문제	(실과) 달걀 삶아 음식 만들기	(자연) 들숨과 날숨	각 담 임
4교시 11:40~12:20	(자연) 작은 생물과 우리 생활과의 관계		(사회) 교육을 통한 독립운동	각 담 임
점 심 시 간 12:20~13:20	점 심 식 사(급 식 실)			영 양 사 각 담 임
체 험 활 동 13:20~14:00 14:00~15:00	신자경 선생 묘소 답사 밤나무 과수원 견학 표고버섯 재배지 견학			인솔단장: ○ ○ ○ 인솔교사: ○ ○ ○
15:00~16:00	환 송 식			
취 침 16:00~	보 금 자 리 를 찾 아 서			
수업 준비물	※ 본교에서 준비	수학: 각도기, 자, 모눈종이 -※ 각자 준비 실과: 달걀, 냄비, 소금, 가스 레인지-※ 본교에서 준비	주사위 ※ 본교에서 준비	각 담 임 결 연 짝
체험학습 준 비 물	사진기, 필기 도구			학 생
	체험학습 기록장			본교제공
	물통			결 연 짝
수 료 식 준 비 물	식순			연 구
	상장			교 무
	체험학습 기록물 평가 및 수상 학생 선정			각 담 임
	방송 및 식장 준비			○ ○ ○

② 1박 2일 프로그램

◆ 1일차(만남의 날) :　　　○월 ○일 (○)

시 정	영 역	활 동 내 용	시간	담당	비 고
09:20~09:40	승선 준비	•배표 구입 •소지품 및 배표 확인	50′	담임	여 객 터미널
09:40~10:00	이 동	•○○초교(저두)→어항(해상 안전 지도)(한일 훼리호－09:45분 출발) •선상 체험학습(밀물과 썰물, 갯벌의 이용, 환경 보전)	30′	담임	배
10:00~11:20		•어항→대천역(교통안전 지도) •학생 건강 관리	30′	담임	시내버스
11:20~13:00		•대천역→온양온천역(교통안전 지도) (무궁화호－11시 23분 출발) •기차 체험학습(봄의 자연, 농촌의 모습)	100′	담임	기 차
13:00~13:10		•온양온천역→충남초등학교	10′	연구 담임	버 스
13:10~13:30	만 남	•환영식(양교 전교생) •학교, 아동 자매결연 맺기 •우정의 대화 갖기	20′	교감 연구	운동장
13:30~14:00	점 심	•학년별 결연 아동과 함께 식사하기	30′	담임	급식실
14:00~14:30	이 동	•○○초등학교→현대자동차 공장 (교통안전 지도)	30′	연구	버 스
14:30~15:30	견 학	•아산 현대자동차 공장(자동차 생산 공정)	60′	연구 담임	현대자동 차공장
15:30~16:00	이 동	•아산 현대자동차 공장→현충사(교통안전 지도)	30′	연구 담임	버 스
16:00~17:30	참 배	•현충사 참배(우리 조상의 애국심과 국난 극복)	90′	연구 담임	현충사
17:30~17:40	이 동	•현충사→○○초등학교(교통안전 지도)	10′	담임	시내버스
17:40~19:00	귀 가 마을탐사	•귀가 지도 •결연 갖고 부모님께 인사드리기 •결연 어린이 마을 탐사(문화재, 관광명소, 전설, 풍습 등)	140′	학생	결연 마을 및 가정
19:00~	저녁 식사 명상 및 취 침	•결연 가족과 식사 및 대화하기 •현장체험 학습 보고서 쓰기 •부모님께 편지 쓰기 •생활 반성 및 취침하기	•	학생	결연 가정

◆ 2일차(보람의 날) :　　　○월 ○일 (○)

시정	영역	활 동 내 용	시간	담당	장소
06:30~ 07:00	탐 사	•기 상 •어른께 인사드리기 •마을 탐사(농촌 주민의 생활상)	40′	학생	결연 마을
07:00~07:30	아침 식사	•결연 가족과 아침 식사 •결연 가족과 대화하기	30′	학생	결연 가정
07:30~07:50	등 교	•결연 학생과 등교(교통안전 지도)	20′	학생	학 교

07:50~08:20	합동학습	•결연 학급 합동 학습 •학교, 학급, 마을 자랑 •친교활동	30′	연구담임	결연학급
08:20~08:30	이 동	•○○초등학교→아산 민속박물관	40′	담임	급식실
08:30~10:30	견 학	•아산 민속박물관 견학(조상의 얼과 슬기)	120′		민 속 박물관
10:30~11:00	이 동	•아산 민속박물관→(주)농심	30′	연구담임	버 스
11:00~12:00	견 학	•주식회사 ○○ 아산 공장 견학(라면, 과자의 생산 공정)	60′		(주)농심
12:00~12:20	이 동	•(주) ○○→○○초등학교	20′		버 스
12:20~12:50	점 심	•학년별 결연 아동과 함께 식사하기	30′	담임	급식실
12:50~13:10	환 송	•환송식(송곡: 전교생, 광명: 3~6학년)	20′	전직원	운동장
13:20~18:00	이 동	•○○초등학교→○○초등학교 •승차, 승선 유의점 주지 및 안전 지도 •인원 점검 및 승차 준비 •소지품 및 차표, 배표 확인 •기차, 선상 체험학습	260′	담임	버 스 기 차 배
18:00~18:20	해단식	•현장체험 학습 반성 •현장체험 학습 우수 학생 표창 •해단식	20′	교무	학 교
18:20~	귀 가	•귀가 지도 •부모님께 인사드리기 •현장체험 학습 보고서 쓰기 •일기 쓰기 •결연 학생 및 가족에 편지 쓰기	•	담임 학생	가 정

(6) 환영식순 및 환송식순

환 영 식 순	환 송 식 순	참고사항

(1) 개식사
(2) 국민의례
  (가) 국기에 대한 경례
  (나) 애국가 제창
(3) 환영의 말씀
(4) 담임선생님 소개
(5) 상견례
(6) 꽃 증정 및 명찰 달아 주기
(7) 폐식사
※ 담임선생님을 따라 교실로 들어가기
	(1) 개식사
	(2) 국민의례
	  (가) 국기에 대한 경례
	  (나) 애국가 제창
	(3) 표창
	(4) 석별의 말씀
	(5) 이별의 악수(선물 전달)
	(6) 폐식사
	※ 승차장으로 향하는 길의 양쪽에 서서 환송의 박수	

(7) 결연 학교 공문 발송

① 농촌 체험학습 프로그램 및 수업과 개인 생활에 필요한 준비물 안내하여 학년별, 남녀별 수용 가능 학생 수 통보

② 참가 학생 명단 작성 양식 첨부

(8) 준비물

① 수업 준비물: 첨부된 계획서의 시간표에 따른 교과서, 노트, 필기도구

② 개인 준비물: 갈아입을 옷, 양말, 양치도구, 물에서 신을 수 있는 신발(샌들이나 슬리퍼),

　　사진기, 기타

(9) 견학지 및 탐사지 사전 답사

견학지와 탐사지를 방문하여 구체적인 협의를 거치고 사진 촬영 및 학습할 내용 조사
를 마친 후 체험학습 방향에 따른 협조 당부

(10) 결연 짝 확정

① ○○초등학교에서 통보받은 명단에 의거하여 결연 짝을 확정(홈스테이 가능 여부 확인)

② 양 교의 결연 짝 학생에게 인적 사항 통보

③ 서로 연락을 주고받아 사전 교감이 이루어지도록 지도

(11) 차량 교섭

① 3일간의 현장체험 학습 프로그램의 원활한 진행과 학습장 간의 이동 시간을 고려하
　　여 차량을 교섭함.

② 경비: 학교 운영비(행정실에 예산 과목과 경비를 미리 확인)

(12) 교수·학습안 작성: 주간 학습 안내를 작성하여 결연 학교에 사전 통보

(13) 현장체험 학습 참가자 수용 준비

① 책걸상 보충

② 급식 인원 증가에 따르는 예산 편성

③ 저학년과 고학년의 시간차를 두어 급식 방법 조정

④ 현장체험 학습에 참가하는 ○○초등학교에서 참가하는 어린이에게 결연 짝이 명찰
　　과 꽃 달아 주기

(14) 현장체험 학습 평가 분석

① 현장체험 학습을 실시하면서 수시로 활동 상황을 기록

② 현장체험 학습 기록장을 매일 활동 종료 후 평가하여 다음 활동에 반영

③ 가정에서의 활동 내용은 학부모들의 협조를 얻어 수시로 기록

④ 모든 자료를 위탁교육 결과 통지 및 우수 학생 선정 자료로 활용

⑤ 설문지를 이용한 조사로 현장체험 학습의 성과 및 문제점 파악

2) 섬 지역 현장체험 학습

가) 운영 방향

(1) 어촌의 자연환경과 삽시도 지역사회 탐구

(2) 농촌의 학생들에게 해양 문화 체험 기회 제공

(3) 어촌 지역의 생활 모습 및 풍속 탐구

(4) 어촌의 산업에 대한 이해 증진 및 진로 인식 기회 제공

나) 운영 계획

(1) 기간: 20○○년 ○○월 ○○일(○요일)~○○일(○요일)(○박 ○○일간)

(2) 장소: ○○초등학교를 중심으로 한 보령시 삽시도 지역 일원

(3) 대상: 4~6학년 학생, 남자 33명, 여자 44명, 계 77명

(4) 추진 절차

순	추 진 내 용	기간 및 날짜	담 당 자	비 고
1	사전 조사 및 협의	6. 1.~11.	연 구	
2	자매학교 결연	6. 4.	연 구	
3	학부모 동의서	7. 8.	〃	
4	계획 수립	7. 9.	〃	
5	운영위원회 소집 요구	7. 9.	학 교 장	
6	활동 프로그램 구안	7. 13.	연 구	
7	운영위원회 개최	7. 11.	〃	
8	경비 납부 안내	7. 12.	〃	
9	차량 교섭	7. 12.	서 무	
10	경비 납부	7. 15.	서 무	

11	준비물 점검	7. 16.	연구, 담당자	
12	현장체험 학습 실시	7. 19.~21.	전 교 직 원	
13	현장체험 학습 평가 분석	7. 21.	교무, 각 담임	
14	시상 준비	7. 21.	교　　　무	
15	물품 정리 보관	7. 21.	각 담임, 연구	
16	현장체험 학습 결과 정리	7. 31.	연　　　구	

다) 운영의 실제

(1) 사전 조사 및 협의

① 협력 대상 학교 선정에 필요한 자료 수집

② 현장체험 학습 계획 수립을 위한 자료 수집

(2) 자매 학교 결연

① 6월 4일 사전 조사 겸 결연을 위한 학교 방문: 학교장, 연구

② 양 교 자매 결연식: 결연패 교환

(3) 학부모 동의: 어촌 지역 현장체험 학습에 대한 안내문 발송

(4) 계획 수립

① 기간, 장소, 대상, 추진 절차 등 확정

② 각 영역별 세부 추진 계획 수립

③ 급식 식단표 작성

구분	○일(○)	○일(○)	○일(○)	비고
아침	·	흑미밥, 쇠고기무국 고추조림, 맛김, 김치	기장밥, 감자미역국 계란장조림, 김치, 진미채	
간식	·	찐감자, 음료수	찐 옥수수, 음료수	
점심	도시락	자장면, 오이냉국 단무지, 김치	김치볶음밥 계란국, 단무지	첫날 각자 지참
간식	우유, 과자	수박	·	
저녁	수수밥, 상추쌈 김치콩나물국, 김치	비빔밥, 무다시마국 포기김치		

④ 준비물 및 담당자: 현장체험 학습에 필요한 준비물이 사전에 구비되도록 담당자별

로 구체적으로 배정

(5) 활동 프로그램 구성

① 2박 3일 프로그램

㉮ 전체 프로그램

구분＼일별	제1일(토) 개척의 날	제2일(일) 친교의 날	제3일(월) 보람의 날
06:00~07:00	·	기상, 체조, 세면 아침청소, 정리	기상, 체조, 세면 아침청소, 정리
07:00~08:00		아침 식사	아침 식사
08:00~09:00	준비물 확인	조회 몸 풀기 게임	조회 몸 풀기 게임
09:00~10:00	인원 점검 승차 출발	갯벌의 어패류 채취	해양 수련 활동
10:00~11:00	이동	간식	간식
11:00~12:00	어항 도착 승선 준비	해양 수련 활동	해양 수련 활동
12:00~13:00	승선 출발 삽시도 도착, 이동	점심 식사	점심 식사
13:00~14:00	점심 식사	갯벌의 생태계 조사	체험학습 발표회
14:00~15:00	개교식 설영 및 짐 정리	해양 수련 활동	철영
15:00~16:00	간식	간식	학교를 향하여
16:00~17:00	삽시도의 지형 관찰 및 환경 보전 실태 조사	조수의 흐름 관찰	이동
17:00~18:00	레크리에이션 (삽시도 친구와 함께)	항구의 모습 조사 (출항 준비, 선어 작업, 귀항)	도착 및 해산
18:00~19:00	저녁 식사	저녁 식사	
19:00~20:00	삽시도의 생활 모습	장기자랑 연습 모 닥 불 놀 이 준 비	
20:00~21:00	환경 살리기 발표회	모닥불 놀 이	
21:00~22:00	명상: 하루를 마치고 오늘의 정리	명상: 하루를 마치고 오늘의 정리	
22:00~23:00	꿈나라로 (교직원 회의)	꿈나라로 (교직원 회의)	

㉯ 일과 진행표

◆ 1일차(개척의 날) :　　○월　　○일 (○)

시정 ＼ 구분	활동 및 준비물	담당자
08:00～09:00	준비물 확인 ※ 준비물 일람표	
09:00～10:00	인원 점검	
	승차 출발	
10:00～11:00	이동 ※ 차내에서 일어서거나 돌아다니지 않도록 안전 지도	
11:00～12:00	어항 도착 ※ 인원 및 준비물 점검	
	승선 준비 ※ 승선표 구입 확인	
12:00～13:00	승선 출발 ※ 배 안에서의 안전관리 철저	
	삽시도 도착, 도보 이동	
13:00～14:00	점심 식사 ※ 적당한 장소 및 음료수 확보	
14:00～15:00	개교식 －식순 준비, 녹음기 및 테이프 　　　　　설영 및 짐 정리 ※ 영지 배치도 확인, 모기장 설치, 샤워장 설치, 방제	
15:00～16:00	간식	
16:00～17:00	삽시도의 지형 관찰 및 환경 보전 실태 조사	
17:00～18:00	레크리에이션(삽시도 친구와 함께) ※ 인근에 사는 ○○초등학교 학생 초청	
18:00～19:00	저녁 식사	
19:00～20:00	삽시도의 생활 모습 조사(삽시 학생들의 안내)	
20:00～21:00	환경 살리기 발표회 1반: 나의 주장, 2반: 시화, 3반: 동극, 4반: 노래	
21:00～22:00	명상: 하루를 마치고 오늘의 정리	
22:00～	꿈나라로－모기향 피우기, 모기약 살포, 건강 체크 교직원 회의－반성 및 계획 협의	

◆ 2일차(친교의 날) :　　○월　　○일 (○)

시정 ＼ 구분	활동 및 준비물	담당자
06:00～07:00	기상, 체조, 세면	
	아침 청소, 정리	
07:00～08:00	아침 식사 검영－검열표에 의함(교감, 이순신)	

시정	과정활동 및 준비물	담당자
08:00~09:00	조회-진행 순서, 녹음기 및 테이프, 장기자랑 예고 몸 풀기 게임-게임에 필요한 준비물, 보조 교사 확인	
09:00~10:00	갯벌의 어패류 채취-그릇, 도구, 사진기 　　　　복장(간편복 및 수영복) 종교 시간-인원 확인 및 체험 활동 장소 숙지, 복장	
10:00~11:00	간식-지참 또는 운반	
11:00~12:00	해양 수련 활동-구명용 줄, PT병 10개, 구급약품 ※ 수영복, 수건, 간편한 신발, 선크림, 사진기	
12:00~13:00	점심 식사	
13:00~14:00	갯벌의 생태계 조사 -그릇, 도구, 사진기 　　　　복장(간편복 및 수영복)	
14:00~15:00	해양 수련 활동-구명용 줄, PT병 10개, 구급약품 ※ 수영복, 수건, 간편한 신발, 선크림, 사진기	
15:00~16:00	간식-지참 또는 운반	
16:00~17:00	조수의 흐름 관찰-그릇, 도구, 수건, 사진기 　　　　필기도구, 복장(간편복),	
17:00~18:00	항구의 모습 조사-체험학습장, 사진기, 필기도구	
18:00~19:00	저녁 식사	
19:00~20:00	장기자랑 연습-촌극, 동요, 특기, 콩트 등의 지도 모닥불 놀이 준비-장작, 솜방망이, 석유, 철사	
20:00~21:00	모닥불 놀이-프로그램 준비	
21:00~22:00	명상: 하루를 마치고 오늘의 정리	
22:00~	꿈나라로-모기향 피우기, 모기 약 살포, 건강 체크 교직원 회의-반성 및 계획 협의	

◆ 3일차(보람의 날) :　　○월　　○일 (○)

시정 ＼ 구분	과정활동 및 준비물	담당자
06:00~07:00	기상, 체조, 세면 아침 청소, 정리	
07:00~08:00	아침 식사 검열-검열표에 의함(교감, 이순신)	
08:00~09:00	조회-진행 순서, 녹음기 및 테이프, 점수 발표 몸 풀기 게임-게임에 필요한 준비물, 보조 교사 확인	
09:00~10:00	해양 수련 활동-구명용 줄, PT병 10개, 구급약품 ※ 수영복, 수건, 간편한 신발, 선크림, 사진기	
10:00~11:00	간식	
11:00~12:00	해양 수련 활동-구명용 줄, PT병 10개, 구급약품 ※ 수영복, 수건, 간편한 신발, 선크림, 사진기	
12:00~13:00	점심 식사	
13:00~14:00	현장체험 학습 발표회-기록물	
14:00~15:00	철영 및 청소-정리 및 확인 검열 수료식-식순 준비, 녹음기 및 테이프, 상장 준비	
15:00~16:00	항구를 향하여, 승선 준비 ※ 승선표 구입 확인	

15:00~16:00	승선 출발 ※ 배 안에서의 안전 관리 철저	
16:00~17:00	하선, 이동, 버스 승차 출발 ※ 인원 및 장비 확인	
	이동 ※ 차내 안전 지도	
17:00~18:00	도착 및 해산 준비물 반환 확인	

② 1박 2일 프로그램

◆ 1일차(개척의 날) :　　○월　　○일 (○)

시 정	영 역	활 동 내 용	시간	담당	장소
07:00~07:30	등 교	•등교 •유의 사항 전달 및 확인 •이동(학교→온양온천역)	20′	담임	학 교
07:40~08:00	승차 준비	•기차표 배부 •소지품 및 기차표 확인 •승차	20′	담임	온 양 온천역
08:00~10:00	이 동	•온양온천역→대천역→어항(교통안전 지도) •기차 내 체험학습(교통수단)	130′	담임	기 차 (무궁화)
10:00~11:10	탐 사	•방파제와 등대의 구실 •밀물과 썰물, 배의 종류 •생선의 종류와 어시장	70′	연구담임	대천항
11:10~11:40	점 심	•점심 식사(도시락)	30′	담임	
11:40~12:20	이동 및 승선 준비	•대천해수욕장→어항 •인원 점검 및 승선 신고 •선상 유의점 주지 및 안전 지도 •소지품 및 배표 확인 •승선	40′	연구담임	여 객 터미널
12:30~13:40	이 동	•어항→원산도(○○초교) •선상 체험학습(환경오염, 바닷가 모습)	70′	담임	훼리호
13:40~14:10	만 남	•환영식(양 교 전교생) •학교, 학생 자매결연 맺기 •학년 및 교실 배정	20′	담임	강당이나 운동장
14:20~15:00	수 업	•합동 수업(학년별 상호 인사 및 자기소개, 학교 소개 및 자랑)	40′	담임	교 실
15:10~17:30	자연탐사	•원산도 환경 탐사	140′	담임	원산도
17:30~18:00	귀가지도	•결연 가정에서의 예절 지도 •결연 학생과 귀가(교통안전 지도)	30′	담임학생	결연 가정
18:00~21:00	마을탐사 저녁 식사	•결연 가정 어른께 인사드리기 •마을 자연환경, 전통 풍습 탐사 •결연 가정과 저녁 식사하기 •결연 가정 가족과 대화하기 •현장체험 학습 보고서 쓰기	180′	학생	결연 마을 및 가정
21:00	명상 및 취 침	•부모님께 편지 쓰기 •생활 반성하기 및 취침	·	학생	결 연 가 정

◆ 2일차(보람의 날) :　　○월　　○일 (○)

시 정	영 역	활 동 내 용	시간	담당	장 소
06:30~07:30	탐　사	•기상 •어른께 인사드리기 •마을 탐사(섬 주민의 생활상)	60′	학생	결연 마을
07:30~08:00	아침 식사	•결연 가족과 아침 식사	30′	학생	결연 마을
08:00~08:30	등　교	•결연 학생과 등교	30′	학생	학교
08:30~11:20	탐　사	•염전, 양식장 견학 •원산도 자연환경 탐사 •환경 보전 활동 전개	170′	연구담임	원산도
11:20~12:00	점　심	•점심 식사	40′	담임	급식실
12:00~12:20	환　송	•환송식(○○: 4, 5, 6학년, ○○: 전교생)	20′	전직원	운동장
12:20~13:00	이동 및 승선준비	•○○초교(중·고교)→선촌 •인원 점검 및 승선 신고 •선상 유의점 주지 및 안전 지도 •소지품 및 배표 확인 •승선	40′	연구담임	여객터미널
13:00~15:40	이　동	•원산도→어항 •선상 체험학습(환경오염, 바닷가 모습) •어항→대천역 •대천역→온양역	160′	담임	훼리호버스 기차
15:40~16:20	해단식	•현장체험 학습 반성 •현장체험 학습 우수 학생 표창 •해단식	40′	연구담임	학교
15:40~	귀　가	•귀가 지도 •부모님께 인사드리기 •현장체험 학습 보고서 쓰기 •일기 쓰기 •결연 학생 및 가족에 편지 쓰기	·	담임학생	가정

(6) 현장체험 학습 참가자 사전 안내 자료

① 현장체험 학습 관찰 기록 및 지킬 일

㉮ 학교에서

• 학교, 교실, 담임선생님, 학급 학생들의 모습

• 친구들의 생활, 교과별 학습 내용

• 특별히 기억에 남는 일

㉯ 견학

• 견학 가는 과정, 새롭게 보고 배운 사실이나 중요한 사실, 우리 생활과의 관련

• 견학 과정에서 찍은 사진이나 수집한 자료들

• 친구들과의 주요 대화 내용

㉰ 짝 친구

• 첫인상

• 집의 모습, 가정의 예절, 언어, 풍습, 식사 과정, 메뉴, 가정의 분위기

• 부모님께 인사 및 가족 소개, 가족 구성과 마음씨, 친구의 성격

• 친구의 공부 방법, 공부방 모습

• 아침 등교할 때까지의 친구네 가족의 생활

• 우리 가족에 대한 그리움

㉱ 지킬 일

• 친구네 집에 처음 도착하여 인사하기-"저는 ○○초등학교에서 온 ○○○입니다. 이렇게 초청을 해 주셔서 고맙습니다."

• 친구네 가족과 함께 모였을 때-큰절로 인사하기

• 떠나는 날 아침-큰절로 인사하고 "그동안 보살펴 주셔서 고맙습니다. 저희 집에도 꼭 한 번 놀러 오십시오. 그럼 안녕히 계십시오."

• 친구와 처음 만났을 때-"친구야 반가워. 나는 ○○초등학교에서 온 ○○○야. 앞으로 잘 부탁할게."

• 등·하교 시 친구 부모님께 인사하기

• 항상 감사하는 마음으로 웃으며 생활하기

• 아침 일찍 일어나기

• 자기 전에 체험학습장에 일기를 쓰기

② 현장체험 학습 기록장 구안

자매 학교 결연을 위한 현지 방문 시 수집한 자료, ○○초등학교에서 전송받은 자료, 어항 여객선 관리사무소에서 받은 자료, 면사무소에서 수집한 자료 등을 종합하여 학생들이 활용하기 편리하도록 현장체험 학습 자료를 구안 제작한다.

(7) 학교운영위원회 개최 심의

① 운영위원회 심의-기간, 장소, 대상 및 예산안과 경비 납부와 집행에 대하여 심의

② 준비 서류-안건 설명 자료, 참가자 현황, 식단표, 급식비용 산출 내역

(8) 참가비 납부 안내

운영위원회의 심의를 거쳐 의결된 사항에 참가비 납부 안내서 발송

(9) 차량 교섭

① 인원 수송-전세버스 2대(왕복)

② 물품 운반용 트럭 1대(왕복)

(10) 준비물 점검

① 항목별 준비물 점검표에 의한 점검 실시

② 2박 3일간 삽시도 지역의 자연환경, 문화, 항구 모습, 생활 모습, 풍속, 산업, 환경
   보전 실태 등의 조사

③ 환경 살리기 운동, 수상 활동, 모래장 레크리에이션 등의 체험활동

(11) 현장체험 학습 결과 분석

① 활동 상황 누가 기록과 현장체험 학습 기록장을 종합 분석

② 현장체험 학습 소감문 쓰기 및 발표회를 통한 평가 실시

③ 우수학생에 대한 시상

(12) 물품 정리 보관

현장체험 학습에 쓰인 모든 물자를 점검하여 정리 보관

(13) 현장체험 학습 결과 정리

① 체크리스트, 설문지, 현장체험 학습 기록장을 종합 분석 정리

② 사진들을 과정별로 사진첩에 정리

③ 학생들에게 참고로 할 수 있도록 사진첩을 회람시켜 원하는 사진 보급

④ 현장체험 학습 기록장 정리 후 전시회 개최

자매 결연장

○○시 ○○초등(중·고등)학교
○○군 ○○초등(중·고등)학교

위 양 학교는 전인 교육의 일환으로 농·어촌 지역 교류 현장 체험학습을 통해 자기 주도적 학습력을 신장시키고자 결연을 맺고, 현장체험 학습 활성화와 상호 어린이 교육에 협력할 것을 약속하며 이 결연장을 교환합니다.

20　　년　　월　　일

○○초등(중·고등)학교장　○○○ (직인)
○○초등(중·고등)학교장　○○○ (직인)

---

3) 도시 지역의 현장체험 학습

가) 운영 방향

(1) 도시 학교에서의 현장체험 학습 경험 기회 제공

(2) 도시 학생과의 교류를 통한 생활 영역의 확장

(3) 도시 가정에서의 위탁 숙식을 통한 핵가족 문화 체험

(4) 도시의 산업과 문화에 대한 체험학습 기회 및 진로 인식 기회 제공

나) 운영 계획

(1) 기간: 20○○년 ○월 ○○일(화)~○○일(목)(2박 3일간)

(2) 장소: ○○초등(중·고등)학교를 중심으로 한 (　　)지역 일원

(3) 대상: 제(　　)학년 학생 중 부모의 동의를 얻은 학생

다) 운영의 실제

(1) 협력 학교 협의

① 학교 간의 사전 협의회에서 협력 학교로서 과제 해결을 위해 공동의 노력을 기울일 것을
   약속하고 자매 학교 결연, 활동 프로그램의 상호 교환, 학생의 상호 위탁 교육 등을 협의

② 자매 학교 결연식 후 실무 협의

(2) 자매 학교 결연

① 일시: 20○○. ○○. ○○(○요일) 12:00

② 장소: ○○(중 · 고등)초등학교

③ 대상: 학교장, 연구 담당교사, 학생 대표, 학부모 대표

④ 결연 후 활동: 연구 담당자들의 실무협의

(3) 현장체험 학습 참가 동의 안내: 학부모에게 안내문을 발송하여 참가 동의서를 받아
   현장체험 학습 참가자 수 파악

(4) 계획 수립: 참가 학생 수 및 도시 생활 현장체험 학습 프로그램에 의한 인솔 교사,
   사전 지도, 준비물, 차량 등 구체적인 활동 계획

(5) 차량 협조 요청: ○○초등(중 · 고등)학교 통학 버스 이용 협조 요청

(6) 현장체험 학습 참가자 명단 통보: 현장체험 학습 참가자 명단 및 참가 상황 통보

(7) 위탁교육 의뢰서 작성 송부

   참가자 명단에 의한 위탁교육의뢰서 작성 송부

(8) 현장체험 학습 준비 안내: 학습 안내서를 통한 사전 지도−준비물, 결연 짝 안내

(9) 학습 안내서 송부

① 준비물: 야외복, 양말, 세면 도구, 우산, 수업 준비

② 결연 학생 명단 작성

(10) 현장체험 학습 실시(도시 현장체험 학습 프로그램)

① 2박 3일 프로그램

◆ 1일차(만남의 날) :　　○월　　○일 (○)

시간＼내용	영　역	활 동 내 용	담당자	장소
08:00～10:00	결연학교 도착	○○초등학교	인솔교사	○○초등학교
10:00～10:30	만남의 기쁨	환영식(4, 5, 6학년 참석)	교무	
10:40～11:00	학년 학급 배정	좌석배치, 담임 및 새 친구 소개	담임	운 동 장
11:00～11:40	3교시 수업	수업	각 담임	
11:50～12:30	4교시 수업	〃	각 암임	교실
12:30～13:30	점심	점심		급식실
13:40～13:50	탐구 조사 및 견학	안전 지도, 버스 승차		○○
13:50～16:30	목적지 도착	독립기념관(유관순 사우)	인솔교사	학교
16:30～17:00	학교 도착	방문 예절, 교통안전 지도 결연 짝과 귀가		
17:20～20:30	지역사회 탐구 저녁 식사	마을 전통 풍속 조사 현장체험 학습 기록 쓰기 친구 집 식단 따라 식사	결연 가정	결연 가정
20:30～21:30	자기 참모습 찾기	사랑의 편지 쓰기(부모님께) 자기반성 시간 갖기	결연학생	
21:30～22:00	취침 준비	이 닦기, 취침	결연학생	

◆ 2일차(친교의 날) :　　○월　　○일 (○)

시간＼내용	영　역	활 동 내 역	담당자	장　소
08:00～08:30	등　교	가방정리	담임교사	○○초등학교
08:30～08:30	아침자습	방송학습 청취(영어)	〃	〃
09:00～09:40	1 교 시	수 업	담　임	운 동 장
10:00～10:40	2 교 시	수 업	각 담임	
11:00～11:40	3 교 시	〃	각 담임	교　실
11:50～12:30	4 교 시	〃	〃	〃
12:30～13:30	점　심	점　심	〃	급 식 실
13:30～	견학 및 탐구 활동	견학·탐구활동 사전지도 출발	인솔교사	학　교
13:30～14:30	〃	데이콤(통신위성지국)	〃	아 산 시 송 악 면
14:30～16:30	〃	민속마을(외암리)	〃	〃
16:30～17:00	지역사회 탐구 저녁 식사	마을 전통 풍속 조사. 체험학습 기록쓰기 친구 집 식단 따라 식사	결연 가정	결연 가정
20:30～21:30	자기 참모습 찾기	자기반성 시간 갖기	〃	
21:30～22:00	취침 준비	이 닦기, 취침	〃	

◆ 3일차(보람의 날) :　　○월　　○일 (○)

시간＼내용	영　역	활 동 내용	담당자	장소
08:00~08:30	등　교	결연 가정 부모님께 인사하고 등교, 가방 정리	결연학생	○○초등학교
08:30~08:30	아침 자습	현장체험 학습 기록 제출 (담임)→제출	우수작 선정 상장쓰기	
09:00~09:40	학교 출발	백화점 도착	담　임	운동장
09:50~10:50	백화점 견학	백화점 견학	각 담임	
10:50~11:10	학교 도착	해 단 식	각 담임	교　실
11:20~11:40	점　심	점　심	〃	〃
11:50	귀가 출발			

② 1박 2일 프로그램

◆ 1일차(만남의 날) :　　○월　　○일 (○)

시 정	영 역	활 동 내 용	시간	담당	장 소
07:10~07:30	승차 준비	•인원 및 소지품 확인 •승차 완료	20′	연 구 담 임	충남초 운동장
07:30~09:30	이동(차내 체험학습)	•차내 현장체험 학습 −농촌과 농부들의 일하는 모습 •충남초등학교→전쟁기념관	120′	담임	버 스
09:30~11:30	견 학	•전쟁기념관	120′	담임	전 쟁 기념관
11:30~12:00	이 동	•전쟁기념관→○○초등학교	31′	담임	버 스
12:00~12:10	만 남	•환 영 식	10′	연구	○○초 운동장
12:20~13:20	점 심	•자매결연 학생과 함께 점심 식사하기	60′	담임	급식실
13:20~14:40	수 업	•합동 수업(4~6학년)	80′	담임	소속학급
15:00~16:00	귀 가	•귀가 지도(교통안전 지도) •결연 가정 부모님께 인사드리기	30′	담임	결연 가정
16:00~19:00	현 장 체험학습	•결연 학생과 함께 도시 체험학습	180′	학생	•
19:00~21:30	귀 가	•결연 가정 어른께 인사드리기 •마을 자연환경, 전통 풍습 탐사 •결연 가정과 저녁 식사하기 •결연 가정 가족과 대화하기	150′	학생	결연 가정
21:30~	취 침	•현장체험 학습 보고서 쓰기 •부모님께 편지 쓰기 •생활 반성하기 및 취침	•	학생	결연 가정

◆ 2일차(보람의 날) :　　○월　　○일 (○)

시 정	영 역	활 동 내 용	시간	담당	장 소
06:30~07:30	탐 사	•기상, 결연 가정 어른께 인사드리기 •마을 탐사(도시 주민의 생활상)	60″	학생	결연 마을
07:30~08:00	아침 식사	•결연 가족과 아침 식사 •결연 가정 가족과 대호하기	30″	학생	결연 마을
08:00~08:30	등 교	•결연 학생과 등교	30″	학생	학 교
08:30~08:40	환 송	•환송식	20″	담임	운동장
08:40~09:20	이 동	•○○초등학교→국립중앙박물관	40″	담임	버 스
09:20~11:20	견 학	•국립중앙박물관 견학	120″	담임	국립중앙 박물관
11:20~12:00	이 동	•국립중앙박물관→영의도 광장	40″	담임	버 스
12:00~12:30	점 심	•점심 식사(도시락)	30″	담임	광 장
12:30~14:30	견 학	•국회의사당 견학 •KBS 방송국 견학	120″	담임	국회의사당 KBS
14:30~14:40	이 동	•KBS→63빌딩	10″	담임	버 스
14:40~16:40	관 람	•63빌딩 관람	120″	담임	63빌딩
16:40~18:40	이 동	•영등포역→온양역	120″	담임	버 스
18:40~20:40	귀 가	•귀가(교통안전 지도) •부모님께 인사드리기 •저녁 식사	120″	담임학생	가 정
20:40~	취 침	•체험학습 보고서 쓰기, 일기 쓰기 •결연 학생 및 가족에 편지 쓰기 •생활 반성하기 및 취침	·	학생	가 정

(11) 현장체험 학습 평가 분석 및 정리

① 현장체험 학습 기록, 인솔교사의 관찰 기록 및 위탁교육 결과 통지서에 의거하여 현장체험 학습 결과 평가

② 설문지의 분석, 수상 상황을 기록

③ 종합 분석한 결과를 현장체험 학습의 날 운영 계획의 반영 자료로 활용

(12) 현장체험 학습 사후 지도

① 현장체험 학습 내용의 관련 단원 교수·학습 활동에 적용

② 결연 짝과 전화 및 서신을 통하여 계속적인 우정 교류가 이루어지도록 지도

타. 야영활동을 통한 현장체험 학습

1) 목적

학생들에게 체험적인 야영활동 기회를 제공하여 자연을 사랑하고 질서를 지키며, 협동 봉사하는 공동체 의식과 극기심을 길러 줌으로써 건강하고 생활 적응 능력이 높은 학생으로 성장할 수 있도록 한다.

2) 운영 방침

가) 야영활동은 교육과정 운영의 일환으로 실시하되 제( )학년을 대상으로 한다.

나) 야영활동 과정은 제( )학년 지도교사와 공동으로 협의하여 학생활동 위주로 프로그램을 편성 운영한다.

다) 야영 경비는 적정한 경비를 산정하여 학부모와 학생의 부담을 최소화하고 변칙 및 사치성 수련 활동이 되지 않도록 한다.

라) 자연을 사랑하고 환경 보전에 앞장서도록 지도한다.

3) 운영 계획

가) 기간: 20○○년 ○월 ○일(목)~○일(○요일)(○박 ○일간)

나) 장소: ○○학생야영장 덕전분원

다) 대상: ○○초등(중·고등)학교 제○~○학년 학생, 남자 55명, 여자 46명, 계 101명

○학년		○학년		○학년		계	
남	여	남	여	남	여	남	여
15명	16명	16명	13명	24명	17명	55명	46명

4) 수련활동 영역별 교육 내용

수 련 영역	활 동 내 용	비 고
기본 교육	•구급법, 독도법, 천막 설치법, 야영 장비 사용법, 취사활동, 야영계획 수립 및 안전 교육 등	3시간
정신 교육	•도덕성 및 민주 시민 교육, 통일 대비 교육, 경제교육, 진로교육, 교통안전 교육, 전통 예절 교육 등	3시간
심성 훈련	•대화 및 토론, 촛불 의식, 편지 쓰기, 명상의 시간, 영화 감상	2시간
심신 단련	•모험 훈련, 체육활동, 민속놀이, 산정 등반 및 행군, 추적활동 등	5시간
레크리에이션	•친교활동 및 건전 놀이	3시간
모닥불 놀이	•모닥불 놀이, 장기 자랑, 부모님께 드리는 편지 낭독 등	3시간
자연 보호	•자연 보호 및 환경 보전 활동	1시간
기　　타	•입·퇴소식, 소감 발표 등	1시간

5) 야영 수련 활동 추진 절차

순	추 진 내 용	기간 및 날짜	담 당 자	비 고
1	계획 수립 및 프로그램 구안	4. 16.	연　　구	
2	야영 수련 활동 안내 공문 발송	4. 17.	〃	
3	참가 학교 및 인원 확정	4. 28.	연　　구	
4	야영장 협의 및 공문 발송	4. 16.~29.	〃	
5	학교 버스 이용 협조 요청	4. 30.	서　　무	
6	야영 수련 활동 안내	5. 1.	연　　구	
7	소집단 편성	5. 4.	담　　임	
8	야영 수련 활동 실시	5. 8.~10.	연　　구	
9	평가 분석 및 정리	5. 12.	〃	

6) 야영 수련 활동 프로그램

가) 야영 수련 활동 일정표

일별 시간	제1일 만남의 날	제2일 친교의 날	제3일 보람의 날
06:00~07:00	영지 도착	기상, 국기게양, 체조, 세면	
07:00~08:00			
08:00~09:00		아침 식사	
09:00~09:30		교사와의 대화 시간	
09:30~10:00		조회시간	

10:00~11:00	도착 신고, 숙소 배정 장비 대여	하이킹 (민속놀이 및 심성계발)	편지 쓰기, 소감문 쓰기, 설문지 조사
11:00~12:00	입영식, 생활안내, 교사 협의회		퇴영식
12:00~13:00	점 심 시 간		
13:00~14:00	야영 교육 안내 -야 영 장-	휴식(교사협의회)	
14:00~15:00	상황, 협동 놀이 (심성 계발 수련 VTR상영)	심성 계발 수련	
15:00~16:00		상황, 협동놀이 암행 열차	
16:00~17:00			
17:00~18:00	저녁 식사		귀 교
18:00~19:00	휴 식		
19:00~20:00	친 교 시 간	모닥불 놀이 준비	
20:00~21:00	심성 계발 수련	모닥불 놀이 촛불의식	
21:00~22:00	야간 추적 훈련, 선생님과 함께	부모님께 드리는 글 낭송	
22:00~23:00	지도자 및 대표학생회의	명상의 시간	
23:00~	소등 취침		

나) 야영수련 활동 일과 진행표

◆ 1일차(만남의 날) :　　○월　　○일 (○)

시 정	시간	과 정	과 정 내 용	준비물	담당자
10:30~11:00	30	등 록	1. 인솔교사 등록 2. 학생 정리정돈	등록부	
11:00~11:30	30	입소식	1. 개식사　2. 국민의례　3. 입소생 선서 4. 인솔 책임자 인사　5. 교가제창 6. 폐식사	의 상 마이크 녹음기	
11:30~12:00	30	생활 안내	1. 일정발표 2. 취사요령 지도 3. 생활상의 유의사항 전달 4. 검열 요령 전달	분 필	
12:00~12:30	30	장비 대여	1. 대여 신청(전 종목)	취사도구 침 구	
12:30~13:00	30	영지배정	1. 장비 정돈 2. 실내외 청소		
13:00~14:00	60	점심 식사 인솔교사 협 의	1. 점심 식사 2. 과정운영 협의	도시락 프로그램	
14:00~15:00	60	진로교육	1. 30년 후의 나의 모습 쓰고 발표	A4용지	
15:00~17:00	120	미니 올림픽	1코너: 윷놀이　　　　2코너: 제기차기 3코너: 무릎 씨름　　4코너: 멀리뛰기 5코너: 팔씨름　　　　6코너: 패널 킥 차기 7코너: 훌라후프 돌리기 8코너: 줄넘기	윷, 제기, 축구공, 훌라후프 줄넘기 줄	
17:00~18:30	90	취 사	1. 소집단별 실시	소집단별 음식물	
18:30~19:00	30	검 열	1. 소집단별 실시	채점표	

시 정	시간	과정	과정 내용	준비물	담당자
19:00~20:00	60	장기 자랑	1. 학년별 특기 자랑(사전 지도)	마이크 녹음기	
20:00~21:30	90	잠행	1. 야간추적 잠행		
21:30~22:00	30	교사회의	1. 일과 반성 2. 내일 과정 협의		
22:00~22:30	30	점호	1. 취침 확인		

◆ 2일차(협동의 날) :　　　○월　　　○일 (○)

시 정	시간	과정	과 정 내 용	준비물	담당자
06:30~07:00	30	아침활동		메가폰	
07:00~08:30	90	아침 식사	1. 각 조별 실시		
08:30~09:00	30	검열	1. 청결 상황 및 정리 정돈	채점표	
09:00~12:00	180	과정	1. 산행(관찰 탐사 활동) 2. 추적 활동		
12:00~13:30	90	점심 식사	1. 각 소집단별 실시		
13:30~14:30	60	편지 쓰기	1. 부모님께 편지 쓰기	편지지 봉투	
14:30~16:00	90	캠프파이어 준비	1. 각 소집단별로 연습	각자 준비물	
16:00~17:00	60	〃	1. 캠프파이어 준비	장작, 솜, 철사, 석유	
17:00~18:30	90	저녁 식사	1. 각조별 저녁 준비		
18:30~22:30	60	집단활동	1. 캠프파이어 레크리에이션 2. 촛불의식	사회자	
23:30~23:00	30	검열	1. 인원 점검, 정리 정돈		
23:00~23:30	30	교사 협의	1. 일과 반성 2. 안전지도		

◆ 3일차(정리의 날) :　　　○월　　　○일 (○)

시 정	시간	과정	과 정 내 용	준비물	담당자
06:00~07:00	60	아침활동	1. 국기게양 2. 애국가 제창 3. 고향예배 4. 국민체조 5. 조깅　　6. 세면		
07:00~08:30	90	취사	1. 소집단별 식사		
08:30~09:00	30	검열	1. 청결 상황 및 정리 정돈	채점표	
09:00~10:00	60	정리의 시간	1. 야영 소감 쓰기 2. 편지 쓰기(친구에게)		
10:00~11:00	60	장비반납 및 철영	1. 장비 반납		
11:00~11:30	30	평가회	1. 생활 반성 2. 소감 발표 3. 총 평		
11:30~12:00	30	퇴소식	1. 개식사 2. 국민의례 3. 시상 4. 퇴소사 5. 교가 제창 6. 폐식사		
12:00~13:00	60	귀가	1. 학교 도착 해산		

(4) 우천 시 일정표(비상시 운영 계획안)

날짜 시정	제1일(　월　일)	제2일(　월　일)	제3일(　월　일)
06:00~07:00	학교에서 영지까지 이동	기상, 국기 게양, 체조, 세면	
07:00~08:00		아침 식사	
08:00~09:00		취사, 청소 검열	
09:00~10:00		예절 교육(VTR 상영)	야영소감 쓰기
10:00~11:00	도착 신고, 숙소 배정, 장비, 대여	VTR 상영	장비 반납
11:00~12:00	입소식, 생활 안내		퇴소식
12:00~13:00	점심 식사		
13:00~14:00	부모님께 편지 쓰기	30년 후의 나의 모습 적어 보기	
14:00~15:00	경제교육	소집단별 토의 주제: 통일의 필요성	
15:00~16:00	소집단별 구호 및 노래 만들기	통일 주제 발표 (소집단별)	
16:00~17:00	소집단별 토의 주제: 이웃 사랑	캠프파이어 연습	귀 교
17:00~18:00	저녁 식사		
18:00~19:00	정리 정돈 및 청소		
19:00~21:00	레크리에이션 (초빙강사)	캠프파이어 (학년 소집단별)	
21:00~22:00	검열 준비	촛불의식	
22:00~23:00	취침	취침	
23:00~24:00	하루 반성	반성	

야영장 사용 허가 신청서

1. 학교명: ○○초등(중 · 고 등)학교

2. 사용기간: 20○○년 ○○월 ○○일(○요일)~200○년 ○○월 ○○일(○요일) ○박 ○일

3. 사용인원: 총 101명(남: 55명, 여: 46명)

4. 프로그램 운영

순	성　명	성　별	연령	전　공	담당 부서	비　고
1	손 상 만	남	47	초등교육	계획 진행	
2	김 한 순	여	28	〃	식　사	
3	손 보 기	남	45	〃	생　활	
4	나 미 자	여	48	〃	청　소	
5	박 미 영	여	34	간호학	건　강	

위와 같이 야영장을 사용함에 있어 충청남도 학생야영장 조례와 본 야영장 운영 규칙을 준수할 것을 서약하며 신청서를
제출하오니 허가하여 주시기 바랍니다.

20 년 월 일

○○초등(중·고 등)학교장

○○○(시)도 교육감(○○○(시)도교육청○○교육지원청교육장) 귀하

야영 수련 활동 진행 요원 명단(학생)

부 서 내 용	성명(학년)	비 고
애국가 반주, 지휘	녹음테이프	반 주
	이지연(6)	지 휘(여)
총 지휘 학생	이영석(6)	남
대표 선서 학생	박찬웅(6)	남
모닥불 놀이 진행	김정수(6)	남
	조미희(5)	여
촛불놀이 진행	남상만(6)	남
	이미라(5)	여

20 년 월 일

장기 자랑 참가 신청서

○○초등(중·고 등)학교   제( )학년 ( )반   이름 (   )

구 분	성 명	발 표 제 목(곡명)	소요 시간	채 점
개 인				
소 집 단				

파. 방학 중 현장체험 학습

1) 현장체험 학습 계획서

○ ○ 초 등(중·고 등) 학 교

수 신 자: 내 부 결 재

(경 유):

제   목: 여름 방학 중 현장체험 학습 실시 및 시상 계획

   본교에서 시범 운영하고 있는 현장체험 학습을 20○○학년도 여름 방학 중에 실천토록
권장하고 그 결과를 시상하고자 합니다.

다　　음

1. 목적: 다양한 현장체험 학습을 실천하도록 권장하며 문제점을 찾아 보완하고 교육 자료로 활용토록 한다.

2. 방침
　　가. 본교 재학생에게 현장체험 학습 방학 과제를 제시하여 보고서를 작성 제출토록 한다.
　　나. 개학 후 제출된 보고서를 심사하여 시상하고 전시회를 개최한다.
　　다. 보고서는 전시 자료로 활용한다.

3. 세부 실천 사항
　　가. 대상: 본교생 전 학년 학생
　　나. 시기: 20〇〇학년도 여름 방학 기간 중
　　다. 현장체험 학습 내용: 노작활동(재배, 사육, 근로작업), 관찰활동, 자연·환경 탐사활동, 견학활동, 봉사활동, 농·어
　　　·산촌·도시 답사 현장체험 학습
　　라. 보고서 제출: 개학일
　　마. 심사일: 20〇〇.　　.　　.
　　바. 심사 방법: 학급별로 담임교사의 1차 심사 후 전교 수합 심사
(1) 심사 기준: 100점 만점
　　(가) 계획서: 10점(학부모의 지도 계획, 학생의 학습 계획)
　　(나) 창의적인 현장체험 학습 내용: 20점(새로운 내용)
　　(다) 실시 횟수: 10점
　　(라) 실천 내용: 20점
　　(마) 보고서 작성 내용 및 요령: 20점
　　(바) 발전 과제 및 문제점 제시: 20점

　　사. 시상
　　　(1) 시상일: 20〇〇. 8. 31(　　)
　　　(2) 시상 등급: 우수(학년당 5편 내외), 장려(우수 외 보고서 10편 내외)

　　아. 전시
　　　(1) 기간: 20〇〇. 8. 31(　　)~9. 10(　　)
　　　(2) 장소: 체험학습실

　　자. 보고서 회수 및 보관: 학급별로 회수하여 연구부로 제출하여 일괄 보관하고 교육 자료로 활용한다.

　　붙　　임: 가정 통신문 1부. "끝"

〇 〇 초 등(중·고 등) 학 교 장 (직인)

교사 〇〇〇　　　부장교사 〇〇〇 교감 〇〇〇　　교장　〇〇〇
협조자 행정실장 〇〇〇
시행 〇〇초(중·고)-〇〇〇(20〇〇.〇.〇)　　접수 〇〇초(중·고)-〇〇〇(20〇〇.〇.〇)
우 (〇〇〇-〇〇〇) 서울 〇〇구　〇〇동 〇〇로 〇〇-〇〇
전화 (02) 〇〇〇-〇〇〇〇　전송(02)-〇〇〇-〇〇〇〇　　　/공개

여름 방학 중 학생 현장체험 학습 안내

안녕하십니까? 귀여운 자녀들이 가정에서 생활할 여름 방학이 며칠 남지 않았습니다. 학부모님 가정에서는 더위와 장마에 조심에 조심하여 더욱 건강하고 보람 있는 생활이 되시기 바랍니다.
학생들이 즐거운 여름 방학을 맞아 현장체험 학습을 통하여 금년 여름방학은 아주 보람 있고 의미 있는 방학이 될 수 있도록 방학 중 학생 현장체험 학습에 대하여 안내 말씀드리오니 학부모님들께서도 적극 협조해 주시기 바랍니다.

1. 현장체험 학습 실시 권장
본교는 현장체험 학습 시범 운영 학교로 학생에게 평소 학교에서 실시하기 어려운 다양한 현장체험 학습을 방학 기간을 이용하여 실천할 것을 권장하고 있습니다.
가정이나 학교에서의 학습보다는 체험 현장에서 자연 탐구, 환경 탐사, 유적지 · 사적지 비교 조사, 도시 생활 조사, 농 · 어 · 산촌 생활 등 가능한 주제를 선정하여 체험학습을 계획적으로 실시하고, 보고서를 작성하여 개학 후에 담임선생님께 제출하시기 바랍니다.

2. 보고서 제출
제출된 보고서는 교육 자료로 활용하고 돌려 드리겠습니다. 보고서 작성은 4절지, 2절지의 크기나 클리어 파일을 활용하여 작성하여 주시기 바랍니다.
보고서 작성은 가능한 한 학생의 능력이 표현되도록 적절히 도와주시기 바랍니다.

3. 보고서 발표 · 전시회 및 시상 계획
제출된 보고서는 발표회와 교내 전시회를 가지며 심사하여 시상할 계획입니다.

4. 우수 보고서
제출한 보고서 중 우수 보고서는 시상하고 교육 자료로 활용할 계획이니 학부모님의 많은 지도와 관심을 부탁합니다(단, 보고서 작성은 학생 수준에 맞는 내용의 현장체험 학습으로 선정하고 학생의 순수한 경험과 생각을 이끌어 주시어 작성하시기 바랍니다).

5. 보고서 작성 요령 및 심사 기준
가. 보고서 작성 요령
(1) 내용: 현장체험 학습 참가자, 목적, 주제(구체적이며 자세하고 나열식으로 다양하게), 일정 계획 및 운영, 현장체험 학습 내용(본 것, 들은 것, 사전조사과정, 체험한 것, 느낌과 깨달은 점)
(2) 보조 자료: 사진, 녹음, 비디오 녹화, 조사 자료, 수집 자료, 그림 등 다양한 내용을 제시한다(학교에서 활용 후 반드시 돌려 드립니다).
(3) 보고서는 모조지 전지, 전지 규격의 $\frac{1}{8}$ 크기 또는 $\frac{1}{4}$ 크기, 또는 클리어 파일(개인별 화일)에 정리하여 주시기 바랍니다.

나. 심사기준: 100점 만점
(1) 계획서: 10점(학부모의 지도 계획, 학생의 학습 계획)
(2) 창의적인 현장체험 학습 내용: 20점(새로운 내용)
(3) 실시 횟수: 10점
(4) 실천 내용: 20점
(5) 보고서 작성 내용 및 요령: 20점
(6) 발전 과제 및 문제점 제시: 20점

20○○. ○. ○.

○ ○ 초 등(중 · 고 등) 학 교 장

Chapter 7

창의적 체험학습 평가의 실제

창의적 체험학습 평가의 목적은 평가 결과를 다음 학습에 환류하여 흥미를 증진시키며, 개인의 소질과 능력에 맞는 평가를 실시하여 창의성과 문제 해결력을 신장시키고 교육의 수월성을 높임으로써 능력별 현장체험 학습을 실시하는 데 있다. 그러므로 여기에서는 수행평가를 중심으로 현장체험 학습의 평가 관점과 절차, 문항 작성 시 검토 사항, 평가상의 유의점을 알아보고 현장체험 학습 평가의 구체적인 사례를 제시해 본다.

제1절 창의적 체험학습 평가의 특징과 유의점

가. 체험학습 평가의 의의와 특징

1) 평가의 의의

일반적으로 교육과정은 목표, 내용선정, 학습경험, 평가의 4항목 간의 순환과정으로 평가항목이 목표와 내용과 학습경험을 마무리 짓는 마지막 과정이다. 이러한 과정은 체험학습에서도 그대로 적용된다. 체험학습의 목표, 내용선정, 현장체험, 체험의 평가로 모든 과정이 마무리된다.

체험학습의 평가는 활동지도 과정과 성과를 평가하고, 지도 방법을 개선하며, 활동 의욕을 고취시키는 데 의의가 있다. 또한 체험학습 자체를 개선시킬 수 있다는 점에서 반드시 필요한 활동이라 할 수 있다. 우선 체험학습의 평가는 각 활동의 목표를 보다 명료화할 뿐 아니라 각 활동의 내용을 개선하고 지도 방법을 개선하는 데에도 도움을 준다. 나아가 체험학습에 참가한 학생들로 하여금 자신들의 활동 결과를 반성해 볼 수 있는 기회를 주고, 개선점을 찾는 데에도 기여한다.

2) 평가의 특징

체험학습 평가의 특징은 학생 각자의 발달과 지도 계획, 활동 과정, 동시에 학생 소그룹 집단의 발달이 중요한 평가 대상이다. 학생의 능력 면에서 학생 개인의 자질과 함께 사회 일원으로서 지녀야 할 능력과 태도, 체험 결과에 대한 자기 인식의 정도 등이 중요한 평가의 대상이 된다. 체험학습의 평가는 학교의 전체 조직, 혹은 학급 조직에 의하여 활동이 계획되고 실시되므로 학교의 전체 조직 혹은 학급 조직에 의하여 진행되어야 한다.

체험학습에 대한 평가 내용에 대한 특징을 정리하면 다음과 같다.

첫째, 학생과 학급 및 학교의 실태와 문제점에 대한 사전 평가가 있어야 한다.

둘째, 학급 및 학교 전체로서 분화와 통합의 원리에 의해 지도 계획을 중요시한다.

셋째, 학급 및 학교의 지도 계획 및 절차와 관련성에 대한 평가가 중요하다.

넷째, 학급 및 학년 간의 체험학습 활동과정에서 인간관계 등의 평가가 중요하다.

다섯째, 교사에 의한 평가와 함께, 학생에 의한 자기평가나 상호평가가 특히 중요하게 다루어져야 한다.

나. 체험학습 평가 절차 및 평가 내용

1) 평가의 절차

체험학습 활동의 평가와 그 활용은 다음과 같은 순서를 원칙으로 진행한다.

가) 평가 실시를 위한 책임과 역할의 분담을 명확히 한다.

나) 평가 책임자를 중심으로 하여 학교 전체의 평가 계획을 작성한다(언제, 어디서, 누가, 무엇을, 어떻게 평가하는가 하는 점을 명확히 한다).

다) 계획에 의하여 평가 기초자료를 수집하여 모은다.

라) 모은 자료를 평가 척도와 기준에 기초하여 평가한다.

마) 평가 결과를 추수 자료로 활용한다.

2) 평가 내용

체험학습의 평가 계획의 내용으로 아래와 같은 것을 들 수 있다.

가) 체험학습에 관련된 환경 및 그 외의 제 조건 등에 관한 평가를 한다.

나) 지도 계획에 기초하여 체험학습을 전개하는 단계에서, 효율적인 목표달성을 위하여 개인 및 집단 활동 상황과 교사의 지도 상황, 활동이나 지도 과정을 개선하기 위한 평가를 실시한다.

다) 체험활동의 전체 및 각 활동이 일단락 또는 종료되는 시점에서, 그 성과를 명확히 하기 위하여 학생과 집단의 발달 및 지도 방식에 관해 평가한다.

라) 평가 계획의 작성에 있어서, 각 대상과 관점에 가장 적당한 자료를 수집하고 모으는 방법에 관해 사전에 충분히 검토되었는지에 대한 평가가 있어야 한다.

다. 창의적 체험활동에 있어서의 체험학습 평가

1) 창의적 체험활동의 평가

창의적 체험활동 교육과정을 편성할 때 평가에 관한 사항이 포함되어야 하며, 평가는 교육과정에 포함된 목표와 평가에 대한 지침을 참고하여 실시해야 한다.

창의적 체험활동의 평가에서 유념해야 할 사항으로는

가) 활동의 결과보다는 활동 과정에서의 참여, 의욕, 상호관계, 진보의 정도 등을 중심으로 한 평가

나) 평소활동의 누가기록, 발표, 자기표현 등의 요소가 종합적으로 반영된 평가

다) 학생들의 능력차를 가려내어 서열화를 시키는 것보다는 서로 다른 개인차를 발견하여 각자의 개성을 살리기 위한 평가

라) 교사의 주도적인 평가보다는 자기 스스로의 평가, 학생 상호 간의 평가, 학부모의 평가 등을 종합적으로 수렴한 평가

마) 학생에 대한 평가와 함께 학교 재량활동 편성·운영의 평가도 포함되어 후속 계획 수립과 운영의 개선에 활용하기 위한 평가 등이다.

2) 평가의 지침

창의적 체험활동에 있어서 체험학습의 평가에 대한 기본 지침은 다음과 같다.

가) 학생 자신에 의한 평가, 학생 상호 간의 평가를 고려하여 교사가 평가한다.

나) 관찰기록과 학습지를 활용하는 등 다양한 방법으로 평가한다.

다) 보고서, 작품분석, 포트폴리오 등과 같은 수행평가 방법을 활용한다.

라) 각 영역별로 평가 관점을 마련하여 평가 척도를 작성하여 활용한다.

마) 참여도, 협력도, 열성도 및 특별한 활동 실적 등이 골고루 반영되게 한다.

바) 교육목표의 설정, 평가 장면의 선정, 평가도구의 제작, 평가의 실시 및 결과 처리, 평가결과의 해석 및 활용의 절차를 고려한다.

사) 평가의 결과는 평소의 활동 상황을 누가 기록한 자료를 토대로 활동 실적, 진보의 정도, 행동의 변화, 특기 사항 등을 종합하여 문장으로 기록한다.

아) 체험학습의 평가는 학생을 비교하는 상대평가가 아닌, 학생 각자의 성취도나 변화를 진단하는 절대평가가 되도록 한다.

자) 체험학습의 평가는 총괄평가적 성격보다는 형성평가적 성격을 지녀야 한다. 평가결과는 학생의 계속적 진보와 계발을 돕는 자료로 활용되어야 한다.

차) 체험학습 평가에 있어서 학생 개개인의 발달, 변화, 성취를 평가함과 아울러 학급 또는 학교 차원에서 전체 집단의 성장, 발달, 변화 등도 평가하여 지도자료 등으로 활용한다.

3) 평가의 방향, 관점, 방법, 절차

가) 평가의 방향

(1) 창의적 체험활동의 평가는 담당 교사가 하되, 활동 상황의 관찰 평가, 학생의 활동 실적을 통한 평가, 질문지를 활용한 평가, 기능 평가, 자기 평가 등의 다양한 방법을 활용한다.

(2) 각 영역별로 평가의 준거가 될 평정 척도 또는 평가 관점 등을 작성하여 활용하고, 참여도, 협력도, 열성도 및 특별한 활동 실적 등을 평가 결과에 반영되게 한다.

(3) 평소의 활동 상황을 누가 기록한 자료를 토대로 활동 실적, 진보의 정도, 행동의 변화, 특기 사항 등을 종합하여 평가한 결과를 문장으로 기록한다.

나) 평가 관점

(1) 지시에 따르기보다 자율적으로 활동하는 태도를 가지는가?

(2) 의욕적이고 적극적인 자세로 활동에 참여하고 있는가?

(3) 자기에게 주어진 역할을 책임 있게 수행하는 실천력이 있는가?

(4) 집단생활에 필요한 바람직한 생활 태도와 습관이 형성되어 있는가?

(5) 학습활동의 목표 성취를 위해 다른 사람과 협동적으로 활동하고 있는가?

(6) 자기 자신의 적성과 능력을 알고 그것을 신장시키기 위해 노력하고 있는가?

다) 평가 방법

(1) 각 영역 활동이 지닌 특성을 살려 평가한다. 재량활동 각 영역의 활동 내용별로 제각기 지닌 특성을 바르게 파악하여 이를 충분히 살릴 수 있는 평가를 해야 한다.

(2) 종합적으로 파악해서 평가한다. 재량활동은 다양하게 이루어지므로, 다양한 자료를 활용하여 종합적으로 평가한다.

(3) 학습활동 과정 평가를 실시한다. 재량활동 과정 중에 자주적, 실천적 활동, 참여 의욕, 태도를 평가한다.

(4) 창의적 체험활동 영역별, 개인별 성취 목표를 근거로 성취 수준을 평가한다.

(5) 다양한 평가방법을 활용한다. 각 활동의 특성에 알맞게 평가 자료를 수집하고 평가방법을 강구한다. 한편 여러 가지 평가방법을 한 영역에 다양하게 동원하는 경우도 생각해야 한다.

<표 7-1> 창의적 체험활동 평가 방법

구 분	평가 방법	평 가 요 령
활 동 상황 관찰	일화 기록	학생의 활동 상황 기록(워크시트, 카드, 노트 등)
	체크리스트	활동에의 참가 태도, 실천 상황을 미리 준비된 리스트에 의거하여 체크
	평정척도	활동 상황, 발언 내용 등을 일정한 척도로 기록
질 문 지 조 사	의식조사	생각, 흥미, 관심, 태도 등을 설문식으로 조사
	자기평가	집단활동의 참가 태도, 행동의 정착도를 반성 평가
	상호평가	집단활동에의 참가 태도, 실천활동에서 두드러지게 나타나는지의 선택 평가
학 생 의 기록, 작품	활동기록	활동의 계획이나 활동의 실제 기록(준비한 자기 계획)
	개인기록	활동 상황 기록
	작문 · 일기	활동계획, 실시에 대한 의견, 참가, 활동 후의 감상
협의 및 토론	동 학년 · 전교협의	창의적 체험활동 운영에 관한 정보 교환, 반성, 평가

(6) 창의적 체험활동 영역별 목표 및 학습 프로그램의 주안점에 의거해서 작성한 평가 기준표를 참고하여 그 활동 상황을 문장으로 기술한다.

라) 평가상의 유의점

(1) 창의적 체험활동 편성 · 운영 계획 및 그 결과에 대한 평가는 객관적인 평가 기준표에 의해서 분석적 평가와 종합적 평가를 균형적으로 실시되어야 한다.

(2) 결과보다는 활동의 과정을 중시하고, 다양한 방법에 의한 평가가 실시되도록 한다.

(3) 평가 시기는 재량활동이 실제 운영되는 시간에 실시하여 재량활동 종료 후에 평가되지 않도록 하여야 한다.

(4) 개별 평가에 치우치지 않게 소집단별 평가에도 역점을 두어야 한다.

마) 평가 절차

창의적 체험활동(체험학습) 평가의 절차도 일반적인 교과학습 평가의 절차와 같다고 할 수 있다.

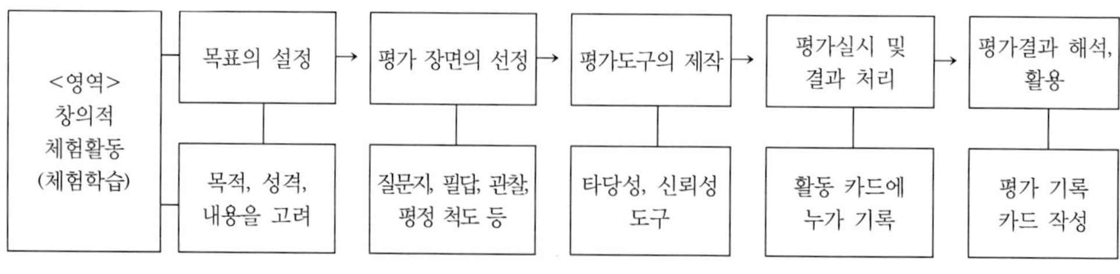

<그림 7-1> 창의적 체험활동 평가 절차

라. 창의적 체험학습 평가의 관점과 유의점

1) 창의적 체험학습의 평가 관점

가) 창의력과 문제 해결력 중심의 평가

나) 문제 해결력 중심의 현장체험 학습 관련 평가

다) 학생의 학습 능력을 평가할 수 있는 자연스러운 평가

라) 학습 결과뿐만 아니라 학습 과정을 누적시키는 평가

마) 학생의 능력과 상황에 알맞은 평가

바) 일정한 조건하에서 폭이 넓은 평가

사) 수월성이 고려된 평가

2) 창의적 체험학습의 평가 절차

단 계	시 기	비 고
현장체험 학습 실시 계획 수립	2월 하순	
학교 현장체험 학습 평가 실시 계획 수립	3월 초순	-학교 교육과정 운영계획 수립과 병행 -학교 평가 실시 계획과 병행
학급별 현장체험 학습 평가 계획 수립	3월 중순	-학급별 평가 계획과 병행
현장체험 학습 실시	연중 실시	-학급별 현장체험 학습 수시 평가 -차기 현장체험 학습에 환류 및 가정에 통지
평가 결과 분석 및 활용	연중 실시	

3) 현장체험 학습 평가 문항 검토 사항

가) 평가목표에 적합한 방법인가?

나) 평가 상황에 따라 평가 방법, 평가 유형이 알맞은가?

다) 학생의 수월성이 평가에 고려되었는가?

라) 문항의 진술이 학생의 입장에서 정확하게 진술되었는가?

마) 학생의 수준에 난이도는 알맞은가?

바) 평가 문항의 타당성과 신뢰성은 알맞은가?

4) 현장체험 학습 평가상의 유의점

가) 실시 과정상의 유의점

(1) 학생의 약점을 찾기보다는 장점을 발견하도록 한다.

(2) 획일적 평가를 지양하고 다양한 방법의 평가 방법을 적용한다.

(3) 평가 결과 및 오류의 원인을 분석하고 즉시 다음 현장체험 학습에 활용하여야 한다.

(4) 현장체험 학습과 평가는 긴밀히 연계되어야 한다.

(5) 구하기 쉬운 자료를 이용하여 수월성을 높인다.

나) 채점 과정에서의 유의점

(1) 채점의 객관성을 최대한 확보한다.

(2) 채점 기준안을 작성하여 활용한다.

(3) 분석적 배점법을 적용한다.

(4) 총괄적 평정법을 적용한다.

다) 평가목표에 충실한 채점이 되어야 한다.

라) 평정자의 오류를 최소화해야 한다.

(1) 집중화 경향의 오류를 배제한다.

(2) 인상의 오류를 배제한다.

(3) 논리적 오류를 배제한다.

(4) 표준의 오류를 배제한다.

(5) 대비의 오류를 배제한다.

(6) 근접의 오류를 배제한다.

제2절 창의적 체험학습 평가의 실행

가. 관찰 학습의 평가

1) 평가 목표

사물의 관찰을 통하여 주위 현상을 이해한다.

2) 평가 과제

가) 달 모양의 변화와 달이 움직이는 방향을 관찰하고 기록하시오.

나) 시간에 따라 그림자가 움직이는 방향을 관찰하고 그 변화를 설명하시오.

다) 새싹을 관찰하여 자라는 모습을 관찰 기록장에 나타내시오.

3) 평가 방법: 관찰법, 보고서 검토법, 면접법

4) 평가의 실제

♣ 평가 과제 1: 달 모양의 변화와 달이 움직이는 방향을 관찰하고 기록하시오.

가) 준비물: 관찰 기록장

나) 채점 기준

평 가 관 점	평 가 기 준	배 점
며칠 동안 계속적으로 관찰하였는가?	•5일 이상 계속 관찰하였다.	5
	•3일 이상 계속 관찰하였다.	3
	•3일 미만 계속 관찰하였다.	1
하루 동안 꾸준히 관찰하였는가?	•일정한 시간 간격으로 3회 이상 관찰하였다.	5
	•일정한 시간 간격으로 2회 관찰하였다.	3
	•1회 관찰하였다.	1
관찰한 내용이 충실하고 옳은가?	•내용이 옳고 정확성이 있게 나타내었다.	5
	•내용은 옳으나 정확성이 부족하다.	3
	•내용과 정확성이 부족하다.	1

♣ 평가 과제 2: 시간에 따라 그림자가 움직이는 방향을 관찰하고 그 변화를 설명하시오.

가) 준비물: 관찰 기록장

나) 채점 기준

평 가 관 점	평 가 기 준	배 점
지속적으로 관찰하였는가?	•3회 이상 관찰하여 결과를 잘 나타내었는가? •관찰하였으나 결과 처리가 미흡하다. •관찰활동과 결과 처리가 미흡하다.	5 3 1
시간에 따라 그림자가 움직인 까닭을 설명할 수 있는가?	•이유를 대고 제대로 설명하였다. •이유와 설명 중 하나를 제대로 대지 못하였다. •이유와 설명 모두 제대로 대지 못하였다.	3 2 1

♣ 평가 과제 3: 새싹을 관찰하여 자라는 모습을 관찰 기록장에 나타내시오.

가) 준비물: 관찰 기록장, 새싹이 나온 화분

나) 채점 기준

평 가 관 점	평 가 기 준	배 점
지속적으로 열심히 관찰하였는가?	•5회 이상 관찰하고 기록하였다. •3회 이상 관찰하고 기록하였다. •3회 미만 관찰하고 기록하였다.	5 3 1
관찰하고 기록한 내용은 충실한가?	•기록한 내용이 충실하다. •기록한 내용이 보통이다. •기록한 내용이 미흡하다.	5 3 1
새싹을 잘 보살펴 주는가?	•열심히 가꾸고 잘 보살펴 주었다. •가끔 보살펴 주었다. •보살펴 주지 않았다.	5 3 1

5) 평가 기록부(생활 통지표) 기재의 예

가) 사물을 관찰하고, 그 결과를 표현하는 태도가 매우 솔직함.

나) 물체의 형태를 파악하는 능력이 우수하고, 사물의 특징을 잘 찾아냄.

다) 관찰하는 자세가 성실하고 기록 및 결과 처리도 잘함.

나. 답사 학습의 평가

1) **평가 목표:** 답사한 내용을 정선하여 기록문으로 쓸 수 있다.

2) **평가 방법:** 이 평가목표에 대한 평가 방법은 다양하게 이루어질 수 있는 것이 특징이다. 계획수립 과정부터 결과까지를 평가할 수 있으며, 몇 개의 기록문을 선정하여 토론법으로 평가할 수도 있다. 여러 가지 답사 기록문을 모아 포트폴리오 방법으로 평가할 수도 있는데, 여기서는 포트폴리오 방법으로 학기 초에 '기록문 쓰기' 파일을 만들어 평가하는 방법을 소개한다.

3) **평가 과제**

가) 기록문 작성 파일을 만들어 여러 종류의 기록문을 써 보고, 기록문 철을 만들어 본다.

나) 답사기록문(조사기록문, 견학기록문, 감상기록문, 행사기록문)의 개요를 짜고 기록문을 작성하여 보자.

【개요 짜기】

답사(조사, 견학, 감상, 행사) 대상이나 내용의 사진이나 그림을 붙이고, 기록문의 개요를 짜 보자.

기록문의 종류		대상		기간		준비물		작성일	
<개 요>									

【기록문 쓰기】: 별도 양식에 의해 작성하여 묶기

4) **평가의 유의점:** 답사기록문은 주변에서 쉽게 접할 수 있는 내용으로 하고, 감상문은 독서 감상문을 활용하면 효과적이다.

5) 평가 채점 기준

가) 교사용(채점 기준)

평가 항목	채 점 기 준	부족함→잘함	평 정
①	계획을 잘 세워 실제로 해 보고 쓴다.	1 2 3 4 5	
②	자료를 잘 이용하여 쓴다.	1 2 3 4 5	
③	기록문의 종류를 알고, 특성에 맞추어 쓴다.	1 2 3 4 5	
④	개요 짜기를 형식에 맞게 잘 쓴다.	1 2 3 4 5	
⑤	기록 내용이 정확하고 사실적이다.	1 2 3 4 5	
⑥	기록문의 내용이 설득력이 있다.	1 2 3 4 5	
⑦	기록문 쓰기에 적극적으로 참여한다.	1 2 3 4 5	
⑧	기록문의 짜임에 맞게 쓴다.	1 2 3 4 5	
⑨	기록문을 계획대로 잘 정리한다.	1 2 3 4 5	
⑩	작품 파일을 잘 관리하고 보관한다.	1 2 3 4 5	
서술	사전 활동은 잘하나 개요를 바탕으로 내용을 제대로 조직하지 못한다.		

나) 학생용(채점 기준)

평가 항목	채 점 기 준	해당 점수에 ○표 하기	
①	계획을 잘 세워 가며 썼다.	1 2 3 4 5	
②	자료를 잘 이용하여 썼다.	1 2 3 4 5	
③	기록문의 종류를 알며, 특성에 맞추어 썼다.	1 2 3 4 5	
④	개요 짜기 형식에 맞게 잘 썼다.	1 2 3 4 5	
⑤	내가 알아낸 사실을 썼다.	1 2 3 4 5	
⑥	기록문의 내용이 잘되어 있다.	1 2 3 4 5	
⑦	열심히 기록문 쓰기에 참여했다.	1 2 3 4 5	
⑧	밀리지 않고 기록문을 썼다.	1 2 3 4 5	
⑨	기록문을 쓰면서 알게 된 점이 많다.	1 2 3 4 5	
⑩	작품 파일을 잘 관리하고, 보관했다.	1 2 3 4 5	
느낀 점			
반성할 점			
확 인	선생님	부모님	

다. 탐구 학습의 평가

영　　　역	인간과 환경	관련 단원	4-1-1-(2)
지도 내용	우리 시·도의 민속놀이 조사		
평가 목표	우리 시·도에 전해 오는 민속놀이를 조사하여 발표할 수 있다.		
행동 영역	기 능	평가방법	조사 보고서

♣ 평가 과제: 우리 고장에 전해 오는 민속놀이를 조사하고 조사기록문을 작성하여 보자.

1) 평가 관점

가) 조사 계획을 바르게 세웠는가?

나) 사전 준비는 구체적으로 세웠는가?

다) 조사 보고서를 빠진 항목이 없이 솔직하게 썼는가?

2) 평가 방법

가) 4−5명 단위로 소집단을 편성한다.

나) 교사는 조사하는 방법에 대하여 자세히 설명해 준다.

다) 소집단별로 조사할 민속놀이에 대한 수집계획을 수립한다.

라) 자료를 수집한 다음 소집단별로 조사보고서를 작성하여 제출한다.

마) 소집단별로 민속놀이를 간단히 시연한다.

3) 준비물

학생들은 이 활동을 하기 위해 다음과 같은 자료를 준비한다.

(백과사전, 민속놀이 사진, 문화원 소장 민속놀이 사진, 비디오테이프 등)

4) 유의할 점

가) 조사 계획서는 교사가 구안한 양식을 사용한다.

나) 조사할 민속놀이는 도내로 한정한다.

다) 보고서 양식은 소집단별로 다양하게 구성하도록 한다.

라) 사진이나 그림 등 다양한 자료를 붙이거나 기록하도록 한다.

마) 복사기 및 스캐너 등을 활용할 수 있도록 교사는 협조해 준다.

바) 민속놀이 시연을 위한 준비물 등 교사는 협조한다.

5) 평가 문항 및 평가 척도

가) 조사 계획서

평 가 척 도	점수
•역할분담, 준비물, 조사방법, 조사할 내용, 유의점(5가지)이 잘 나타나 있다.	10
•역할분담, 준비물, 조사방법, 조사할 내용, 유의점 중 4가지가 잘 나타나 있다.	8
•역할분담, 준비물, 조사방법, 조사할 내용, 유의점 중 3가지가 잘 나타나 있다.	6
•역할분담, 준비물, 조사방법, 조사할 내용, 유의점 중 2가지가 잘 나타나 있다.	4

나) 조사 보고서

평 가 척 도	점수
•민속놀이 내용, 조사한 근거 제시, 놀이의 훌륭한 점, 사람들에게 끼친 영향, 시연활동 연습과정(5가지)이 잘 나타나 있다.	10
•민속놀이 내용, 조사한 근거 제시, 놀이의 훌륭한 점, 사람들에게 끼친 영향, 시연활동 연습과정 등 4가지가 잘 나타나 있다.	8
•민속놀이 내용, 조사한 근거 제시, 놀이의 훌륭한 점, 사람들에게 끼친 영향, 시연활동 연습과정 등 3가지가 잘 나타나 있다.	6
•민속놀이 내용, 조사한 근거 제시, 놀이의 훌륭한 점, 사람들에게 끼친 영향, 시연활동 연습과정 등 2가지가 잘 나타나 있다.	4

다) 평가 문제 1(예)

우리 시·도의 민속놀이를 조사하기 위한 계획을 세워 보자.

① 민속놀이 이름	
② 조사할 내용	
③ 조사할 방법	
④ 준비물	
⑤ 지킬 일	
⑥ 조사 후 할 일	

라) 평가 문제 2(예)

우리 고장에 전해 오는 민속놀이를 한 가지만 소개하시오.

민속놀이명	주요 내용
유 래	
놀이 방법	

라. 견학 학습의 평가

영 역	공동생활	관련 단원	6 - 2 - 2 - (1)
지도 내용	•지방 자치 단체		
평가목표	•우리 고장에 있는 시(군) 의회를 견학하고 보고서를 쓸 수 있다.		
행동 영역	기 능	평가 방법	견학 보고서

1) 평가 과제

우리 고장에 있는 시(군) 의회의 견학 계획을 세우고, 견학을 한 다음 보고서를 작성하여 제출하시오.

2) 조사할 내용

가) 지방 자치의 뜻

나) 지방 자치가 필요한 까닭

다) 지방 자치 단체의 종류

라) 시(군·구) 의회의 구성

마) 시(군·구) 의회에서 하는 일

3) 평가 관점

가) 견학 계획을 바르게 세웠는가?

나) 구체적으로 사전 준비는 계획하였는가?

다) 안전사고 예방을 위한 사전 대비는 하였는가?

라) 견학 보고서를 빠진 항목이 없이 솔직하게 썼는가?

4) 평가 방법

가) 4~5명 단위로 소집단을 편성한다.

나) 교사는 미리 구안한 견학 계획서를 제시한다.

다) 소집단별로 견학 계획서를 만든다.

라) 견학을 한 다음 소집단별로 견학 계획서와 보고서를 제출한다.

5) 준비물

- 메모지, 필기도구, 카메라, 녹음기, 교통비, 도시락 등

6) 유의할 점

가) 견학 계획서는 교사가 구안한 양식을 사용한다.

나) 견학할 때 조사할 항목을 제시해 주고 보고서 양식은 소집단별로 다양하게 구성하
도록 한다.

다) 사진이나 그림 안내도 등 다양한 자료를 붙이거나 기록하도록 한다.

라) 안전사고 예방 및 환경 보전에 관심을 갖도록 한다.

견 학 계 획 서		
1. 장 소:	2. 일시: 20 . . ( )	
3. 준비물:		
4. 역할 분담		
( ):	( ):	
( ):	( ):	
5. 조사할 내용 및 방법		
6. 유의점		

7) 견학 계획서 평가 기준 및 배점

평 가 기 준	배점	비고
•역할 분담, 준비물, 조사할 내용, 주사 방법, 유의점이 잘 나타나 있다.	10	
•4가지가 잘 나타나 있다.	8	
•3가지가 잘 나타나 있다.	6	
•2가지가 잘 나타나 있다.	4	
•1가지만 잘 나타나 있거나 모두 미흡하다.	2	

8) 견학 보고서 평가 기준 및 배점

평 가 기 준	배점	비고
•5가지 항목을 충실히 조사했으며 보고서가 창의적이다.	10	
•보고서는 창의적이지 못하나 5가지 항목을 충실히 조사했다.	8	
•보고서는 창의적이나 조사한 내용이 충실하지 못하다.	6	
•5가지 항목 중 3~4가지를 해결했다.	4	
•조사한 내용도 미흡하고 보고서도 충실하지 못하다.	2	

마. 봉사활동 학습의 평가

1) 평가 영역: 양로원 봉사활동

(계획을 수립하여 양로원을 위문하고 봉사하기)

2) 평가 관점

가) 양로원 등 수용시설 위문, 봉사활동 계획을 수립 및 과정을 평가한다.

나) 양로원을 방문하여 협동적으로 봉사하는 활동 상황을 평가한다.

다) 상호 평가, 보고서 평가 등을 병행한다.

3) 평가 항목

가) 계획 단계

- 계획을 협동적으로 제대로 수립하였는가?
- 준비물 빠짐없이 구비하였는가?
- 분임원(조)별 활동 계획도 자세히 제시되어 있는가?

나) 활동 단계

- 즐거운 마음으로 봉사활동에 참여하는가?
- 자기의 맡은 역할에 충실하게 봉사활동에 참여하는가?
- 분임원(조)별 활동에도 적극 참여하는가?

다) 정리 단계

- 식사 용구 정리 정돈 등 설거지를 제대로 하였는가?
- 청소 용구 등을 제자리에 갖다 놓고 정리 정돈도 잘하였는가?
- 할아버지, 할머니께 인사를 공경하는 마음으로 하였는가?
- 봉사활동 보고서를 체계적으로 잘 썼는가?

4) 준비물

가) 교사: 평가지, 관찰 기록장, 보고서 용지
나) 학생: 위문품, 청소용구, 보고서

5) 채점 기준

가) 준비 계획 과정 평가

평가항목	채 점 기 준	부족함→잘함	평 정
준비도	•계획이 잘 수립되어 있다.	1 2 3 4 5	
	•준비물이 모두 구비되어 있다.	1 2 3 4 5	
	•분임원(소집단·조)별 활동 계획이 제대로 수립되어 있는가?	1 2 3 4 5	

나) 활동 과정 평가

평가항목	채 점 기 준	부족함→잘함	평 정
활동상황평가	•즐거운 마음으로 봉사활동에 참여하였다. •자기가 맡은 역할에 충실하게 봉사활동에 참여하였다. •분임원(수집단·주)별 활동에 적극 참여하였다.	1 2 3 4 5 1 2 3 4 5 1 2 3 4 5	

다) 보고서 평가

평가항목	채 점 기 준	부족함→잘함	평 정
보고서평가	•활동 보고서를 체계적으로 썼다. •활동 내용이 정선되고 빠짐없이 기재되어 있다.	1 2 3 4 5 1 2 3 4 5	

6) 봉사활동 평가의 유의점

가) 계획, 활동, 평가 단계별 평가를 실시한다.

나) 체크리스트, 보고서 평가 등 다양한 평가 방법을 병용한다.

다) 평가가 활동 자체에 지장을 주지 않도록 유의한다.

바. 실습 학습의 평가

1) 평가목표: 상자나 화분에 적당한 흙과 모래를 순서에 따라 넣고 봉숭아(쑥갓) 씨앗을 뿌리고 가꾸어서 꽃을 피울 수 있다.

2) 평가 과제

가) 화분에 씨앗을 정성껏 심었는가?

나) 새싹을 확인하고 잘 솎아 냈는가, 새싹을 정성껏 보식했는가?

다) 자람에 알맞게 물을 주고 정성껏 가꾸어 꽃을 피웠는가?

라) 친구를 돕고 봉사적으로 작업에 임하는가?

마) 자기 평가를 냉정한 입장에서 평가하고 반성하는가?

3) 평가 방법: 관찰법, 자기 평가법

4) 평가의 실제: 화분에 씨앗을 심어 아름답게 가꾸기

가) 준비물: 화분 1개(상자 1개), 모종삽 1개, 씨앗 5개, 밭흙, 거름흙, 굵은 모래,
넓적한 돌, 물뿌리개

나) 평가 문항 및 채점 기준(점수 써 넣기)

평가 문항	채점 기준
① 화분에 씨앗을 정성껏 심었는가?	화분에 흙을 알맞게 채우고 씨를 뿌렸으면: 5점, 흙을 알맞게 채우지 않았으면: 4점
② 새싹을 확인하고 잘 솎아 냈는가?	새싹을 확인하고 잘 솎아 냈으면: 5점 새싹을 얻어 보식했으면: 4점
③ 자람에 알맞게 물을 주고 가꾸어 꽃을 피웠는가?	꽃이 3송이 이상 피었으면: 5점 꽃이 2송이 피었으면: 4점 꽃이 1송이 이하이면: 3점
④ 친구들을 돕고 꾸준히 가꾸는가?	새싹을 분양했으면: 5점 물 주기 당번 활동을 잘했으면: 5점
⑤ 자기평가나 상호평가를 하고 반성할 부분은 보완하려고 노력하는가?	끝까지 잘 키운 화분: 10점

27 이상: 잘함, 22 이상: 보통, 21 이하: 노력 바람

다) 평가 종합 통계표

번호	이 름	① 문항	② 문항	③ 문항	④ 문항	⑤ 문항	총점
1							
2							
4							
5							
6							

사. 관람·관전 학습의 평가

1) 평가 영역: 미술관 견학, 작품 감상

(상호 작품 감상하기, 우리나라와 다른 나라 미술품 감상하기)

2) 평가 관점

가) 우리나라와 다른 나라의 미술품을 비교하여 그 특징을 이해하고 아름다움을 찾아

그 느낌을 발표하게 하거나 글로 써 보게 하여 평가한다.

나) 미술관에서 미술을 감상할 때의 태도를 서로 발표하게 하고, 미술품을 아끼고 보호하는 태도에 대하여 토론하고 평가한다.

3) 평가 문항

가) 계획 단계

- 자타의 작품이나 주변에서 구할 수 있는 미술품의 사진 등을 모아 내용에 따라 스크랩하였나?(포트폴리오)
- 우리나라와 다른 나라의 작품을 비교하여 볼 수 있도록 스크랩하였나?(포트폴리오)
- 미술관에서 전시회 작품을 감상하려 할 때 감상자의 태도와 감상 보고서 쓰는 방법을 알고 있나?

나) 감상 단계

- 자타의 작품에서 마음에 드는 작품을 고르고 그 이유를 말하고 있는가?
- 우리나라와 다른 나라의 작품을 비교하고 다른 점을 찾아 말하고 있는가?
- 미술관이나 박물관에서 바르게 작품을 감상하는 방법을 알고 있는가?

다) 작품 전시

- 작품을 전시할 수 있도록 액자나 마운트를 만들고 라벨을 만들어 붙이는 등 전시할 준비를 할 수 있나?
- 작품의 크기와 모양과 색깔과 주제 등을 고려하여 전시할 수 있나?
- 전시장 전체의 모습을 생각하며 배치, 배색 등을 디자인할 수 있는가?
- 전시장 개최에 따른 안내 표지, 목록표 등을 아름답게 제작하고 제대로 부착하였나?
- 전시회가 끝난 뒤처리를 깔끔히 하였나?

4) 준비물

가) 교사: 평가지, 관찰 기록장

나) 학생: 스크랩북, 각종 감상화 자료, 마분지, 포스터 칼라, 붓, 물통, 색종이, 색지, 칼, 가위, 풀, 우드락

5) 채점 기준

가) 준비 계획 과정 평가

평가 항목	채 점 기 준	부족함→잘함	평 정
준비도	•자기의 작품을 모은 스크랩 정리가 잘되었다.	1 2 3 4 5	
	•우리나라와 다른 나라의 작품을 작가나 내용이나 시대나 유형별로 잘 정리하여 스크랩하였다.	1 2 3 4 5	
	•자기나 소집단별로 모은 작품집을 보면서 자타의 작품 감상 소감을 적어서 스크랩하였다.	1 2 3 4 5	

나) 감상 평가

평가 항목	채 점 기 준	부족함→잘함	평 정
작품 감상	•자타의 작품에서 마음에 드는 작품을 고르고 그 이유를 말할 수 있다.	1 2 3 4 5	
	•우리나라와 다른 나라의 작품을 비교하고 각기 다른 점을 찾아 말할 수 있다.	1 2 3 4 5	
태도	•미술관이나 박물관에서 바르게 작품을 감상하는 태도를 말할 수 있다.	1 2 3 4 5	

다) 작품 전시 평가

평가 항목	채 점 기 준	부족함→잘함	평 정
작 품 전 시	•작품을 전시할 수 있도록 액자나 마운트를 만들고 라벨을 만들어 붙이는 등 전시할 준비를 갖추었다.	1 2 3 4 5	
	•작품의 크기와 모양과 색깔과 주제 등을 고려하여 전시하였다.	1 2 3 4 5	
	•전시장 개최에 따른 안내 표지, 목록표 등을 아름답게 제작하고 제대로 부착하였다.	1 2 3 4 5	
	•전시장 전체의 모습을 생각하여 배치, 배색 등을 디자인할 수 있는가?	1 2 3 4 5	
	•전시회가 끝난 뒤 처리를 깔끔히 하였다.	1 2 3 4 5	

6) 수행평가를 위한 지도 방법 및 유의점

가) 감상 지도의 방법
- 마음에 드는 작품 고르기: 학급 전체의 작품을 전시하고 그중 마음에 드는 작품을 선정하여 왜 마음에 들게 되었는지 그 이유를 쓰거나 발표하게 하여 평가한다.
- 전시장에서의 작품 고르기: 전체를 대강 보다가 마음에 드는 것을 골라 자세히 살펴 왜 마음에 드는지를 써 보게 하여 평가한다.
- 느낌 토론하기: 학생들이 좋아하는 그림들을 한두 가지 늘어놓고 자유토론 형식으로 느낌 발표하기 또는 두 작품의 차이점 찾기 등으로 구체적인 분석을 통해서 이해를 깊게 하고 그러는 중 관찰하거나 기록문 검토 등을 통하여 평가한다.

나) 우리나라 작품과 다른 나라 작품을 비교하여 보기
- 작품의 주제는 어떻게 다른가?
- 작품을 표현한 재료와 기법의 차이는?
- 작품과 민족성, 자연 등 작품 속에 스며든 차이를 찾아보게 한다.

다) 감상 기록지의 이용: 작품명, 제작자, 주제, 표현 의도, 재미있는 점, 사용한 재료, 표현 기법, 전체적인 느낌 등을 동서양 작품 비교표 등을 만들어 작품의 사진 밑에 붙여 보게 한다.

아. 주제 중심 현장체험 학습의 평가

1) 평가 주제: 봄 현장체험 학습(봄 소풍)

2) 평가 관점

가) 봄 현장체험 학습의 활동 계획 수립 및 과정을 평가한다.
나) 질서와 안전을 준수하여 현장체험 학습에 참가하는지를 평가한다.

다) 공공시설을 바르게 사용하는지 평가한다.

라) 보고서 평가, 체크리스트 등 다양한 평가 방법을 병용한다.

3) 평가 항목

가) 계획 단계

* 계획을 협동적으로 제대로 수립하였는가?

* 필기도구, 구급약, 도시락 등 준비물을 구비하였는가?

* 분임원(조)별 활동 계획도 자세히 제시되어 있는가?

나) 활동 단계

* 자연 보호 활동에 앞장서는가?

* 질서와 안전을 준수하여 활동에 참여하는가?

* 공공시설을 바르게 이용하는가?

다) 정리 단계

* 보고서를 체계적으로 작성하였는가?

* 쓰레기분리수거 등 정리 정돈을 잘하였는가?

4) 준비물

가) 교사: 호루라기, 구급약(공용), 사진기, 보고서 용지 등

나) 학생: 필기도구, 도시락, 야외용 돗자리, 보고서, 쓰레기분리수거 봉투 등

5) 채점 기준

가) 준비 계획 과정 평가

평가항목	채 점 기 준	부족함→잘함	평 정
준비도	•계획이 제대로 수립되어 있다.	1 2 3 4 5	
	•준비물이 잘 구비되어 있다.	1 2 3 4 5	
	•분임원(소집단 · 조)별 활동 계획이 제대로 수립되어 있는가?	1 2 3 4 5	

나) 활동 과정 평가

평가항목	채 점 기 준	부족함→잘함	평 정
활동상활평가	•자연보호 활동에 앞장섰다. •질서와 안전에 유의하여 활동에 참여하였다. •공공시설을 바르게 활용하였다.	1 2 3 4 5 1 2 3 4 5 1 2 3 4 5	

다) 보고서 평가

평가항목	채 점 기 준	부족함→잘함	평 정
보고서평가	•활동 보고서를 체계적으로 썼다. •쓰레기분리수거 등 정리 정돈을 잘하였다.	1 2 3 4 5 1 2 3 4 5	

6) 주제중심 현장체험 학습 평가의 유의점

가) 계획, 활동, 평가 단계별 평가를 실시한다.

나) 체크리스트, 보고서 평가 등 다양한 평가 방법을 병용한다.

다) 자연보호활동, 정리 정돈 등 자발적 활동을 제대로 평가한다.

자. 통합 현장체험 학습의 평가

1) 평가 주제: 도·농 교류 현장체험 학습

2) 평가 관점

가) 도·농교류 현장체험 학습의 활동 계획 수립 및 과정을 평가한다.

나) 성실하고 친절하게 현장체험 학습에 참가하는지를 평가한다.

다) 활동 짝, 홈스테이 등의 활동을 다양하게 평가한다.

라) 보고서 평가, 체크리스트 등 다양한 평가 방법을 병용한다.

3) 평가 항목

가) 계획 단계

- 계획을 실천 가능하게 제대로 수립하였는가?
- 교류 학교에 갈 준비물, 맞을 준비물 등을 제대로 구비하였는가?
- 분임원(조)별 활동 계획도 자세히 제시되어 있는가?

나) 활동 단계

- 자기 역할과 책임을 충실하게 이행하는가?
- 교류 학교에서 온 친구, 학교 친구 등과 협동적으로 활동에 참여하는가?
- 질서를 지키고 공공시설을 바르게 이용하는가?

다) 정리 단계

- 물건 제자리에 갖다 놓기 등 정리 정돈을 제대로 하였는가?
- 활동 보고서를 체계적으로 작성하였는가?
- 보고서 발표대회에 적극 참여하였는가?

4) 준비물

가) 교사: 호루라기, 계획 프로그램, 구급약(공용), 사진기, 보고서 용지 등

나) 학생: 필기도구, 그림 그리기 용구, 손전등, 일기장, 보고서 등

5) 채점 기준

가) 준비 계획 과정 평가

평가항목	채 점 기 준	부족함→잘함	평 정
준비도	•계획이 제대로 수립되어 있다.	1 2 3 4 5	
	•준비물이 잘 구비되어 있다.	1 2 3 4 5	
	•분임원(소집단·조)별 활동 계획이 제대로 수립되어 있는가?	1 2 3 4 5	

나) 활동 과정 평가

평가항목	채 점 기 준	부족함→잘함	평 정
활동 상황 평가	•자기가 맡은 역할과 임무를 충실해 완수하였다. •친구들과 협동적으로 활동하였다. •질서를 지키고 공공시설을 바르게 활용하였다.	1 2 3 4 5 1 2 3 4 5 1 2 3 4 5	

다) 보고서 평가

평가항목	채 점 기 준	부족함→잘함	평 정
보고서평가	•정리정돈을 제대로 하였다. •활동 보고서를 체계적으로 섰다. •보고서 발표대회에 적극 참여하였다.	1 2 3 4 5 1 2 3 4 5	

6) 통합 현장체험 학습 평가의 유의점

가) 교육과정(교과, 창의적 체험활동) 운영과 연계하여 평가를 실시한다.

나) 체크리스트, 보고서 평가 등 다양한 평가 방법을 병용한다.

다) 학생의 자율적 참여 활동을 중심으로 다양하게 평가한다.

창의적 수학여행 · 수련활동의 운영

가. 실시 목적

1) 학교 교육과정의 연장선상에서 체험학습을 통해 교육내용에 대한 이해를 증진하고, 교육과정과 실생활의 연계를 통해 학습효과를 증진한다.

2) 심신수련과 야외교육의 기회를 제공함으로써 인성과 창의성을 겸비한 민주시민의 자질을 함양한다.

나. 기본 정의

1) 현장체험 학습: 수학여행, 수련활동 등을 포함하여 학교 밖에서 이루어지는 일체의 교육활동

2) 수학여행: 교육활동의 하나로서 교사의 인솔 아래 실시하는 여행 형식의 체험학습. 학생들이 평상시에 대하지 못한 곳에서 자연 및 문화를 실지로 체험하며 지식과 인

격을 함양함(1박 이상의 숙박을 포함한 여행).

3) 수련활동: 극기정신 등 정신적 수양과 자연체험을 위해 수련시설에서 청소년지도사
와 함께 행하는 체험활동 일체(1박 이상의 숙박을 포함하며, 수련기간 중 동일 수련
시설에서 숙박)

4) 기타 현장체험 학습

가) 현장학습(소풍)

나) 당일 수련활동(수련시설에서 청소년지도사와 함께하는 활동)

다) 농어촌 체험활동

라) 봉사활동

마) 동아리활동(청소년단체 활동 포함)

다. 기본 운영 방향

1) 공통사항

가) 수학여행·수련활동은 관련 법규 및 교육과학기술부와 충남교육청의 정책에 부합
하게 실시하여야 한다.

나) 각급 학교는 실시계획을 학교 교육계획서에 명시하고, 부득이한 경우, 별도 실시계
획을 수립한다.

다) 계획을 수립·시행함에 있어 학생 안전관리에 특히 유의하고, 청소년 유해환경 밀
집지역 및 안전취약 지역에서의 국내·외 수학여행, 수련활동은 금지한다.

라) '수학여행·수련활동 활성화위원회'를 구성·운영하고, 수학여행·수련활동의 계
획 및 운영 과정에서 학부모·학생 의견을 적극 반영한다.

마) 수학여행·수련활동의 실시과정 및 결과 등을 충남교육청이 안내하는 "현장학습공
개방"에 공개한다.

바) 학교평가·장학활동·감사 및 각종 사안·민원 처리 시 본 안내사항에 기초하여
기준을 설정한다.

2) 수학여행

가) 교육과정과 연계한 계획적인 소규모·테마형 수학여행을 실시할 것을 권장한다.

〈소규모·테마형 수학여행〉
○ 1~3학급 단위로 실시하거나, 학생 수 100명 이내로 실시
○ 테마(주제)를 정하여 테마와 관련된 활동 중심의 일정·프로그램 편성
○ 향토유적지, 땅굴, 통일전망대, 판문점, 현충원, 안보현장체험

나) 학생 및 학교 간 위화감을 조성할 우려가 있는 수학여행 형태(동 학년 국내·외 분리 수학여행, 과다경비 부담 수학여행 등)를 지양한다.

다) 국내 수학여행을 통해 달성하기 어려운 특별한 교육적 목적이 있는 경우를 제외하고는 국외 수학여행을 가급적 자제한다.

3) 수련활동

가) 수련활동은 허가·등록된 수련시설에서 실시한다(콘도 등 허가되지 않은 수련시설에서의 수련활동 불가).

나) 수련활동의 목적, 적정 이동거리, 학교급별 학생의 발달단계 등을 고려하여 수련시설을 결정한다(※ 청소년활동진흥법 시행규칙 [별표 2] 참조).

다) 우수등급 수련시설로 평가받은 시설에서의 수련활동 실시, 청소년활동진흥원의 인증된 체험활동 프로그램 활용을 권장한다.

※ 참고: 한국청소년수련시설협회(www.youthnet.or.kr, ☎ 02-766-9363)
　　　　청소년수련활동인증정보시스템(www.yap.go.kr, ☎ 02-330-2860)
　　　　한국청소년활동진흥 (www.kywa.or.kr, ☎ 02-330-2800)

라. 관련 법규

1) 법적 근거

> ※ 개별 법조항은 '국가법령정보센터(http://www.law.go.kr)'에서 확인

가) 현장체험 학습 운영 관련 규정

① 초·중등교육법시행령

> **제4장 학교**
> **제48조(수업운영 방법 등)** ⑤ 학교의 장은 교육상 필요한 경우 보호자의 동의를 얻어 교외체험학습을 허가할 수 있다. 이 경우 학교의 장은 교외체험학습을 학칙이 정하는 범위 안에서 수업으로 인정할 수 있다.

② 초·중등학교 교육과정 편성·운영 지침

③ 청소년기본법, 동법 시행령 및 시행규칙

④ 청소년활동진흥법, 동법 시행령 및 시행규칙

⑤ 각 시·도별 수학여행·수련활동 등 현장체험 학습 관련 조례 및 규칙

나) 계약 관련 법규

① 지방자치단체를 당사자로 하는 계약에 관한 법률, 동법 시행령 및 시행규칙

② 조달사업에 관한 법률 제5조(계약의 특례), 동법시행령 제7조의 2(다수공급자 계약)

③ 지방자치단체 수의계약 운영요령(행안부 예규)

④ 지방자치단체 입찰 시 낙찰자 결정 기준(행안부 예규)

⑤ 지방자치단체 입찰 및 계약 낙찰자 집행기준(행안부 예규)

⑥ 각 시·도별 계약 관련 조례 및 규칙

⑦ 국립 초·중등학교 회계규칙(교과부 부령)

⑧ 사학기관 재무회계규칙(교과부 부령)

마. 실시 절차 요약

1) 학교교육계획서: 실시 시기, 목적, 방법(소규모/학년 단위) 등

2) 기본계획 수립, 학부모 동의, 선호 조사

○ 담당교원 및 계약 담당 행정직 지정 및 업무분담

3) "수학여행·수련활동 활성화위원회" 구성·운영

① 학부모·교원으로 구성, 시기·장소·프로그램·활동경비 등을 심의

② 현장 답사 실시 참여 권장

③ 소규모·테마형 수학여행 여부, 계약방식 등에 따라 다양한 기능으로 운영

4) "학교운영위원회" 심의

④ 시기·장소, 업체선정요건 등을 결정

⑤ 복수안 심의하는 경우 또는 다수공급자계약 2단계심사(제안서평가 방식)의 평가 및
   계약 우선순위를 부여

5) 학교장 결재: 업체 선정 시 학교운영위원회 심의 사항 존중

> ○ 〈초·중등교육법시행령〉 제60조 ① 국·공립학교의 장은 학교운영위원회의 심의 결과를
> 최대한 존중하여야 하며, 그 심의결과와 다르게 시행하고자 하는 경우에는 이를 운영위원회와 관
> 할청에 서면으로 보고하여야 한다.

6) 계약

7) 세부계획 수립, 사전교육

8) 실시

9) 현장학습공개방 개설→실시 과정 및 결과 탑재

> 〈기타 현장체험 학습: 본 매뉴얼의 준용〉
> −기타 현장체험 학습에 관하여 다른 법령·지침이 없는 경우에는 본 매뉴얼을 준용하여 운영할
> 수 있다.

제2절 창의적 수학여행 · 수련활동의 준비

가. 기본계획 수립

1) 학년 단위 수학여행 · 수련활동 계획은 학교교육계획서에 대상, 기간 등을 명시하여 실시한다.

   가) <초 · 중등교육법시행령> 제60조 ① 국 · 공립학교의 장은 학교운영위원회의 심의 결과를 최대한 존중하여야 하며, 그 심의결과와 다르게 시행하고자 하는 경우에는 이를 운영위원회와 관할청에 서면으로 보고하여야 한다.

   나) 학교교육계획서에 반영되지 않은 수학여행 · 수련활동을 실시할 경우, 사전에 충분한 여론을 수렴하여 별도의 기본 결재를 받아 추진

2) 수학여행 · 수련활동 등 현장체험 학습 계획을 수립할 때는 관련부서(학년부, 교무부, 학생부, 행정실)의 협조를 받도록 한다.

3) 학교교육계획서에 반영된 수학여행 · 수련활동에 소요되는 예산은, 연초 예산 편성 시에 반영하여야 한다.

4) 교육장소 및 시설, 차량이동, 교육프로그램 등 예상되는 안전사고에 대한 예방 및 대처방안이 포함되도록 한다.

5) 학생 및 학교 간 위화감을 조성할 수 있는 고액의 수학여행 실시 지양

[참고] 소규모 · 테마형 수학여행 실시 권장

- 대규모로 이동하는 획일적 · 답습적인 활동을 지양하고, 친밀한 대화와 체험의 공유가 가능한 **소규모 수학여행 실시**(1~3학급 또는 학생 수 100명 이내 단위로 실시)
- 초 · 중 · 고 학교급별 특성 및 학생의 발달단계를 고려하고, 학생 · 학부모 요구 등을 반영한 주제가 있는 특색 있는 프로그램을 운영하는 등 **테마형 수학여행 실시**
- 〈예시〉 지역축제와 함께하는 수학여행, 문화 · 역사체험 테마, 산업체험 테마, 일제수탈의 현장체험, 전통문화, 유교문화와 선비문화 체험, 남도소리의 멋과 맛 기행 등
- 자연 · 지역 문화 · 예술 · 공연 활동 등 다양한 **주제의 체험을 할 수 있도록 실시**

나. 학부모 동의

수익자 부담의 교육활동이므로 반드시 학부모의 동의를 받아 실시하도록 한다.

다. 현장 답사

1) 수학여행·수련활동 실시 전 답사를 실시하되 시기, 방법, 대상 등은 당해 계약방식
   및 학교 사정 등을 고려하여 추진한다.
2) 현장 답사는 담당교사를 중심으로 실시하되, '수학여행·수련활동 활성화위원회' 위
   원, 실시 학년 학생의 학부모, 계약 업무 담당자 등이 함께 참여하는 것을 권장한다.
3) 현장 답사 시에는 다음의 사항 등을 확인한다.
   가) 실시경로·예정지와 수학여행·수련활동의 교육목적 부합 여부
   나) 거리, 소요시간, 시설(식당 포함)의 수용인원 및 안전·위생 상태
   다) 청소년 유해환경 인접 여부
   라) 목적지 및 경유지의 위험지역, 이동경로상의 교통사고 다발지역 등
       (현장체험 학습 사전 답사 체크 항목 숙지)
4) 답사 중 또는 답사 실시 전후에 관련 업체로부터 어떠한 형태의 금품·향응 기타 편
   의사항을 제공받는 일이 없도록 한다(공무원행동강령 등 관련 규정 준수).

라. '수학여행·수련활동 활성화위원회' 심의(자문)

〈'수학여행·수련활동 활성화위원회'의 성격 및 구성〉

1) 운영근거
○ 「수학여행·수련활동 제도개선 및 운영지원 방안」(교과부 기획담당관-2168, '10. 7. 2)

2) 성격
○ 「수학여행·수련활동 활성화위원회」는 학교운영위원회 연계형 소위원회로서 학교운영위원회
   에 상정되기 전, 관련 안건에 대하여 전문적·집중적으로 검토한다(이하 '활성화위원회').

3) 구성

○ 위원은 위원장 외 **10명 이하**로 구성하되, 학부모위원 **50% 이상**, 교원위원 **30% 이상**으로 구성한다.

○ 수학여행 · 수련활동 담당부장 및 교사, 학교운영위원회 학부모위원, 실시 학년의 학부모 대표 등으로 구성할 것을 권장한다.

○ 위원 구성 및 임기, 운영방법은 학교 내부 규정으로 정한다.

1) 기본적 심의(자문) 사항

가) 수련활동 및 수학여행 실시에 따른 학교운영위원회 심의(자문) 안건 상정 이전에 개최한다.

나) (수학여행) 학부모 · 학생 · 교사의 희망, 전년도 평가 결과, 관련기관 제공자료, 수학여행 기본계획 등을 토대로 수학여행 시기, 지역(장소), 교육활동 프로그램, 업체 선정 조건(입찰조건), 예상활동경비, 경비분납 여부 등을 심의(자문)한다.

다) (수련활동) 학부모 · 학생 · 교사의 희망, 전년도 평가자료, 현장 답사 자료, 관련기관 제공 자료 등을 토대로, 수련활동 시기 · 장소 선정, 교육활동 프로그램, 활동경비 등을 심의(자문)한다.

나) 가능한 한 학부모위원이 현장 답사 시 참여하도록 한다.

다) 실시 결과를 평가하고 차년도 실시 시의 유의사항 및 개선필요 사항을 건의한다.

2) 계약 방식에 따른 활성화위원회 심의(자문) 사항(계약방식별 절차는 제3장 참고)

가) 1인 견적서 제출 가능 수의계약(추정가격 2천만 원 이하)

(1) 견적서를 2인 이상으로부터 받을 경우

복수안 심의⇒학년협의회 등에서 제안하는 복수안에 대해 심의하고, 계약 우선순위에 대한 1차적 결정

(2) 견적서를 1인으로부터만 받을 경우

견적서 제출 전 수학여행 · 수련활동의 구체적 코스 및 세부 운영 사항을 심의하고, 견

나) 2인 이상 견적 수의계약(추정가격 5천만 원 이하, 2천만 원 이하인 경우도 가능)

－입찰조건 및 제한조건 심사(제한적 최저가 낙찰제)

－학교자체 별도 결격사유 심의

〈지방자치단체 수의계약 운영요령 개정('10. 7. 26. 개정)〉

제3절 수의계약 대상 및 운영요령

1. 금액기준에 의한 2인 이상 견적서 제출 수의계약

나. 수의계약 요령

9) 국내·외 수학여행·수련활동 등(항공, 버스임차, 숙식 포함 가능)을 위한 계약의 경우 계약담당자는 안전과 품질에 관련된 별도의 결격사유로 제한할 수 있다.

다) 일반입찰5·제한입찰

(1) 활성화위원회는 입찰조건 및 제한조건 심사

(2) 입찰참가제한 업체가 아닌 경우, 조건을 충족하는 최저가 업체 낙찰

라) 2단계 입찰: 입찰조건 및 제한조건 심사, 2단계 제안서 평가

(1) 활성화위원회는 입찰조건 및 제한조건 심사

(2) 활성화위원회에서 업체 제안서에 대한 적격성 평가 실시

마) 다수공급자계약(소액)

(1) 나라장터 쇼핑몰 탑재 상품 중 복수안 추천, 계약 우선순위 부여

바) 다수공급자계약 2단계 경쟁

(1) 2단계 심사 대상 업체(상품)를 선택

(2) 2단계 적격성 평가 실시

마. '학교운영위원회' 심의(자문)

1) (운영근거)「초 · 중등교육법」제32조 및 동법「시행령」제60조

시 · 도별「공립학교운영위원회설치운영에 관한 조례」등

2) (기능) 초 · 중등교육법 제32조

① 국 · 공립학교에 두는 학교운영위원회는 다음 각 호의 사항을 심의한다.

3. 학교 교육과정의 운영방법에 관한 사항

4의 2. 교복 · 체육복 · 졸업앨범 등 학부모가 경비를 부담하는 사항

② 사립학교의 장은 제1항 각 호의 사항에 대하여 학교운영위원회의 자문을 거쳐야 한다.

3) (참여)「수학여행 · 수련활동 활성화위원회」활동 참여

학교운영위원의 일부가 활성화위원회에 참여함으로써 두 위원회 간의 연계성(본 위원회-소위원회의 관계성) 및 심의의 연속성을 확보

4) (자문) 계약방식에 따른 학교운영위원회의 심의

가) 1인 견적서 제출 가능 수의계약(추정가격 2천만 원 이하)

(1) 견적서를 2인 이상으로부터 받을 경우

기본계획 심의, 활성화위원회의 복수안 심의 결과를 근거로 2차 심의, 계약 우선순위 부여

(2) 견적서를 1인으로부터만 받을 경우

기본계획 심의, 활성화위원회의 적부 여부 심사 내용을 검토하여 담당부장, 계약담당자, 학교장에 심의내용 전달

나) 2인 이상 견적 수의계약(추정가격 5천만 원 이하, 2천만 원 이하인 경우도 가능)

－기본계획 심의, 입찰조건 및 제한조건 심의

다) 일반입찰 · 제한입찰

−기본계획 심의, 입찰조건 및 제한조건 심의

라) 2단계 입찰

−기본계획 심의, 활성화위원회의 적격성평가 실시 결과 확정

마) 다수공급자계약(소액)

−기본계획 심의, 활성화위원회의 계약 우선순위 부여 결정에 대해 심의

바) 다수공급자계약(2단계 경쟁)

−기본계획 심의, 활성화위원회의 적격성 평가 실시 결과 확정

제3절 창의적 수학여행 · 수련활동의 계약

가. 기본 개요

1) 관련 계약방법

수의계약	입 찰	다수공급자계약

−1인 견적서 제출
  가능 수의계약
−2인 이상 견적
  수의계약(G2B)
	−일반입찰
	−제한입찰
	−2단계 입찰
		−추정가격 일정금액 이하
		  ⇒ 다수공급자계약(1개 업체 선정 가능)
		−추정가격 일정금액 초과
		  ⇒ 다수공급자계약 2단계 경쟁

2) 추정가격별 계약방법(지방자치단체를 당사자로 하는 계약에 관한 법률 시행령)

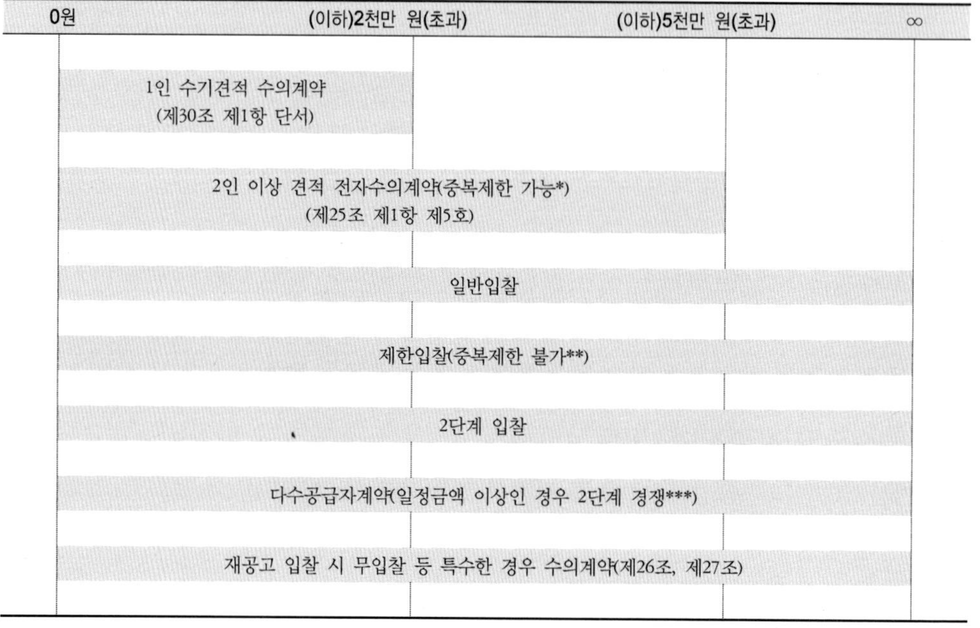

가) "2인 이상 견적 수의계약" 방식에 따른 수의계약은 지역·실적 등 중복제한 가능(「지방자치단체 수의계약 운영요령」 제3절 – 나 – 3))

나) "일반(제한)입찰" 중복제한 불가(「지방자치단체 입찰 및 계약 집행기준」 제2장 제한입찰계약 운영요령)

다) 「다수공급자계약업무처리규정」 제29조(조달청훈령)

3) 계약 시 주의사항(공통)

가) 학생 안전보호 조항을 반드시 명시한다.

나) 재난 및 안전·위생사고 발생 시의 처리방안을 계약서에 포함한다.

다) 계약 상대자는 대표자로 하고, 무허가 중간알선업자를 상대자로 하는 계약을 금지한다.

라) 인솔교원의 숙박비, 식비, 교통비 등은 학교운영비에서 업체에 일괄 송금한다.

　　[관련근거: 국가청렴위원회 행동강령운영과 – 1312('05. 9. 30.)]

마) 투명성과 청렴도를 제고하고, 수련활동과 수학여행의 질적 향상을 도모한다.

〈분할계약(학교직영)과 일괄계약(위탁방식)〉

1) **원칙**: 분할계약(학교직영)과 일괄계약(여행사위탁) 방식 중 학교 자율로 결정
   ○ 다만 시·도교육청은 수학여행/수련활동 등 활동의 유형, 학교규모, 지역 여행사 현황 등 지역특수성 및 기존 제도와의 연속성 등을 고려하여 특정 방식으로 제한할 수 있음
2) 분할계약 시, 경비는 숙박비·식비·교통비·프로그램 운영비 등으로 구분⇒각각의 계약에 대해 추정가격별 계약방식을 적용한다.
   ○ "숙박비＋식비", "숙박비＋식비＋프로그램 운영비" 등 계약 체결 시 그 계약건의 추정가격에 대한 계약방식을 적용한다.
3) 위탁운영 방식 채택 시, 반드시 허가된 업체에 위탁(불법 알선업자 개입 금지)
4) 특정 업체와의 계약(수의계약)을 위한 편법적 분리계약 진행을 금한다.

나. 계약방법별 진행 절차

1) 수의 계약

- **계약의 방법: 원칙은 일반입찰, 예외적으로 수의계약 실시**
  - 『지방자치단체를 당사자로 하는 계약에 관한 법률(이하 '지방계약법')』 제9조
- **수의계약의 종류**
  - (사전적 의미) 경쟁이나 입찰에 의하지 않고, 상대를 임의로 선택하여 체결하는 계약
  - (지방계약법 시행령 제30조) 지정정보처리장치 이용, 가격 경쟁하는 경우를 포함
  ① **수기견적에 의한 수의계약**
     금액기준(추정가격이 2천만 원 이하인 물품·용역 등 소액수의 계약) 또는 천재지변 등⇒1인 견적서 제출 가능⇒지정정보처리장치(G2B, 나라장터)에 의하지 않고 수의계약 가능(수기견적)
  ② **지정정보처리장치를 통한 수의계약**
     금액기준(추정가격 2천만 원 초과, 5천만 원 이하의 물품·용역 등)⇒2인 이상 견적서 제출에 의한 수의계약⇒지정정보처리장치(G2B, 나라장터)에 의한 수의계약이 원칙⇒지정정보처리장치 이용하는 경우 제한적 최저가 낙찰제 적용(낙찰 하한율 적용)
- **(주의) 추정가격 2천만 원 초과 5천만 원 이하 수학여행·수련활동 계약**
  - 개정 전 **'지방자치단체 수의계약운영요령'**은 **"품질확인 및 예산절감 필요성이 큰 경우"**의 하나로 수학여행·수련활동을 직접 언급하여, 추정가격 5천만 원 이하인 경우에는 예외적으로 수기견적을 통한 수의계약 가능하였음.

- 그러나 **당해 예규 개정('10. 7. 26.)으로 수기견적이 가능한 예외 조항에서 수학여행 · 수련활동을 명시적으로 배제**, 2010년 8월 1일부터 체결되는 해당 추정가격의 관련 계약은 수기견적으로 실시할 수 없음.

> 〈지방자치단체수의계약운영요령('10. 7. 26. 개정)〉
>
> 제4절 지정정보처리장치를 이용하지 않고 견적서 제출을 받을 수 있는 수의계약
> 1. 대상
>   2) 국내 · 외 연수 등 안전과 품질을 우선적으로 고려해야 하는 경우
>   (학교 등 교육기관에서 시행하는 수학여행 · 수련활동을 제외한다.)

가) 1인 견적 수의계약

◆ 금액기준 추정가격 2,000만 원 이하 계약은 1인 견적 수의계약(수기견적서 제출 가능)을 진행할 수 있다.

〈계약업무 흐름도〉

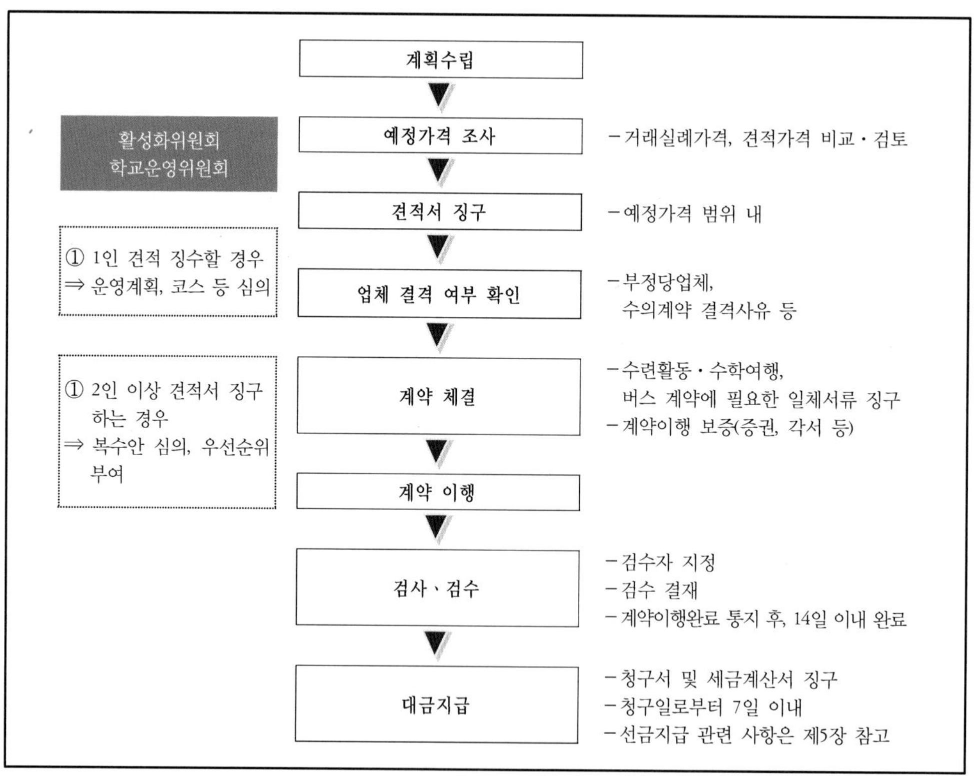

〈수의계약 내역 공개〉

○ 근거: 국립초·중등학교회계규칙 제44조, 시·도별 공립학교회계규칙
○ 대상: 계약금액 1,000만 원에서 100만 원 이상으로 개정 중(국립)
○ 공개기간: 계약일을 기준으로 다음 날 10일까지 게시하여 계약이행 완료일로부터 1년 이상 공개
○ 공개방법: 충남교육청 홈페이지 등
○ 공개예외: 지정정보처리장치로 2인 이상 견적서를 제출받아 계약을 체결한 경우
○ 현장학습공개방과의 관계: 모든 현장체험 학습

나) 2인 이상 견적 수의계약

◆ 금액기준 추정가격 5,000만 원 이하인 경우, 낙찰 하한율 이상 최저가 업체(단, 결격 사유가 없어야 함)를 계약상대자로 결정

※ 낙찰 하한율: 추정가격이 2천만 원 이상일 경우 예정가 대비 87.745%

추정가격이 2천만 원 미만인 경우 예정가 대비 90%

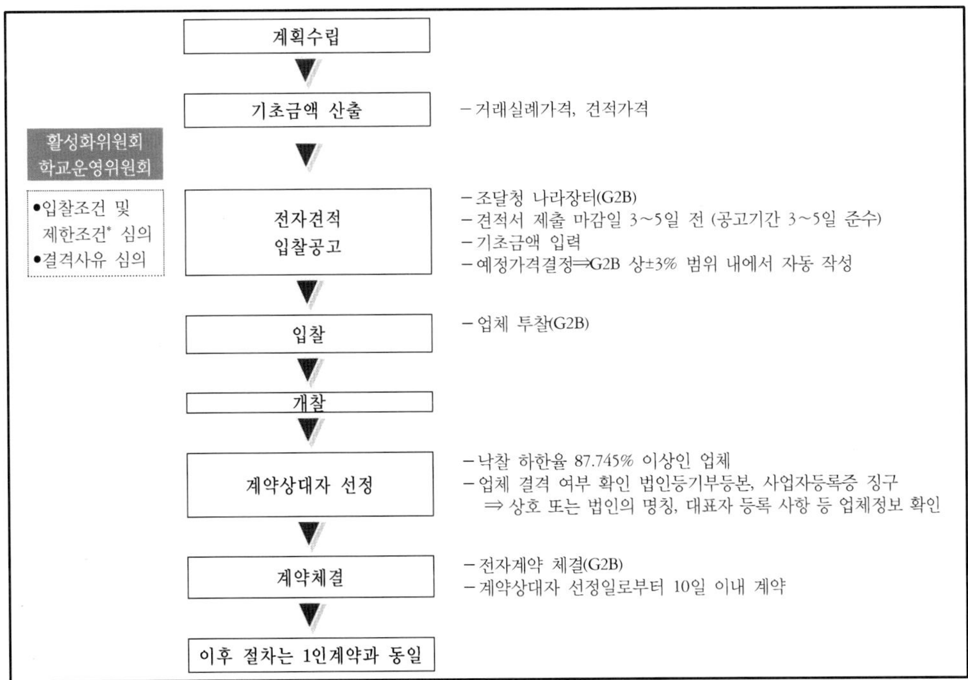

* 국내·외 수학여행 등의 경우, 계약담당자는 안전과 품질에 관련된 결격사유로 제한할 수 있음.
  예시) 최근 3년간 수학여행 실적이 있는 자 등

2) 입찰 방법

가) 일반입찰, 제한입찰

◆ 금액기준 추정가격 5,000만 원 초과인 경우 수의계약 방식을 활용할 수 없으며, 반드시 다수공급자계약 또는 일반입찰, 제한입찰, 2단계 입찰 등 공개경쟁입찰 방식에 따라야 함.

〈계약업무 흐름도〉

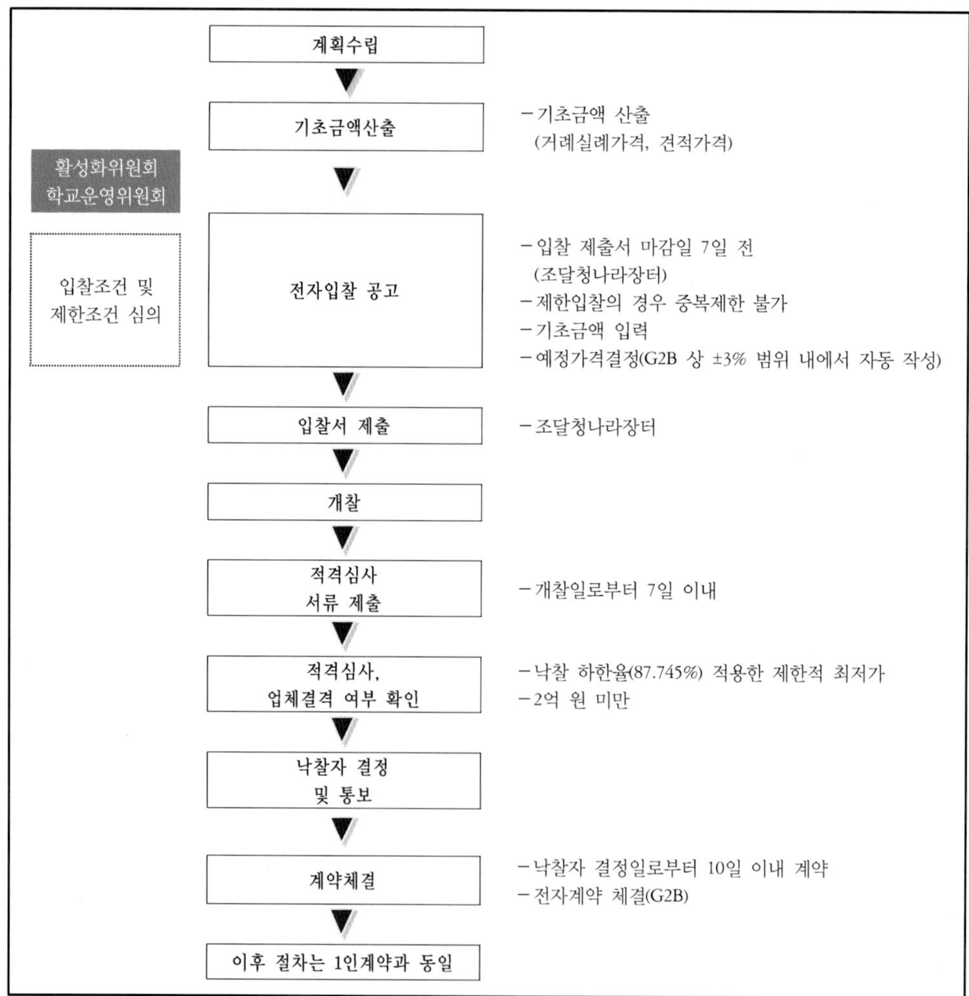

* 과도한 지역제한으로 특정업체와의 계약을 위한 편법적 운영이 되지 않도록 주의

나) 2단계 입찰(가격 – 규격 분리입찰)

◆ 미리 적절한 규격 등의 작성이 곤란하거나 그 밖에 계약의 특성상 필요하다고 인정되는 경우 ① 규격·기술입찰(제안서평가)과 ② 가격입찰로 분리하여 실시할 수 있음(지방자치단체를 낭사사로 하는 계약에 관한 법률 시행령 제18조).

※ 규격·기술입찰을 실시한 후 가격입찰을 실시하는 것이 원칙이나, 필요한 경우, 기술입찰과 가격입찰을 동시에 실시할 수 있으며, 이 경우 기술입찰 개찰 결과 적격자로 확정된 자에 한하여 가격입찰을 개찰한다(수학여행·수련활동은 동시 실시).

〈계약업무 흐름도〉

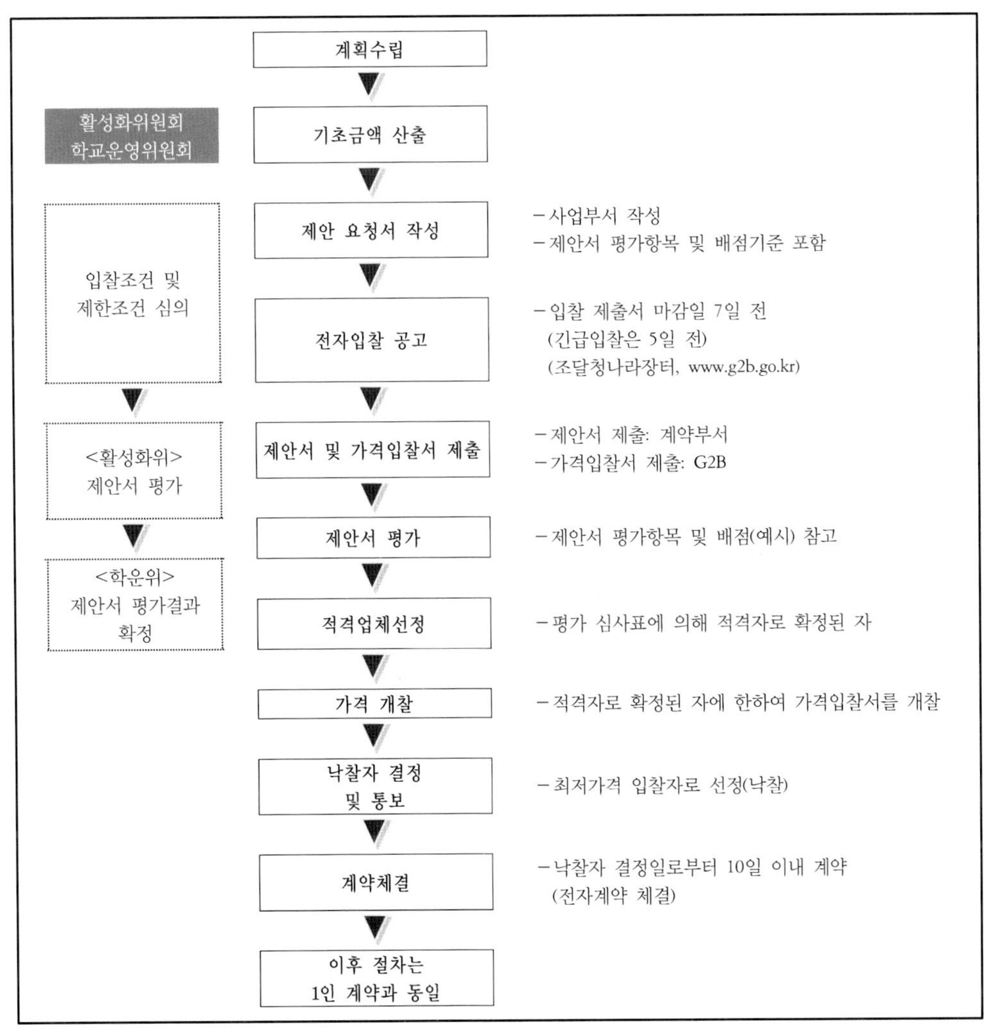

■ 공고문 작성 참고 사이트

○ 조달청 나라장터 홈페이지(http://www.g2b.go.kr)

•입찰공고>용역>용역공고현황 검색

※ 공고문 참고(공고 입력내용 등 입력 시 참고)

■ 공고 입력 방법

○ 조달청 나라장터 로그인

○ 수요기관업무>용역>입찰공고관리>입찰공고입력>신규입력

•입력사항을 다 입력하고 저장

(공고번호가 등록됨, 공고문에 공고번호 적음)

○ 수요기관업무>용역>입찰공고관리>입찰공고게시

•입찰공고번호>첨부파일관리(공고서·과업지시서 첨부)>입력완료>공개

•조달청 공고번호 적힌 공고문 첨부하여 게시

(게시해야 업체가 볼 수 있음)

○ 수요기관업무>용역>입찰공고관리>기초금액 입력

•입찰공고번호 입력 후 조회하여 기초금액만 입력하면 됨.

(업체가 기초금액을 보고 투찰)

○ 공고입력 결과 확인

•나라장터 홈피 초기화면 상단 입찰공고>용역>용역공고 현황 확인

■ 개찰 및 적격 심사

○ 조달청 나라장터 로그인

○ 수요기관업무>용역>예가 작성>복수예가 작성(개찰 이전에만 하면 됨)

•기초금액 입력(행정안전부기준, 기초금액의 ±3% 범위 내)

○ 수요기관업무>용역>개찰관리>개찰>개찰리스트>개찰 시작

○ 수요기관업무>용역>입찰지원관리>일반보고서 출력

■ 공고입력 방법 등 입찰관련 문의

○ 조달청 콜센터: 1588-0800

■ 제안서 평가항목 및 배점(예시)

※ 세부배점기준(안)은 학교별로 마련하여 시행

구분		평가항목	배점	비고
		계	100	
기술 능력 평가	정량적 평가 분야 (35) 객관적 평가	o 수학여행 수행 실적 - 객관적 자료제출 상태 (최근 3년간 수학여행 수행실적 등) ※ 사업 예정 금액의 1배 이상을 만점으로 하는 등 과도한 제한은 금지	15	
		o 제안업체 인력 보유상태 - 수학여행 수행 조직 - 수행자의 자격소지 여부 등	10	
		o 제안업체 경영상태 - 제안사의 재무구조	10	
	정성적 평가 분야 (65) 주관적 평가	o 제안사의 부문별 수행능력 - 구성의 독창성 및 적정성 - 수학여행 자료집 충실도 - 관광안내 및 레크리에이션 계획	20	
		o 숙박시설 수행능력(부대시설 포함) - 객실등급, 위치 - 객실당 인원수 - 숙박업체 식단표	20	
		o 교통 및 식사제공 능력 - 차량의 ○년식, ○대가 동일회사인지 여부 - 현지 교통계획의 적정성 - 식사제공능력 (메뉴, 좌석 수, 위치, 위생안전, 가격 등)	15	
		o 행사진행의 안전성 및 질적 수준 - 행선지별 안전계획 제시 여부, 보험가입 현황 - 문화재해설사 배치 유무 - 학생인솔 관리요원 및 야간 안전관리요원 배치 유무	10	

3) 다수공급자계약

가) 다수공급자계약(소액)

◆ 수학여행·수련활동 관련 다수공급자계약제 운영을 위하여 2010. 10. 1. 현재 조달청
에서 시스템을 구축 중이며, 시스템 개설 시 각급 학교에 별도 공문 시행을 통해 이
용을 안내할 예정임.

<계약업무 흐름도>

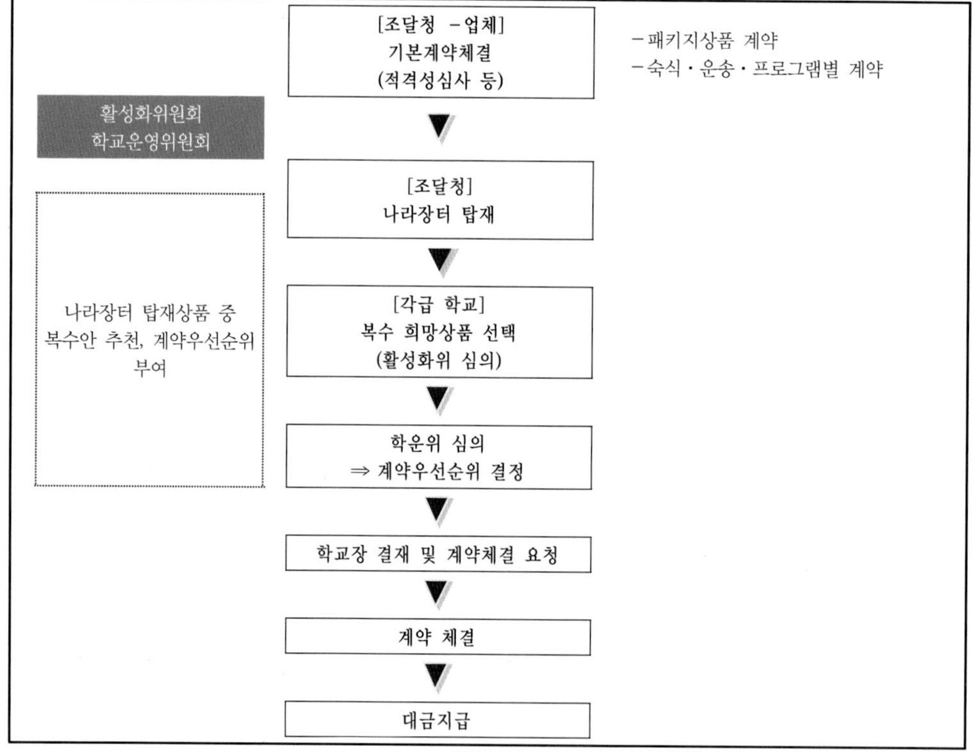

나) 다수 공급자 계약(2단계 경쟁)

◆ 수학여행·수련활동 관련 다수공급자계약제 운영을 위하여 2010. 10. 1. 현재 조달청
  에서 시스템 구축 중이며, 시스템 개설 시 각급 학교에 별도 공문 시행을 통해 이용
  을 안내할 예정임.

<계약업무 흐름도>

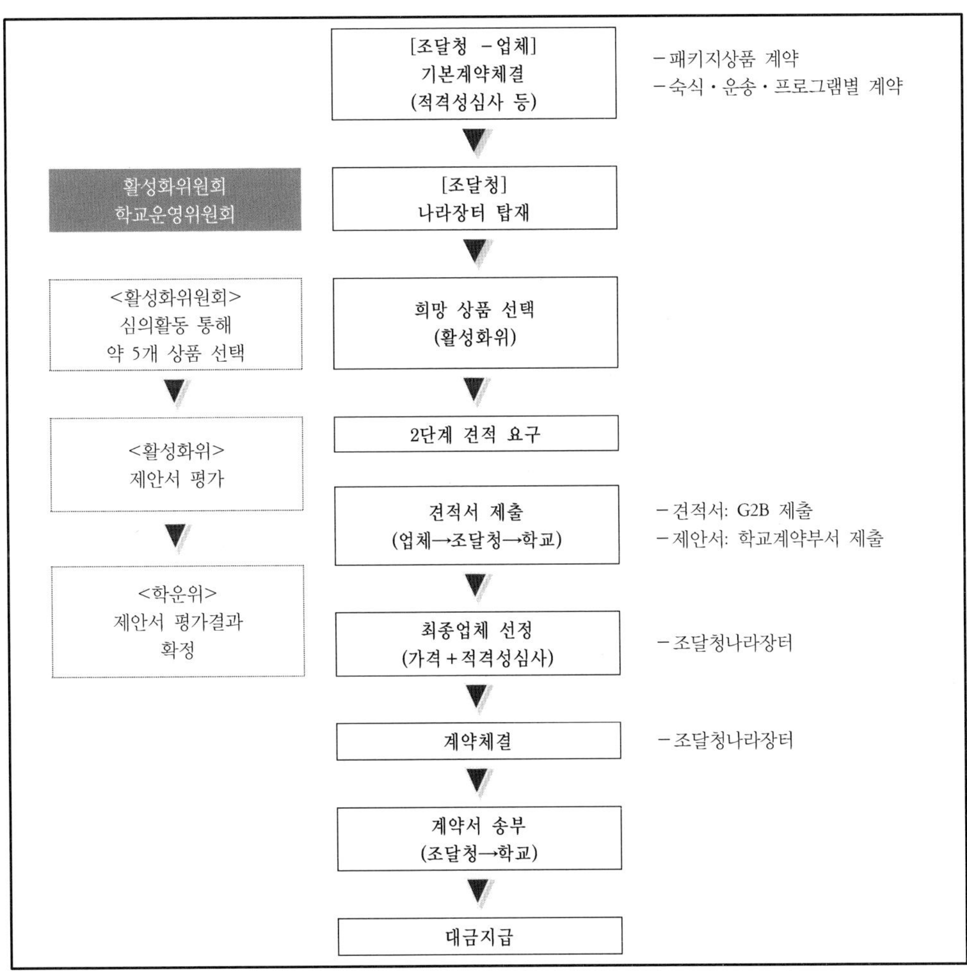

※ 참고 사항: 다수 공급자 계약의 해설

▣ 근거 법령

■ 『조달사업에 관한 법률』 제5조(계약의 특례)

제5조(계약의 특례) ① 조달청장은 각 수요기관에서 공통적으로 필요로 하는 수요물자나 비축물자를 구매·공급하기 위하여 필요한 경우에는 대통령령으로 정하는 계약방법으로 계약을 체결할 수 있다.

■ 『조달사업에 관한 법률』 시행령 제7조의 2(다수공급자계약)

제7조의 2(다수공급자계약) ① 조달청장은 법 제5조 제1항에 따라 각 수요기관에서 공통적으로 필요로 하는 수요물자를 구매할 때 수요기관의 다양한 수요를 충족하기 위하여 필요하다고 인정되는 경우에는 품질·성능 또는 효율 등이 같거나 비슷한 종류의 수요물자를 수요기관이 선택할 수 있도록 2인 이상을 계약 상대자로 하는 공급계약(이하 "다수공급자계약"이라 한다)을 체결할 수 있다.

■ 다수공급자계약 업무처리규정(조달청훈령) 제3조(정의)

제3조(정의) 이 규정에서 사용하는 용어의 정의는 다음과 같다.

1. "수요기관"이란 「조달사업에 관한 법률」 제2조 제4호에서 정한 기관을 말한다.
2. "다수공급자계약"이란 각 수요기관에서 공통적으로 소요되는 물품을 구매함에 있어 수요기관의 다양한 수요를 충족하기 위하여 필요하다고 인정되는 경우 품질·성능·효율 등에서 동등하거나 유사한 종류의 수요물자를 2인 이상을 계약상대자로 하여 체결하는 계약을 말한다.

▣ 개념도(흐름도)

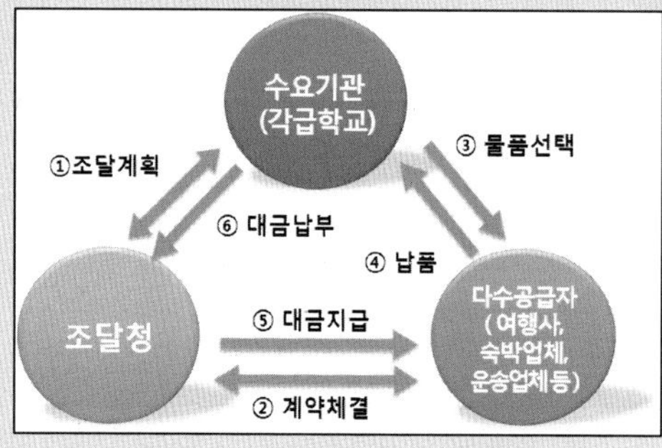

※ 수요기관 직불의 경우 ⑤ 제외

▣ 특징

○ 수요자 중심의 조달제도(제3자를 위한 단가계약)

　　－조달청에서 계약을 체결하고 공공기관(구매기관)이 직접 계약자에게 납품 요구하여 물품을 공급받을 수 있는 계약제도

○ 先 진입 後 경쟁의 조달제도(일반 경쟁계약)

- 계약 이전의 사전적인 경쟁보다는 일정요건을 갖춘 다수의 적격자와 계약함으로써 계약 이
  후에 경쟁성을 제고하는 방식

▣ **2단계 경쟁**

  ○ 수요기관(학교)의 1회 납품요구대상금액이 일정금액 이상 초과하는 경우, 가격 경쟁 유도 등
    을 목적으로 "2단계 경쟁"을 실시

  ○ 2단계 경쟁이란

  - **(1단계)** 수요기관은 조달청과 납품계약 맺은 업체/상품 중 약 5개를 선정하여 나라장터를
    통한 2단계 제안서 요구⇒제안서 요구받은 업체는 가격을 포함하여 수정·보완된 내용의
    제안서를 제출(미제출 시 최초 제안한 내용으로 대체)

  - **(2단계)** 수요기관은 제안서심사를 통해 기술점수 입력⇒나라장터 시스템상에서 자동으로
    가격점수와 기술점수가 합산됨으로써 낙찰자 선정

※ 「다수공급자계약」 관련 향후 일정

  ■ 2010. 7. "수학여행·수련활동 제도개선 및 운영지원 방안" 발표 전후 교육과학기
    술부-조달청-한국관광공사 등이 협의하여 수학여행·수련활동 다수공급자계약
    도입을 추진 중임

  ■ 2011년 상반기 도입을 목표로 하고 있으며, 시스템 이용 등록 및 이용 절차 등은
    시스템 구축 후에 별도 공문을 통해 안내할 예정임

다. 계약서류

1) 수학여행 계약(1): 위탁 경영하는 경우

가) 구비서류

1. 필수 구비서류

○ 여행 계약서(소정 양식)

○ 견적서(비용 내역서) - 경비는 숙박료, 식비, 시설이용료, 교육활동비, 입장료, 기타 경비 등의
  내역을 명시

○ 식단표, 객실 배치도, 수학여행 일정표(프로그램)

○ 계약담당자의 주민등록증 사본

○ 집단급식소 설치 신고증 또는 일반음식점 영업신고증(국외 수학여행 시는 제외할 수 있음)

○ 차량 관련 서류(차량 계약 방법 참조)

○ 영업 배상 책임보험 증권 사본(유효기간, 사고당 보험금액 등 확인)
○ 여행자 보험증권 및 계약 이행 보증보험 증권
○ 학생후송대책(병원명, 전화, 담당자 등)
○ 청렴이행각서

2. 선택적 구비서류
○ (법인)인감증명서 및 사용인감계(인감도장 날인)
○ 등기사항전부증명서(법인), 여행업등록증 사본⇒국세청 홈페이지 확인
○ 국외 수학여행의 경우 현지통신망 구축
○ 국외 수학여행 시 수행안내원의 명단 및 자격증 사본
○ 현지 숙박지의 유해환경 차단을 위한 계획 및 야간 근무자 명시

나) 유의사항

(1) 소정의 계약서를 사용하되 기타 사항에 상호 협의사항 명시 가능
　－숙박정원 준수 및 동일 행사기간에 타교생 수용 여부 문제 등
(2) 위탁업체가 일괄 세금계산서 발행 가능한지 확인
(3) 안전·위생사고 발생 시의 관련 대책 포함 여부 확인
(4) 시설의 숙박정원: 소재지 시·군·구에서 허가받은 정원 준수

2) 수학여행 계약(2): 숙식 시설

가) 구비서류

1. 필수 구비 서류
○ 숙박업체 이용 계약서(소정 양식)
○ 견적서(비용 내역서)
○ 식단표, 객실 배치도, 교육 일정표(프로그램), 숙박업체 현황표
○ 계약담당자의 주민등록증 사본
○ 집단급식소 설치 신고증 또는 일반 음식점 영업 신고증
○ 영업 배상 책임보험 증권 사본(유효기간, 사고당 보험금액 등 확인)
○ 계약 이행 보증보험 증권 또는 계약보증금 지급 각서
○ 청렴 이행 각서

2. 선택적 구비서류

○ (법인)인감증명서 및 사용인감계(인감도장 날인)

○ 등기사항전부증명서(법인), 여행업등록증 사본⇒국세청 홈페이지 확인

○ 조리사 자격증 사본 및 재직증명서

○ 영양사 자격증 사본 및 재직증명서(50명 이상 집단급식소)(권장사항)

○ 지도자 명단 및 자격증 사본·재직증명서

나) 유의사항

(1) 경비의 내역 명시: 경비에 숙박료, 식사요금, 시설 이용료, 교육활동비, 입장료, 기타 경비 등이 포함된 경우 각각의 내역을 명시

(2) 소정의 계약서를 사용하되 기타 사항에 상호 협의사항 명시 가능

　－숙박정원 준수 및 동일 행사기간에 타교생 수용 여부 문제 등

(3) 안전·위생사고 발생 시의 관련 대책 포함 여부 확인

(4) 시설의 숙박정원: 소재지 시·군·구에서 허가받은 정원 준수

(5) 학생 보호를 강화하기 위해 보험 가입 여부 확인

3) 수련 시설 계약

가) 구비서류

1. 필수 구비서류

○ 수련시설 이용 계약서(소정 양식)

　－교육청 관할 수련시설의 경우 「사용신청서」로 계약서 대체

○ 견적서(비용 내역서)－식비, 교육활동비, 시설이용료 등 세부내역 명시

○ 식단표, 객실 배치도(방 배정), 교육 일정표(프로그램)

○ 수련시설 현황표(강당, 체육관, 모험시설, 수영장, 식당의 규모 등 파악)

○ 계약 담당자의 주민등록증 사본

○ 청소년 수련시설 등록증 사본

○ 지도자 명단 및 자격증 사본·재직증명서

○ 집단급식소 설치 신고증(교육청 관련은 제외) 또는 일반음식점 영업 신고증

○ 영업 배상 책임보험 증권 사본(유효기간, 사고당 보험금액 등 확인)

○ 계약 이행 보증보험 증권 또는 계약보증금 지급 각서
○ 청렴이행각서

2. 선택적 구비서류
○ (법인)인감증명서 및 사용인감계(인감도장 날인)
○ 등기사항전부증명서(법인), 사업자 등록증 사본⇒국세청 홈페이지 확인
○ 조리사 자격증 사본 및 재직증명서
○ 영양사 자격증 사본 및 재직증명서(50명 이상 집단급식소)(권장사항)

나) 유의사항

(1) 계약업체가 허가·등록된 수련시설인지의 여부 확인

(2) 소정의 계약서를 사용하되 기타 사항에 상호 협의사항 명시 가능

　－숙박정원 준수 및 동일 행사기간에 타교생 수용 여부 문제 등

(3) 안전·위생사고 발생 시의 관련 대책 포함 여부 확인

　－유스호스텔의 경우 야외활동에 대한 보험가입 여부 확인

(4) 숙박 정원 확인: 숙박 정원은 시·도지사 또는 시장·군수가 발행한 청소년 수련 시설 등록증을 가지고 수련시설 등록증에 허가된 숙박 정원을 확인

　－초등학생은 숙박 정원에 20%, 중학생은 10%를 가산하여 수용 가능(청소년활동진흥법 시행규칙 별표 2)

4) 운송업체: 학교직영 수학여행, 수련활동

가) 구비서류

1. 필수 구비서류
○ 계약서(소정 양식)
○ 견적서
○ 차량보험증권 사본, 차량보유 현황표
○ 계약 이행 보증보험 증권 또는 계약 보증금 지급각서
○ 청렴이행각서

나) 유의사항

(1) 차량운송 계약은 반드시 종합보험에 가입된 운수회사의 차량이어야 하며, 학생수송 시 계약서상의 차량번호와 배차된 차량이 일치하는지를 확인

(2) 개인 소유의 차량으로서 운수회사의 지입차량은 사고 발생 시 보상에 제한이 있을 수 있으므로 지입차량 운행을 배제하는 조건으로 계약할 수 있음.

(3) 계약서상 계약조건으로 예상운행일지(출발지－경유지－목적지, 출발 및 도착 시간 등), 버스 차종, 차량 연식, 승차 정원, 안전에 필요한 계약조건 등을 적시

(4) 학생 안전과 차내 질서를 담당하는 인솔교사 탑승 및 지도 감독

(5) 운전기사 음주 운전 및 졸음운전 방지

(6) 안전운행에 지장이 있는 과다한 운행일정 편성 금지

(7) 추돌사고 예방을 위해 차량 간 안전거리를 확보하고, 2~3대씩 조를 편성하여 거리를 두고 순차적으로 이동(전체 차량이 대열을 지어 이동하는 것을 지양)

(8) 재생 타이어 사용 차량 금지

가. 경비 집행

1) 경비 집행 방법

가) 수학여행 경비는 회계관리규정에 따라 학교장 책임하에 집행한다.

나) 현지에서 직접 집행해야 할 경비는 임시 출납원을 임명하여 집행하고, 학교법인 카드를 사용한다(대상 업소가 신용카드사용 가맹점에 가입되어 있지 않으나 부득이 그 업소를 이용해야 하는 경우는 예외).

다) 세금 계산서를 징구해야 할 업체(일반사업자)에게서 간이영수증(과세 특례자용)을 받지 않도록 한다.

라) 사업자등록이 되어 있지 않아 영수증 발급이 곤란한 경우, 임시 출납원을 영수자로 하고 명세서를 작성하여 첨부 가능하다.

마) 선금은 계약금액의 100분의 70을 초과하지 않는 범위 안에서 지급할 수 있으며(계약금액이 1천만 원 이상인 용역), 채권확보를 위해 증권(또는 보증서)을 제출하게 하여야 한다(지방자치단체 입찰 및 계약 집행기준, 행안부 예규).

(1) 보험기간의 개시일은 선금지급일 이전이어야 하며 종료일은 이행기간의 종료일로부터 30일 이상으로 하여야 한다.

(2) 채권확보조치, 선금의 사용 및 배분, 정산 및 반환청구 등 기타 필요한 사항을 선금지급 조건으로 명시, 계약목적 달성을 위한 용도 이외의 다른 목적에 사용해서는 안 된다.

(3) 선금전액을 사용한 후에는 사용내역서를 제출하여야 한다.

(4) 계약 잔여이행기간이 선금지급 신청일을 기준으로 30일을 초과하지 아니할 경우에는 선금을 지급할 수 없다.

바) 위탁업체와 계약 시 세금계산서 징구방법

(국세청 고객만족센터 http://call.nts.go.kr 참고)

(1) 위탁업체와 교통비, 숙박비, 식비, 입장료 등 소요경비와 위탁수수료를 구분하여 계

약한 경우⇒위탁수수료에 대해서만 세금계산서를 징구하고, 나머지는 위탁업체와
실제 사용업체와의 거래내역이 기록된 세금계산서를 확인

(2) 구분 없이 계약한 경우⇒전체 금액에 대한 세금계산서를 징구

2) 인솔교원의 여비 및 시간 외 근무수당 지급

가) 인솔교원의 여비(교통비, 숙박비, 식비, 일비)

(1) 인솔교원의 여비는 학교운영비에서 지출하되 일비 이외의 경비는 개인에게 지급하
지 않고 업체에 일괄 송금한다.

[관련근거: 국가청렴위원회 행동강령운영과－1312('05. 9. 30.)]

(2) 여비의 지급 방법, 대상 및 절차는 예산의 범위 내에서 공무원 여비규정에 따라 정
한다.

나) 수학여행 · 수련활동 인솔교원의 시간 외 근무수당

(1) 수학여행 · 수련활동 활동 실시 전에 시간 외 근무명령을 득한 자에 한하여 시간 외
근무수당을 지급하도록 한다.

(2) 수학여행 · 수련활동 인솔원은 생활지도 근무조 편성을 하도록 하고 그 초과근무 시
간만큼 시간 외 근무수당을 지급하도록 한다.

(3) 국외출장의 경우는 원칙적으로 초과근무 명령을 인정하고 있지 않지만, 국외수학여
행의 인솔교원 중 실제적으로 야간 학생생활지도 담당교사로 지정되어, 현지에서
일과시간 이후 초과근무가 명백히 예정된다면, 국외출장 전에 사전 초과근무 명령
을 내리고, 출장 이후 초과근무 내역에 대한 확인절차를 거쳐 예외적으로 시간 외
근무 실적시간 인정이 가능하다.

※ 관련근거: 교육인적자원부 교육단체지원과－328('08. 2. 19.)

중앙인사위원회 급여정책과－191('08. 2. 15.)

(4) 실제 야간 학생생활지도를 하지 아니한 인솔교원에게 수당을 지급하는 사례가 발생
하지 않도록 엄정하게 관리하도록 한다.

나. 경비 정산

1) 수학여행 경비는 회계관리규정에 따라 학교장 책임하에 정산한다.

2) 수련활동·수학여행 활동을 종료한 후 10일 이내에 정산을 하도록 하고 정산일로부
터 10일 이내에 사업 추진내역을 학부모에게 공개하여야 하며, 잔액이 있을 경우 환
불하여야 한다(단, 환불할 액수가 소액일 경우 학교운영위원회의 심의를 거쳐, 학교
발전 기금으로 전출하거나 학생복리비 등으로 편성하여 사용).

3) 계약상대자의 청구를 받은 날부터 7일 이내에(공휴일 및 토요일 제외) 대가를 지급하
도록 한다.

4) 경비는 반드시 계약상대자(대표자) 명의의 계좌로 입금한다.

가) 중간 알선업자에게 송금하여 발생한 회계사고가 발생하지 않도록 유의

나) 반드시 정산 처리 및 공지

제5절 창의적 수학여행·수련활동의 운영 및 실제

가. 사전 준비·현장 교육

1) 사전 준비와 교육

가) 수학여행·수련활동과 관련된 교육자료·현장정보 등을 학생들에게 미리 제공하고
사전교육을 실시하며, 학부모 홍보를 통해 가정교육과 연계할 수 있도록 지원한다.

나) 수련활동과 수학여행을 실시하기에 앞서 특별활동·재량활동 시간 등 적절한 시간
에 시설 및 차량 이용, 교육 프로그램 운영방법 등을 설명하고, 발생 가능한 안전사
고 등에 대한 예방교육을 실시한다.

(1) 공중시설 이용예절, 차량 등 운송시설 안전, 기타 안전사고 예방 교육 실시

(2) 수학여행·수련활동 실시 전 학생 및 교직원(수련지도사 포함) 등을 대상으로 성범

죄(성희롱, 성추행, 성폭력, 성매매 등) 예방교육 실시
(3) 국외 수학여행의 경우 방문국의 금기사항 및 안전에 관한 사항을 지도하고, 청소년 유해환경업소 출입금지 지도를 강화
(4) 활동 중 예견되는 안전사고에 대비하여 유해 물품을 절대 휴대하지 못하도록 철저히 지도

다) 인솔 및 지도교사는 담당 학생 중 신체허약자 또는 교육활동 운영상 특별한 보호를 요하는 학생을 사전에 파악하여 교육활동 중이나 차량 운행 시에 특별 관리할 수 있도록 계획한다.

라) 학교장은 인솔 및 지도교사에게 유사시에 대비하여 응급처치 요령, 안전지도 요령, 비상탈출 방법 등에 대한 사전연수를 실시한다.

2) 미참가 학생 지도계획 수립

가) 경제적 사정으로 인하여 불참하는 학생이 최소화될 수 있도록 노력한다.
(1) 시·도교육청 저소득층 수학여행·수련활동 참가비 지원계획 수립
(2) 시·도교육청별 지원계획 수립 전에는 각급 학교에서 동문회 장학금, 학교운영비, 지방자치단체 지원비 등을 통한 지원 방안 강구

나) 잔류학생 지도 계획을 철저히 수립·지도하여 학습결손이 발생하지 않도록 한다.
(3) 독서 지도 등 잔류학생 별도 교육과정 운영
(4) 잔류학생 지도 계획을 수립하지 않고 불참자를 결석 처리하여서는 안 된다.

3) 현장 교육 유의사항

가) 인솔·지도교사는 비상시에 대비한 상비약품을 준비하여 소지하고, 이동·체험학습지의 각종 시설 등에 대해 안전점검을 실시한다.

나) 인솔·지도교사는 이동 또는 현장체험 학습 중 상황별로 적합한 생활지도를 실시한다.
(1) 차량 탑승 학생 전원이 안전벨트 착용 지도

(2) 공항, 여객선 선상 등에서의 생활지도(흡연, 비속어 사용, 무질서 등)

(3) 식수관리, 독·해충 피해 예방, 열사병·동상 등 날씨에 따른 건강관리 등

다) 단체버스 이동 시(5대 이상) 관할경찰서에 경찰호송을 요청하는 등 교통안전 대책을 강구한다.

라) 인솔 및 지도교사는 차량이나 시설 사용 전에 운전자 및 시설관리자로 하여금 학생들에게 유사시 비상 탈출 방법, 안전장구의 사용 방법 등을 설명하도록 한다.

마) 수학여행·수련활동 중 교육프로그램 담당 교사는 사전에 준비된 안전하고 체계적인 프로그램을 통해 학생들을 교육한다.

(1) 학교 자체 계획 또는 수련기관 및 위탁지정업체와 협의를 통해 수학여행·수련활동의 교육목표를 달성하기 위한 프로그램을 운영

(2) 자율성과 창의성을 기를 수 있는 학생자치활동 중심의 프로그램 권장

사) 전문성을 요하는 분야는 청소년지도사·문화해설사·큐레이터 등 전문교육인에 위탁하여 교육 프로그램을 운영할 수 있다.

① 위탁교육 시에도 위탁교육자(청소년지도사 등)와의 협의를 통해 인솔·지도교사가 교육활동에 참석할 것을 권장

② 위탁교육을 실시하는 경우에도 인솔교사는 현장에서 교육내용·안전문제·학생 호응도 등을 관찰하고, 안전사고 등 돌발 상황에 적절히 대응할 수 있어야 함.

③ 위탁교육 중 인솔·지도교사의 교육현장 무단이탈 금지

아) 특별보호를 요하는 학생(신체·지체장애아 등)을 파악하여 특별 관리

④ 위탁교육 참가 시, 수련시설 및 위탁지정업체에 명단 및 사유 등을 교육 실시 전에 통보

4) 학생의 준수사항: 참가 학생들이 준수하도록 지도

가) 모든 교육 프로그램에 성실히 참여하여 심신 수련에 최선을 다한다.

나) 인솔 지도교사나 프로그램 진행자의 안전지도 사항을 성실히 준수한다.

다) 안전사고 발생 시, 인솔·지도교사에 즉시 보고한다.

라) 교육활동 중 유해한 장소나 위험한 시설 등에 접근하지 않는다.

마) 차량 운행 시에는 운전자의 안전운행에 방해가 되는 행위를 하지 않도록 하고, 탑승 중에는 반드시 안전벨트를 착용한다.

바) 각종 돌발사고 발생 시에는 인솔 및 지도교사에게 신속히 연락하여, 필요한 조치에 내한 지시에 따른다.

사) 부득이한 사유로 교육활동을 계속할 수 없는 경우에는 인솔 및 지도교사의 허락을 받아야 한다.

아) 다중 이용 시설(숙소, 식당, 버스터미널, 공항 등)에서는 공중도덕을 지켜서 예절 바른 모습을 보여야 한다.

자) 항공기 탑승 시에는 "기내반입 금지물품(문구용 칼·가위, 폭발성 물질 등)"을 반드시 확인하고 소지하지 않도록 한다.

나. 사고 예방 및 대응

1) 기본 개요

가) 인솔·지도교사 및 참가학생 등은 수학여행·수련활동 실시 전에 활동 중 발생할 가능한 사고에 대비하여 안전교육에 참가하고, 사고 대응 요령을 숙지한다.

나) 사건·사고 발생 시 인솔·지도교사 및 학교장 등은 관할 교육청에 즉시 보고하도록 하며, 사전에 정해진 처리요령이 있는 경우 이에 따라 대응한다.

2) 단체차량 이동 시 사고예방 대책

가) 대열을 짓지 말고 분산 운행 유도: 2~3대씩 조 편성
거리를 두고 순차적으로 안전거리를 확보하여 이동 거리를 두고 순차적으로 안전거리를 확보하여 이동

나) 출발 전 이동 시각 및 경유지·목적지 등을 정확하게 숙지
행렬에서 이탈하여도 인솔자의 휴대전화 등을 통하여 경유지 또는 목적지에 도착할 수

있도록 연락

다) 일정 중 또는 일정 전후 운전자 음주 여부를 확인

운송업체 계약서 및 입찰공고문 등에 운전자 음주 금지조항 및 보상 조항 명시

3) 식중독 등 집단 환자 발생 예방

가) 위생과 안전에 문제가 없는 곳을 선정

  (1) 식재료 구매, 조리, 배식 과정에서 위생관리 철저

  (2) 식수 제공 유의사항: 끓인 물, 시판 생수 등 검증된 식수 제공

  (3) 가급적 익혀서 제공되는 식품으로 식단 구성

나) 수련시설, 숙박업소 등을 이용할 경우 학교장은 사전에 관할 시군구에 일정을 통보하여 위생·안전 점검을 요청(교육과학기술부 학생건강안전과-5524(2010. 8. 23.)

다) 도시락을 이용하는 경우에는 위생안전이 검증된 업체 이용

라) 동일 원인(동일 음식)으로 추정되는 설사 등 유사증세 환자가 2명 이상 동시 발생하는 경우 인솔책임자는 즉시 학교장에 보고

마) 수학여행·수련활동 기간 중 학생들에게 단체로 제공된 식사는 반드시 '1인분'을 보존식으로 보관

Chapter 9

창의적 수학여행·수련활동의 사후평가

제1절 현장학습 공개방 운영

가. 설치·운영 목적

1) 수학여행·수련활동 등에 대한 정보를 투명하게 공개하여 학교 교육행정에 대한 신뢰도를 제고하기 위함

2) 수학여행·수련활동에 대한 결과 보고 절차 등을 간소화하여 교직원의 업무 부담을 경감하기 위함

3) 통계시스템과의 연계성을 확보하여 각종 통계를 자동적으로 생산하고, 향후 정책 수립 및 감사 등에 유용한 자료로 활용하기 위함

나. 운영 방법

1) 교육청 홈페이지에 메뉴를 개설하거나 배너를 통하여 직접 연결될 수 있도록 한다.

2) ① 업무담당자 및 교사용 메뉴(현장학습 등록)와 ② 학생·학부모 등 일반 정보열람

자 메뉴(현장학습 정보 보기) 등으로 구성하여 운영할 것을 권장

3) 현장학습 공개방에 공개는 사전, 사후 2차례 이상 실시할 것을 권장

4) 공개 대상이 되는 현장체험 학습의 범위와 구체적 공개항목 및 방식은 ○○시·도 교육청에서 정하여 운영한다.

다. 필수 공개 항목

1) (사전 공개) 현장 답사 체크리스트, 활성화위원회 심의결과, 계약서 사본(개인정보는 삭제)을 반드시 포함

2) (사후 공개) 학생 1인당 경비, 만족도조사 결과를 반드시 포함

라. 공개 방법

식단 및 사진, 숙소 시설 사진 등 교육청이나 학교의 판단에 따라 필요한 사항을 함께 공개할 수 있다.

마. 행정 사항

1) 각급 학교가 '현장학습 공개방'에 공개함으로써 교육청에 별도 보고는 생략할 수 있게 조치

2) ② ○○시·도 교육청별 지원부서 협조⇒통계처리시스템 등과 연계·구축(2011년 1월 예정)

가. 만족도 조사 개요

1) 수학여행·수련활동 실시 후에는 학생·학부모·교사 대상의 만족도 조사를 실시하도록 한다(구체적 실시 범위와 실시 대상은 시·도별로 정한다).
2) 만족도 조사 결과는 현장학습 공개방에 공개하고, 차년도 계획 수립 시 업체 및 장소 선정 등에 참고하도록 한다.
3) 교육청(교육 지원청)에서는 만족도 조사 결과를 바탕으로 상시감사·집중감사 대상 학교를 선정할 수 있다.

나. 수련시설 등급제(청소년수련시설 종합평가) 운영

1) 청소년수련시설 종합평가 개요

가) 평가 목적
(1) 청소년수련시설의 운영형태를 파악하여 청소년수련활동을 위한 제반시설과 프로그램이 제대로 갖추어져 운영하고 있는지 종합평가를 실시하고
(2) 그 결과를 공개함으로써 청소년수련시설에 대한 대국민 신뢰성 제고와 수련시설 운영 경쟁력을 높이도록 유도

나) 평가 주기: 3년 주기로 시설별 종합평가 실시
(3) 청소년수련원(08년), 청소년수련관(09년), 청소년 문화의집(10년)

다) 평가 내용
(4) 조직 및 운영, 프로그램, 시설 및 설비, 안전 및 위생 분야 등 청소년시설 운영 전반 평가(수행기관(보조사업자): 한국청소년수련시설협회)

2) 평가 방법 및 절차

가) 평가 방법

(1) 수련시설평가위원회 구성·운영: 지방청소년수련시설협회와 수련시설 실무자, 관련 학계 및 민간전문가 등 24명으로 구성

나) 평가 절차

(2) 1단계(청소년문화의집 평가지표 확정 및 통보)→2단계(평가대상 서면조사표 작성 및 제출)→3단계(서면조사표 평가)→4단계(현장평가)→5단계(평가결과 종합 및 이의제기 처리)→6단계(안전점검결과 반영)→(7단계) 평가결과 확정·정책반영

다) 평가 등급의 구분

(1) 각 등급별 비율은 최종 평가결과 등을 고려하여 일정 수준 이상의 점수를 기준으로 설정
(2) (참고) 2008년 청소년수련원 평가 등급별 비율: 최우수(18.8%), 우수(10.9%), 양호(13.9%), 미흡(56.4%)

3) 평가 결과 활용

가) 평가 결과 공개

○ '우수' 등급 이상 시설명단 여성가족부 홈페이지 게재
○ 교육과학기술부, 시도교육청, 지방자치단체에 평가등급 통보
※ 시설 간 건전한 경쟁을 유도하고, 청소년 등 이용자의 알권리를 보장하기 위하여 정보공개를 확대해 나갈 예정임.

나) 이용 권장

○『수학여행·수련활동 제도개선 및 운영지원 방안』(교과부 기획담당관−2168, '10. 7. 2.)
－각급 학교에서는 수련활동을 실시함에 있어 교육적 효과 제고와 안전성 확보 측면 등을 고려하여 우수 수련시설 이용을 권장함.

다. 별도 지원 방안 수립

○ (여성가족부)『공공청소년 수련시설 프로그램 운영지원』사업 시, 차등 지원
○ (한국청소년수련시설협회) 최우수 수련시설에 내해 인증동판 수여 및 별도의 인센티
   브 제공

다. 청소년수련활동 인증제

※ 청소년수련활동인증정보스템(http://www.yap.go.kr) 참고

1) 인증제 개요

가) 개념
- 국가 및 지방자치 단체 또는 개인, 법인, 단체 등이 실시하고자 하는 청소년활동을
  활동프로그램, 지도력, 활동환경 활동기록관리가 일정한 기준을 갖추었음을 심사하
  여 인증하고 인증수련활동에 참여한 청소년의 활동기록을 유지·관리·제공하는
  '국가 인증제도'
나) 법적근거: 청소년활동진흥법 제35조
다) 인증수련활동 현황(2010. 9.)

(1) 지역별 인증수련활동 현황(유지 건수)

서울	부산	광주	대구	인천	대전	울산	경기	강원	충북	충남	전북	전남	경북	경남	제주	총계
423	31	17	30	52	24	21	237	39	42	50	63	35	45	50	34	1,193

(2) 활동영역별 인증수련활동 현황

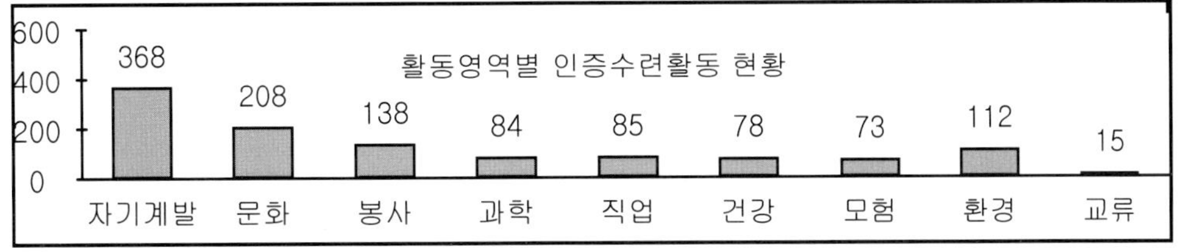

2) 국가 인증 청소년수련활동 특성

가) 체계적인 프로그램 개발·구성 및 운영

(1) 청소년기의 발달특성과 욕구를 바탕으로 개발

(2) 프로그램 기획에서 평가까지 체계적으로 구성되어 운영

(3) 활동환경의 적절성 및 안전성, 안전관리계획 및 교육, 비상조치계획, 보험가입 등 안전과 관련하여 엄격한 심사기준 적용으로 위험요소를 최소화

나) 전문가들에 의한 청소년활동 지도

(1) 국가공인 청소년지도사, 청소년상담사자격증 소지자 및 프로그램 분야별 전문자격증 소지지도자 등을 배치

(2) 지도자 배치 기준: 실내(청소년 30: 지도자 1), 야외(청소년 15: 지도자 1) 안전고려·특별 지도활동은 별도 유자격자 배치

다) 참여 청소년 활동의 참여기록 관리 및 활용

(1) 참여 청소년의 활동기록을 누적 관리하며, 반영구적으로 보관

(2) 여성가족부장관 명의의 "국가인증 청소년수련활동 참여기록확인서" 발급

(3) 청소년들의 향후 진학, 취업 시 다양한 자료로 활용

3) 추진체계

가) 한국청소년활동진흥원(청소년수련활동인증위원회)

(1) 수련시설로부터 인증신청을 인증심사(서류심사, 화상보고 등)

나) 16개 시·도 청소년활동진흥센터

(2) 청소년활동인증제 운영 및 관련정보 제공

(3) 활동사항 기록, 기록정보 제공

4) 국가 인증청소년수련활동 참여 기록

가) 법적 근거: 청소년활동진흥법 제35조 제3항, 동법시행령 제20조 제2항

나) 목적: 인증수련활농 잠여청소년의 활동사료를 청소년수련훨동인증정보시스템 (http://www.yap.go.kr)에서 종합적으로 누계 관리하고 필요시 실시간 발급

다) 활용

(1) 초·중·고등학교 학생생활기록부 반영('09. 3.~)

－교외체험학습상황란에 "청소년활동진흥법에 근거한 청소년수련활동인증제도에 의해 국가 인증 청소년수련활동 프로그램에 참여한 내용을 입력할 수 있음"(국가 인증 청소년수련활동 기록확인서 확인)

(2) 대학입학 시 가산점 반영 대학교

－호서대학교, 대구한의대학교, 동아인재대학, 나사렛대학교, 한국체육대학교, 순천향
대학교, 명지대학교, 평택대학교, 백석대학교 청소년관련학과, 단국대학교 전체 학과

라) 인증기준

(3) 영역: 활동프로그램, 지도력, 활동환경, 활동기록관리

(4) 공통기준: 4개 영역 14개 기준(23개 확인 요소)

※ 학교단체수련활동은 24개 확인 요소 적용

(5) 개별기준: 2개 영역 5개 기준(숙박형 3개 기준, 이동형 5개 기준)

제3절 현장학습 공개방 운영의 실제

가. ○○시·도 교육청

1) 현장학습 공개방 탑재 개요

가) '○○시·도 교육청 홈페이지⇨핫메뉴⇨현장학습공개방'

나) 학년 단위 이상의 현장학습 자료만 탑재

다) 별도의 현장학습 사전 및 사후 보고 생략

○ 현장학습공개방

[검색 결과: 6개, 현재: 1/1Page] [☞ 로그인]　연도전체 ▾　현황전체 ▾　활동전체 ▾　학교전체 ▾　검색하기　검색하기

연변	현황구분	활동구분	학교구분	학교명	학년	참가인원	추진기간			주요행선지	계획서	숙박업소명	운송업체명	1인당경비(원)	만족도결과
							시작일	종료일	소요일						
6	진행	수학여행	초	○○	3	300	09-04-27	09-04-29	1박2일	공주 및 속촌	🖫	꿈나라유스호스텔	달려라관광	67,000	-
5	진행	수학여행	초	○○	6	200	09-05-19	09-05-21	3일	경주, 남해	🖫			0	-
4	완료	수련활동	초	○○	3	200	09-04-20	09-04-20	1일	보성(녹차체험)	🖫	해당없음	구름여행	4,500	🖫

2) 입력단계 구분: 예정 ⇨ 계획 ⇨ 계약 ⇨ 평가 ⇨ 완료

가) 예정/계획 및 평가/완료 단계는 교무실 업무담당자가, 계약단계는 행정실 업무담당자가 입력

나) 예정: 당해 연도에 예정되어 있는 수학여행, 수련활동, 체험학습을 모두 탑재(일정, 금액 등은 잠정적으로 입력하고, 추후 수정)

다) 계획/계약: 계획단계는 교무실의 업무담당자가 입력하고, 계약단계는 행정실 업무자 입력(계획단계 입력 시기는 학교장 내부결재 직후, 계약단계 입력 시기는 계약완료 직후 입력)

라) 평가/완료: 현장체험 학습 종료 후 7일 이내에 만족도 및 결과분석 입력(만족도 조사는 수학여행 및 수련활동만 실시·입력하며, 체험학습은 제외함)

※ 당일 현장체험 학습은 계획 및 계약 단계만 입력함(예정 및 평가 입력 생략).

3) 입력 시 유의사항

가) 로그인은 해당 학교별 기관 ID 및 P/W로 가능함(행정실 문의).

나) 학년별 탑재

다) 해당 단계의 입력이 완료되어야 순차적으로 다음 단계 입력이 가능하고, 평가 단계가 입력되면 자동으로 "완료" 처리됨.

라) 주요 행선지, 계약업체명, 숙박업소명, 운송업체명은 2개 이상 시 쉼표로 구분하여 연속 기재[업체(소)명은 사업자등록증상의 명칭 표기 요망]

마) 계획서와 만족도 조사결과서는 별도 파일 탑재

바) 미공개 항목(계획수립일자, 계약일자, 계약업체명 등)은 교직원이 로그인한 후 해당 학교에서 검색이 가능함.

사) 자료의 정확성 유지: 국회, 감사원 등 다양한 기관의 요구 자료로 제출되므로 정확성 유지

4) 현장학습 관련 자료(양식) 안내

가) 만족도 조사, 학생단체차량 호송요청, 개인 현장체험 학습 신청서 등 관련 양식은 '○○교육청 홈페이지⇨부서별 홈페이지⇨학교정책과⇨인성교육⇨현장학습 공개 방'에 탑재되어 있음.

〈참고 자료〉

1. 현장체험 학습 사전답사 체크 항목(예시)

1) 건물

점검 항목
① 학생단체를 받을 수 있는 규모인가?
② 학생 단체활동을 할 수 있는 시설과 음향 장비를 갖추고 있는가?
③ 식당의 규모나 위치가 학생이 사용하기에 적절한가?
④ 숙소 주위가 위험에 노출되어 있지는 않는가?
⑤ 학생들에게 방송 등 안내할 수 있는 여건을 갖추고 있는가?

2) 내부시설

점검 항목
① 학생들을 여러 개의 층으로 원활하게 배치 가능한가?
② 학생 생활이 쾌적할 수 있도록 배치하였는가?
③ 설치물들은 안전한가?(가구, 유리 창문, 가스레인지, 세면대 등)
④ 숙소 내부에 선정적인 포스터나 유인물이 부착되어 있는가?
⑤ 외부의 소음이 잘 차단되는가?

3) 안전

점검 항목
① 방 사이의 칸막이가 학생들이 넘어 다닐 정도로 설치되어 위험하지 않는가?
② 학생들의 이동 통로나 비상구는 충분하게 확보되어 있는가?
③ 유리 창문의 안전 잠금장치가 제대로 작동하고 있는가?
④ 곳곳에 날카로운 모서리나 못 등이 튀어나와 있지 않는가?
⑤ 계단이나 난간에 미끄럼방지 테이프나 안전장치가 되어 있는가?

4) 생활지도

점검 항목
① 숙소 내 또는 인근에 청소년 유해업소가 있는가?
② 방안에 TV가 있는 경우 청소년 유해프로그램을 통제할 수 있는가?
③ 일반객실과 학생의 구분 통제가 가능한가?(층별 통제 가능 여부)
④ 일정 종료 후 학생들의 드나듦을 파악할 시스템이 갖추어졌는가?
⑤ 숙소 내에 편의시설의 사용 시간을 통제할 수 있는가?

5) 위생

점검 항목
① 식당의 위생상태가 청결하고 식단 내용이 충실한가?
② 방안 침구의 보관 및 위생 상태는 깨끗한가?
③ 욕실이나 공동세면장의 청소 상태는 청결한가?
④ 화장실의 청결상태 및 환기 시설은 정상적인가?
⑤ 식수대 및 물 위생 상태는 양호한가?

6) 식당

점검 항목
① 학생 단체를 받을 수 있는 규모와 경험을 가지고 있는가?
② 음식의 질이 학생들의 선호에 적합한가?
③ 조리실의 청결 상태가 양호한가?
④ 조리사들은 위생복과 위생모를 착용하고 있는가?
⑤ 이동시간을 최적화할 수 있는 곳에 위치한 곳인가?

7) 일정 및 코스

점검 항목
① 학생의 신체발달 단계에 맞는 일정인가?
② 코스 선정이 교육과정과 연계해 교육적 학습효과를 가지고 있는가?
③ 자연보호 등의 자체 교육적 행사활동을 계획하고 있는가?
④ 이동 동선을 고려해 효율적인 코스 선정이 이루어졌는가?
⑤ 쇼핑이나 단순한 놀이 등의 장소에 학생들이 방치되지는 않는가?

2. 학생 단체차량 호송 요청서(예시)

수학여행 · 수련활동 수송버스 에스코트 요청서

○○초등(중 · 고등)학교장(직인)

연번	항목	실시내용
1	기 간	○○년 ○월 ○일~○월 ○일<○박 ○일>
2	장 소	목적지: ○○ 수련원 주 소: ○○도 ○○시 ○○구 ○○동 ○○번지
3	대 상	총 ○○○명 (학생 ○○○명, 인솔교사 ○○명), 버스 ○○대
4	학 교 명 (관할경찰서)	○○초등(중 · 고등)학교(○○경찰서)
	학교주소 및 연락처	○○시 · 도 ○○시(구) ○○동(로) ○○번지 (☎ ○○○-○○○-○○○○)
5	서울구간	○○동 2가→3호 터널→반포대교→양재IC 【시계, 15㎞】
6	대표인솔자	성명: ○○○(휴대전화 ○○○-○○○-○○○○)

7			활동내역 및 이동코스		
날짜	출발시간	출발지	이동코스	도착시간	비고
○○/○○	08:00	○○학교	○○IC→서해안고속도로→○○IC→목적지	16:00	학교 앞 교통정리 요망
○○/○○			차량 이동 없음		
○○/○○	13:00	○○수련원	역코스	15:30	

위와 같이 요청합니다.

2○○○년   월   일

○○지방경찰청장(○○경찰서장) 귀하

◆ 각 경찰서 교통안전팀(해당 학교 관할경찰서)으로 연락

3. 사안 보고서(예시)

(수련교육, 수학여행) 사안보고서

■ 수 신: ○○시·도 교육감(○○시·도 ○○교육지원청교육장)
■ 발 신: ○○초등(중·고등)학교장(직인)
■ 기본사항

학교명			
소재지		전화번호	
사건명		발생일시	
		보고일시	
관련인물	<관련학생 수가 많을 경우 별도 자료 첨부>		

■ 사건 개요

■사건 내용(6하 원칙에 의해 기술)

■언론보도 내용(해당 없으면 기록하지 않음)

■경찰 조사 내용(해당 없으면 기록하지 않음)

■ 조치사항 및 향후계획

※ 발생 즉시 유선(전화) 보고 후, 사안보고서 송부

2009 개정 교육과정

창의적 체험활동 교육과정

1. 성격

창의적 체험활동은 교과 이외의 활동으로서 교과와 상호 보완적 관계에 있으며, 앎을 적극적으로 실천하고 나눔과 배려를 할 줄 아는 창의성과 인성을 겸비한 미래지향적 인재 양성을 목적으로 한다. 창의적 체험활동은 기본적으로 자율성에 바탕을 둔 집단활동의 성격을 지니고 있으며, 집단에 소속된 개인의 개성과 창의성도 아울러 고양하려는 교육적 노력을 포함한다.

창의적 체험활동 교육과정은 자율활동, 동아리활동, 봉사활동, 진로활동의 4개 영역으로 구성된다. 각 영역별 구체적인 활동 내용은 학생, 학급, 학년, 학교 및 지역사회의 특성에 맞게 학교에서 선택하여 융통성 있게 운영할 수 있다. 여기에 제시되는 영역과 활동 내용은 권고적인 성격을 띠고 있으며, 학교에서는 이보다 더 창의적이고 풍성한 교육과정을 선택과 집중하여 운영할 수 있다.

초등학교의 창의적 체험활동에서는 학생의 기초생활습관의 형성, 공동체 의식의 함양, 개성과 소질의 발현에 중점을 둔다. 중학교의 창의적 체험활동에서는 남과 더불어 살아가는 태도의 확립, 자신의 진로에 대한 탐구, 자아의 발견과 확립에 중점을 둔다. 고등학교의 창의적 체험활동에서는 학습자의 다양한 욕구를 건전한 방향으로 유도하고, 원만한 인간관계를 형성하며 진로를 선택하여 자아실현에 힘쓰도록 하는 데 중점을 둔다.

창의적 체험활동에서는 학생의 자주적인 실천활동을 중시하여 학생과 교사가 공동으로 협의하거나 학생들의 힘으로 활동 계획을 수립하고 역할을 분담하여 실천하게 한다. 아울러, 지역과 학교의 독특한 문화 풍토를 고려하여 특색 있고, 인적·물적 자원과 시간을 폭넓게 활용하여 융통성 있게 운영하는 것이 중요하다.

2. 목표

학생들은 창의적 체험활동에 자발적으로 참여하여 개개인의 소질과 잠재력을 계발·
신장하고, 자율적인 생활 자세를 기르며, 타인에 대한 이해를 바탕으로 나눔과 배려를 실
천함으로써 공동체 의식과 세계 시민으로서 갖추어야 할 다양하고 수준 높은 자질 함양
을 지향한다.

   가. 각종 행사, 창의적 특색활동에 자발적으로 참여하여, 변화하는 환경에 적극적으로
대처하는 능력을 기르고, 공동체 구성원으로서의 역할을 수행한다.

   나. 동아리활동에 자율적이고 지속적으로 참여하여 각자의 취미와 특기를 창의적으로
계발하고, 협동적 학습능력과 창의적 태도를 기른다.

   다. 이웃과 지역사회를 위한 나눔과 배려의 활동을 실천하고, 자연환경을 보존하는 생
활습관을 형성하여 더불어 사는 삶의 가치를 깨닫는다.

   라. 흥미와 소질, 적성을 파악하여 자기 정체성을 확립하고, 학업과 직업에 대한 다양한
정보를 탐색하여 자신의 진로를 설계하고 준비한다.

3. 내용 및 교수·학습 방법

가. 내용 체계

영 역	성 격	세부 활동	
자율활동	학교는 학생 중심의 자율적 활동을 추진하고, 학생은 다양한 교육활동에 능동적으로 참여한다.	-적응활동 -행사활동	-자치활동 -창의적 특색활동 등
동아리활동	학생은 자발적으로 집단활동에 참여하여 협동하는 태도를 기르고 각자의 취미와 특기를 신장한다.	-학술활동 -스포츠 활동 -청소년 단체 활동 등	-문화 예술 활동 -실습 노작 활동
봉사활동	학생은 이웃과 지역사회를 위한 나눔과 배려의 활동을 실천하고, 자연환경을 보존한다.	-교내 봉사활동 -자연환경 보호 활동	-지역사회 봉사활동 -캠페인 활동 등
진로활동	학생은 자신의 흥미, 특기, 적성에 적합한 자기 계발 활동을 통하여 진로를 탐색하고 설계한다.	-자기 이해 활동 -진로 계획 활동	-진로 정보 탐색 활동 -진로 체험 활동 등

나. 영역별 내용 및 교수·학습 방법

이 교육과정에서 제시한 각 영역별 활동 내용은 예시적 기준이므로, 학생의 발달 단계, 학교 실정 및 지역 특성 등을 고려하여 목표 달성에 직합한 내용을 신장, 운영힐 수 있다.

1) 자율활동

가) 목표

(1) 전입학과 진급 등에 따른 생활변화에 적응하고 이를 주도하는 능력을 길러 원만하고 즐거운 학교생활을 한다.

(2) 다양한 협의 및 실천 경험을 통해 문제를 합리적으로 해결할 수 있으며, 민주적인 의사 결정의 기본 원리를 익힌다.

(3) 학급과 학교에서 일어나는 제 문제에 대해 적극적으로 참여하여 협의하고 실천함으로써 협동심과 유대감을 기른다.

(4) 교내외에서 실시되는 여러 행사의 의의와 중요성을 이해하고, 행사에 자발적으로 참여하여 학교와 지역사회의 발전을 위해 노력하는 태도를 가진다.

(5) 학급, 학년, 학교의 특성 및 학습자의 발달 단계에 맞는 다양한 특색활동을 계획하고, 이에 참여함으로써 자신감과 창의성을 기른다.

(6) 학교의 전통을 계승하고 이를 창의적으로 발전시키려는 노력을 통해 소속감과 애교심을 기른다.

나) 활동별 내용

(1) 적응활동

- 입학, 진급, 전학 등에 따른 적응활동 등
- 예절, 질서 등의 기본생활습관 형성 활동, 축하, 친목, 사제동행 등
- 학습, 건강, 성격, 교우 등의 상담활동 등

(2) 자치활동

- 1인 1역, 학급회 및 학급 부서 활동 등
- 학생회 협의활동, 운영위원 활동, 모의 의회, 토론회 등

(3) 행사활동

- 시업식, 입학식, 졸업식, 종업식, 기념식, 경축일 등
- 전시회, 발표회, 학예회, 경연대회, 실기대회 등
- 학생건강체력평가(PAPS), 체격 및 체질 검사, 체육대회, 친선경기대회, 안전생활 훈련 등
- 수련활동, 현장학습, 수학여행, 학술조사, 문화재 답사, 국토순례, 해외문화체험 등

(4) 창의적 특색활동

- 학생 특색 활동, 학급 특색 활동, 학년 특색 활동, 학교 특색 활동, 지역 특색 활동 등
- 학교 전통 수립 활동, 학교 전통 계승 활동 등

다) 교수 · 학습 방법

(1) 학생들의 자발적이고 자율적인 활동이 되도록 해야 하며, 그 활동이 바람직하고 창의적인 방향으로 이루어지도록 지도한다.

(2) 모든 구성원들이 골고루 참여할 수 있는 기회를 제공하고, 다양한 의견을 존중하여 참여 의식을 높이며 소속감을 가지게 한다.

(3) 학생 전원이 학급 생활에 필요한 한 가지 이상의 일을 분담하여 자율적으로 실천하게 하되, 필요할 경우 역할을 교체하여 다양한 경험을 가지도록 한다.

(4) 행사활동의 계획 수립, 준비, 시행, 반성 등에 있어서 학생들이 적극적으로 참여하도록 지도하고, 적절한 역할 분담을 통하여 자치적인 운영이 되도록 한다.

(5) 행사 계획을 수립할 때에는 행사명, 목적, 시기, 장소, 대상, 행사 과정, 역할 분담, 유의점, 배치도, 상황 변동 시의 대책 등을 충분히 고려하고, 필요에 따라 사전 답사 및 사전 교육을 실시한다.

(6) 학교행사의 실시에서 필요한 경우 지역사회와의 연계성을 고려하되, 지역사회의 요청에 의한 학교행사는 그 교육적 가치를 충분히 검토하여 선택적으로 운영할 수 있다.

(7) 학생들이 교실과 교내를 벗어나 다양한 실생활과 자연을 접하여 호연지기를 기를 수 있는 기회를 적극 마련한다.

2) 동아리활동

가) 목표

(1) 흥미, 취미, 소질, 적성, 특기가 비슷한 학생들로 구성된 활동 부서에 자발적으로 참여하여, 창의성과 협동심을 기르고, 원만한 인간관계를 형성한다.

(2) 다양한 활동에 참여하여 자신의 잠재 능력을 창의적으로 계발·신장하고, 자아실현의 기초를 닦는다.

(3) 여가를 선용하는 생활 습관을 형성한다.

(4) 지역 내 학교 간 각종 동아리 경연대회를 통해 우의를 다지는 협력과 공정한 경쟁을 익히도록 한다.

나) 활동별 내용

(1) 학술활동

● 외국어 회화, 과학 탐구, 사회 조사, 탐사, 다문화 탐구 등
● 컴퓨터, 인터넷, 신문 활용, 발명 등

(2) 문화 예술 활동

● 문예, 창작, 회화, 조각, 서예, 전통예술, 현대예술 등
● 성악, 기악, 뮤지컬, 오페라 등
● 연극, 영화, 방송, 사진 등

(3) 스포츠 활동

● 구기운동, 육상, 수영, 체조, 배드민턴, 인라인스케이트, 하이킹, 야영 등
● 민속놀이, 씨름, 태권도, 태껸, 무술 등

(4) 실습 노작 활동

● 요리, 수예, 재봉, 꽃꽂이 등
● 사육, 재배, 조경 등
● 설계, 목공, 로봇제작 등

(5) 청소년 단체 활동

- 스카우트연맹, 걸스카우트연맹, 청소년연맹, 청소년적십자, 우주소년단, 해양소년단 등

다) 교수 · 학습 방법

(1) 학생의 취미, 흥미, 적성, 요구, 학교 실정 및 지역 특성 등에 알맞은 활동 부서를 조직하고, 모든 학생에게 자세히 안내한다.

(2) 학교는 학생의 희망을 존중하여 활동 부서를 조직한다.

(3) 교사가 주도적인 역할을 하지 않도록 유의하여 학생 중심의 흥미롭고 창의적인 운영을 도모한다.

(4) 학생의 개성과 소질을 최대한 신장시키기 위하여 방과 후 및 휴업일, 방학 중에도 활동을 지속적 · 집중적으로 운영할 수 있다.

(5) 동아리활동의 각종 프로그램을 활성화시키기 위하여 교내외의 인적 자원, 물적 자원을 적극 활용한다. 특히 지역사회 인사와 학부모의 자발적 봉사 협력을 통해 동아리활동이 이루어질 수 있도록 이를 장려한다.

(6) 동아리활동을 활성화시키기 위해 교내 및 학교 간 경연대회, 전시회, 발표회, 봉사활동과 연계 등을 적극 추진한다.

3) 봉사활동

가) 목표

(1) 타인을 배려하는 너그러운 마음과 더불어 사는 공동체 의식을 가진다.

(2) 나눔과 배려의 봉사활동 실천으로 이웃과 서로 협력하는 마음을 기르고, 호혜 정신을 기른다.

(3) 지역사회의 일들에 관심을 가지고 참여함으로써 사회적 역할과 책임을 분담하고, 지역사회 발전에 이바지하는 태도를 가진다.

나) 활동별 내용

(1) 교내 봉사활동

- 학습부진 친구, 장애인, 병약자, 다문화가정 학생 돕기 등

(2) 지역사회 봉사활동

- 복지시설, 공공시설, 병원, 농·어촌 등에서의 일손 돕기 등
- 불우이웃 돕기, 고아원, 양로원, 병원, 군부대에서의 위문활동 등
- 재해 구호, 국제 협력과 난민 구호 등

(3) 자연환경 보호 활동

- 깨끗한 환경 만들기, 자연 보호, 식목활동, 저탄소 생활 습관화 등
- 공공시설물, 문화재 보호 등

(4) 캠페인 활동

- 공공질서, 교통안전, 학교 주변 정화, 환경 보전, 헌혈, 각종 편견극복 등에 대한 캠페인 활동 등

다) 교수·학습 방법

(1) 봉사활동의 참된 의미와 가치를 인식시키고 미래 생활과도 연계되도록 지도한다. 효율적이며 진정한 봉사활동이 될 수 있도록 사전 교육을 실시하며, 관련 정보를 충분히 수집하고 면밀한 계획을 세워 추진한다.

(2) 봉사활동의 내용은 학교나 지역사회의 여건을 고려, 학교 재량으로 선정하여 융통성 있게 운영할 수 있다.

(3) 학생들의 처지와 능력 수준에서도 봉사가 가능하며, 보람을 느낄 수 있도록 하기 위해서, 서로 협력하는 기회를 만들고, 특히 동아리활동의 성과를 봉사활동에 적극 활용한다.

(4) 활동의 전 과정이 교육적 의미를 가질 수 있도록 활동의 계획과 과정 및 결과에 대한 사후평가를 실시하고, 이를 향후의 활동 계획 수립에 반영한다.

(5) 지역사회 유관 기관 및 봉사 단체와 협조 체제를 유지하여 효율적인 봉사활동이 이루어지도록 한다.

4) 진로활동

가) 목표

(1) 자신의 특성, 소질과 적성, 능력 등을 이해하고, 이를 바탕으로 자신의 정체성을 확립하고 자신만의 독특한 진로를 탐색한다.
(2) 각종 검사, 상담을 통해 진로 정보를 탐색하고 자신의 진로를 계획한다.
(3) 진로와 직업 선택의 중요성을 인식하고, 자신의 적성과 소질에 맞는 진로를 탐색·설계한다.
(4) 학업과 직업 세계를 이해하는 직업체험활동 기회를 통해 진로를 결정하고 준비한다.

나) 활동별 내용

(1) 자기 이해 활동
· 자기 이해 및 심성 계발, 자기 정체성 탐구, 가치관 확립 활동, 각종 진로 검사 등

(2) 진로 정보 탐색 활동
· 학업 정보 탐색, 입시정보 탐색, 학교 정보 탐색, 학교 방문 등
· 직업 정보 탐색, 자격 및 면허 제도 탐색, 직장 방문, 직업 훈련, 취업 등

(3) 진로 계획 활동
· 학업 및 직업에 대한 진로 설계, 진로 지도 및 상담 활동 등

(4) 진로 체험 활동

· 학업 및 직업 세계의 이해, 직업 체험 활동 등

다) 교수 · 학습 방법

(1) 학생이 자신에 대한 충분한 이해를 바탕으로 자신의 진로를 개척하려는 태도를 갖게 한다.

(2) 학생의 인성, 적성, 진로 성숙도 등 다양한 측면을 파악할 수 있는 각종 검사를 실시
하고 그 결과에 대해 필요한 상담을 실시한다.

(3) 진로 관련 상담활동은 담임교사가 하는 것을 원칙으로 하되, 특히 중등학교에서는
학생의 진로와 가장 밀접한 교과교사를 진로 지도 교사로 하여 학생 개인별 혹은
집단별 진로 상담에 도움을 주도록 한다. 진로활동 내용에 따라서는 상담교사나 전
문적 소양을 가진 학부모 또는 지역사회 인사의 협조를 받는다.

(4) 학생의 학업 진로, 직업 진로에 대한 진로 계획서를 작성하고 꾸준히 수정하는 활동
을 실시한다.

(5) 진로 선택에 중요한 시기를 맞고 있는 중등학생의 경우 '직업과 진로' 과목과 연계
하여 지도한다. 특히 중학교 3학년에서 고교 진학과 고교 1학년에서 진로에 따른 교
과목 이수 및 고교 3학년에서 학업 혹은 직업 선택을 지도하는 데 중점을 둔다.

(6) 학교 및 지역사회 인사, 지역사회 시설 등을 활용하여 장래에 학생들이 선택하게 될
학업과 직업에 대해 탐구하고, 직접 체험할 수 있는 기회를 제공한다.

4. 운영 및 지원

가. 창의적 체험활동에 배당된 시간(단위) 수는 영역별로 학생의 요구, 학교 및 지역의
특성을 고려하여 학교의 재량으로 배정하되, 학생의 발달 단계를 고려하여 학교급
별, 학년별로 활동 영역 및 내용을 선택하여 집중적으로 운영할 수 있다.

나. 창의적 체험활동의 운영의 효율성을 높이기 위해 관련 교과 및 창의적 체험활동의
하위 영역 간에 통합하여 편성·운영할 수 있다.

다. 창의적 체험활동 운영 계획은 학생들의 흥미와 소질, 학교와 지역사회의 실정을 고
려하여 작성하되, 계획을 수립하고 운영하는 과정에서 학생들의 의사를 적극적으로
표현되어 반영되도록 한다.

라. 창의적 체험활동은 학교의 필요에 따라 기준 시간(단위)보다 더 많은 시간을 확보하여
운영할 수 있으며, 시간 운영은 통합, 집중 등 다양한 방식으로 융통성 있게 할 수 있다.

마. 활동의 내용, 조직 단위, 장소, 시설 등 규모와 여건을 고려하여 정일제, 격주제, 전

일제, 집중제 등과 같이 융통성 있게 운영할 수 있다.

바. 자율활동의 국토 순례 활동, 봉사활동, 진로 체험 활동 등은 활동의 특성에 따라 방학 기간을 이용하여 집중 운영할 수 있다.

사. 입학 초기 적응활동은 창의적 체험활동의 자율활동 중 '적응활동'의 일부로 편성하여 지도한다. 특히 초등학교 1학년과 사춘기 학생들의 적응활동을 위한 적절한 교육 프로그램을 개발하여 적용한다.

아. 학교와 교사, 학생의 요구와 필요에 따른 범교과 학습과 자기주도적 학습을 창의적 체험활동의 영역과 연계하여 운영할 수 있다.

자. 지역사회의 인적, 물적 자원을 최대한 활용하기 위하여 창의적 체험활동 영역별로 활용 가능한 인사, 시설, 기관, 자료 등의 자원 실태를 파악하고, 다양한 활동 프로그램을 개발하여 창의적으로 운영한다.

차. 시·도 교육청 및 지역 교육청은 창의적 체험활동을 운영하는 데 필요한 지도자, 보조자 등의 인적 자원과 제반 시설, 설비, 자료 등의 물적 자원 및 프로그램을 지원한다.

카. 시·도 교육청 및 지역 교육청은 창의적 체험활동 지도 자료 및 프로그램의 개발 및 보급, 연수 과정의 개설, 연구학교의 운영 등을 통하여 각급 학교의 창의적 체험활동 운영과 개선을 지원한다.

5. 평가

가. 학교와 지역사회의 실정 및 교육목표에 비추어 적합하게 이루어지도록 평가한다.

나. 교육목표의 설정, 평가 장면의 선정, 평가 도구의 제작, 평가의 실시 및 결과 처리, 평가 결과의 해석 및 활용의 절차를 고려하여 평가한다.

다. 각 영역별로 평가 관점을 마련하고 참여도, 협력도, 열성도 및 그 이외의 활동 실적 등이 골고루 반영되도록 평정 척도를 작성, 활용한다.

라. 학생의 자기 평가, 상호 평가, 활동 및 관찰 기록, 질문지, 작품 분석, 포트폴리오 등 다양한 방법으로 평가한다.

마. 평가 결과는 평소의 활동 상황을 누가 기록한 자료를 토대로 학생의 활동 실적, 진

보의 정도, 행동의 변화, 특기 사항 등을 담임 또는 담당 교사가 수시로 평가한다.

바. 학생이 창의적 체험활동에 참여한 정도와 성과를 지속적으로 기록하고, 학교가 제공한 창의적 체험활동 프로그램의 특성을 상세히 기록하여 상급학교 진학 자료로 활용되도록 한다.

사. 학생 개개인의 성장, 발달, 변화를 평가하여 그 결과를 학생의 계속적 진보와 계발을 돕는 자료로 활용함은 물론, 학급 또는 학교 차원에서 전체 집단의 성장, 발달, 변화 등을 평가하여 지도 방법 개선 자료로 활용한다.

아. 프로그램 평가에는 운영 계획, 운영 과정, 운영 결과 등이 포함되도록 하며, 평가 결과는 차후 창의적 체험활동 계획 수립 및 운영의 개선 자료로 활용한다.

[부록 2] 창의적 체험활동 교육과정 관련 내용

2009 개정 교육과정 총론

학교급	학교급별 교육과정 편성 · 운영 사항
초등학교	• 창의적 체험활동은 자율활동, 동아리활동, 봉사활동, 진로활동으로 한다. (창의적 체험 활동 시수: 1~2학년 272시간, 3~4학년 204시간, 5~6학년 204시간) • 학교는 1학년 학생들의 입학 초기 적응 교육을 위해 창의적 체험활동의 시수를 활용하여 자율적으로 입학 초기 적응 프로그램 등을 편성 · 운영할 수 있다. • 정보통신활용교육, 보건교육, 한자교육 등은 관련 교과(군)와 창의적 체험활동 시간을 활용하여 체계적인 지도가 이루어질 수 있도록 한다.
중학교	• 창의적 체험활동은 자율활동, 동아리활동, 봉사활동, 진로활동으로 한다. (창의적 체험활동 시수: 1~3학년 306시간)
고등학교	• 창의적 체험활동은 자율활동, 동아리활동, 봉사활동, 진로활동으로 한다. (창의적 체험활동 이수단위: 1~3학년 24단위)

학교급별 교육과정 편성 · 운영 공통사항

• 기존의 재량활동과 특별활동을 통합하여 배려와 나눔의 실천을 위한 '창의적 체험활동'을 신설한다.

• 학교는 창의적 체험활동이 실질적 체험학습이 되도록 지역사회의 유관기관과 적극적으로 연계 · 협력해서 프로그램을 운영해야 한다.

• 교과와 창의적 체험활동의 효율적인 운영을 위하여 지역사회의 인적, 물적 자원을 계획적으로 활용한다.

• 창의적 체험활동에 배당된 시간 수는 학생의 요구와 학교의 실정에 기초하여 융통성 있게 배정하여 운영할 수 있다.

• 범교과 학습 주제는 관련되는 교과와 창의적 체험활동 등 교육활동 전반에 걸쳐 통합적으로 다루어지도록 하고 지역 사회 및 가정과의 연계 지도에도 힘쓴다.

> 민주 시민 교육, 인성교육, 환경교육, 경제교육, 에너지 교육, 근로정신 함양 교육, 보건교육, 안전교육, 성교육, 소비자 교육, 진로교육, 통일교육, 한국 정체성 교육, 국제 이해 교육, 해양 교육, 정보화 및 정보 윤리 교육, 청렴 · 반부패 교육, 물 보호 교육, 지속 가능 발전 교육, 양성 평등 교육, 장애인 이해 교육, 인권교육, 안전 · 재해 대비 교육, 저출산 · 고령 사회 대비 교육, 여가 활용 교육, 호국 · 보훈 교육, 효도 · 경로 · 전통 윤리 교육, 아동 · 청소년 보호 교육, 다문화 교육, 문화 예술 교육, 농업 · 농촌 이해 교육, 지적 재산권 교육, 미디어 교육, 의사소통 · 토론 중심 교육, 논술교육, 한국 문화사 교육, 한자교육, 녹색교육 등

• 창의적 체험활동에 대한 평가는 창의적 체험활동의 내용과 특성을 감안하여 평가의 주안점을 학교에서 작성, 활용한다.

[부록 3] 창의적 체험활동 교육과정 연간 운영 계획(안)

활동별	세부 활동	활동 유형	활동 주제	시수 (시간)	비고
1. 자율 활동	적응활동	자치활동	새로운 시작	12	
			새로 만난 친구들		
			생일 축하 잔치(파티)		
			나와 너 우리 되어 함께		
			우리 함께 친구해요		
			자랑스러운 나와 학교		
			친구를 알아요		
			안전하고 알찬 방학		
			우리 학급 운동회		
			우리 1년을 기억해요		
			우리 새 학년 올라가요		
			우리 학교 친구들		
		1인 1역 활동	1인 1역 정하기	2	
			1인 1역 바꾸기		
		협의활동	학급 임원 선출하기	3	
			학급 규칙 정하기		
			깨끗한 교실 꾸미기		
		기본생활습관 형성 활동	차례차례 질서를 지켜요	10	
			맛있게 먹어요		
			우리는 안전 지킴이		
			안전한 우리 학교		
			바른 인사, 바른 행동		
			깨끗하고 건강한 몸		
			우리 몸 안전하게(성폭력 예방)		
			바르게 제자리에		
			머물고 싶은 교실		
			정보통신 윤리교육을 바르게		
		상담활동	나의 고민 해결하기	8	
			좋은 내 친구		
			소중한 나		
			내가 하고 싶은 일		
			잘할 수 있어요		
			시간과 약속을 잘 지켜요		
			칭찬과 격려의 말		
			존경하는 부모님		

1. 자율 활동	행사활동	정기 행사	새로운 학년 시작하기(시업식)	6	
			입학식 참여하기		
			방학식 참여하기		
			개학식 참여하기		
			종업식 참여하기		
			기념식 활동하기		
		발표회	방학 과제물 발표회 참여하기	2	
			동시 발표회 참여하기		
		경연대회	전통놀이 경연대회 참여하기	4	
			민속놀이 경연대회 참여하기		
			동화구연대회 참여하기		
			시화 그리기 대회 참여하기		
		체육대회	학급 체육대회 참여하기	2	
			학년 체육대회 참여하기		
		안전 생활 훈련	교통안전 놀이하기	3	
			안전한 물놀이하기		
			화재 예방법 알아보기		
		체질검사 및 체격검사	바른 자세로 체격 검사하기	2	
			바른 자세로 체질 검사하기		
		현장체험 학습	우리 마을 보물 찾기	10	
			열매 맺는 가을		
			꼬불꼬불 산길 속으로		
		문화체험 학습	조상의 숨결을 느끼며	10	
			공연장을 찾아서		
	창의적 특색활동	학급 특색활동	정보기기에 대해서 알아보기	6	
			컴퓨터 알아보기		
			학교 홈페이지 활용하기		
			책 표지 꾸미기		
			남북한 지역 이름 알아보기		
			통일의 옷 제작하기		
		학년 특색활동	새롭게 알게 된 사실	10	
			독서 감상화 그리기		
			책에 나오는 음식 만들기		
			등장인물에게 편지 쓰기		
			책 읽고 시화로 표현하기		
			나의 성장 이야기		
			나만의 특성 알아보기		
			화목한 가정 발표하기		
			나눔과 배려하기		
			하루 생활 계획하기		

1. 자율 활동	창의적 특색활동	학교 특색활동	질서의 중요성 알고 실천하기	6	
			공공장소의 예절 알고 지키기		
			칭찬 릴레이 하기		
			인사 예절 실천하기		
			경로당 봉사활동 하기		
			순국선열 공적(업적) 알기		
		지역사회 특색 활동	우리 고장 특산품 알기	5	
			우리 고장의 위인 알기		
			우리 고장 사람들이 하는 일		
			우리 고장의 주택 살펴보기		
			우리 고장의 민속 행사 알기		
		학교 전통 수립	자랑스러운 우리 학교		
			우리 학교 자랑 거리		
			우리 학교의 변화		
		학교 전통 계승	우리 학교의 명예를 빛낸 동문		
2. 동아리 활동	학술활동	탐구활동	씨앗의 여행 알아보기	2	
			소금이 만들어지는 과정 알기		
		조사활동	물속의 곤충 조사하기	2	
			갯벌에 살고 있는 생물 알기		
		정보 통신 활동	신나는 IT 세상	2	
			네티켓 알기		
		ICT 활동	신문의 역사 알기	2	
			신문을 활용한 교육 활동하기		
		발명활동	간단한 발명품 만들기	2	
			발명 센터 견학하기		
	문화 예술 활동	예술활동	도자기 만들기	5	
			이름다운 물건 만들기		
			신나는 뮤지컬 감상하기		
			손인형극 감상하기		
			신기한 마술 감상하기		
		미디어 활동	보도 자료 리포터 활동하기	5	
			보도 자료 작성하기		
			보도 자료 스크랩하기		
			보도 사진 촬영하기		
			보도 자료와 사진의 배치 방법 알기		
	체육·스포츠 활동	뉴 스포츠	티볼 즐기기	4	
			티볼 경기하기		
			핸들러(패드민턴)		
			플라잉디스크		
		방송 댄스	신나는 방송 댄스 익히기	1	

영역	활동		주제(제재)	시간	
2. 동아리 활동	체육·스포츠 활동	체조활동	어린이 요가하기	2	
			기초 맨손 체조하기		
		민속놀이	팽이치기	4	
			윷놀이		
			널뛰기		
			연날리기		
	실습 노작 활동	사육활동	동물 기르기	1	
		재배활동	과일 나무 기르기	1	
3. 봉사활동	교내 봉사활동	특별실 봉사활동	깨끗하고 아름다운 급식실(급식실)	3	
			책을 제자리에(도서실)		
			식물을 사랑해요(재배원)		
	지역 봉사활동	일손 돕기	경로효친 실천하기(경로당)	8	
			우리는 친한 친구(장애우 기숙 시설)		
		불우이웃 돕기	사랑의 성금 모으기(성금)		
			사랑으로 함께 가는 길(보육원)		
	자연보호 활동	환경 보전	내가 먼저 환경 보전	8	
			나는 환경 지킴이		
		학교 주변 정화	공공 시설물 청소하기		
			학교 주변 쓰레기 줍기		
	캠페인 활동	교통안전	우리 함께 안전 생활	8	
			사람도 안전, 차도 안전		
		학교 폭력 예방	작은 배려의 큰 힘		
			서로서로 사랑으로		
4. 진로활동	자기 이해 활동	나를 바로 알기	참다운 나를 찾아서	2	
			나는 이런 사람!		
		자기 계발 활동	미래의 나의 모습	2	
			나의 꿈, 나의 미래, 나의 도전!		
	진로 계획 활동	꿈 찾기 활동	내가 닮고 싶은 사람	2	
			나의 미래 캐릭터 만들기		
		직업 체험 활동	직접 직업 체험하기(준비)	4	
			직접 직업 체험하기(준비)		
			직접 직업 체험하기(체험활동)		
			직접 직업 체험하기(정리, 평가)		
		현장체험 활동(직업)	직업 직접 현장체험 활동하기	4	
창의적 체험활동 시간배당	초등학교	제1~2학년	연 272시간, 제3~4학년 204시간, 제5~6학년 204시간		
	중학교	제1~3학년	연 306시간		
	고등학교	제1~3학년	연 24단위		

[부록 4] 전국 주요 현장 체험학습 장소 일람표

1. 국립공원

순	명 칭	지 역	문화재·관광지	연락처	인터넷 사이트	비고
1	북한산국립공원	서울성북	도봉산, 북한산	02-909-0497	http://www.npa.or.kr/kaya	
2	설악산국립공원	강원속초	백담사, 울산바위	033-636-7700	〃 /sorak	
3	오대산국립공원	강원평창	동대산, 비로봉	033-332-6417	〃 /odae	
4	치악산국립공원	강원원주	구룡사, 황골	033-732-5231	〃 /chiak	
5	속리산국립공원	충북보은	문장대, 법주사	043-542-5267	〃 /songni	
6	월악산국립공원	충북제천	마애불, 덕주사	043-653-3250	〃 /worak	
7	계룡산국립공원	충남공주	동학사, 갑사	042-825-3002	〃 /kyeryong	
8	태안해안국립공원	충남태안	만리포, 안면도	041-672-9737	〃 /taean	
9	내장산국립공원	전북정읍	백양사	063-538-7875	〃 /naejang	
10	덕유산국립공원	전북무주	무주구천동계곡	063-322-3174	〃 /togyu	
11	변산반도국립공원	전북부안	내소사, 격포채석강	063-582-7808	〃 /pyonsan	
12	다도해해상국립공원	전남완도	홍도, 완도, 진도	061-554-5474	〃 /tadohae	
13	월출산국립공원	전남영암	경포대, 마애여래좌상	061-473-5210	〃 /wolchul	
14	경주국립공원	경북경주	불국사, 석굴암 등	054-741-7612	〃 /kyongju	
15	소백산국립공원	경북영주	희방사, 천문대	043-423-0708	〃 /sobaek	
16	주왕산국립공원	경북청송	달기폭포, 주왕암	054-873-0014	〃 /chuwang	
17	가야산국립공원	경남합천	해인사, 홍류동계곡	055-932-7810	〃 /kaya	
18	지리산국립공원	경남산청	화엄사, 청학동	055-972-7771	〃 /chiri	
19	한려해상국립공원	경남남해	금산, 다포	055-860-5800	〃 /hallyo	
20	한라산국립공원	제주제주	관음사, 어승생악	064-713-9950	〃 /halla	

2. 도립공원

순	명 칭	지 역	문화재·관광지	연락처	인터넷 사이트	비고
1	남한산성도립공원	경기광주	수어장대, 숭열전	031-743-6610	http://www.namhansung.or.kr	
2	경포도립공원	강원강릉	녹두일출, 죽도명월	033-640-5904	//tour.gannung21.net	
3	낙산도립공원	강원양양	낙산사	033-670-2518	//yangyang-gun.kangwon.kr	
4	태백산도립공원	강원태백	본적사지삼층석탑재	033-550-2741	//teabaek.go.kr	
5	대둔산도립공원	충남금산	영봉, 태고사, 약수	063-263-9949	//geumsan.chung.kr	
6	덕산도립공원	충남예산	수덕사, 덕산온천	041-330-2557	//yesan.chungnam.kr	
7	칠갑산도립공원	충남청양	장승공원,자연휴양림	041-940-2530	//cheongyang..chungnam.kr	
8	마이산도립공원	전북진안	쾌불탱화, 목불좌상	063-430-2228	//jinan.jeonnam.kr	
9	모악산도립공원	전북김제	미륵전, 석연대	063-220-7816	//egimje.net	
10	선운산도립공원	전북고창	선운사, 금산사	063-563-3450	//gochang.jeonbuk.kr	
11	두류산도립공원	전남해남	대둔사, 표충사	061-530-5543	//haenam.jeonnam.kr	

12	무등산도립공원	전남화순	서석대, 원효계곡	062-365-1187	//hwasun.jeonnam.kr	
13	조계산도립공원	전남순천	선암사, 송광사	061-744-8111	//www.suncheon.jeonna.kr	
14	천관산도립공원	전남장흥	천관사 3층석탑, 석등	061-867-7075	//www.jangheung.jeonna.kr	
15	금오산도립공원	경북구미	마애보살입상, 악사암	054-450-5760	//www.kumi.kyongbuk/kumo	
16	문경새재도립공원	경북문경	혜국사, KBS촬영장	054-571-0709	//www.city.mg21.go.kr	
17	청량산도립공원	경북봉화	청량사, 관창폭포	054-672-4994	//www.bonghwa.go.kr/cheongryang	
18	팔공산도립공원	경북경산	갓바위, 원효사	053-602-5900	//www.gyeongsan.go.kr/	
19	가지산도립공원	경남밀양	천황사석불좌상, 얼음골	055-356-1915	//www.livetourcast.com	
20	연화산도립공원	경남고성	옥천사	055-670-2671	//www.gngs.net	

3. 철새도래지 및 조류 탐사지

순	지명(도래지)	지역	출현·탐사 철새	전화번호	사이트	비고
1	낙동강하류	부산강서	고니, 수리	051-970-4074	http://tour.busan.go.kr/kor/	
2	경포호	강원강릉	고니, 학, 물오리	033-640-4468	http://www.gntour.go.kr/Tours/main.jsp	
3	비목장지대	강원철원	두루미	033-455-3129	http://tour.cwg.go.kr/tour/	
4	화진포호	강원고성	고니, 청둥오리	033-680-3361~3	http://tour.goseong.org/site/tour/page/index.jsp	가을동화 촬영지
5	금강하구둑	충남서천	고니,머리물떼새	041-950-4579	http://tour.seocheon.go.kr/html/tour/	
6	대호방조제	충남당진	고니, 가창오리	041-351-9200	http://tour.dangjin.go.kr/html/tour/	
7	서산천수만	충남서산	가창오리, 큰기러기	041-669-7744	http://seosanbird.com	
8	고천암호	전남해남	가창오리	061-530-5229	http://www.haenam.go.kr/	서편제 촬영지
9	우포늪	경남창녕	큰고니, 청둥오리	055-530-1551	http://www.upo.or.kr/main/	
10	주남저수지	경남창원	고니, 재두루미	055-253-7358	http://www.junam.co.kr	

4. 해수욕장, 섬

순	명칭	지역	전화번호	사이트	비고
1	광안리해수욕장	부산해운대	051-622-4251	http://www.광안리해수욕장.kr	
2	송정해수욕장	부산해운대	051-749-5705	sunnfun.haeundae.go.kr/	
3	해운대해수욕장	부산해운대	051-749-7614	http://sunnfun.haeundae.go.kr/	
4	오륙도	부산남구	051-607-4062		
5	동막해수욕장	인천강화	032-937-7328		
6	을왕리해수욕장	인천중구	032-746-4112		
7	강화도	인천강화	032-930-3624		
8	백령도	인천옹진	032-899-3510		
9	월미도	인천옹진	032-440-2114	http://www.incheon.go.kr/inpia/tour/place/island01_read.jsp?doc_no=16	월미축제
10	일산해수욕장	울산동구	052-229-6350		
11	진하해수욕장	울산울주	052-239-8910	http://sanyaro.com/summer00/beach/kyoungsang-buk/jenha_main.html	

12	대부도	경기안산	031-481-6591		
13	제부도	경기화성	1577-4200		바다갈라짐
14	경포대해수욕장	강원강릉	033-640-5129	http://www.gntour.go.kr/sea/beach_01_01/page/main.jsp?cntCode=beach_01_01	
15	낙산해수욕장	강원양양	033-670-2518	http://toursorak.com/yang/yang-34.html	
16	망상해수욕장	강원동해	033-530-2867		
17	사천해수욕장	강원강릉	033-640-4414	http://tour.gangneung21.net/main.html	
18	소돌해수욕장	강원강릉	033-640-4535	http://tour.gangneung21.net/main.html	
19	용화해수욕장	강원삼척	033-572-3011	http://tour.gangneung21.net/main.html	
20	주문진해수욕장	강원강릉	033-640-4535	http://tour.gangneung21.net/main.html	
21	추암해수욕장	강원동해	033-532-2801		촛대바위
22	꽃지해수욕장	충남태안	041-673-1061		할미바위
23	난지도해수욕장	충남당진	041-350-3114	http://www.tangjin-gun.chungnam.kr	청소년수련마을조성
24	대천해수욕장	충남보령	041-933-7051	http://www.deachonbeach.or.kr	머드축제
25	만리포해수욕장	충남태안	041-670-2114		
26	몽산포해수욕장	충남태안	041-672-9737	http://www.mogsanpo.or.kr	
27	무창포해수욕장	충남태안	041-936-3561	http://www.muchangpo.or.kr	바다갈라짐 www.nori.go.kr
28	춘장대해수욕장	충남서천	041-952-2695	http://www.chunjangdae.or.kr	
29	삽시도	충남보령	041-932-0971		물망터
30	안면도	충남태안	041-673-3081		
31	원산도	충남보령	041-930-3542		
32	죽도	충남보령	041-930-3114	http://www.boryeong.chungnam.kr	
33	동호해수욕장	전북고창	063-560-2224	http://www.dongho.kr/	바다낚시
34	무녀도	전북군산	063-450-6110	http://www.gunsan.go.kr	
35	위도	전북부안	063-580-4613	http://www.buan.go.kr	내원암
36	선유도	전북군산	041-932-4301	http://www.gunsan.go.kr	
37	남열해수욕장	전남고흥	061-830-6373	http://igoheung.go.kr	
38	명사십리해수욕장	전남완도	061-550-5650	http://www.wando.go.kr	
39	우전해수욕장	전남신안	061-243-2171	www.shinan.go.kr/	게르마늄 갯벌축제
40	진도	전남완도	061-544-0151	www.wando.go.kr/	진돗개
41	보길도	전남완도	061-553-5177	http://www.wando.go.kr	
42	거문도	전남여수	061-690-2607	http://www.yeosu.go.kr/	
43	소록도	전남고흥	061-830-5224	http://igoheung.go.kr	소록도공원
44	대진해수욕장	경북영덕	054-730-6114	http://www.yd.go.kr	
45	독도	경북울릉	054-790-6420	http://www.ulleung.go.kr	
46	울릉도	경북울릉	054-790-6393	http://www.ullungdo.com/index-1.htm	성인봉
47	죽도	경북울릉	041-932-2023	http://www.ulleung.go.kr	
48	상주해수욕장	경남남해	055-863-3573	http://www.sangjubeach.co.kr	
49	여차몽돌해수욕장	경남거제	055-639-3399	http://www.geoje.go.kr	
50	월포해수욕장	경남남해	054-232-4001	http://www.namhae.go.kr	
51	거제도	경남거제	055-639-3399	http://www.geoje.go.kr	해금강

52	우도	경남통영	1577-0557	http://www.tongyeong.go.kr/	
53	지심도	경남거제	055-639-3000	http://www.geoje.go.kr	동백나무
54	추도	경남통영	055-642-1119	http://www.tongyeong.go.kr/	
55	한산도	경남통영	055-650-4690	http://www.tongyeong.go.kr/	
56	곽지해수욕장	제주북제주	064-728-8884	http://cyber.jeju.go.kr/contents/index.php?mid=0109&cat=TUTUTU08&page=1&act=detail&seq=50035	
57	신양해수욕장	제주남제주	064-760-4251	http://www.jejusi.go.kr/	섭지코지
58	이호해수욕장	제주제주	064-728-4923	http://www.jejusi.go.kr	
59	중문해수욕장	제주서귀포	064-760-4852	http://www.seogwipo.go.kr	
60	함덕해수욕장	제주북제주	064-728-7882	http://www.jejusi.go.krr	
61	협재해수욕장	제주제주	064-796-2404	http://www.jejusi.go.kr	

5. 국보

지정번호	국보명	시대	소재지	재료, 재질	비고
제1호	숭례문	조선	서울중구	목재	남대문
제2호	원각사지 10층석탑	조선	서울종로구	대리석	
제3호	북한산 신라진흥왕순수비	신라	국립중앙박물관	화강석	
제4호	여주 고달사지 승탑	신라말, 고려초	경기여주	화강석	
제5호	법주사 쌍사자 석등	통일신라	충북보은	화강석	
제6호	충주 탑평리7층석탑	통일신라	충북충주	화강석	
제7호	봉선 홍경사 갈기비	고려	충남천안	화강석	
제8호	성주사지 낭혜화상 탑비	통일신라	충남보령	화강석	
제9호	부여 정림사지 5층석탑	백제	충남부여	화강석	
제10호	실상사 백장암 3층석탑	통일신라	전북남원	화강석	
제11호	미륵사지 석탑	백제	전북익산	화강석	
제12호	화엄사 각황전 앞 석등	통일신라	전남구례	화강석	
제13호	무위사 극락보전	조선	전남강진	목재	
제14호	은해사 거조암, 영산전	조선	경북영천	목재	
제15호	봉정사 극락전	고려	경북안동	목재	
제16호	안동 법흥사지 칠층전탑	통일신라	경북안동	화강석	
제17호	부석사 무량수전앞 석등	통일신라	경북영주	화강석	
제18호	부석사 무량수전	고려	경북영주	목재	
제19호	부석사 조사당	고려	경북영주	목재	
제20호	불국사 다보탑	통일신라	경북경주	화강석	
제21호	불국사 3층석탑	통일신라	경북경주	화강석	
제22호	불국사 연화교, 칠보교	통일신라	경북경주	화강석	
제23호	불국사 청운교, 백운교	통일신라	경북경주	화강석	
제24호	석굴암 석굴	통일신라	경북경주	화강석	
제25호	신라 태종무열왕릉비	통일신라	경북경주	화강석	
제26호	불국사 금동 비로자나불 좌상	통일신라	경북경주	금동도금	

순	명칭	시대	소재지	지정번호	비고
제27호	불국사 금동 아미타 여래좌상	통일신라	경북경주	금동도금	
제28호	백률사 금동 약사여래 입상	통일신라	국립경주박물관	금동도금	
제29호	성덕대왕 신종	신라	국립경주박물관	동	
제30호	분황사 모전석탑	신라	경북경주	안산암	
제31호	경주 첨성대	신라	경북경주	화강암	
제32호	해인사 대장경판	고려	경남합천	목재	
제33호	창녕 신라 진흥왕 척경비	신라	경남창녕	화강석	
제34호	창녕 술정리 동 3층석탑	통일신라	경남창녕	화강석	

6. 보물

순	명칭	시대	소재지	지정번호	비고
제1호	서울흥인지문	조선	서울종로	보물1호	성곽(동대문)
제2호	서울보신각종	조선	서울종로	보물2호	동종
제3호	대원각사비	조선	서울종로	보물3호	석비
제4호	강화하점면오층석탑	고려	인천강화	보물10호	석탑
제5호	사인비구주성동종	조선	인천강화	보물11호	동종
제6호	중초사지당간지주	통일신라	경기안양	보물4호	당간지주
제7호	고달사원종대사혜진탑비귀무 및 이수	고려	경기여주	보물6호	석비
제8호	고달사원종대사혜진탑	고려	경기여주	보물7호	석탑
제9호	고달사지석불좌	고려	경기여주	보물8호	석불
제10호	서봉사현오국사탑비	고려	경기용인	보물9호	석비
제11호	광주춘궁리오층석탑	고려	경기하남	보물12호	석탑
제12호	광주춘궁리삼층석탑	고려	경기하남	보물13호	석탑
제13호	부여 석조	고려	충남부여	보물194호	용기
제14호	당유인원기공비	백제	충남부여	보물21호	석비
제15호	보광사지 대보광선사비	백제	충남부여	보물107호	석비
제16호	통도사 청동 은입사 향완	고려	경남양산	보물334호	향로
제17호	강희십삼년명동제은입사향로	고려	경남양산	보물1354호	향로
제18호	금동천문도	조선	경남양산	보물1373호	천문도
제19호	현자총통	조선	경남진주	보물885호	무기
제20호	중완구	조선	경남하동	보물859호	무기

7. 사적

순	명칭	지역	전화	지정 호수	비고
1	경복궁	서울종로	02-3700-3900	사적117호	궁궐
2	광주풍납리토성	서울송파	02-2147-2000	사적11호	성곽
3	경희궁	서울종로	02-724-0121	사적제271호	궁궐
4	덕수궁	서울중구	02-779-5010	사적124호	궁궐
5	독립문	서울서대문	02-330-1301	사적32호	문

6	몽촌토성	서울송파	02-410-1114	사적296호	성곽
7	서울성곽	서울종로	02-765-0297	사적10호	성곽
8	선잠단지	서울성북	02-920-3413	사적83호	사묘
9	운현궁	서울종로	02-766-9090	사적257호	궁궐
10	종묘	서울종로	02-765-0195	사적125호	사당
11	창경궁	서울종로	02-762-4868	사적제123호	궁궐
12	창덕궁	서울종로	02-762-9513	사적122호	궁궐
13	참성단	인천강화	032-930-3114	사적136호	제단
14	초지진	인천강화	032-937-0009	사적225	성곽
15	남한산성	경기광주	031-743-6610	사적57호	성곽
16	북한산성	경기고양	02-357-9698	사적162호	성곽
17	행주산성	경기고양	031-8075-4640	사적56호	성곽
18	화성	경기수원	031-251-4435	사적3호	성곽
19	공주공산성	충남공주	041-840-2114	사적12호	성곽
20	공주송산리고분군	충남공주	"	사적13호	고분
21	부여능산리고분군	충남부여	041-830-2512	사적14호	고분
22	부여성흥산성	충남부여	041-830-2241	사적4호	성곽
23	부여부소산성	충남부여	"	사적5호	성곽
24	아산맹씨행단	충남아산	041-540-2069	사적109호	사묘
25	이충무공묘	충남아산	041-543-2819	사적112호	묘
26	해미읍성	충남서산	041-660-2540	사적116호	성곽
27	경주임해전지	경북경주	054-772-4041	사적18호	전지
28	경주포석정지	경북경주	054-772-6903	사적1호	정자터
29	김유신묘	경북경주	054-779-6061	사적21호	묘
30	도산서원	경북안동	054-840-6599	사적170호	서원
31	망덕사지	경북경주	054-779-6394	사적7호	절
32	사천왕사지	경북경주	"	사적8호	사지
33	신라무열왕릉	경북경주	"	사적20호	묘
34	황룡사지	경북경주	054-777-8800	사적6호	절터
35	익산미륵사지	전북익산	063-836-7804	사적150호	절터

8. 박물관

순	명칭	지역	전화번호	사이트	비고
1	경찰박물관	서울종로	02-3150-3681	http://www.policemuseum.go.kr/kr	
2	국립국악박물관	서울서초	02-580-3300	http://www.gugak.go.kr/introduction/museum/online/onli_idx.jsp	
3	국립민속박물관	서울종로	02-3704-3114	http://www.nfm.go.kr	경복궁내
4	국립중앙박물관	서울용산	02-2077-9000	http://www.museum.go.kr	
5	국립고궁박물관	서울종로	02-3701-7500	http://www.gogung.go.kr	
6	외교박물관	서울서초	02-571-1097		
7	우정박물관	충남천안	041-560-5900	http://www.postmuseum.go.kr	
8	철도박물관	경기의왕	031-461-3610	http://info.korail.com/2007/kra/gal/gal01000/w_gal01100.jsp	

9	농업박물관	서울중구	02-2080-5727	http://www.agrimuseum.or.kr	
10	서울역사박물관	서울종로	02-724-0274	http://www.museum.seoul.kr	
11	화폐금융박물관	서울중구	02-759-4881	http://museum.bok.or.kr	
12	삼성교통박물관	경기용인	031-320-9900	http://www.stm.or.kr	
13	한국자수박물관	서울강남	02-515-5114	http://www.bojagii.com	
14	KT정보통신박물관	서울종로		http://museum.kt.com	
15	짚풀생활사박물관	서울종로	02-743-8787	http://www.zipul.co.kr	
16	로봇박물관	서울종로	02-741-8861	http://www.robotmuseum.co.kr	
17	한국고건축박물관	충남예산	041-337-5877	http://www.ktam.or.kr	
18	김치박물관	서울강남	02-6002-6456	http://www.kimchimuseum.co.kr	
19	부산시립박물관	부산남구	051-610-7111	http://museum.busan.go.kr	
20	국립대구박물관	대구수성	053-768-6051	http://daegu.museum.go.kr	
21	인천시립박물관	인천연수	032-440-6750	http://museum.incheon.go.kr	
22	국립광주박물관	광주북구	062-570-7000	http://gwangju.museum.go.kr	
23	화폐박물관	대전유성	042-870-1000	http://museum.komso.com	
24	국립산림박물관	경기포천	031-540-2000	http://www.kna.go.kr	
25	마사박물관	경기과천	02-509-1283	http://museum.kra.co.kr	
26	신세계한국상업박물관	경기용인	031-339-1204	http://www.shinsegaecorp.com/museum/index.asp	
27	하남역사박물관	경기하남	031-790-6876	http://www.hanammuseum.com	
28	한국등잔박물관	경기용인	031-334-0797	http://www.deungjan.or.kr	
29	국립춘천박물관	강원춘천	033-260-1500	http://chuncheon.museum.go.kr	
30	태백석탄박물관	강원태백	033-552-7730	http://www.coalmuseum.or.kr	
31	국립중앙과학관	대전유성	042-601-7894	http://www.scince.go.kr	
32	국립극장공연박물관	서울중구	02-2280-4114	http://museum.ntok.go.kr	
33	참소리축음기에디슨박물관	강원강릉	033-652-2500	http://www.edison.kr	
34	국립청주박물관	충북청주	043-229-6300	http://cheongju.museum.go.kr	
35	청주고인쇄박물관	충북청주	043-200-4511	http://www.farrang.com/Artinfo/museum/html/p132.htm	
36	국립공주박물관	충남공주	041-850-6300	http://gongju.museum.go.kr	
37	국립부여박물관	충남부여	041-833-8562	http://buyeo.museum.go.kr	
38	전주한지박물관	전북전주	063-210-8103	http://www.hanjimuseum.or.kr	
39	공주민속극박물관	충남공주	041-855-4933	http://www.farrang.com/Artinfo/museum/html/p132.htm	
40	온양민속박물관	충남아산	041-542-6001	http://www.onyangmuseum.or.kr	
41	한산모시관	충남서천	041-951-4100	http://hansanmosi.kr	
42	국립전주박물관	전북전주	063-223-5651	http://jeonju.museum.go.kr	
43	서대문자연사박물관	서울서대문	02-330-8899	http://namu.sdm.go.kr	
44	국립해양유물전시관	전남목포	061-270-2000	http://www.seamuse.go.kr	
45	국립경주박물관	경북경주	054-740-7518	http://gyeongju.museum.go.kr	
46	등대박물관	경북포항	054-284-4857	http://www.lighthouse-museum.or.kr	
47	독도박물관	경북울릉	054-790-6432	http://www.dokdomuseum.go.kr	
48	문경석탄박물관	경북문경	054-550-6424	http://www.coal.go.kr	
49	화석박물관	경북영덕	054-732-8655	http://www.hwasuk.com	

50	국립김해박물관	경남김해	055-325-9332	http://gimhae.museum.go.kr	
51	국립진주박물관	경남진주	055-742-5951	http://jinju.museum.go.kr	
52	국립제주박물관	제주제주	064-720-8000	http://jeju.museum.go.kr	
53	제주교육박물관	제주제주	064-752-9101	http://www.jjemuseum.go.kr	
54	민속자연사박물관	제주제주	064-710-7708	http://museum.jeju.go.kr	
55	제주신영영화박물관	제주서귀포	064-764-7777	http://www.jejuscm.co.kr	

9. 유적지

순	명칭	지역	문화재자료	출토유물	비고
1	선사시대암사동선사유적지	서울강동	사적267호	어망추, 화살촉, 빗살무늬토기	
2	고인돌강화지석묘	인천강화	사적제137호	청동기시대유물	
3	둔산선사유적지	대전서구	기념물제28호	몸돌, 격지, 망치돌	
4	파주덕은리 주거지 및 지석묘군	경기파주	사적제148호	청동기유물	
5	단양금굴구석기유적지	충북단양	기념물제101호	주먹도끼, 코뿔소	
6	부안구암리지석묘군	전북부안	사적제103호		
7	고창지석묘군	전북고창	사적제391호	청동기시대	
8	양암장천리선사주거지	전남영암	기념물제98호	무문토기, 어망초	
9	주암댐지 석묘군	전남순천	기념물제154호	간돌검, 돌화살촉	
10	화순효산리 및, 대신리 지석묘군	전남화순	사적310호	청동기	

10. 미술관

순	미술관명	지역	전화	사이트	비고
1	덕수궁미술관	서울중구	02-2022-0600	http://www.moca.go.kr	
2	서울시립미술관	서울종로	02-120	http://seoulmoa.seoul.go.kr	
3	부산광역시립미술관	부산해운대	051-744-2602	http://art.busan.go.kr/	
4	한광미술관	부산중구	05-469-4111	http://visit.busan.kr	
5	벽아미술관	대구남구	053-625-7000	http://www.farrang.com	
6	송암미술관	인천남구	032-833-2602	http://songam.incheon.go.kr/	
7	광주시립미술관	광주북구	062-613-7100	http://www.artmuse.gwangju.go.kr/	
8	대림문화재단한림미술관	대전중구	042-222-1211	http://www.daelimmuseum.org	
9	국립현대미술관	경기과천	02-2188-6000	http://www.moca.go.kr	
10	석봉도자기미술관	경기여주	033-638-7711	http://www.dogong.net	
11	한국미술관	경기용인	031-283-6418	www.hartm.com/	
12	해강도자기미술관	경기이천	031-634-2266	http://www.고려청자.com/	
13	호암미술관	경기용인	031-320-1801	http://hoam.samsungfoundation.org/	
14	운향미술관	충북청원	043-213-3644	http://www.farrang.com	
15	남진미술관	전남 진도	061-543-6622	http://hijindo.hihome.com/	
16	전남옥과미술관	전남곡성	061-363-7278	http://www.okart.org/	
17	아트선재미술관	경북경주	054-745-7075	http://www.artsonje.org/kyongju/	
18	서귀포시기당미술관	제주서귀포	064-733-1586	http://gidang.seogwipo.go.kr	

11. 기념관 및 전시관

순	명칭	지역	전화번호	사이트	비고
1	국회헌정기념관	서울영등포	02-788-3656	http://memorial.assembly.go.kr	
2	궁중유물전시관	서울중구	02-771-9951	http://www.royalmuseum.go.kr	
3	도산안창호기념관	서울강남	02-541-1800	http://www.ahnchangho.or.kr	
4	백범김구기념관	서울용산	02-719-1311	http://www.kimkoomuseum.org	
5	서울올림픽기념관	서울송파	02-410-1051	http://www.seoulolympicmuseum.com	
6	서울중요무형문화재전수회관	서울강남	02-3011-2178	http://www.fpcp.or.kr	
7	세종대왕기념관	서울동대문	02-969-8851	http://www.sejongkorea.org	
8	안중근의사기념관	서울중구	02-771-4195	http://www.patriot.or.kr	
9	전쟁기념관	서울용산	02-709-3139	http://warmemo.co.kr	
10	체신기념관	서울종로	02-734-8369	http://www.postmuseum.go.kr	
11	한국은행화폐전시실	서울중구	02-759-4881~2	http://museum.bok.or.kr	
12	한국잡지종합전시관	서울영등포	02-780-9031~2	http://www.kmpa.or.kr/02/06.asp	
13	인천상륙작전기념관	인천연수	032-832-0915	http://www.puchon.net/recommended_place/landing.htm	
14	강화역사관	인천강화	011-328-1400	http://www.ganghwaro.com/mnd/yuksakan5.htm	
15	제암리3.1운동순국기념관	경기화성	031-369-1663	http://www.jeam.go.kr	
16	청구문화관	경기성남	031-711-1009	http://www.kha.c.kr	주택
17	독립기념관	충남천안	041-560-0114	http://www.imdependence.or.kr	
18	강원도향토공예관	강원춘천	033-241-0284	http://	
19	이승복기념관	강원평창	033-332-4323	http://www.leesb-memorial.or.kr	
20	춘천지구전적기념관	강원춘천	033-254-6670	http://www.army.go.kr/news/magazine/236/77.htm	
21	목포문예역사관	전남목포	061-274-3655	http://www.knto.or.kr	
22	제주민속촌	제주남제주	064-787-4501	http://www.jejufolk.com	

12. 향토 문화제 및 축제

순	명칭	지역	전화번호	사이트	시기
1	국악문화대축제	서울종로	02-731-0114		10월경
2	낙성대인헌제	서울관악	02-885-5975	http://kccf.or.kr	10월경
3	남이장군대제	서울용산	02-703-3320	http://www.visitseoul.net	10월경
4	노들한마당축제	서울동작	02-820-1410	http://www.dongjak.seoul.kr	10월경
5	바위절마을제	서울강동	02-480-1410	http://www.cha.go.kr	10월경
6	선농제향	서울동대문	02-2241-9300	http://www.ddm.go.kr	매년 곡우일 (4월 20일)
7	용두문화제	서울동대문	02-926-6317	http://kccf.or.kr	10월경
8	한성백제문화제	서울송파	02-414-0354	http://spcc.or.kr	격년, 9월 중순
9	낙동민속예술제	부산북구	051-309-4068	http://www.bsbukgu.go.kr	10월경
10	해운대달맞이축제	부산해운대	051-746-5276	www.hudbj.com	음력 1월 15일
11	달구벌축제	대구	053-429-3331	http://culture.daegu.go.kr/	10월경
12	화도진축제	인천동구청	032-761-0151	http://donggu.inchen.kr	3월경

13	고싸움놀이축제	광주남구	062-374-3839	http://namgu.gwangju.kr	정월보름
14	동춘당문화제	대전대덕	042-600-2433	http://metro.daejun.kr	11월 초
15	처용문화제	울산남구	052-229-3855	http://www.cheoyong.or.kr	10월
16	다산문화제	경기남양주	031-592-0667	http://www.nyj.or.kr	
17	양주문화제	경기양주	031-836-6467	http://cc482yj.co.kr	10월
18	율곡문화제	경기파주	031-941-2425	http://tournet.chollian.net/korea/k_city/festival/spe_fs_10_s1_03.html	10월
19	천마산산신제	경기남양주	031-592-0667	http://www.nyj.or.kr	음력3.3
20	행주대첩제	경기고양	031-961-2580	http://www.goyang.co.kr/main/hangju/deje.htm	5월
21	화성문화제	경기수원	031-228-2471	http://www.suwon.ne.kr	
22	강릉단오제	강원강릉	031-648-3014	http://danoje.org	단오 전후
23	단종문화제	강원영월	033-374-2101	http://www.youngwol.com	4월 초
24	망월제	강원강릉	033-640-4541	http://gangneung.gangwon.kr	정월보름
25	비목문화제	강원화천	033-440-2545	http://www.bimok.com	6월
26	원주한지문화제	강원원주	033-731-1364	http://www.wjhanji.co.kr	9월
27	정선아리랑제	강원정선	033-563-2646	http://tournet.chollian.net/korea/k_city/festival/spe_fs_10_s2_03.html	10월초
28	태기문화제	강원횡성	033-343-2271	www.hs-culture.or.kr	정월보름
29	효석문화제	강원평창	033-335-2323	http://www.bongpyong.co.kr	9~10월중
30	난계국악축제	충북영동	043-742-2215	http://yeongdong.chungnam.kr	9~10월초
31	속리축전	충북보은	043-544-2314	http://boeun.chungnam.kr	음 4월 8일 전후
32	우륵문화제	충북충주	043-850-5162	http://chungju.chungbuk.kr	9~10월 중
33	기지시줄다리기	충남당진	041-350-3224	http://www.gijusi.org	
34	도원문화제	충남연기	041-861-2224	http://gun.yeongi.chungnam.kr	4월경
35	백제문화제	충남공주, 부여	041-850-4540	http://www.bae-kje.com	10월
36	상록문화제	충남당진	041-357-4151	http://www.tangjin-gun.chungnam.kr	10월
37	연산백중놀이	충남논산	041-730-1224	http://nonsan.chungnam.kr	음 7월 15일
38	온양문화제	충남아산	041-540-2404	http://www.onyoangfestival.co.kr	10월
39	은산별신제	충남부여	041-835-3318	http://www.bae-kje.com	음력 정월
40	한산모시문화제	충남서천	041-950-4114	http://www.seocheongo.kr	5월
41	갑오동학혁명기념문화제	전북정읍	063-533-9182	http://www.donghak.or.kr	5월경
42	모양성제	전북고창	063-560-2313	http://cein21.net/hwangto/gochang/gochang27.htm	음 9월 9일 전후
43	순창군민속놀이경연대회	전북순창	063-653-2101	http://mahan.wonkwang.ac.kr	4월 15일경
44	위도띠뱃놀이	전북부안	063-584-5987	http://june.ac.kr/museum/std/buan/see-1.htm	음 1월 3일
45	전주풍남제	전북전주	063-281-2515	http://jjnj.co.kr	5월1일
46	줄포연날리기	전북부안	063-580-4191	http://besarang.co.kr	음 1월 15일
47	춘향제	전북남원	063-620-6249	http://chunhyang.or.kr	음 4월 8일 전후
48	흥부제	전북남원	"	http://heungbu.or.kr	음 9월 9일 전후
49	강강술래향토축제	전남해남	063-530-5577	http://kccf.or.kr	음 8월 15일 전후
50	강진청자문화제	전남강진	061-430-3223	http://www.gangjinfes.or.kr	8~9월 중

51	군민한마음풍년대잔치	전남무안	061-450-5254	http://www.kccf.or.kr	9월 28일
52	기산제	전남함평	061-322-0061	http://www.namdeok.hs.kr	4월 중순
53	낙안민속문화축제	전남순천	061-749-337	http://nagan.or.kr	5월 말
54	남도음식대축제	전남순천	061-744-8111	http://tourguide.co.kr	10월
55	법정단오제	전남영광		http://www.danoje.co.kr/	단오
56	삼색유산놀이한마당잔치	전남나주	061-330-5500	http://www.hamdeok.hs.kr/studentlife/studhome	5월 17일
57	영등축제	전남진도	061-544-2181	http://tourguide.co.kr	5월 초
58	홍길동축제	전남장성	061-390-7224	http://changsung.chonnam.kr	5월 초
59	달집놀이	경북청도	051-610-4061	http://dongsamuso.co.kr/	음 1월 15일
60	자인단오한장군문화제	경북경산	054-844-0721	http://tourguide.co.kr	격년단오
61	청도투우대회	경북청도	054-370-6061	http://chongdost.com.ne.kr	3월 초
62	화양줄다리기	경북청도	054-702-1705	http://mct.go.kr	음 1월 15일경
63	가락문화제	경남김해	055-330-3114	http://www.garakfestival.com	음 3월 15일
64	개천예술제	경남진주	055-755-9111	http://www.geacheonart.org	10월
65	와룡문화제	경남사천	055-832-7901	http://tourguide.co.kr	10월
66	한산대첩축제	경남통영	055-644-5222	http://hansandaecheob.or.kr	8월 중순경
67	덕수리전통민속재현행사	제주남제주		http://www.hamdeok.hs.kr/studentlife/studhome	10월경
68	정의골민속한마당축제	제주남제주	064-730-1239	http://hakane.com/festival/6.htm	10월경

13. 요(窯: 도자기 공장) 체험장

순	이름	지역	전화번호	사이트	비고
1	도자기 여행	경기이천	031-633-9008	http://www.ceramictour.com	
2	여주도예촌	경기여주	031-886-4393	http://ceravill.co.kr/	도자기박람회(4~5월)
3	이천도자기체험	경기이천	031-8232-2299	http://www.ichontour.com	
4	황담요	경북문경	054-572-1765	http://www.doyechon.co.kr	

14. 기상대

순	명칭	지역	구역	전화번호	사이트	비고
1	기상청	서울동작	전국	02-2281-0900	http://www.kma.ga.kr	
2	기상연구소	서울동작	전국	02-6712-0213	http://www.nimr.go.kr	
3	부산지방기상청	부산동래	영남	051-718-0200	http://busan.kma.go.kr	
4	항공기상대	인천중구	경인권	032-740-2800	http://www.kma-awo.go.kr	
5	광주지방기상청	광주북구	호남	062-720-0200	http://www.kma.ga.kr	
6	대전지방기상청	대전유성	충청권	042-862-0367	http://www.kma.ga.kr	
7	시민천문대	대전유성	대전	042-863-8763	http://star.metro.daejeon.kr	
8	한국천문연구원	대전유성	전국	042-855-3332	http://www.kasi.re.kr	
9	강원지방기상청	강원강릉	강원	033-650-0430	http://www.kma.ga.kr	
10	별마도천문대	강원영월	강원	033-374-7460	http://www.yao.or.kr	

11	충주기상대	충북충주	충북	043-853-0365	http://chungju..kma,go.kr	
12	부여관측소	충남부여	충남	041-832-0365		
13	서산기상대	충남서산	충남	041-660-2365		
14	여수기상대	전남여수	전남	061-664-7365		
15	제주지방기상청	제주제주	제주	064-726-0367	http://jeju.kma.go.kr/	

15. 천문대

순	천문대명	지 역	전화 번호	사이트	비고
1	부산대학교천문대	부산금정	051-510-1356	http://earth.es.pusan.ac.kr	
2	안성천문대	경기안성	031-677-2245	http://www.nicestar.co.kr	
3	세종천문대	경기여주	031-886-2200	http://www.sejongobs.co.kr	
4	코스모피아천문대	경기가평	031-585-0482	http://www.cosmopia.net	
5	서당골천문대	충북보은	031-542-0981	http://www.seodanggol.co.kr/	
7	소백산천문대	충북단양	043-422-1108	http://saso.kasi.re.kr	
8	별마로천문대	강원영월	033-374-7460	http://www.yao.or.kr	
9	중미산천문대	경기양평	031-771-0306	http://www.astrocafe.co.kr	
10	자연과별천문대	경기가평	031-581-4001	http://www.naturestar.co.kr	
11	보현산천문대	경북영천	054-330-1000	http://www.boao.re.kr	

16. 방송국

순	명칭	지역	방송구역	전화번호	사이트
1	한국방송공사(KBS)	서울영등포	전국	02-781-1000	http://www.kbs.co.kr
2	문화방송(MBC)	서울영등포	전국	02-789-0011	http://www.imbc.com
3	서울방송(SBS)	서울영등포	전국	02-2061-0006	http://www.sbs.co.kr
4	교통방송(TBS)	서울중구	전국	02-311-5114	http://www.tbs.seoul.kr
5	한국교육방송공사(EBS)	서울서초구	전국	02-526-2000	http://www.ebs.co.kr
6	부산문화방송	부산수영	부산, 경남	051-760-1000	http://www.busanmbc.co.kr/
7	부산총국(KBS)	부산수영	부산, 경남	051-620-7100	http://busan.kbs.co.kr/
8	대구문화방송	대구수성	대구, 경북	053-740-9500	http://www.dgmbc.com/
9	대구총국(KBS)	대구수성	대구,경북	053-757-7100	http://daegu.kbskorea.net/
10	광주문화방송	광주남구	광주,전라	062-360-2000	http://www.kjmbc.co.kr
11	광주총국(KBS)	광주서구	광주,전라	062-610-7100	http://gwangju.kbs.co.kr/
12	대전문화방송	대전유성	대전,충남	042-330-3114	http://www.tjmbc.co.kr
13	대전방송(TJB)	대전동구	대전,충남	042-285-5813	http://www.tjb.co.kr
14	대전총국(KBS)	대전서구	대전,충청	042-470-7100	http://daejeon.kbs.co.kr/
15	울산문화방송	울산중구	울산,경남	052-290-1114	http://www.usmbc.co.kr
16	울산방송(UBC)	울남남구	울산,경남	052-228-6000	http://www.ubc.co.kr
17	울산총국(KBS)	울산남구	울산,경남	052-270-7100	http://ulsan.kbskorea.net/
18	경기방송	경기수원	경기남부	031-210-0999	http://www.kfm.co.kr/
19	강릉국(KBS)	강원강릉	강원	033-640-7100	http://gangneung.kbs.co.kr/

20	강릉문화방송	강원강릉	강원	033-610-2114	http://www.krmbc.co.kr
21	강원민방(GTB)	강원춘천	강원	033-248-5000	http://www.igtb.co.kr/
22	삼척문화방송	강원삼척	강원	033-571-3114	http://www.scmbc.co.kr
23	원주국(KBS)	강원원주	강원	033-760-7400	http://wonju.kbs.co.kr/
24	원주문화방송	강원원주	강원	033-741-8114	http://www.wjmbc.co.kr/
25	춘천문화방송	강원춘천	강원	033-259-1215	http://www.chmbc.co.kr
26	춘천총국(KBS)	강원춘천	강원	033-258-7100	http://churichon.kbs.co.kr
27	청주문화방송	충북청주	충북	043-229-7114	http://www.mbccj.co.kr
28	청주방송(CJB)	충북청주	충북	043-265-7000	http://www.cjb.co.kr
29	청주총국(KBS)	충북청주	충북	043-260-7100	http://cheongju.kbskorea.net
30	충주국(KBS)	충북충주	충북북부	043-840-7100	http://chungju.kbskorea.net
31	충주문화방송	충북충주	충북북부	043-841-8114	http://www.cjmbc.co.kr
32	전주문화방송	전북전주	전북	063-220-8000	http://www.jmbc.co.kr
33	전주총국(KBS)	전북전주	전북	063-270-7100	http://jeonju.kbs.co.kr
34	목포국(KBS)	전남목포	전남	061-270-7100	http://mokpo.kbs.co.kr
35	목포문화방송	전남목포	전남	061-270-9000	http://www.mokpombc.co.kr
36	순천국(KBS)	전남순천	전남	061-750-7100	http://suncheon.kbskorea.net
37	진주문화방송	경남진주	경남	055-771-2114	http://www.jinjumbc.co.kr
38	창원총국(KBS)	경남창원	경남	055-280-7100	http://changwon.kbs.co.kr
39	제주문화방송	제주제주	제주	064-740-2114	http://www.chejumbc.co.kr
40	제주총국(KBS)	제주제주	제주	064-740-7100	http://jeju.kbskorea.net

17. 신문사

순	명칭	지역	전화번호	사이트	비고
1	경향신문	서울중구	02-3701-1114	http://www.khan.co.kr	
2	국민일보	서울영등포	02-781-9114	http://www.kukminilbo.co.kr	
3	서울신문	서울중구	02-2000-9595	http://www.kdaily.com	
4	동아일보	서울종로	02-2020-0114	http://www.donga.co.	
5	문화일보	서울중구	02-3701-5114	http://www.munhwa.com	
6	세계일보	서울용산	02-2000-1234	http://www.segyetimes.co.kr	
7	조선일보	서울중구	02-724-5114	http://www.chosum.com	
8	중앙일보	서울중구	02-751-5114	http://www.joongang.co.kr	
9	한겨레신문	서울마포	02-710-0114	http://www.hani.co.kr	
10	한국일보	서울종로	02-724-2114	http://www.hankooki.com	
11	부산일보	부산동구	051-461-4114	http://www.pusanilbo.com	
12	매일신문	대구중구	053-255-5001	http://www.imaeol.com	
13	전남매일	광주동구	062-527-0015	http://www.jnilbo.com	
14	대전일보	대전갈마	042-251-3311	http://www.daejonilbo.com	

15	경상일보	울산남구	052-224-1001	http://www.ksilbi.co.kr	
16	경기신문	경기수원	031-2688-114	http://www.kgnews.co.kr	
17	강원일보	강원춘천	033-258-1000	http://www.kwnews.co.kr	
18	충남신문	충남천안	041-622-8886	http://www.newscn.co.kr	
19	충북신문	충북청주	043-277-2114	http://cb365.co.kr	
20	새전북신문	전주완산	063-230-5700	http://www.sjbnews.com	
21	경북일보	경북포항	054-289-2215	http://www.kyongbuk.co.kr	
22	경남일보	경남진주	055-751-1000	http://www.gnnews.co.kr	
23	제민일보	제주제주	064-741-3111	http://www.jemin.com	

18. 수자원공사 및 주요 상수도사업소

순	명칭	지역	전화번호	사이트	비고
1	한국수자원공사	대전대덕	042-629-3114	http://www.kowaco.or.kr	
2	포천군수도사업소	경기포천	031-530-8581	http://www.posudo.net	
3	태백시상수도사업소	강원태백	033-550-2731	http://water.taebaek.go,kr	
4	제천시수도사업소	충북제천	043-643-6128	http://www.jmsudo.go.kr	
5	익산시상하수도사업소	전북익산	063-840-3521	http://water.iksan.chonbuk.kr	
6	전주시상수도사업소	전북전주	063-220-7740	http://water.jeomju.go.kr	
7	마산시상하수도사업소	경남마산	052-240-2311	http://water.masan.go.kr	

19. 과학관탐구관

순	명칭	지역	전화번호	사이트	비고
1	국립서울과학관	서울종로	02-3668-2200	http://www.ssm.go.kr/	
2	서울과학교육원	서울중구			
3	육영재단어린이회관	서울광진	02-2204-6028	http://www.yookyoung.org/	
4	은암자연과학박물관	인천강화	032-934-8872	http://www.kangwhahiking.com/jayonsa/	
5	부산광역시과학교육원	부산연제	051-753-9853	http://www.bise.go.kr/	
6	부산광역시어린이회관	부산진구	051-810-8800	http://www.childpia.kr/	
7	수산과학관	부산기장	051-720-3069	http://fsm.nfrda.re.kr/	
8	부산청소년과학관	부산진구	051-808-3600	http:/lgseience.co.kr	
9	대구교육과학연구원	대구수성	053-760-3225	http://www.desri.or.kr/	
10	대구어린이회관	대구수성	053-760-0613	http://www.daegu.go.kr/Childhall/	
11	광주교육과학연구원	광주동구	062-220-9713	http://gise.gen.go.kr/	
12	국립중앙과학관	대전유성	042-601-7894	http://www.science.go.kr	
13	충남교육연구정보원	대전중구	042-582-6451	http://home.edus.or.kr/	
14	경기도교육정보연구원	경기수원	031-249-0700	http://www.kerinet.re.kr/	
15	강원도교육과학연구원	강원춘천	033-250-2474	http:/keric.or.kr	
16	충북교육과학연구원	충북청원	043-229-1800	http://www.cbesr.or.kr	

17	전북교육연구정보원	전북전주	063-227-1731	http://jis.jbedunet.com/	
18	전라북도어린이회관	전북전주	063-290-6688	http://child.jeonbuk.go.kr/	
19	전남교육과학연구원	전남나주	061-330-2103	http://www.jeri.go.kr/	
20	경상북도과학교육원	경북포항	054-230-5599	http://www.gsei.kr/	
21	예천천문우주센터	경북예천	054-654-1710	http://www.portsky.net	
22	신라역사과학관	경북경주	054-745-4998	http://www.sasm.or.kr/	
23	경남교육연구정보원	경남창원	055-269-0777	http://www.geric.kr/	
24	제주도교육과학연구원	제주제주	064-758-9959	http://www.cisec.or.kr/	

20. 놀이공원 및 유원지

순	명칭	지역	전화번호	사이트	비고
1	남산야외식물원	서울용산	02-798-3771		
2	롯데월드	서울송파	02-411-2000	http://www.lottewirld.com	
3	목동아이스링크	서울목동	02-2649-8454	http://www.mdicerlink.co.kr	
4	민들레식물원	서울서초	02-445-4117		
5	어린이대공원	서울광진	02-450-9311	http://www.sisul.or.kr/sub05/	
6	63빌딩	서울여의도	02-789-5663	http://www.63.co.kr/	
7	금강공원	부산동래	051-582-3284	http://geumgangpark.bisco.or.kr	
8	부산아쿠아리움	부산중구	051-740-1711	http://www.busanaquarium.com/	
9	성지곡동물원	부산진구	051-816-3971	http://www.thepark.co.kr/	
10	달성공원동물원	대구중구	053-554-7907	http://www.daegu.go.kr/Dalseongpark/	
11	우방랜드	대구달서	053-620-0001	http://www.woobangland.co.kr	
12	송도유원지	인천연수	032-832-0011	http://www.songdoresort.co.kr	
13	금호패밀리랜드	광주북구	062-607-8000	http://fl.kumho.co.kr/	
14	꿈돌이랜드	대전유성	042-862-4000	http://www.kumdori.co.kr	
15	대전오월드	대전중구	042-580-4820	http://www.oworld.co.kr/	
16	엑스포과학공원	대전유성	042-866-5114	http://www.expopark.co.kr	
17	울산대공원	울산남구	052-271-8818	http://www.ulsanpark.com	
18	서울랜드	경기과천	02-509-6000	http://www.seoulland.co.kr	
19	에버랜드	경기용인	031-320-5000	http://www.everland.co.kr	
20	원더존	경기부천	032-667-9600	http://www.wonderzone.co.kr	
21	테마동물원쥬쥬	경기고양	031-962-4500	http://www.themezoozoo.com	
22	한국민속촌	경기용인	031-288-0000	http://www.koreanfolk.co.kr	
23	춘천육림공원	강원춘천	033-252-7226		
24	청주랜드	충북청주	043-200-4735	http://www.cjuland.co.kr/	
25	삽교호함상공원	충남당진	041-363-6960	http://www.sgmp.co.kr/	
26	천안상록리조트	충남천안	041-560-9011	http://www.sangnokresort.co.kr	
27	원숭이학교	전북부안	063-584-0708	http://www.hibull.co.kr/	
28	전주동물원	전북전주	063-281-2713	http://zoo.jeonju.go.kr/	
29	경주대명리조트	경북경주	1588-4888	http://www.daemyungresort.com/asp/resort/gyeongju/main.asp	
30	경주월드리조트	경북경주	054-745-7711	http://www.gjw.co.kr/	

31	구미금오랜드	경북구미	054-451-8500	http://www.gumoland.co.kr	
32	기청산식물원	경북포항	054-232-4129	http://www.key-chungsan.co.kr	
33	돝섬해상유원지	경남마산	055-223-9561		
34	부곡하와이	경남창녕	055-536-6331	http://www.bugokhawaii.co.kr	
35	통도환타지아	경남양산	055-379-7000	http://www.fantasia.co.kr	
36	소인국테마파크	제주서귀포	064-794-5400	http://www.soingook.com	
37	여미지식물원	제주서귀포	064-735-1100	http://www.yeomiji.or.kr/	
38	제주도퍼시픽랜드	제주서귀포	064-738-2888	http://www.pacificland.co.kr/	
39	한림공원	제주서귀포	064-796-0006	http://www.hallimpark.co.kr/	

21. 수목원 및 휴양림

순	명 칭	지역	전화번호	사이트
1	홍릉수목원	서울 청량리	02-961-2525	http://viewkorea.co.kr/Korean/hongreung.htm
2	비슬산자연휴양림	대구 달성	053-614-5841	http://tourl33.co.kr/tour/area/kb/hyuyang/visulsan.htm
3	만인산자연휴양림	대전 하소	042-273-1945	http://www.gosan21.net/san/manin.html
4	장태산자연휴양림	대전 장안	042-585-3501	http://jhangtaesan.co.kr
5	간월자연휴양림	울산 간월	050-469-6982	http://foa.go.kr
6	산불산폭포자연휴양림	울산울주	053-383-6493	http://huyang.go.kr/rest/foarest/shinbulsan/intro.jsp
7	국립수목원	경기 포천	031-540-2000	http://www.kna.go.kr/
8	아침고요수목원	경기 가평	1544-6703	http://www.morningcalm.co.kr/
9	유명산자연휴양림	경기 가평	031-589-5487	
10	축령산자연휴양림	경기 남양주	061-390-7770	http://chukryoung.net
11	중미산자연휴양림	경기 양평	031-771-7166	
12	가리산자연휴양림	강원 홍천	033-435-6035	http://www.garisan.kr/
13	가리왕산자연휴양림	강원 정선	033-562-5833	\
14	삼척휴양림	강원 삼척	033-573-4659	http://www.knto.or.kr/Korean/tour/sight_detail.jsp?i_seqno=495&i_type=15&i_areacode=32
15	대관령자연휴양림	강원 강릉	033-644-8327	
16	둔내자연휴양림	강원 횡성	033-343-8155	http://www.dunnae.co.kr/main/intro.html
17	미천골자연휴양림	강원 양양	033-673-1806	
18	방태산자연휴양림	강원 인제	033-463-8590	
19	삼봉자연휴양림	강원 홍천	033-435-8536	
20	용대자연휴양림	강원 인제	033-462-5031	
21	집다리골자연휴양림	강원 춘천	033-243-1443	http://www.jipdari.com/
22	청태산자연휴양림	강원 횡성	033-343-9707	
23	치악산자연휴양림	강원 원주	033-762-8288	http://www.chiakforest.com/
24	계명산자연휴양림	충북 충주	054-822-6920	http://gmf.cj100.net/main.asp
25	박달재자연휴양림	충북 제천	043-652-0910	http://www.cbhuyang.go.kr/bakdaljae/
26	봉황자연휴양림	충북 충주	043-850-7315	http://bhf.cj100.net/main.asp
27	장용산자연휴양림	충북 옥천	043-733-9615	http://jaf.cbhuyang.go.kr/html/jrhuyang/
28	조령산자연휴양림	충북 괴산	043-833-7994	http://jof.cbhuyang.go.kr/main.asp

29	금강자연휴양림	충남 공주	041-850-2686	http://www.keumkang.go.kr/
30	남이자연휴양림	충남 남이	041-750-2936	http://forestown.geumsan.go.kr
31	만수산자연휴양림	충남 부여	041-830-2348	http://www.mansusan.net
32	성주산자연휴양림	충남 보령	041-930-3529	http://seongjusan.brcn.go.kr
33	안면도자연휴양림	충남 태안	041-674-5019	http://www.anmyonhuyang.go.kr
34	영인산자연휴양림	충남 아산	041-540-2479	http://www.younginsan.co.kr
35	용봉산자연휴양림	충남 홍성	041-630-1788	http://www.yongbong.or.kr
36	진산자연휴양림	충남 금산	041-752-4138	http://www.ijinsan.net
37	천리포수목원	충남 태안	041-672-9310	http://www.chollipo.org
38	칠갑산자연휴양림	충남 청양	041-943-4510	http://www.chilgapsan.net
39	해송자연휴양림	충남 서천	041-953-2230	http://www.huyang.go.kr/user/forest/User_contentIn...=35&mcode=55&hcode=0187
40	대아수목원	전북 완주	063-243-1951	http://www.daeagarden.kr
41	덕유산자연휴양림	전북 무주	063-322-1097	http://www.huyang.go.kr/user/forest/User_contentIntro.action?rcode=35&mcode=55&hcode=0141
42	성수산자연휴양림	전북 임실	063-642-4523	http://www.sungsusan.co.kr
43	와룡자연휴양림	전북 장수	063-350-2493	http://www.jangsuhuyang.kr/Waryong
44	전주수목원	전북 전주	063-212-0652	http://arboretum.ex.co.kr/
45	회문산자연휴양림	전북 순창	063-653-4779	http://www.huyang.go.kr/user/forest/User_contentIntro.action?rcode=35&mcode=55&hcode=0188
46	백아산자연휴양림	전남 화순	061-379-3738	http://www.hancheon.com/baeg/main01.html
47	사평자연휴양림	전남 화순	061-372-6337	http://map.nate.com/theme/theme.map?poi_type=S&poi_id=2649801&cmd=poiView
48	완도수목원	전남 완도	061-552-1544	http://www.wando-arboretum.go.kr
49	유치자연휴양림	전남장흥	061-863-6350	http://www.yuchi.or.kr/
50	제암산자연휴양림	전남보성	061-852-4434	http://www.jeamsan.go.kr/
51	천관산자연휴양림	전남장흥	061-867-6974	
52	완도 수목원	전남완도	061-552-1532	http://www.wando-arboretum.go.kr/
53	불정자연휴양림	경북점촌	054-552-9443	
54	장곡자연휴양림	경북군위	054-380-6317	http://www.janggok.co.kr/
55	청송자연휴양림	경북청송	054-872-3163	http://www.csforest.co.kr/
56	청옥산자연휴양림	경북봉화	054-672-1051	
57	칠보산자연휴양림	경북영덕	054-732-1607	
58	토함산자연휴양림	경북경주	054-772-1254	
59	통고산자연휴양림	경북울진	054-783-3167	
60	금원산자연휴양림	경남거창	055-943-0340	http://www.greencamp.go.kr/
61	거제자연휴양림	경남거제	055-639-8115	http://www.geojehuyang.or.kr/
62	남해편백자연휴양림	경남남해	055-867-7881	
63	반성수목원	경남진주	055-771-6541	
64	용추자연휴양림	경남함양	055-963-8702	
65	원동자연휴양림	경남양산	055-382-5839	
66	지리산자연휴양림	경남함양	055-963-8133	

67	서귀포자연휴양림	제주대포동	064-738-4544	http://huyang.seogwipo.go.kr/
68	제주절물자연휴양림	제주봉개동	064-721-7421	http://jeolmul.jejusi.go.kr
69	한라 수목원	제주연동	064-710-7575	http://sumokwon.jeju.go.kr/

22. 통일 관련지역

순	명칭	지역	전화번호	사이트	비고
1	오두산통일전망대	경기파주	031-945-3171	http://www.jmd.co.kr	
2	임진각	경기파주	031-953-4854	http://peace.ethankyou.co.kr/main.jsp	
3	제3땅굴	경기파주	031-954-0303	http://www.dmzcamp.com/	
4	판문점	경기파주	031-952-8066	http://panmunjom.co.kr	
5	통일전망대	강원고성	033-682-0088	http://www.tongiltour.co.kr	
6	DMZ	경기의정부	031-850-2742	http://dmz.gg.go.kr/html/index.asp	

23. 전국 장애인 수용 시설

순	명칭	지역	전화번호	사이트	비고
1	서울장애인종합복지관	서울강동	02-440-5700	http://www.seoulrehab.or.kr	
2	성보재활원	대구북구	053-941-8328	http://www.seongbo.or.kr	
3	남동장애인종합복지관	인천남동	032-472-4004	http://www.ndrehab.or.kr	
4	가평꽃동네	경기가평	031-589-0114	http://www.kkotgp.or.kr	
5	한신부천재활원	경기부천	051-248-8599	http://www.kdr.or.kr	
6	음성꽃동네	충북음성	043-879-0100	http://www.kkot.or.kr	
7	희망재활원	충북청주	043-295-9010	http://www.powerwheel.or.kr	
8	명주원	충남공주	041-856-7296	http://www.mjw.or.kr	
9	대동시온재활원	경북경산	053-712-3200	http://www.dedong.org	
10	청주재활원	경북청주	053-852-0423	http://www.cg0329.org	

24. 시·도청, 시·도교육청

순	명칭	우편번호	주소	전화번호	사이트
1	서울특별시청	100-744	서울특별시 중구 덕수궁길 15	02-120	http://www.seoul.go.kr/
2	서울시교육청	110-101	서울 종로구 신문로2가 2-77	02-399-9114	http://www.sen.go.kr
3	부산광역시청	611-735	부산광역시 연제구 중앙대로 1001	051-120	http://www.busan.go.kr/
4	부산시교육청	614-703	부산진구 양정1동 455-1	051-860-0114	http://www.pen.go.kr
5	대구광역시청	700-714	대구 중구 공평로 130(동인1가 1번지)	053-803-0114	http://www.daegu.go.kr
6	대구시교육청	706-032	대구 수성구 난초로 38(수성2가 119-2)	053-757-8000	http://www.dge.go.kr
7	인천광역시청	405-750	인천광역시 남동구 정각로 29	032-440-2114	http://www.incheon.go.kr
8	인천시교육청	405-704	인천 남동구 시청앞길9(구월동1137)	032-423-3303	http://www.ice.go.kr
9	광주광역시청	501-701	광주광역시 서구 내방로111	062-120	www.gwangju.go.krr

10	광주시교육청	502-704	광주광역시 서구 화정동 657-37	062-380-4500	http://www.gen.go.kr/
11	대전광역시청	302-789	대전 서구 둔산동 1420	042-600-3114	http://www.daejeon.go.kr
12	대전시교육청	302-703	대전 서구 둔산동 1294번지	042-480-7979	http://www.dje.go.kr/
13	울산광역시청	680-701	울산광역시 남구 중앙로 201	052-229-2000	http://www.ulsan.go.kr
14	울산시교육청	680-823	울산광역시 중구 유곡동 위치	052-210-5400	http://www.use.go.kr/
15	경기도청	441-701	경기도 수원시 팔달구 효원로1	031-120	http://www.gg.go.kr
16	경기도교육청	440-843	경기 수원시 장안구 조원동495	031-249-0114	http://www.goe.go.kr/
17	강원도청	200-700	강원도 춘천시 중앙로 1	033-254-2011	http://www.provin.kangwon.kr
18	강원도교육청	200-713	강원도 춘천시 사농동	033-253-5321	http://www.kwe.go.kr/
19	충청북도청	360-765	충청북도 청주시 상당구 상당로 82	043-220-2114	http://www.cb21.net/
20	충청북도교육청	361-701	충청북도 청주시 흥덕구 청남로 1929	043-290-2527	http://www.cbe.go.kr/
21	충청남도청	301-763	대전 중구 중앙로 101	042-220-3114	http://www.chungnam.net/
22	충청남도교육청	301-705	대전 중구 문화로 234번길 34	042-580-7114	http://www.cne.go.kr/
23	전라북도청	560-761	전라북도 전주시 완산구 효자로 225	063-280-214	http://www.jeonbuk.go.kr/
24	전라북도교육청	560-890	전라북도 전주시 완산구 홍산로 111	063-239-3114	http://www.jbe.go.kr/
25	전라남도청	534-700	전남 무안군 삼향읍 오룡길1	061-247-0111	http://www.jeonnam.go.kr/
26	전라남도교육청	534-704	전남 무안군 삼향읍 어진누리길 10	061-260-0117	http://www.jne.go.kr/
27	경상북도청	702-702	대구 북구 연암로 60	053-959-0114	http://www.gb.go.kr/
28	경상북도교육청	702-702	대구 북구 연암로 60	053-603-3800	http://www.gbe.go.kr/
29	경상남도청	641-702	경남 창원시 의창구 중앙대로 300	055-211-2114	http://www.gsnd.net/
30	경상남도교육청	641-719	경남 창원시 의창구 중앙대로 241	055-268-1100	http://www.gne.go.kr/
31	제주도청	690-700	제주특별자치도 제주시 문연로6	064-710-3009	http://www.jeju.go.kr/
32	제주도교육청	690-703	제주특별자치도 제주시 문연로6	064-710-0114	http://www.jje.go.kr/

25. 갯벌 탐사지

순	지역	탐사지	전화번호	사이트	갯벌성격(발견되는종)
1	인천 시화호부근	대부도			
2	인천 강화 남단	장화리갯벌, 동막해수욕장갯벌, 초지리갯벌	032-930-3221 032-937-9668		
3	인천 남동 논현동	소래갯벌	032-427-2701		
4	경기 안산(시화호 인근 섬)	대부도 갯벌생태학교	032-884-8100		
5	경기 화성	해양갯벌 (서성초교제부도분교)	031-369-2361	http://www.jebudo.com/ http://www.westzone.co.kr/	
6	충남 서천 비인	장포리갯벌 월하성갯벌			
7	전북 부안 변산반도국립공원	고사포해수욕장갯벌	063-582-7808		모래갯벌 (맛조개, 갯지렁이)
8	전북 부안	새만금간척일대 갯벌	063-580-4191	www.buan.go.kr	
9	전남 목포	압해도갯벌			펄갯벌(굴,따개비.게,고동)
10	전남 여수 돌산지역	방죽포해수욕장 갯벌	061-644-3693		모래갯벌(성게,불가사리)
11	전남 함평	돌머리해수욕장 갯벌	061-320-3333		진흙갯벌(굴, 따개비)

26. 기타 체험관

순	체험활동처	지 역	전화번호	사이트	비 고
1	홀로세생태학교	강원횡성	033-345-2254	http://www.holoce.net/	자연체험
2	월악민속놀이학교	충북제천	043-651-2866	http://www.woorii.co.kr	전통놀이
3	어깨동무자연학습원	충남공주	041-855-0355	http://www.banposchool.com	나비관찰 등
4	전통문화체험학교	경북칠곡	054-972-9795	http://ccamp.kbcs.ac.kr	

27. 유명한 공장(회사)

순	회사명	사이트	전화번호	지역	비고
1	LG전자	http://www.lge.co.kr/	02-3777-1114	서울영등포	전자
2	한국플루크	http://www.flukekorea.co.kr/	02-539-6311	서울강남	
3	나이키	https://www.nike.co.kr/	02-2006-5700	서울강남	신발
4	프로스펙스	http://www.pro-specs.com/	02-799-7114	서울용산	신발
5	화승	http://www.hwaseung.co.kr/	02-3200-600	서울서초	신발
6	금강㈜	http://www.kumkang.com/	02-3489-5959	서울서초	신발
7	해태제과	http://www.ht.co.kr/	02-709-7766	서울용산	식품
8	㈜오리온	http://www.orionworld.com/	02-710-6000	서울용산	식품
9	CJ주식회사	http://www.cj.net	02-726-8114	서울중구	식품
10	아가방	http://www.agabang.com	02-527-1300	서울강남	의류
11	㈜나산	http://ww2.nasan.co.kr	02-3456-9000	서울강남	의류
12	신영와코루	http://venus.co.kr	02-818-5114	서울금천	의류
13	㈜이랜드	http://eland.co.kr	02-323-0456	서울마포	의류
14	㈜리더스 피제이	http://www.marucasual.co.kr	02-2217-1268	서울동대문	의류
15	대선조선	http://www.daesuns.co.kr	051-419-5000	부산영도	조선
16	화승	http://www.hwaseung.co.kr	051-850-7000	부산연제	신발
17	한진 중공업	http://hanjinsc.com	051-410-3114	부산영도	
18	삼양식품	http://www.samyangfood.co.kr	051-722-3430	부산기장	식품
19	㈜세정	http://www.sejung.co.kr	051-515-9999	부산금정	의류
20	대우일렉트로닉스	http://www.dwe.co.kr/	031-880-5114	인천남구	냉장고공장
21	대우일렉트로닉스	http://www.dwe.co.kr/	031-570-7600	인천서구	VCR공장
22	대우자동차	http://www.gmdw.co.kr/	080-728-7288	인천부평	
23	대우일렉트로닉스	http://www.dwe.co.kr/	062-950-8114	광주광산	냉장고, 리빙 공장
24	대우일렉트로닉스	http://www.dwe.co.kr/	062-952-2011	광주광산	모터 공장
25	참그루	http://www.charmgrow.co.kr	042-543-5500	대전유성	식품
26	현대미포조선	http://www.hmd.co.kr/	052-250-3114	울산동구	조선
27	현대 중공업	http://hhi.co.kr	052-230-2114	울산동구	
28	현대자동차	http://www.hyundai-motor.com/	052-280-2233	울산	
29	대우일렉트로닉스	http://www.dwe.co.kr/	031)329-8114	경기용인	에어컨 공장
30	삼성전자㈜	http://www.sec.co.kr	031-200-1114	경기수원	전자
31	주 엘칸토	http://www.elcanto.co.kr/	031-739-6000	경기성남	신발

32	오뚜기㈜	http://www.ottogi.co.kr	031-421-2122	경기안양	식품
33	기아자동차	http://www.kia.co.kr/	031-801-3055	경기광명	소하리공장
34	기아자동차	http://www.kia.co.kr/	031-59-5091	경기화성	아산만공장
35	쌍용자동차	http://www.smotor.com	031-610-1114	경기평택	
36	삼양식품	http://www.samyangfood.co.kr	033-740-8200	강원원주	식품
37	현대자동차	http://www.hyundai-motor.com/	041-530-5126	충남아산	
38	삼양식품	http://www.samyangfood.co.kr	063-855-0333	전북익산	식품
39	현대자동차	http://www.hyundai-motor.com/	063-260-5125	전북진주	
40	현대삼호중공업	http://www.hshi.co.kr/	061-460-2114	전남영암	조선
41	대우일렉트로닉스	http://www.dwe.co.kr/	054-467-7114	경북구미	디지털TV, DVD 공장
42	대우조선해양	http://www.dsme.co.kr/	055-680-2114	경남거제	조선
43	stx	http://www.stx.co.kr/	055-280-0114	경남창원	조선
44	녹봉조선	http://www.nokbong.co.kr/	055-633-5711	경남거제	조선
45	대우조선해양주식회사	http://dsme.co.kr	055-680-2114	경남거제	조선
46	주식회사STX	http://sshi.co.kr	055-280-0114	경남창원	조선
47	쿠쿠홈시스㈜	http://www.sungkwang.co.kr	055-380-0700	경남양산	전자

순	지역	기관명	홈페이지 주소	탑재 위치	비고
1	서울 (전국포함)	에듀넷·중앙교수학습센터	www.edunet4u.net	홈/연수/연구정보/연구학교	
2	서울 (전국포함)	연구활동 네트워크	modelschool.edunet4u.net	홈/연구학교/연구학교 보고서	
3	부산	부산교육연구정보원	www2.busaneedu.net	홈/연구마당/연구학교	
4	대구	대구광역시교육과학연구원	www.desri.or.kr	홈/교육연구/연구학교 운영	
5	인천	인천광역시교육과학연구원	www.ienet.re.kr	홈/연구학교	
6	광주	광주광역시교육과학연구원	gise.gen.go.kr	홈/연구학교	
7	울산	울산광역시교육과학연구원	www.ulsaneedu.kr	홈/연구원 자료실/연구학교 운영	
8	대전	대전교육과학연구원	www.des.re.kr	홈/교육연구/연구학교	
9	경기	경기도교육연구정보원	www.kerinet.re.kr	홈/교육 지원/연구학교	
10	강원	강원도교육과학연구원	www.kerie.or.kr	홈/교육 연구/연구학교 운영	
11	충북	충청북도교육과학연구원	www.cbesr.or.kr	홈/연구 자료실	
12	충남	충청남도교육연구정보원	home.edus.or.kr	홈/에듀스 충남/연구학교	
13	전북	전라북도교육연구정보원	www.jbedunet.com	홈/교사/연구 자료/연구·시범학교	
14	전남	전라남도교육과학연구원	www.jeri.go.kr	홈/연구 기획/연구학교 운영	
15	경북	경상북도교육연구원	www.gber.kr	홈/연구학교	
16	경남	경상남도교수학습지원센터	www.gnedu.net	홈/교수정보/교육활동 자료/연구·시범학교	
17	제주	제주도교육과학연구원	www.cisec.or.kr	홈/교육 연구 지원부/연구학교	

제1장 봉사활동

(1) 봉사활동

1) 자원봉사의 개념

① 개인 또는 단체가 지역사회, 국가 및 인류사회를 위하여 대가 없이 자발적으로 시간과 노력을 제공하는 행위

② 어원: 자원봉사(volunteer)라는 말은 라틴어의 볼런타스(Voluntas)에서 유래하며, 이것은 인간의 자유의지, 마음속 깊이 우러나오는 의사라는 뜻이다. 즉, 의무감이 아닌 자발적으로 행하는 활동을 의미한다.

③ 현대사회에서 자원봉사라는 말이 사용된 것은 제1차 세계대전 당시 자발적으로 병역을 지원하는 지원병을 일컬어 부르면서부터였다. 이 말이 서서히 일반 시민들 사이에서 '주로 사회복지 분야에서 자발적인 활동을 하는 사람'을 지칭하게 되었다. volunteer의 개념이 우리나라로 들어오면서, 자원(自願) '스스로 원하여', 봉사(奉仕) '받들고 섬긴다'는 의미로 사용되고 있다.

2) 봉사활동의 종류

① 복지사회를 만드는 자원봉사활동

⇒ 이·미용봉사, 무료급식소 봉사활동, 저소득층 아동 학습지도, 독거노인·장애인 목욕보조, 복지시설 세탁·청소·환경정리해 주기, 복지기금 마련을 위한 모금활동 참여하기, 복지시설 및 마을의 벽을 밝게 하는 벽화 그리기, 독거노인·장애인·소년소녀가장을 위한 말벗 되어 주기

② 보건·의료를 돕는 자원봉사활동

⇒ 금연·마약퇴치 캠페인 활동, 정신과 환우들의 친구 되어 주기, 임종을 앞둔 환자들을 위한 호스피스 활동

③ 환경을 생각하는 자원봉사활동

⇒ 나무 심기, 재생비누 만들기, 깨끗한 거리 만들기, 자원 재활용 수거활동, 야생조류 보금자리 만들기

④ 지역사회를 생각하는 자원봉사활동

⇒ 지역의 문화 홍보하기, 농촌의 일손 도와주기, 공공시설물 점검, 보수하기, 지역사회 유해환경 추방 캠페인 벌이기

⑤ 교통문화발전을 위한 자원봉사활동

⇒ 교통법규위반 감시, 교통사고 가정 돕기, 안전운전 캠페인 펼치기, 교통안전 교육하기, 교통사고 응급구조 및 현장 지원하기, 어린이들을 위해 교통안전 지도 활동하기

⑥ 전통문화를 가꾸는 자원봉사활동

⇒ 유적지 환경 보존하기, 전통문화 유지·보존하기, 전통문화 설명·지도하기

⑦ 재난·재해 자원봉사활동

⇒ 재난피해지역 복구활동, 재난·재해예방을 위한 감시활동

⑧ 외국인 및 지구촌을 생각하는 자원봉사활동

⇒ 국제구호 활동에 관심 갖고 참여하기, 외국인 근로자에게 우리의 말과 글 가르치기, 열악한 환경에서 일하고 있는 외국인 노동자 도와주기

⑨ 전문기술로 참여하는 자원봉사활동

⇒ 의료자원봉사활동, 이·미용 자원봉사활동, 수화지원 자원봉사활동, 상담지원 자원봉사활동, 법률상담 자원봉사활동

(2) 봉사활동이 미치는 영향

1) 사회적 측면

① 복지국가: 모든 국민에게 소득, 영양, 보건, 주택, 교육상의 최저수준을 자선적 차원이 아니라 국민이 당연히 받아야 할 권리로 보장하는 국가

② 복지국가의 성취도는 그 사회의 도덕성·봉사의 정도에 따라 결정되는 것이다. 따라서 국민 모두의 자발적인 자원봉사활동이야말로 온전한 복지국가를 형성하는 데 기여를 하게 될 원동력이 된다.

2) 사회 기관적 측면

① 현재 우리나라에서 봉사활동은 돈이 많고 시간이 남는 사람들만이 하는 것으로 잘 못 인식하고 있거나, 자원봉사에 대한 개념이 없는 국민들이 많은 실정이다. 이러한 현실로 인해 시실이나 기관을 운영하는 일손이 싱대직으로 부족하여, 많은 사람들 에게 혜택 및 도움의 손길이 미치지 못하고 있다. 자원봉사자들의 활동은 기관을 운 영하는 직원들이 보다 긴급한 업무, 또 그들의 전문성을 요구하는 업무를 자유로이 수행할 수 있게 하여 서비스의 범위를 확대시키고 새로운 대상에게까지 확장하여 서비스를 제공할 수 있게 된다.

② 자원봉사자들의 활동은 기관 및 기관 직원들의 서비스를 풍부하게 하며, 보조한다 는 데에 그 필요성이 있다.

3) 개인적 측면

① 자신의 개인적 능력을 활용하게 되어 생활의 의의나 보람을 느끼게 된다.

② 자원봉사자의 여가를 건전하게 이용하여 개인의 발전을 도모할 수 있다.

③ 자원봉사자 간의 교류를 통하여 정보를 교환하고 사회의식을 고취시키며, 봉사자 자신의 문제를 살펴볼 수 있으며, 문제해결에 도움을 주기도 한다.

④ 사회문제 해결에 참여하여 전문적 지식을 증가시킬 수 있다.

⑤ 자원봉사자 간의 연대의식을 갖게 되어 지역사회의 소속감과 국민의식을 갖게 한다.

⑥ 사회문제에 접근하고 치료하면서, 사회나 국가에 대해 긍정적 견해를 갖게 된다.

⑦ 사회복지 시설·단체·지역사회 등 기존의 사회복지체계 변화의 중추적 역할을 할 수 있다.

☞ 자원봉사활동은 민주복지사회를 형성하는 데 중추적인 역할을 하기 때문에 그 필요 성이 증가하고 있다.

(3) 국내 봉사활동

1) 기업이 원하는 자발적 봉사활동

① 많은 기업들의 인사 관리자들이 "자발적인 사회봉사활동 참여"라는 취지로 신입사

원 채용 시, 봉사활동 내역을 평가하는 경우가 많아졌다. 대부분의 사람들은 해외봉사 등의 특이사항만을 고려하지만, '자발적'이라는 단어에서 알 수 있듯이 얼마만큼의 기간에 봉사를 자발적으로 참여하였는지, 또한 자신이 가진 능력을 얼마만큼 발휘하였는지가 평가 대상이 된다.

② 요즘은 봉사활동이 보편화되어서 대부분의 기업은 자원봉사단이 조직되어 있어, 직장생활을 하면서도 봉사활동을 꾸준히 하는 사람들이 많다. 그러다 보니 직장 내 인사 관리자들의 인식도 변화되어, 해외 봉사활동보다 다양한 봉사활동을 하면서 봉사활동 시간이 많은 사람을 인정해 주는 시대이다.

2) 우리 주변에서 찾을 수 있는 봉사활동

① 해비타트: 너무나도 열악한 주거환경 때문에 인간적인 삶을 영위하지 못하는 전 세계의 모든 가정을 일으켜 세우고, 아담하지만 저렴한 보금자리를 마련하여 자립의 희망을 심어 주고 사회의 건전한 일원이 되게 함으로써 사회와 국가의 공익에 이바지하고 있다.

② 꽃동네: 사랑의 결핍 때문에 가정과 사회로부터 버림받아 길가에서, 다리 밑에서 아무 말 없이 죽어 가는 '의지할 곳 없고 얻어먹을 수 있는 힘조차 없는' 분들을 따뜻이 맞아들여 먹여 주고 입혀 주고 치료해 주며, 하느님의 사랑을 알고 살다가 돌아가시면 장례해 드리는 데까지 보살펴 드리는 사랑과 구원의 공동체이다.

③ 송천 한마음의 집: 사회복지법인 '송천한마음부모회' 산하기관으로서, 중증 장애인 생활시설이다. 본 시설은 국가와 사회를 대신하여 생활 장애인들을 자기 집처럼 편안하고 안락하며, 또 행복하게 지낼 수 있도록 운영하고 있다.

④ 서울 SOS 어린이 마을: 부모가 없거나 부모의 보살핌을 받을 수 없게 된 아이들을 SOS 가정 안에서 자립할 때까지 보호 · 양육하는 아동복지시설이다. 보호 아동들에게 가족을 대체해 줌으로써 새로운 인생을 시작할 수 있도록 해 준다.

⑤ 녹색소비자연대: 녹색소비자연대는 지구촌 경제시대를 맞아 갈수록 심화되고 있는 지구환경위기를 극복하기 위해, 소비자들이 함께 환경적인 새로운 생활양식을 확립해 가는 시민운동단체이다. 비누, 모기 퇴치약, 양초, 손세정제 등 환경 친화적 수공예품을 제작하여 불우시설에 기증한다.

3) 태안 기름유출 사건(2007년)

① 사건의 전모: 2007년 12월 7일 충청남도 태안 앞바다에서 유조선 허베이스피릿호와 해상 크레인이 충돌하여 원유 1만 2,547kl가 유출되었다. 이는 한국 해상의 기름유출 사고 가운데 최대 규모이다.

② 피해 상황: 사고 당일 짙은 기름띠가 만리포, 천리포, 모항으로 유입되었고, 9일에는 근소만 입구의 안흥항과 가로림만 입구의 만대까지 확산되었다. 10일에는 천수만 입구까지 확산되었으며, 11일에는 옅은 기름띠가 안면도까지 유입되었다. 또 기름이 덩어리져 굳어 버린 '타르 볼'도 광범위하게 확산되어 2008년 1월 1~2일에는 전라남도 진도·해남과 제주도의 추자도 해안까지 퍼진 것으로 보고되었다. 사고발생 후 기름 확산을 막아야 할 방제정은 높은 파도와 강풍 속에서 제 기능을 하지 못하였고, 오일펜스를 제때 설치하지도 못하는 등 초기 대응에 실패하여 해양오염이 더욱 확산되었다.

③ 봉사자들의 노력: 엄청난 해양오염 재앙을 함께 극복하고자 서해안으로 향하는 자원봉사자들의 발길이 끊이지 않았다. 사고가 발생한 지 한 달 사이에 51만 명이 넘는 자원봉사자들이 매서운 바닷바람 속에서 기름덩이를 제거하는 데 동참하였고, 재난 극복을 도우려는 성금도 끊이지 않았다.

(4) 해외 봉사활동

1) 해외 봉사활동을 하는 까닭

① 선진국에서 보건 위생환경 및 교육이 열악하거나 재해로 인해 큰 피해를 입은 제3의 국가를 지원하는 것

② 현지 지역에 병원이나 학교를 개설하기도 하고 의약품이나 식량을 조달해 주는 등 많은 도움을 주고 있다.

③ 해외봉사를 필요로 하는 국가: 필리핀, 중국, 스리랑카, 방글라데시, 아프가니스탄, 요르단, 케냐, 이라크, 인도네시아, 베트남, 몽골, 미얀마, 인도 등

2) 해외 봉사활동의 종류

① 워크캠프(Work Camp): 2~3주간 미리 짜인 구체적인 프로젝트를 수행하는 형태의

봉사활동이다. 환경보호, 문화재보호, 농업, 건축, 수리, 교육, 미술, 음악 등 봉사형태가 다양하며, 특별한 기술이 없어도 봉사할 수 있다는 특징을 가지고 있다. 특별한 주제의 프로젝트가 아닌 이상 참가제한은 없으며 10~30명 정도의 국적이 다른 젊은이들이 모여 공동생활을 한다.

② 단기형 봉사활동: 개인이나 팀으로 일정시간 동안 어느 한 지역에서 활동하며, 자연보호, 야생동물보호, 사회복지 및 교육관련 분야에서 주로 활동한다. 기본적으로 무급이지만, 약간의 활동비를 보조해 주기도 한다. 일반적으로 식사와 숙박은 제공이되며, 특별한 경험을 쌓기 위해 활동하는 경우가 대부분이다.

③ 장기형 봉사활동: 최저 1년 이상 개발도상국 현지에 체류하면서, 개발활동 또는 기술지도에 종사하는 형태로 의료, 환경, 교육, 복지, 농촌개발 등의 전문가적인 지식이나 경험을 가지고 있는 사람들이 활동하는 경우가 대부분이다. 따라서 생활비 정도의 수당이나 항공료 등을 지급받는 경우가 많다.

3) 해외봉사단체의 주 사업

① 아동보호사업

② 지역개발사업

③ 교육지원사업

④ 보건의료사업

☞ 국내외 여러 기업들이 서포트하여, 전액 무료로 다녀올 수 있는 해외봉사

▶ Happy Move 글로벌청년봉사단

▶ G마켓 해외봉사단

▶ 카페베네 해외청년봉사단

제2장 자선사업

(1) 자선사업

1) 자선사업(慈善事業)이란?

⇒ 고아, 병자, 노약자, 빈민의 구제 등을 위한 사회공공적(社會公共的) 구제사업

2) 자선사업의 역사

① 자선사업은 고대부터 현대에 걸치는 초역사적인, 인간심정에 바탕을 둔 임의적·자혜적인 구제책이라는 견해도 있으나, 학문적으로는 봉건사회를 기반으로 한 구제시책이며, 사회사업의 선구적 형태이다. 봉건사회가 해체되기 시작하고, 자본주의가 성립되는 과정에서는 여러 집단에서의 상호부조의 방법에 의한 처리능력이 저하되는 한편, 빈민·부랑자 등의 구제를 요하는 자가 증가한 데서, 구빈법(救貧法)에 의한 국가적인 구제제도가 실시되기에 이르렀다. 이 공적(公的)인 구제제도 자체가 자혜적이고 부랑자를 압박하는 성질의 것이었지만, 이와 함께 교회·승원 또는 개인에 의한 자선사업 또는 자선행위가 많아지자, 이들을 통일하는 운동이 19세기에 일어나, 독일에서의 함부르크 엘버펠트 제도, 영국에서의 자선조직화협회운동 등이 되어, 자선사업은 자본주의사회를 기반으로 한 사회사업으로 발전하였다.

② 한국에서의 자선사업은 삼국시대 이전으로까지 거슬러 올라간다. 당시에는 왕에 의한 주정적 자혜심이 정치적 지배목적과 합일된 구제책이었다. 조선시대에 들어와서도 공적 구제제도는 극단적으로 한정되었는데, 인조 때에는 구황청(救荒廳)이 설치되어 주로 흉년에 빈민을 구제하였다. 근세에는 주로 종교단체, 특히 그리스도교 선교단체에 의한 자선사업이 비교적 활발하였다.

☞ 현재 자선사업은 사회사업이라는 개념 속에 흡수되었으며, 사회복지사업법이 제정되어 국가적 차원의 제도로서 추진되고 있다.

(2) 국내외의 자선사업 사례

1) 효성그룹

① 효성그룹 소개: 크레오라(스판덱스)라는 핵심섬유와 자동차의 타이어 코드, 중전기 제품과 ATM 기기 사업 등 여러 분야에서 일을 하는 기업이다. 9,000여 명의 임직원 모두가 사회 환원 활동 사업을 하고 있다.

② 효성그룹의 활동내역: 굿 프렌즈 해피쿠킹 교실, 독거노인 사랑의 쌀 전달, 세계올스타 축구대회 후원, 아이티 돕기 자선음악회 후원, 정문학교 지원 및 봉사활동, 중국 장학사업 지원, 창덕궁 문화지킴이 활동, 사랑의 헌혈 행사 등

2) 노드슨 코포레이션 재단

① 노드슨 코포레이션 소개: 노드슨 코포레이션은 미국 오하이오 웨스트레이크에 본사를 두고 있으며, 접착제, 실란트, 코팅제를 제조 과정 중에 다양한 분야의 생활용품과 산업기기에 적용하는 정밀 디스펜서 장비를 생산하는 세계 우수 기업이다.

Walter G. Nord

② 월터 노드의 철학: 노드슨의 창립자인 월터 노드는 초기의 재단을 '기업기부'라는 철학에 입각하여 설립하였고, 이러한 철학은 40년이 넘는 오늘날까지 이어져 오고 있다. "노드슨 코포레이션은 노드슨이 속한 지역사회의 구성원으로서, 직원, 직원의 가족, 이웃들의 삶의 질 개선을 위해 기업의 재정적 성공을 나눔으로써 기업의 사회적 책임을 실행한다"가 바로 그 철학이다.

③ 노드슨의 기부정책: 규모 및 지리적 측면에서 성장을 계속한 노드슨은 1950년대 초반에 국내 세전 수익의 평균 5%를 노드슨의 주요 설비 시설이 위치해 있는 미국 전역의 지역사회를 위해 자선의 목적으로 사용한다는 정책을 도입했다. 오늘날까지도 회사의 기부전통은 계속되고 있다.

3) 원불교와 사회복지

① 원불교와 자선사업, 사회복지는 서로 분리해서 생각할 수 없다. 교리의 최고 종지인

'일원상 진리' 자체가 자선과 복지 덩어리이기 때문이다.

② 원불교의 일원상: 일원상은 하나임과 동시에 모두이다, 개인과 사회가 모순 없이 원상 속에 융해되어 있다는 뜻이다. '일즉다(一卽太), 다즉일(太卽一)'의 원리는 개인과 사회, 엘리뜨와 민중, 만중생과 개개인을 소중히 여기는 진리다.

③ 원불교 사회복지 실천의 세 가지 흐름

⇒ 원각성존 소태산대종사의 일원주의와 정산종사의 삼동윤리로 이어지는 역대 종법사의 사회복지 실천의지

⇒ 전쟁동포구호사업과 교화·교육·자선 3대사업 전개로 나타난 사회복지의 실천

⇒ 70년대부터 나타난 봉공회·청운회·여성회로 이어지는 재가 사회봉공활동

④ 사회복지 실천의 시작: 서울에서 시작하여 중앙총부가 있는 전북 익산으로 집중되었다. 그 후 원불교 사회복지는 익산총부 중심, 출가중심의 형태가 20년 동안 지속되었다가, 90년대에 좌산종법사의 '복지의 전국화' 선언이 있게 된다. 선언 이후, 생활시설에서 이용시설로, 출가중심에서 재가의 참여로, 중앙총부에서 지방 교구로, 복지법인 일원체제에서 복지법인 다원체제로, 국내에서 세계무대에로 확대·변신이 되었다.

4) 온정주의적 자선행위자

① 앤드류 카네기(1835~1819)

⇒ 1901년 자신의 철강기업을 매각한 3억 달러(당시 일본 정부의 예산은 1억 3천만 달러) 기부, 카네기재단 설립, 전 세계에 2,509개의 도서관 건립, 현재까지 세계에서 가장 영향력 있는 학술지원재단으로 활동하고 있다.

② 빌 게이츠(1955~)

⇒ MS의 설립자, 부인 멜란다 게이츠와 설립한 빌 & 멜란다 재단에 300억 달러 기부, 후진국의 고질적인 질병예방과 기아문제를 지원하고 있다.

(3) Corporate Social Responsibility(CSR) 기업(사회적 기업)

1) CSR이란?

⇒기업의 사회적 책임 활동, 즉 사회공헌활동

2) CSR 기업의 예

① 나이키: 자사제품을 생산하는 개발도상국들의 생산활동을 감시, 아동노동착취 금지

② 스타벅스: Fair Trade(공정무역) 마크 부착, 국제시장보다 높은 가격에 커피 매입, 후진국 커피 생산자에 대한 이익 보장

③ 홈데포: 멸종 및 소멸위기에 놓은 숲에서 수확한 목재제품을 판매하지 않음.

④ 맥도날드: 미국 내 쇠고기와 닭고기에 항생물질의 사용금지 규제 지지

⑤ 팀버랜드: 자사 직원들이 자선단체에서 매년 1주일 동안 자원봉사활동을 할 수 있도록 휴가 제공

⑥ 시티뱅크: 개발도상국의 기업들의 대출심사에 환경문제와의 연관성을 검토

3) 1960년대~1970년대의 CSR 기업

① 특징: 미국을 중심으로 CSR의 이점이 대두되었다.

② CSR 경영 전략의 개발: 기업의 자발적인 행위규범, 사회감시, 공익적 대안책, 사회책임 투자펀드, 사회·환경적 기업 성과의 측정과 평가, 시민단체의 성장과 이에 따른 기업의 파트너십 전략 등이 제시됨.

③ 1970년대 인종차별정책을 편 남아프리카에 기업들이 투자를 하지 못하도록 하는 시민운동이 발생하자, UN·세계은행 등 국제적 기구에서 CSR을 적극적으로 장려하기 시작하였다.

④ 1980년대까지 CSR은 미국적 현상이었다.

4) 1990년대~현재까지의 CSR 기업

① 미국 외의 기업에서도 CSR이 전파되어서, 다국적 기업, 글로벌 기업전략이 영향을 미쳤다. 유럽 국가를 중심으로 아시아 국가를 비롯하여, 미국 외 지역의 신흥기업들이 글로벌화되면서, CSR에 대한 국제적인 관심이 높아졌다.

② 국제시장의 성장, 무역의 확대, 글로벌 기업의 성장이 CSR의 전파속도를 증가시켰다. 글로벌기업에 대한 정부의 규제가 무력화되면서, 소비자의 자발적인 규제행위가 CSR로 나타나게 되었다.

③ CSR을 기업행위의 부산물적인 책임으로 보는 것이 아니라, 적극적인 마케팅수단, 또는 기업의 경영목적, 비즈니스 자체로 활용하는 기업들(공정무역 기업, 사회적 기업

등)이 발생하였다.

5) 한국기업의 CSR 현황

10대 그룹 사회 공헌 사업 내역 총괄

(단위: 억 원)

지원 분야	예산(억 원)	사업 개요
소외 계층	3,528	노인, 장애인, 노숙자, 여성, 소년 소녀 가장 등
장학, 학술 연구 사업	2,463	학자금 및 학술 대회 지원, 대학 시설물 기부 등
재해 복구	779	재난 시 인명 구조, 피해 복구 활동 지원 등
문화 예술 진흥	621	전통 문화 보전, 장르별 문화 활동 후원 사업 등
지역사회 발전	466	지역사회 공헌 및 문화 시설 건립, 1사 1농촌 돕기 운동 등
환경 보전	270	1사 1산(하천) 가꾸기 운동, 장묘 문화 개선 운동 등
기타	85	해외 지역사회를 위한 의료 사업 등
합계	8,212	

6) 한국 기업의 CSR 과제

① 대기업 중심, 기부중심을 중소기업의 확대와 참여·활동 중심으로 변화시켜야 한다.

⇒ 대기업 중심의 사회공헌활동은 자칫 대기업들만의 돈 잔치로 끝날 수 있다.

② 기업의 사회공헌 기초는 윤리적인 경영에 있다.

⇒ 사회공헌활동은 면죄부가 아니다.

⇒ 뇌물과 기부금은 공존할 수 없다.

⇒ 윤리경영의 바탕 위에 사회공헌이 세워져야 감동받고 인정받는다.

③ 균형과 지속성을 가져야 한다.

⇒ 환경, 인권 부분에도 사회공헌 정책을 균형 있게 펼쳐 나가야 한다.

⇒ 기업의 오너, 즉 CEO에 의해 좌지우지되는 단기성, 이벤트성의 사회공헌이 아니라 기업의 운영철칙과 문화가 되어야 한다.

(4) 노블리스 오블리제와 관련된 대기업의 사회 환원

1) 노블레스 오블리제의 미덕

⇒ 노블레스 오블리제(Noblesse Oblige)는 고귀한 사회적 지위에 따르는 도덕상의 의무

를 뜻한다. 높은 신분층의 도덕적 의무인 것이다. 초기 로마시대에 왕과 귀족들이 보여 준 투철한 도덕의식과 솔선수범하는 공공정신에서 비롯되었다. 근대와 현대에 이르러서도 이러한 도덕의식은 계층 간 대립을 해결할 수 있는 최고의 수단으로 여겨져 왔다. 특히 전쟁과 같은 총체적 국난을 맞이하여 국민을 통합하고 역량을 극대화하기 위해서는 무엇보다 기득권층의 솔선하는 자세가 필요하다. 초기 로마의 왕과 귀족들은 평민보다 앞서 솔선수범과 절제된 행동으로 국가의 초석을 다졌으며, 특히 포에니 전쟁 때에는 전쟁세를 신설, 재산이 많은 원로원들이 더 많은 세금 부담을 감수하게 했다. 그들은 제일 먼저 기부를 하기 위해 경쟁적으로 수레에 돈을 싣고 국고에 갖다 바쳤는데, 이것을 본 평민들도 앞다퉈 세금을 내게 되었다. 끊임없는 전쟁으로 국고가 바닥이 나자 전시국채를 발행, 유산계급과 원로원 의원 및 정부요직에 있는 사람들에게만 구입토록 하고 평민들에겐 전비 부담을 요구하지 않음으로써, 평민들은 세비에 대한 부담에서 벗어나 누가 먼저 할 것 없이 전쟁터에 자원하여 나라를 위해 목숨을 바쳤다.

2) '노블레스 오블리제'가 강조되는 이유

⇒ 2004년도 기준, 미국에서는 개인 기부가 무려 75%에 이르고 있다. 반면 우리나라의 개인 기부는 16% 정도에 머무르는 실정이다. 최근 경제위기를 맞은 우리나라에서 사회지도층 인사의 '노블레스 오블리제'가 강조되는 것은 사회 기부나 환원에 대한 인식이나 상류층의 기부 문화는 나아진 감이 없기 때문이다.

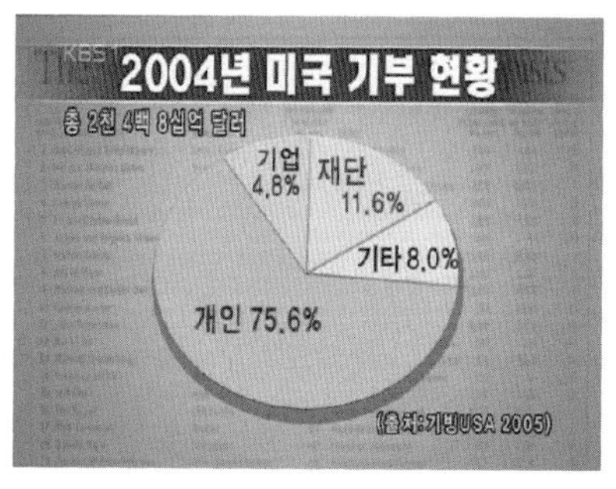

3) 노블리스 오블리제를 실천하는 대기업 총수들

① 이건희 삼성그룹 회장

② 정몽구 현대기아차그룹 회장

③ 최태원 SK그룹 회장

☞ 아무런 대가 없이 노블리스 오블리제를 실천하는 대기업 총수들도 있지만, 아직도 많은 기업들이 사회 환원을 비리 사건의 여론무마용 카드로 내세우고 있다.

2009개정 교육과정연구위원회(2009). 2009 개정 교육과정: 개정의 방향과 총론 시안(2차).

경기도교육정보연구원(2007). 나의 꿈, 나의 미래: 2006 초등학생을 위한 진로교육 프로그램.

교육과학기술부(2009a). 창의적 체험활동. 교육과학기술부 고시 제2009 – 41호. 별책 18호.

교육과학기술부(2009b). 초 · 중등학교 교육과정 총론. 교육과학기술부 고시 제2009 – 41호 별책 1호.

교육과학기술부(2009c). 특별활동 초등학교 교사용 지도서 – 계발 활동. 서울: 두산동아.

교육과학기술부. 보도자료(2009. 12. 17.). [2009 개정 교육과정(초 · 중등학교 교육과정)] 발표.

교육과학기술부(2008a). 초등학교 교육과정 해설(Ⅱ). 광주: 한솔사.

교육과학기술부(2008b). 중학교 교육과정 해설(Ⅰ). 광주: 한솔사.

교육과학기술부(2008c). 초등학교 교육과정 해설(Ⅰ). 광주: 한솔사.

교육과학기술부(2008d). 고등학교 교육과정 해설(1) – 총론, 재량활동, 특별활동. 서울: 신생인쇄조합.

교육과학기술부(2010a). [2009 개정 교육과정] 적용을 위한 학교 교육과정 편성 · 운영 매뉴얼(초등학교, 중학교, 고등학교). 고양: 한국시각장애인연합회.

교육과학기술부(2010b). 초 · 중 · 고 창의적 체험활동 교육과정 해설. 고양: 한국시각장애인연합회.

교육과학기술부(2010c). 손에 잡히는 창의적 체험활동(초등학교 매뉴얼). 부산: (주)프린테크.

교육과학기술부(2010d). 손에 잡히는 창의적 체험활동(중학교 매뉴얼). 부산: (주)프린테크.

교육과학기술부(2010e). 손에 잡히는 창의적 체험활동(고등학교 매뉴얼). 부산: (주)프린테크.

교육부(1997). 초 · 중등학교 교육과정 [별책 1]. 서울: 대한교과서주식회사.

교육부(1999). 초등학교 교육과정 해설(Ⅱ). 서울: 대한교과서주식회사.

교육인적자원부(2007). 초 · 중등학교 교육과정 [별책 1]. 서울 대한교과서주식회사.

국가교육과학기술자문회의(2009). 미래형 교육과정 구상(안). 제8차 국민 대토론회 자료집(2009. 7. 24.).

김두정(2004). 한국 학교 교육과정의 탐구. 서울: 학지사.

박은종(2009). 재량활동 교육과정의 실행: 이론과 실제. 파주: 한국학술정보(주).

박은종(2009). 특별활동 교육과정의 실행: 이론과 실제. 파주: 한국학술정보(주).

성남중앙초등학교(2009). 창의성 협력학교 운영 보고서 – 지역사회와 연계한 체험활동을 통한 창의성 함양.

신동로(2010). 교육과정과 교육평가. 서울: 형설출판사.

오만록(2010). 교육과정론. 파주: 교육과학사.

오윤숙(2008). 세상에서 하나뿐인 특별한 새싹들의 '별바라기' – 2008년 진로교육 실천 사례 연구 발표 대회 보고서.

이경환 · 김인규(1998). 초등학교 특별활동 교육과정 해설. 서울: 문교부.

이광우 외(2007). 초 · 중학교 특별. 재량활동 교육과정 해설 연구 개발. 한국교육과정평가원 연구보고 CRC 2007 – 23.

이광우 외(2008). 고등학교 재량 · 특별활동 교육과정 해설 연구 개발. 한국교육과정평가원 연구보고

CRC 2008 - 21.

이규은(2004). 특별활동 교육과정의 이론과 실제, 서울: 동문사.

이미숙 외(2010). 학교 교육과정 자율화 추진에 따른 '교육과정 포럼' 운영. 한국교육과정평가원 연구
보고 CRC 2010 - 2.

이성호(2010). 교육과정 개발과 평가. 서울: 학지사.

조난심 외(2010). 2009 개정 초 · 중등학교 교육과정(총론) 시안 개발 연구. 한국교육과정평가원 연구
보고 CRC 2010 - 1.

조용하(2008). 대학교육과 봉사학습. 서울: 학지사.

최호성(2010). 교육과정과 평가. 파주: 교육과학사.

충청남도교육청(2010). 창의적 체험활동 길라잡이. 장학자료. 2010 - 420.

충청남도당진교육청(2001). 새시대 새교육 새로운 교육과정. 당진: 미문출판사.

한국교육과정학회(2010). 교육과정: 이해와 개발. 파주: 교육과학사.

한국청소년개발원(2007). 청소년 심리학. 서울: 교육과학사.

홍미리(2009). 창의적 체험활동 교육과정 만들기 - 학교 현장에서 만들어 가는, 좀 더 체계적이고 실천
하기 쉬운 체험활동 교육과정. 한국교육과정평가원. 창의적 체험활동 운영방안포럼 자료집.
37 - 54.

홍후조(2005). 교육과정의 이해와 개발. 서울: 문음사.

Armstorong. D.G.(1989). Developing and Documenting the Curriculum.Boston: Allyn & Bacon.

Doll. Ronald C.(1982). Curriculum Improvement: Decision Making and Process. 5th. ed. Allyn & Bacon.

Naisbitt. J.(1984). Megatrends. New york: Warner Books.

Talmage. H.(1985). "evaluating the Curriculum: what. Why and how". National Association for Secondary School
Principals. pp.1 - 8.

박은종(朴殷鍾) ──────────

진주교육대학교 사회교육과, 충남대학교 대학원 사회교육학과(석사) 및 교육학과(교육과정 및 교육심리학 전공·박사), 한국교원대학교 대학원 사회과교육학과, 공주대학교 대학원 사회교육학과(박사) 등을 졸업한 사회교육학 박사이다.

충남대학교 교육연구소 객원연구원, 충남대학교 인문과학연구소 객원연구원, 한국교총 교육정책연구소 객원연구원 등으로 사회과 교육학과 사회과 교육론에 대한 연구에 종사하여 왔다. 또한 한국산업연수원 청주능력개발원 첨삭교수, 공주대학교 사범대학 시간 강사, 공주교육대학교 사회교육과 시간 강사, 동신대학교 교양교직학부 외래 교수, 홍익대학교 교양학부 외래 교수, 광주여자대학교 교양학부 외래 교수 등을 역임하면서 교육학 개론, 교육과정과 교육 심리학, 사회과 교육학과 사회과 교육론, 사회과 교재연구 및 교수법 등의 교과목을 강의하였다.

아울러, 교육과학기술연수원 강사, 충남교육연수원 강사, 전북교육연수원 강사, 한국교총교육연수원 강사, 진주교육대학교 초등교육연수원 강사, 공주대학교중등교육연수원 강사 등을 역임하면서 교육과정, 수업분석과 수업장학, 교수·학습법, 사회과 교육학 등에 관한 강의를 수행하여 왔다. 또 충청남도당진교육청 장학사, 충청남도부여교육청 장학사 등을 역임하면서 사회과 교육학(론) 관련 교육행정과 교육연구를 수행하기도 하였다. 그리고 교육과학기술부 교육정책자문위원, 한국교총 교육정책전문위원 등을 역임하였다. 현재 충남교육연수원 교육연구사, 공주대학교 겸임 교수로 재직하고 있으며, 전국 단위 연구 학회인 한국사회과교육연구회 회장으로 재임하고 있다.

한국사회과교육학회, 한국사회과교육연구회 회원이며, 연구의 주 관심 영역은 교육학 일반, 교육과정, 사회과 교육과정과 교수법, 사회과 교육학, 사회과 교재연구 및 교수·학습 방법 등이다. 최근에는 사회과 통합 교육, 사회과 세계시민교육, 사회과 교육 국제 비교 연구, 다문화 이해 교육 등에도 깊은 관심을 갖고 연구하고 있다.

학회지인 교육연구, 교육연구논총, 시민교육연구, 사회과학연구, 충남교육 등에 논문을 게재하고 있으며, 주요 저서로는 『으뜸 수업 탐구의 정석』, 『한국 사회과 교육과정 탐구: 분석 및 모형 개발 탐색』, 『사회과 교육학 핸드북: Key Point』, 『현대 사회과 교육학·사회과 교육론 신강』 등 여러 권이 있으며, 주요 논문으로는 학회지에 발표한 「세계화·정보화 시대의 바람직한 세계시민교육 방향 모색에 관한 연구」, 「최근 사회과 교육의 트렌드(Trend) 연구」 등 여러 편이 있다.
한편, <새교실>지(誌)와 <교육자료>지(誌에) 사회과 수업안을 다년간 집필한 바 있으며, 대전일보·중도일보·한국교육신문 등의 교육칼럼위원, 백제신문·공주신문 논설위원 등도 역임하였다.

e-mail: ejpark7@kongju.ac.kr

창의적 체험활동
교육과정의 실행:
이론과 실제

초 판 인 쇄 | 2011년 6월 8일
초 판 발 행 | 2011년 6월 8일

지 은 이 | 박은종
펴 낸 이 | 채종준
펴 낸 곳 | 한국학술정보㈜
주   소 | 경기도 파주시 교하읍 문발리 파주출판문화정보산업단지 513-5
전   화 | 031) 908-3181(대표)
팩   스 | 031) 908-3189
홈 페 이 지 | http://ebook.kstudy.com
E-mail | 출판사업부 publish@kstudy.com
등   록 | 제일산-115호(2000. 6. 19)

ISBN   978-89-268-2296-8 93370 (Paper Book)
          978-89-268-2297-5 98370 (e-Book)